Das Privatrecht des Krieges

in materieller und formeller Beziehung.

Systematische Darstellung

von

Justizrat Dr. Bernhard Mayer
Rechtsanwalt in München.

1915
München, Berlin und Leipzig
J. Schweitzer Verlag (Arthur Sellier).

Druck: Dr. F. P. Datterer & Cie. (Inh. Arthur Sellier) München-Freising.

Vorwort.

Die nachstehende Zusammenfassung der Rechtssätze, welche der Einfluß des Krieges auf die privaten Rechtsverhältnisse mit sich bringt, ist durch einen Vortrag angeregt worden, welchen der Verfasser auf Wunsch eines kaufmännischen Kreises gehalten hat.

Sie soll selbstverständlich nicht eine erschöpfende Darstellung der fortgesetzt im Flusse befindlichen und stets neuerlich auftauchenden Rechtsfragen geben, sondern nichts anderes sein, als eine kurze Zusammenstellung der sich schon aus dem bisherigen Recht ergebenden Rechtssätze und der bis jetzt erschienenen Notgesetze und Notverordnungen, soweit diese Rechtssätze für das Deutsche Reich gelten.

Der Zweck der Zusammenfassung ist deshalb lediglich die Erleichterung des Überblickes über die für den Krieg und insbesondere den derzeitigen Kriegszustand geltenden reichsrechtlichen Bestimmungen mit Ausschluß der Gesetze und Vorschriften des Auslandes, und eine jeweilige Erläuterung der Fragen, welche sich an der Hand dieser Bestimmungen für deren praktische Anwendung ergeben werden.

München, Februar 1915.

Der Verfasser.

Inhaltsverzeichnis.

Einleitung.

Die nachstehende Zusammenfassung beschränkt sich auf die Darstellung der wichtigsten Rechtssätze, welche der Einfluß des gegenwärtigen Kriegszustandes auf die privatrechtlichen Verhältnisse mit sich bringt.

Es scheiden dabei alle Rechtssätze aus, welche öffentlich-rechtlicher Natur sind.

Es werden aber dabei auch alle sozialen Gesichtspunkte ausgeschaltet, und nur das hervorgehoben, was gegenwärtig Rechtens ist, also nicht das, was unter Berücksichtigung aller sozialen Gesichtpunkte besser Rechtens wäre.

Die Quelle dieser Rechtssätze sind die Gesetzbücher des bürgerlichen Rechts einschließlich des Handels- und Wechselrechts, die auf das Verfahren bezüglichen Gesetze, sowie die bis jetzt erschienenen Notgesetze und mit Gesetzeskraft ausgestatteten Notverordnungen des Bundesrates.

Das bürgerliche Gesetzbuch erwähnt den Krieg überhaupt nur in den für die gegenwärtige Zusammenfassung nicht erheblich in Betracht kommenden Bestimmungen in §§ 15, 18, welche die Todeserklärung der im Kriege vermißten Teilnehmer regeln.

Das Handelsgesetzbuch und das Wechselrecht erwähnen den Kriegszustand überhaupt nicht.

Da das Deutsche Reich bisher keinen Krieg zu führen hatte, fehlt auch jede Rechtsprechung, welche, wenn der Kriegszustand längern dauern sollte, manche schwierige Frage zu entscheiden haben wird.

Der Einfluß des Krieges auf die privaten Rechtsverhältnisse ist also lediglich aus den allgemeinen Bestimmungen des bürgerlichen Rechts sowie den seit Ausbruch des Krieges erlassenen Reichsgesetzen und Bundesratsbekanntmachungen abzuleiten.

Die Bekanntmachungen des Bundesrates haben Gesetzeskraft auf Grund des § 3 des Reichsgesetzes über die Ermächtigung des Bundesrates zu wirtschaftlichen Maßnahmen vom 4. August 1914, RGBl. Nr. 53 S. 327 ff., wonach der Bundesrat ermächtigt wird, während der Zeit des Krieges diejenigen gesetzlichen Maßnahmen anzuordnen, welche sich zur Abhilfe wirtschaftlicher Schädigungen als notwendig erweisen.

Man wird allerdings bei der Abgrenzung dieses Begriffes nicht zu ängstlich sein dürfen und dem Bundesrat auch gestatten müssen, weitgehende Eingriffe in das Privatrecht zu machen, die vielleicht durch den Ausdruck „wirtschaftliche Maßnahmen" nicht voll gedeckt erscheinen mögen.

Diese Maßnahmen sind nach der erwähnten gesetzlichen Bestimmung dem Reichstage bei seinem nächsten Zusammentritt zur Kenntnis zu bringen und auf sein Verlangen aufzuheben.

Sie haben also, solange sie nicht durch den Bundesrat aus eigenem Willen oder auf Verlangen des Reichstages aufgehoben sind, Gesetzeskraft.

I. Teil.

Materielles Recht.

I. Abschnitt:

Vertragsmäßige Regelung.

Soweit durch eine vertragsmäßige Bestimmung, Kriegsklausel, Vorsorge getroffen ist, kommt selbstverständlich eine solche zur Anwendung.

Abgesehen von Rechtsgeschäften gewisser Gattung, insbesondere handelsrechtlichen Warenlieferungsverträgen, Transportverträgen, Versicherungsverträgen usw. kommt die Kriegsklausel im gewöhnlichen Leben selten vor.

Sie braucht selbstverständlich nicht gerade als Kriegsklausel vereinbart zu sein; auch dann, wenn sie enger gefaßt ist, kann sie im Kriegsfall Anwendung finden, so z. B., wenn sie die Vertragspflicht bei Wagenmangel, Betriebsstörungen usw. einschränken oder aufheben soll, wie solche Ereignisse infolge des Krieges eintreten.

Auch da, wo in der Vertragsklausel lediglich der „höheren Gewalt" ein Einfluß auf das Vertragsverhältnis eingeräumt ist, kommt sie für den Kriegsfall zur Anwendung.

Denn der Krieg ist zweifellos als höhere Gewalt, d. h. als ein vom Willen des Einzelnen unabhängiges, von außen kommendes, nach menschlicher Voraussicht nicht vorauszusehendes und durch Verwendung geeigneter Vorkehrungen nicht zu vermeidendes Ereignis anzusehen.

Da, wo die Kriegsklausel vereinbart ist, ist sie als eine die Verpflichtungen aus dem Vertrage einschränkende Ausnahmebestimmung streng und keinesfalls ausdehnend auszulegen.

Auch bei der vereinbarten Kriegsklausel wird es deshalb darauf ankommen, ob der aus dem Vertrage Verpflichtete schon bei Vereinbarung der Kriegsklausel den Ausbruch des Krieges voraussehen und darnach seine Vorkehrungen in bezug auf die Erfüllung seiner Vertragspflicht treffen konnte.

War er hiezu in der Lage, so wird auch bei der vereinbarten Kriegsklausel die Fortdauer der Verpflichtung anzunehmen sein, wenn es dem Verpflichteten als Verschulden angerechnet werden kann, daß er trotz vorhersehbarer Kriegsgefahr nicht rechtzeitig diejenigen Anstalten traf, welche ihm die Erfüllung seiner Verpflichtung ermöglichten.

Umgekehrt kann die Kriegsklausel möglicherweise als stillschweigend vereinbart zu gelten haben, wenn z. B. bei Vertragsschluß schon mit der Möglichkeit des Krieges gerechnet wurde, und der Lieferungsberechtigte erkennen mußte, daß der Verpflichtete den Vertrag nur für den Fall schließen wolle, daß es nicht zum Kriege komme.

Doch trifft den zur Leistung Verpflichteten in diesem Falle selbstverständlich die Beweislast.

Die Kriegsklausel hat die Bedeutung, daß derjenige, welcher eine Ware zu liefern oder ein Werk herzustellen oder eine sonstige Leistung zu machen sich verpflichtet hatte, bei Ausbruch des Krieges zur Leistung nicht mehr verpflichtet ist.

Enthält die Kriegsklausel eine Einschränkung, wonach die Lieferungspflicht in diesem Fall nur innerhalb gewisser Grenzen aufgehoben sein soll, so bewendet es natürlich bei dieser Beschränkung.

Allein die Berufung auf die Kriegsklausel darf überhaupt nicht dazu führen, daß der zur Leistung Verpflichtete einen Gebrauch von ihr macht, welcher mit ihrem Zwecke nicht vereinbar ist; es müßte denn sein, daß sie nach dem Wortlaut und Sinn den Verpflichteten ohne Rücksicht auf die Möglichkeit der Vertragserfüllung für den Fall des Krieges überhaupt oder für dessen Dauer schlechthin von der Vertragserfüllung befreien soll.

Wenn also z. B. der Lieferant einer Ware trotz des Ausbruches des Krieges die von ihm zu liefernde Ware ohne Nachteil liefern kann, so darf er die Kriegsklausel nicht dazu mißbrauchen, durch Verweigerung der Lieferung, wenn die Ware durch den Krieg im Preis gestiegen ist, sich lediglich anderweitig höhere Preise zu verschaffen oder den Lieferungsberechtigten durch Verweigerung der Lieferung zur Bewilligung eines höheren Preises zu zwingen.

Überhaupt wird auch bei der vereinbarten Kriegsklausel, wenn dieselbe nicht für den Fall unverschuldeter Verhinderung in der Erfüllung der Vertragspflicht die vertragsmäßige Verpflichtung zur Leistung vollständig aufheben soll, anzunehmen sein, daß nach Beendigung des Krieges die alsdann wiederum mögliche vertragsmäßige Leistung nachgeholt werden muß.

Es werden hiebei sinngemäß die Grundsätze anzuwenden sein, welche nach der im VI. Abschnitt A II zu erörternden Darstellung über den Einfluß des Krieges auf die Vertragsverhältnisse im allgemeinen für den Fall zu gelten haben, daß auch ohne Vereinbarung einer Kriegsklausel nach den allgemeinen Rechtsgrundsätzen die vertragsmäßige Leistung gemacht oder nach Beendigung des Krieges nachgeholt werden muß.

Kommt der Verpflichtete hiernach während oder nach Beendigung des Krieges mit seiner Leistung in Verzug, so kommen die allgemeinen Bestimmungen über die Folgen des Verzuges gegen ihn zur Anwendung.

Das allerdings wird auch bei der vereinbarten Kriegsklausel nicht möglich sein, daß man dem Vertragsberechtigten das Recht gewährt, wenn sich der Vertragsverpflichtete mit Recht auf die Kriegsklausel berufen kann, dieselbe dadurch auszuschalten, daß er dem Vertragsverpflichteten bessere Bedingungen, z. B. die Bezahlung eines höheren Preises gewährt, wenn nicht die Kriegsklausel von vornherein in der Weise vereinbart ist, daß, wenn sich die Preise, Frachten, Zölle, Herstellungskosten usw. erhöhen, der Lieferant zwar zur Leistung verpflichtet sein soll, aber nur gegen entsprechenden Aufschlag.

Gewöhnlich ist die Kriegsklausel nur zugunsten des Lieferanten einer Ware oder eines Werkes bestimmt; es steht aber natürlich nichts im Wege, daß dieselbe auch zugunsten des Abnehmers bestimmt ist, in welchem Falle die gleichen Grundsätze wie für den Lieferanten einer Ware oder eines Werkes sinngemäß Anwendung zu finden haben.

Die Kriegsklausel könnte natürlich auch in der Form vorkommen, daß im Falle des Eintrittes des Kriegszustandes der Schuldner einer Leistung dieselbe, auch wenn sie möglich ist, nur mehr gegen Vorausleistung oder gleichzeitige Leistung des anderen Vertragsteiles zu machen hat, auch wenn dem anderen Teil an sich ein Zahlungsziel zustehen würde.

Insoweit vertragsmäßige Bestimmungen nicht getroffen sind, wird durch den Kriegszustand an den Verpflichtungen aus dem Vertrage an sich nichts geändert.

II. Abschnitt:

Dienstverträge und ähnliche Verträge.

Auf dem Gebiete der Dienstverträge wird der Rechtssatz, daß durch den Kriegszustand im allgemeinen an den beiderseitigen Rechten und Verpflichtungen nichts geändert wird, deshalb in wesentlichem Umfang durchbrochen, weil sowohl das Bürgerliche Gesetzbuch als das Handelsgesetzbuch ausdrücklich das Vorhandensein wichtiger Gründe als Auflösungsgründe eines Dienstvertrages anerkennen.

a) Das Dienstverhältnis der kaufmännischen Gehilfen (Handlungsgehilfen).

Hiebei sind die beiden Fälle zu unterscheiden, daß infolge des Kriegszustandes der Handlungsgehilfe zur Leistung der Dienste oder der Prinzipal zur Entgegennahme dieser Dienste unfähig wird.

Für den ersteren Fall gelten folgende Regeln:

Wird der Handlungsgehilfe zum Heeresdienste einberufen, so kann nach §§ 70, 71 Ziff. 1 und § 72 Ziff. 3 sowohl der Handlungsgehilfe als der Prinzipal das Dienstverhältnis ohne Einhaltung einer Kündigungsfrist kündigen.

Die Berechtigung des Handlungsgehilfen zur Einstellung seiner Dienstleistung ergibt sich auch aus der allgemeinen Bestimmung in § 275 BGB., wonach die nachträglich eintretende, unverschuldete Unmöglichkeit zur Leistung von der Erfüllung der Verpflichtung befreit.

Der Handlungsgehilfe ist hiezu insbesondere auch dann berechtigt, wenn er im Kriege als Freiwilliger ohne gesetzliche Verpflichtung zum Heeresdienste teilnimmt.

Denn auch eine derartige freiwillige Dienstleistung ist selbstverständlich als die Erfüllung einer sittlichen Pflicht im höchsten Sinne zu erachten, so daß der Prinzipal insbesondere auch in diesem Falle nicht das Recht auf Schadenersatz gegen den Handlungsgehilfen geltend machen könnte (§ 70 Abs. 2 HGB.).

Der Prinzipal kann aber auch das Dienstverhältnis ohne Einhaltung einer Kündigungsfrist kündigen, weil die Einberufung zum Kriegsdienste eine militärische Dienstleistung ist, welche die Zeit von acht Wochen überschreitet, ein Verschulden des Handlungsgehilfen aber nicht Voraussetzung des Kündigungsrechts des Prinzipals ist.

Hat der Prinzipal das Dienstverhältnis auf Grund dieser Bestimmung gekündigt, so ist dasselbe aufgelöst, auch wenn der Handlungsgehilfe vielleicht als unbrauchbar vom Heere nach kurzer Zeit wieder entlassen wird, weil der Prinzipal, wenn es sich um die Einberufung zum Heere handelt, nicht abzuwarten braucht, ob nicht vielleicht der Handlungsgehilfe unerwarteter Weise wieder entlassen werden wird.

Dabei macht es keinen Unterschied, ob dem Prinzipal die Möglichkeit der außerordentlichen Kündigung nicht vielleicht gelegen kommt, weil er wegen des Krieges ohnehin seinen Geschäftsbetrieb einschränken will.

Denn auch in diesem Fall kann dem Prinzipal ein solches Zuwarten um so weniger zugemutet werden, als sich sein Bedarf nach Einstellung neuer Hilfskräfte auch wieder heben kann, er aber nach den gesetzlichen Bestimmungen bei lang dauernder Verhinderung des Handlungsgehilfen und dadurch eintretender Unmöglichkeit der Dienstleistung nicht an den Vertrag gebunden sein soll.

Selbstverständlich ist der Prinzipal aber nicht verpflichtet, sondern nur berechtigt, die außerordentliche Kündigung auszuüben. Zu dieser ist er aber auch dann berechtigt, wenn es sich um einen auf lange Dauer unkündbar geschlossenen Vertrag handelt.

Die Zulässigkeit und die Ausübung der außerordentlichen Kündigung durch den Prinzipal ist aber für die Frage, ob und welche Gehaltsansprüche der Handlungsgehilfe hat, ohne Bedeutung.

Denn auch wenn der Prinzipal das Dienstverhältnis nicht außerordentlich kündigt, also für die Zeit nach Beendigung des Krieges weiter gelten lassen will, ist der Handlungsgehilfe von dem Zeitpunkt der Einberufung zum Heeresdienste an zum Gehaltbezuge nicht mehr berechtigt.

Für den Fall, daß die Auflösung des Dienstverhältnisses durch den Prinzipal erfolgt, ergibt sich diese Folge aus § 72 Abs. 2 in Verbindung mit § 63 HGB., welche nur im Falle unverschuldeten Unglücks den Anspruch des Handlungsgehilfen auf Gehalt und Unterhalt auf die Dauer von 6 Wochen, oder sofern das Dienstverhältnis normalerweise bereits früher abläuft, auf die Restdauer des Dienstverhältnisses belassen.

Denn der Ausbruch eines Krieges kann nicht als Unglück im Sinne dieser gesetzlichen Bestimmung erachtet werden.

Es mag sein, daß bei der Fassung dieser gesetzlichen Bestimmung an Verhältnisse wie Krieg nicht gedacht wurde.

Allein bei der präzisen gesetzlichen Fassung läßt sich die Bestimmung auf den Krieg nicht erstrecken; ein Anspruch des Handlungsgehilfen auf Fortgewährung des Gehalts und Unterhalts ließe sich nur begründen, wenn die Bestimmung etwa dahin lauten würde, daß dieser Anspruch des Handlungsgehilfen durch unverschuldetes Unglück oder andere von ihm nicht verschuldete Umstände nicht berührt werde.

Übrigens treffen die für die Bestimmung in § 72 Abs. 2 HGB. maßgebenden sozialpolitischen Erwägungen auch für den Kriegsfall nicht zu, da dieser nicht bloß den Gehilfen, sondern in gleicher Weise auch den Prinzipal trifft.

Auch nach § 616 BGB. steht dem Handlungsgehilfen in diesem Falle nicht etwa ein Anspruch auf Vergütung für eine verhältnismäßig nicht erhebliche Zeit zu.

Denn diese Bestimmung sichert den Anspruch auf Vergütung in diesem beschränkten Umfang nur für den Fall, daß die Verhinderung der Dienstleistung überhaupt nur eine verhältnismäßig nicht erhebliche Zeit dauert, nicht aber für eine auch nur kurze Zeit, falls die Verhinderung der Dienstleistung selbst eine erheblich lange Zeit dauert.

Der Handlungsgehilfe verliert den Anspruch auf Gehalt auch in dem Falle, daß er sich bereits in gekündigter Stellung befindet; er hat dann nicht etwa den Gehalt bis zum Ende der Kündigungszeit zu verlangen, wenn die Zeit bis dahin auch nur noch kurz sein sollte; sondern mit der Unmöglichkeit der Dienstleistung entfällt sein Anspruch.

Allein auch wenn der Prinzipal das Dienstverhältnis nicht kündigt, sondern für die Zeit nach Beendigung des Krieges weiter bestehen läßt, ist er zu einer Fortgewährung des Gehaltsbezuges nicht verpflichtet, weil auch bei bestehendem Dienstverhältnis gemäß § 323 BGB. der Dienstverpflichtete den Anspruch auf die Gegenleistung verliert, die Ausnahmebestimmung in § 63 HGB. aus den oben erwähnten Gründen nicht zutrifft, und § 616 BGB., welcher an sich auf ein fortbestehendes Dienstverhältnis Anwendung findet, den Anspruch aus obigen Gründen ebenfalls auch für verhältnismäßig nicht erhebliche Zeit nicht gewährt, falls die Verhinderung an sich einen solchen Zeitraum überschreitet.

Nur dann, wenn der Prinzipal das Dienstverhältnis nicht aufgelöst hat, und der Handlungsgehilfe nach einer nicht erheblichen Zeit wieder vom Heere entlassen werden sollte, wird sein Gehaltsanspruch gemäß § 616 BGB. nicht unterbrochen.

Für den Fall der Behinderung des Prinzipals durch den Kriegszustand gelten folgende Regeln:

An sich kann der Prinzipal hier nur von der ordentlichen Kündigung, also von der gesetzlichen oder zulässigerweise vereinbarten Kündigungsfrist Gebrauch machen (HGB. §§ 66 und 67).

Er kann aber nach § 70 HGB. das Dienstverhältnis, ohne zu einer Schadensersatzleistung verpflichtet zu sein, kündigen, wenn der Kriegsfall als wichtiger Grund im einzelnen Fall zu erachten ist.

Obwohl an sich seine Leistung, nämlich die Gehaltszahlung, möglich bleibt, also § 275 BGB. nicht zutrifft, kann er, wenn der Kriegszustand als wichtiger Grund zu erachten ist, nach dieser positiven gesetzlichen Bestimmung das Dienstverhältnis außerordentlich kündigen.

Nach der bisherigen Rechtsprechung über die Wichtigkeit solcher Gründe, welche sinngemäß auch für den Kriegsfall zutreffen, kann er deshalb das Dienstverhältnis lösen, wenn das Entgegennehmen der Dienste für ihn dauernd unmöglich ist (Staub, Kommentar zum Handelsgesetzbuch, 9. Aufl., Anm. 5 zu § 70).

Dies ist insbesondere der Fall, wenn der Geschäftsbetrieb infolge der kriegerischen Maßnahmen oder infolge behördlicher Anordnung ohne sein Verschulden eingestellt werden muß.

Zeitweilige Stillegung oder zeitweise Unrentabilität des Betriebes genügt jedoch hiezu nicht, denn das Risiko des Geschäftsbetriebes geht zu seinen Lasten, ebenso wie er auch den Vorteil hat, wenn sich die Konjunktur hebt.

Der Prinzipal wird also zur außerordentlichen Kündigung nicht befugt sein, wenn er den Betrieb nur zeitweise schließt oder in gemindertem Umfang aufrecht erhält; er wird in diesem Falle insbesondere nicht für befugt zu erachten sein, einzelnen Handlungsgehilfen zu kündigen, wenn er andere behält.

Er darf also insbesondere den Kriegszustand nicht als Vorwand benützen, um einzelnen Handlungsgehilfen zu kündigen.

Er wird sogar verpflichtet sein, den Betrieb solange als irgend möglich aufrecht zu halten, auch wenn er sich zu diesem Zwecke für einberufene Angestellte teuere Ersatzkräfte einstellen muß.

Ist aber die Beschaffung der erforderlichen Rohstoffe überhaupt unmöglich, oder ist es der Geschäftsbetrieb, weil derselbe z. B. nur für das Ausland als Import- oder Exporthandel in Betracht kommt, so ist der Prinzipal auch zur Schließung des Betriebes berechtigt.

Wenn aber der Prinzipal den Betrieb nur teilweise aufrecht hält, um einzelnen Arbeitern Gelegenheit zum Weiterarbeiten zu geben, wenn er also lediglich aus diesem Grund auf Vorrat arbeiten läßt, ohne die Möglichkeit augenblicklichen Absatzes zu haben, so ist in einem solchen lediglich im Interesse einzelner Arbeiter fortgeführten Betrieb ein Weiterbetrieb nicht zu erblicken, der Prinzipal also in einem solchen Falle zur außerordentlichen Kündigung der Handlungsgehilfen berechtigt.

Er ist insbesondere zur außerordentlichen Kündigung berechtigt, wenn er selbst zum Heere einberufen wird, und eine Ersatzperson zur Fortführung des Geschäftes nicht vorhanden ist; führt er dagegen das Geschäft durch eine solche Person weiter, so kann er den Handlungsgehilfen auch nicht außerordentlich kündigen.

Man wird auch von ihm verlangen können, daß er, wenn er einzelne Handlungsgehilfen in der bisherigen Weise nicht weiter beschäftigen kann, sofern er den Betrieb überhaupt aufrecht erhalten kann, ihnen andere Beschäftigung zuweist; der Handlungsgehilfe wird in einem solchen Falle nach Treu und Glauben auch verpflichtet sein, sich entgegen der Regel in § 59 HGB. auch für andere angemessene Dienstleistungen verwenden zu lassen, als für die er eigentlich angestellt ist.

Soweit der Prinzipal hiernach das Dienstverhältnis außerordentlich kündigen kann, ist er nach § 628 BGB. verpflichtet, dem Handlungsgehilfen den seiner bisherigen Dienstleistung entsprechenden Teil der Vergütung zu gewähren.

Soweit der Prinzipal das Dienstverhältnis mit dem Handlungsgehilfen vor Ablauf der vereinbarten oder gesetzlichen Kündigungsfrist nicht außerordentlich kündigen kann, ist er natürlich auch zu einer einseitigen Minderung der Gehaltsbezüge nicht befugt.

Bemerkt sei ferner, daß zwischen dem Prinzipal und dem Handlungsgehilfen auch für die Dauer des Krieges Kündigungsfristen, welche dem § 67 HGB. widersprechen, nicht vereinbart werden können.

Neben den erörterten Bestimmungen können aber noch die Grundsätze über Unmöglichkeit der Leistung in Frage kommen, und zwar ohne daß der Handlungsgehilfe zum Kriegsdienste einberufen, oder der Prinzipal in die Unmöglichkeit der Annahme der Dienste versetzt wird.

Daß der Prinzipal im allgemeinen nicht außerordentlich kündigen kann, weil die Dienstleistung des Handlungsgehilfen für ihn nicht rentabel ist, wurde bereits ausgeführt.

Es kann aber für den Handlungsgehilfen eine Unmöglichkeit der Dienstleistung in Frage kommen, ohne daß er einberufen wird, oder der Prinzipal das Geschäft schließen muß. Dies kann eintreten, wenn er als Geschäftsreisender angestellt ist, und während des Krieges jede Reisetätigkeit unmöglich ist, besonders wenn er nur für Reisen im feindlichen Ausland angestellt ist, oder wenn er als Verkäufer in einem Ladengeschäft angestellt ist, dessen Einrichtung während des Krieges ohne Verschulden des Prinzipals nicht fertiggestellt werden kann.

Denn in solchen Fällen handelt es sich nicht um eine zu Lasten des Prinzipals gehende rückläufige Konjunktur, sondern um eine Unmöglichkeit der Leistung seiner Dienste, soweit der Handlungsgehilfe nicht vom Prinzipal anderweitig beschäftigt werden kann.

Der Prinzipal wird allerdings, wie schon bemerkt, nach Treu und Glauben die Verpflichtung haben, den Handlungsgehilfen, wenn möglich, anderweitig zu beschäftigen.

Die Verpflichtung des Handlungsgehilfen, sich vom Prinzipal anderweitig beschäftigen zu lassen, ergibt sich schon aus § 615 Satz 2 BGB., wonach er nicht böswillig seine Dienste anderweitig zu verwerten unterlassen darf.

In solchen Fällen zeitweiser Verhinderung des Handlungsgehilfen besteht übrigens kein außerordentliches Kündigungsrecht, sondern nur die Berechtigung des Prinzipals zur Einbehaltung des Gehalts für die Dauer der Behinderung.

Der Handlungsreisende kann mit Rücksicht auf seine feste Anstellung wohl auch verlangen, daß ihm der Prinzipal für die Dauer des Krieges, soweit möglich, ein anderes Reisegebiet zuweist.

Diese Verhältnisse können insbesondere wichtig werden, wenn dem Handlungsgehilfen Diäten oder Reisespesen bewilligt sind, welche dann auch für die Zeitdauer entfallen, für welche dem Reisenden die Reisetätigkeit infolge des Krieges unmöglich ist.

Hat der Handlungsgehilfe einen Anteil vom Umsatz zu beanspruchen, so geht der durch den Krieg bedingte Rückgang natürlich insoweit zu seinen Lasten.

Hat der Handlungsgehilfe Provision von den durch ihn vermittelten Geschäften zu erhalten, so hat er mangels anderweitiger Vereinbarung solche gemäß § 65 in Verbindung mit § 88 HGB. nicht zu beanspruchen, falls der Kunde infolge des Krieges nicht bezahlt, oder weil der Prinzipal mit Rücksicht auf den Kriegszustand nach den im VI. Abschnitt A II zu erörternden Grundsätzen die Ausführung des Geschäftes unterlassen darf, insbesondere wegen Rückgangs in der Zahlungsfähigkeit des Kunden.

Hat der Handlungsgehilfe für einen gewissen Umsatz die Haftung übernommen, so trägt er die Gefahr dessen Erreichung, so daß er auch die Provision nur insoweit zu erhalten hat, als der Umsatz maßgebend sein soll.

Nebenbei sei erwähnt, daß selbstverständlich auch hier eine Kriegsklausel vereinbart sein kann, durch welche der Kriegszustand als solcher als außerordentlicher Kündigungsgrund für Prinzipal und Handlungsgehilfen erklärt ist.

Nach der positiven Vorschrift der Bekanntmachung des Bundesrates vom 10. September 1914 ist ferner mit Wirksamkeit vom 11. ds. Mts. ab (RGBl. Nr. 74 S. 404) angeordnet, daß aus dem Reichsgesetz vom 10. Juni 1914 betreffend die Änderung der §§ 74 ff. HGB. der Grundsatz alsbald in Kraft gesetzt werde, wonach der § 75 Abs. 1 Satz 2 HGB. für Dienstverhältnisse, die zur Zeit des Inkrafttretens dieser Verordnung noch nicht beendigt sind, durch folgende Vorschrift ersetzt wird:

„Das gleiche gilt, wenn der Prinzipal das Dienstverhältnis kündigt, es sei denn, daß für die Kündigung ein erheblicher Anlaß in der Person des Gehilfen vorliegt oder daß sich der Prinzipal bei der Kündigung oder, falls die Kündigung zur Zeit des Inkrafttretens der Verordnung schon erfolgt war, unverzüglich nach Inkrafttreten bereit erklärt, während der Dauer der Beschränkung dem Gehilfen die vollen, zuletzt von ihm bezogenen vertragsmäßigen Leistungen zu gewähren."

Bestehen bleibt also der Grundsatz, wonach der Prinzipal aus einer Konkurrenzklausel gegenüber dem Handlungsgehilfen keine Ansprüche geltend machen kann, wenn er selbst durch vertragswidriges Verhalten dem Handlungsgehilfen Grund zur außerordentlichen Auflösung des Dienstverhältnisses gibt.

Nach der weiteren gesetzlichen Bestimmung konnte der Prinzipal bisher auch dann keine Rechte aus der Konkurrenzklausel geltend machen, wenn er das Dienstverhältnis ohne einen von ihm nicht verschuldeten Anlaß kündigte, oder wenn er nicht während der Dauer der Beschränkung des Handlungsgehilfen demselben das zuletzt bezogene Gehalt fortbezahlte.

Dies wird nun durch die neuerliche Bestimmung in folgender Weise abgeändert:

Der Prinzipal kann auch dann keine Rechte aus der Konkurrenzklausel geltend machen, wenn er das Dienstverhältnis ohne einen erheblichen Anlaß kündigt, welcher aber nicht blos wie bisher von ihm nicht verschuldet sein darf, sondern in der Person des Gehilfen vorliegen muß.

Liegt ein solcher Grund nicht vor, dann kann der Prinzipal keine Rechte aus der Konkurrenzklausel geltend machen, wenn er nicht während der Dauer der Beschränkung des Gehilfen demselben die vollen zuletzt von ihm bezogenen vertragsmäßigen Leistungen gewährt; hat die Kündigung des Vertragsverhältnisses durch den Prinzipal schon vor dem 11. September 1914 stattgefunden, so muß er seine Bereitwilligkeit zur Fortgewährung dieser Leistungen unverzüglich (ohne schuldhaftes Zögern) erklären, andernfalls bei der Kündigung selbst.

Es ist also notwendig, daß der Grund, aus welchem der Prinzipal das Dienstverhältnis löst, in der Person des Gehilfen liegt.

Dabei ist es gleichgültig, ob der Gehilfe den Grund verschuldet hat oder nicht. Der Umstand, daß der Gehilfe durch Einberufung zum Heere seiner Militärpflicht Folge leistet, ist nun allerdings für den Prinzipal Grund zur außerordentlichen Kündigung. Die Ausübung dieser öffentlichen Rechtspflicht gibt aber gleichwohl dem Prinzipal nicht das Recht, auch noch Ansprüche aus der Konkurrenzklausel gegen den Gehilfen geltend zu machen.

Gründe, welche überhaupt nicht in der Person des Gehilfen liegen, berechtigen den Prinzipal dagegen auch dann nicht zur Geltendmachung von Ansprüchen aus der Konkurrenzklausel, wenn sie erheblich sind, z. B. Betriebseinschränkungen infolge des Krieges.

Kündigt der Prinzipal aus solchen Gründen, welche nicht in der Person des Gehilfen liegen, so kann er aus der Konkurrenzklausel keine Ansprüche ableiten, wenn er nicht die vorerwähnten Leistungen übernimmt.

Die jetzt schon in Kraft gesetzte Bestimmung soll den Gehilfen eben hauptsächlich dagegen schützen, daß ihm infolge des Krieges ohne Fortgewährung der vertragsmäßigen Leistungen gekündigt werden kann.

Bezüglich dieser Leistungen selbst ist zu bemerken, daß sich der Prinzipal erbieten muß, die vollen von dem Gehilfen zuletzt, das heißt bei Lösung des Dienstverhältnisses bezogenen vertragsmäßigen Leistungen zu gewähren, also nicht bloß den Gehalt, sondern auch Provision, Gewinnanteil, den Wert der Naturalbezüge, wie freie Kost, freie Wohnung usw. Freiwillige Leistungen, welche der Prinzipal während der Vertragsdauer nur freiwillig bezahlte, wie Gratifikationen, Zahlung der den Gehilfen treffenden Beträge zu den sozialen Versicherungen, sind dagegen nicht weiter zu bezahlen, wenn sie nicht als Teil des Entgeltes der Tätigkeit des Gehilfen vereinbart waren.

Dabei braucht sich der Gehilfe die Bezüge, die er in einer neuen Stellung verdient, nicht anrechnen zu lassen; nur muß er natürlich in der neuen Stellung die Konkurrenzklausel einhalten.

Da der neue Grundsatz schon für solche Dienstverhältnisse gelten soll, welche am 11. September 1914 bereits bestanden haben, aber noch nicht beendigt waren, muß der Prinzipal, wenn er ohne erhebliche in der Person des Gehilfen liegende Gründe das Dienstverhältnis auflöst, seine Bereitwilligkeit zur Fortsetzung der zuletzt von dem Gehilfen bezogenen Leistungen gleichzeitig mit der Kündigung zum Ausdruck bringen (nachträgliche Erklärung sichert ihm diese Rechte nicht mehr), oder falls die Kündigung am 11. September 1914 schon erfolgt war, unverzüglich nach diesem Tage, an welchem die Bekanntmachung des Bundesrates in Kraft getreten ist.

Der Prinzipal kann aber die neu in Kraft getretene Bestimmung nicht etwa dadurch umgehen, daß er nach dem Inkrafttreten derselben die vorher schon erklärte Kündigung einseitig widerruft.

Der Prinzipal ist selbstverständlich auch nicht berechtigt, einseitig die Bezüge des Handlungsgehilfen mit Rücksicht auf den Kriegszustand zu kürzen, wie schon ausgeführt wurde.

Würde er dies gleichwohl tun, so würde er dem Handlungsgehilfen Grund zur außerordentlichen Kündigung des Dienstverhältnisses geben, wodurch die Konkurrenzklausel schon nach den bisherigen Bestimmungen unwirksam werden würde.

Der neue Grundsatz gilt also für Dienstverhältnisse, die zur Zeit des Inkrafttretens dieser Vorschrift noch nicht beendigt waren, sei es, daß sie überhaupt noch ungekündigt waren, oder daß sie zwar schon gekündigt waren, daß die Kündigungsfrist aber über den 11. September 1914 hinausreicht.

Für die Zeit des Kriegszustandes gilt also für die derzeit bereits bestehenden Konkurrenzklauseln der Rechtszustand, daß, wenn der Prinzipal dem Handlungsgehilfen durch vertragswidriges Verhalten Grund zur außerordentlichen Kündigung gibt, er Ansprüche aus der Konkurrenzklausel nicht geltend machen kann.

Ferner kann der Prinzipal, wenn er selbst das Dienstverhältnis kündigt, nur dann Ansprüche aus der Konkurrenzklausel ableiten, wenn für die Kündigung ein erheblicher Anlaß in der Person des Gehilfen vorliegt, oder wenn er sich bei der nach dem 11. September 1914 erfolgenden Kündigung bereit erklärt, während der Dauer der Beschränkung dem Gehilfen die vollen zuletzt von ihm bezogenen Leistungen zu gewähren, bzw. wenn er, falls diese Kündigung am 11. September 1914 bereits erfolgt war, unverzüglich nach diesem Tage die gleiche Bereitwilligkeit erklärt.

Vorausgesetzt ist dabei selbstverständlich, daß die Konkurrenzklausel nach der bisherigen Bestimmung in § 74 HGB. überhaupt wirksam war.

Im übrigen bleiben die Bestimmungen des Handelsgesetzbuches vorerst aufrecht erhalten.

Nur das ist zu bemerken, daß für die Beurteilung der allgemeinen Frage, ob durch die Konkurrenzklausel das Fortkommen des Handlungsgehilfen unbillig erschwert wird, der Kriegszustand natürlich mit in Betracht gezogen werden kann.

Die Bestimmungen des Handelsgesetzbuches bleiben also überhaupt in Kraft für solche Dienstverhältnisse, die am 11. September 1914 bereits beendigt waren, das heißt auf Grund einer außerordentlichen oder ordentlichen Kündigung bereits dergestalt aufgelöst waren, daß das Ende der Kündigungsfrist bereits vor dem 11. September 1914 abgelaufen war.

Die Bestimmungen des Handelsgesetzbuches bleiben ferner abgesehen von dem neu eingeführten Grundsatz im übrigen auch für solche Dienstverhältnisse aufrecht erhalten, welche am 11. September 1914 noch bestanden haben, wenn sie auch für einen späteren Zeitpunkt bereits gekündigt waren.

Nur tritt der neue Grundsatz für solche Dienstverhältnisse am 1. Januar 1915 außer Kraft, weil an diesem Tage ohnehin das Gesetz vom 10. Juni 1914 in vollem Umfang in Kraft tritt.

Die Erläuterung dieses neuen Reichsgesetzes selbst ist nicht Gegenstand dieser Darstellung.

Jedoch ist dasselbe insoweit in den Bereich derselben zu ziehen, als der Kriegszustand über den 1. Januar 1915 hinaus dauern würde.

Nach Art. 3 RG. vom 10. Juni 1914 findet dasselbe auch auf die vorher vereinbarten Wettbewerbverbote Anwendung.

Inwieweit früher vereinbarte Konkurrenzklauseln mit dem 1. Januar 1915 auch für solche Dienstverhältnisse außer Kraft treten, welche am 11. September 1914 bereits beendigt waren, bemißt sich also lediglich nach Art. 3 dieses Gesetzes.

Der Kriegszustand ist für die Beurteilung dieser Konkurrenzklauseln, wie schon bemerkt, nur insoweit von Bedeutung, als die Bestimmung in § 74 des neuen Gesetzes dieselben insoweit für unverbindlich erklärt, als sie eine unbillige Erschwerung des Fortkommens des Gehilfen enthalten.

Für Dienstverhältnisse, welche am 11. September 1914 noch nicht beendigt waren, sei es, daß sie überhaupt noch nicht gekündigt waren, oder daß eine Kündigung erst für einen späteren Zeitpunkt wirkte, findet der neue oben schon dargestellte Grundsatz jetzt schon Anwendung.

Insoweit solche Dienstverhältnisse für die Zeit nach dem 1. Januar 1915 fortdauern, werden Konkurrenzverbote ebenfalls nach Maßgabe des Art. 3 des Gesetzes vom 10. Juni 1914 unwirksam.

Dauert der Kriegszustand über diese Zeit hinaus, so findet alsdann überdies der oben schon dargestellte Grundsatz nach § 75 dieses Gesetzes ohnehin Anwendung, wonach der Prinzipal, wenn er das Dienstverhältnis kündigt, nur dann Ansprüche aus der Konkurrenzklausel ableiten kann, wenn er aus einem in der Person des Gehilfen liegenden Grund kündigt oder wenn er sich bei der Kündigung bereit erklärt, während der Dauer der Beschränkung dem Gehilfen die vollen zuletzt von ihm bezogenen vertragsmäßigen Leistungen zu gewähren.

Er kann also auch dann, wenn er sich hiezu nicht bei der Kündigung bereit erklärt, Ansprüche aus der Konkurrenzklausel nicht geltend machen, wenn er mit Rücksicht auf den Kriegszustand kündigt.

Dabei ist wiederholt zu bemerken, daß für die Beurteilung der Verbindlichkeit der Konkurrenzklausel im allgemeinen, das heißt für die Frage, ob und inwieweit durch dieselbe das Fortkommen des Gehilfen unbillig erschwert wird, der Kriegszustand in Betracht kommen kann.

In allen übrigen Punkten, in welchen es sich nicht um die Kündigung durch den Prinzipal handelt, kommen bis 1. Januar 1915 die bisherigen Vorschriften und von da ab die Vorschriften des neuen Gesetzes vom 10. Juni 1914 zur Anwendung.

b) Das Dienstverhältnis der Handlungslehrlinge.

Nach § 77 Abs. 3 HGB. finden nach Ablauf der Probezeit auf die Kündigung des Lehrverhältnisses die Vorschriften der §§ 70—72 Anwendung.

Es ist also in dieser Hinsicht auf die vorstehenden Ausführungen bezüglich der Handlungsgehilfen Bezug zu nehmen.

Insbesondere ist der Prinzipal auch während der Probezeit nicht verpflichtet, den Betrieb bloß zu dem Zwecke aufrecht zu halten, um den Handlungslehrlingen Gelegenheit zu ihrer Ausbildung zu geben.

c) Das Dienstverhältnis der Handlungsagenten.

Auch hier ist nach § 92 Abs. 2 HGB. die Kündigung ohne Einhaltung einer Kündigungsfrist beim Vorliegen wichtiger Gründe zulässig.

Es gelten also auch hier im allgemeinen die für das Recht der Handlungsgehilfen unter a entwickelten Grundsätze.

Insbesondere kann also der Handlungsagent das Dienstverhältnis sofort auflösen, wenn er selbst zum Heeresdienst einberufen wird, während anderseits der Geschäftsherr das Agenturverhältnis unter den gleichen Voraussetzungen auflösen kann, unter welchen er auch dem Handlungsgehilfen außerordentlich zu kündigen berechtigt ist.

Auch bezüglich der Höhe der Provision und etwaigen Reisespesen, der Unmöglichkeit der Ausübung der Tätigkeit durch den Handlungsagenten während des Krieges, der Erreichung des vorgeschriebenen Umsatzes, der Möglichkeit der Vereinbarung der Kriegsklausel wird auf die Ausführungen bezüglich der Handlungsgehilfen verwiesen.

Nur kann der Handlungsagent natürlich nicht verlangen, daß ihm für seine durch den Krieg unmöglich gewordene Tätigkeit ein anderes Gebiet oder ein anderer Bezirk zugewiesen werde, da er als selbständiger Kaufmann das Risiko der Möglichkeit der Ausübung seiner Tätigkeit ohnehin allein trägt.

Auch beim Agenten können Konkurrenzklauseln vereinbart sein.

Auf diese finden jedoch bekanntlich nicht die Bestimmungen des Handelsgesetzbuches über die Konkurrenzklausel bei Handlungsgehilfen Anwendung; für sie gilt im allgemeinen nur die Schranke uach § 138 BGB.

d) Das Dienstverhältnis der gewerblichen Bediensteten.

Bei den ständig gegen feste Bezüge angestellten Betriebsbeamten, Werkmeistern und ähnlichen Angestellten oder mit höheren technischen Dienstleistungen betrauten Angestellten im Sinne von § 133a GewO. ist nach § 133b daselbst für jeden der beiden Vertragsteile die Aufhebung des Dienstverhältnisses ohne Einhaltung einer Kündigungsfrist gestattet, wenn ein wichtiger die Aufhebung rechtfertigender Grund vorliegt.

In § 133 Ziff. 4 ist insbesondere bestimmt, daß der Dienstberechtigte das Dienstverhältnis ohne Einhaltung einer Kündigungsfrist auflösen kann, wenn der Dienstverpflichtete durch längere Abwesenheit an der Verrichtung der Dienste gehindert ist.

In dem letzteren Fall bleibt nach § 133 c Abs. 2 GewO. der Anspruch des Dienstverpflichteten auf die vertragsmäßigen Leistungen des Arbeitsgebers auf die Höchstdauer von 6 Wochen nur bei Verhinderung durch unverschuldetes Unglück bestehen.

Auch für die Betriebsbeamten, auf welche § 133 a GewO. Anwendung findet, gelten also die gleichen Bestimmungen, wie für den Handlungsgehilfen (s. unter a), insbesondere auch für das Recht des Arbeitgebers, aus Gründen, welche in seiner Person oder in der Notwendigkeit der Einstellung des Gewerbebetriebes liegen, das Dienstverhältnis ohne Einhaltung einer Kündigungsfrist aufzulösen.

An der Bestimmung über die Konkurrenzklausel nach § 133 f GewO. ist durch den Kriegszustand keine Änderung eingetreten.

Doch kann natürlich der Kriegszustand für die Beurteilung der Frage, ob durch die Konkurrenzklausel eine unbillige Erschwerung des Fortkommens herbeigeführt wird, immerhin von Bedeutung sein.

Bei den gewerblichen Arbeitern (Gesellen und Gehilfen), insbesondere also den Fabrikarbeitern und dem sonstigen gewerblichen Personal, kann nach § 123 Ziff. 8 GewO. das Dienstverhältnis aufgelöst werden, wenn dieselben zur Fortsetzung der Arbeit unfähig werden, also inbesondere, wenn sie an der Fortsetzung der Arbeit durch Einberufung zum Heeresdienst verhindert werden.

Nach § 123 Abs. 3 GewO. bemißt sich in diesem Fall die den gewerblichen Arbeitern zu gewährende Entschädigung nach den allgemeinen Bestimmungen, insbesondere also nach § 616 BGB., wonach den gewerblichen Arbeitern aus den gleichen Gründen, wie oben unter a für die Handlungsgehilfen ausgeführt, ein Anspruch auf Fortzahlung ihres Lohnes von dem Tage des Dienstaustrittes ab überhaupt nicht mehr zusteht.

Sie können ferner schon nach § 124 Ziff. 1 GewO. aus dem Dienstverhältnis ausscheiden, wenn sie durch Einberufnng zum Heeresdienst zur Fortsetzung der Arbeit unfähig werden.

Der Arbeitgeber kann dagegen nach § 124 a GewO. in dem Falle, daß er selbst vom Kriege betroffen wird, das Dienstverhältnis mit den gewerblichen Arbeitern nur dann ohne Einhaltung einer Kündigungsfrist kündigen, wenn das Dienstverhältnis auf mindestens vier Wochen oder mit einer längeren als 14tägigen Kündigungsfrist vereinbart ist.

Der Arbeitgeber kann also in dem Falle, daß er selbst vom Kriege betroffen ist, das Dienstverhältnis nur mit der in § 122 GewO. bestimmten 14tägigen gesetzlichen Kündigungsfrist oder der etwa vertragsmäßig vereinbarten kürzeren Kündigungsfrist kündigen; zu einer sofortigen Kündigung ohne Einhaltung einer Kündigungsfrist und zwar auch ohne Einhaltung der an sich bestehenden 14tägigen Kündigungsfrist ist er dagegen nur dann berechtigt, wenn das Dienstverhältnis auf mindestens vier Wochen fest bestimmt, oder wenn längere als 14tägige Kündigungsfrist vereinbart ist.

Für die gewerblichen Lehrlinge bestimmt § 127 b in Verbindung mit mit § 123 Ziff. 8 GewO., daß das Lehrlingsverhältnis seitens des Arbeitgebers aufgelöst werden kann, wenn der Lehrling zur Fortsetzung der Arbeit unfähig, also insbesondere zum Heeresdienst einberufen wird.

Der Lehrling selbst kann nach § 127b in Verbindung mit § 124 Ziff. 1 GewO. das Verhältnis auflösen, wenn er selbst zum Heeresdienst einberufen wird.

Eine Bestimmung, wonach der Arbeitgeber das Lehrlingsverhältnis infolge von Umständen auflösen kann, welche seine Person betreffen, ist im Gesetz nicht vorgesehen.

Jedoch wird gleichwohl auch hier anzunehmen sein, daß der Arbeitgeber das Lehrlingsverhältnis auflösen kann, wenn durch seine eigene Einberufung zum Heeresdienst oder dauernde Einstellung seines Gewerbebetriebes die Unmöglichkeit der weiteren Ausbildung des Lehrlings ohne Verschulden des Arbeitgebers eingetreten ist.

e) Das Dienstverhältnis des Gesindes.

Für die Frage der Auflösung dieses Dienstverhältnisses sind für Bayern die Bestimmungen in Art. 23 und Art. 24 Ziff. 10 des bayr. AusfG. z. BGB. maßgebend, wonach das Dienstverhältnis aus wichtigen Gründen ohne Einhaltung einer Kündigungsfrist aufgelöst werden kann.

Seitens des Dienstboten und des Dienstherrn kann also insbesondere die Kündigung erfolgen, wenn der Dienstbote durch eine die Zeitdauer von vier Wochen übersteigende militärische Dienstleistung an der Leistung der Dienste verhindert ist; seitens des Dienstherrn kann die Kündigung insbesondere dann erfolgen, wenn er durch die durch den Krieg verursachte vollständige Auflösung seines Haushaltes insbesondere infolge eigener Einziehung zum Heeresdienst an der Entgegennahme der Dienste durchaus verhindert wird.

Soweit in anderen Bundesstaaten besondere Vorschriften für das Gesinde nicht gegeben sind, kommen die allgemeinen Bestimmungen des BGB. zur Anwendung, insbesondere also § 626 BGB., welcher zu dem gleichen Ergebnis führen wird.

f) Andere Dienstverhältnisse des bürgerlichen Rechts.

Diese können nach § 626 BGB. aus wichtigen Gründen ohne Einhaltung einer Kündigungsfrist gelöst werden.

Unter diese Bestimmung fallen also die Verträge mit Vorstandsmitgliedern von Aktiengesellschaften und Gesellschaften mit beschränkter Haftung, weil diese nicht als Handlungsgehilfen zu erachten sind, ferner die Verträge mit Gehilfen in nicht kaufmännischen Betrieben, welche kaufmannsähnliche Dienste leisten, wie Buchhalter, Privatsekretäre, Syndici, Gutsverwalter; ferner fallen unter diese Bestimmung Ärzte, Apothekergehilfen, Gehilfen der Anwälte und Notare, Redakteure, Lehrer, Erzieher usw., aber auch diejenigen Personen, welche im Kaufmannsgewerbe untergeordnete Hilfsdienste verrichten, also nicht als gewerbliche Gehilfen zu erachten sind usw.

Zunächst ist zu bemerken, daß für diese Personen die handelsgesetzlichen Bestimmungen über die Konkurrenzverbote keine Anwendung finden.

Auch diese sind infolgedessen nur im allgemeinen nach Maßgabe des § 138 BGB. unwirksam, insoweit sie die Ausnützung der Tätigkeit des Dienstverpflichteten für die Zukunft in zu weit gehender Weise einschränken.

Im übrigen genügt es bezüglich der für beide Teile in Frage kommenden wichtigen Gründe auf die vorstehenden Ausführungen bezüglich der übrigen Dienstverhältnisse Bezug zu nehmen, wobei selbstverständlich auf die besondere Natur des betreffenden Dienstverhältnisses Rücksicht zu nehmen ist.

Der Dienstverpflichtete kann also jedenfalls das Dienstverhältnis auflösen, wenn er selbst zum Heeresdienste einberufen wird.

In diesem Falle verbleibt dem Dienstverpflichteten sein Anspruch auf die Gegenleistung bis zum Eintritt der Unmöglichkeit seiner Dienstleistung gemäß § 323 BGB.

Eine Rückzahlung eines bereits bezogenen Gehaltes nach § 628 BGB. kommt deshalb für die Zeit, in welcher die Dienstleistung noch stattgefunden hat, nicht in Frage; ein für die spätere Zeit nach Beendigung der Dienstleistung etwa bezahlter Teil der Vergütung ist nach Maßgabe des § 628 BGB. zurückzugewähren.

Beim Engagement eines Bühnenkünstlers kann dieser außerordentlich kündigen, wenn er selbst zum Heere einberufen wird.

Der Dienstberechtigte kann das Dienstverhältnis kündigen, wenn er durch seine eigene Einberufung zum Heere gehindert wird, von den Diensten Gebrauch zu machen, also z. B. den ihm zu gewährenden Unterricht zu nehmen.

In solchen Fällen hat der Dienstverpflichtete einen für eine spätere Zeit im voraus bezahlten Teil der Vergütung nach Maßgabe des § 628 BGB. zurückzuvergüten.

Dem Theaterunternehmer wird das außerordentliche Kündigungsrecht zu gewähren sein, wenn er durch behördliche Einstellung des Theaterbetriebes während des Krieges oder durch die dauernde Unmöglichkeit der Fortsetzung desselben ohne sein Verschulden gehindert wird, von der Tätigkeit eines Künstlers Gebrauch zu machen.

Es ist also jedenfalls nicht zulässig, den Kriegszustand zu dem Vorwand der Entlassung eines mißliebigen Künstlers zu benützen.

Wird überhaupt nicht die Fortsetzung des Theaterbetriebes durch behördliche Maßnahmen unmöglich gemacht, so wird dem Theaterunternehmer das Recht der Auflösung des Vertrages ohne Kündigung nur dann zu gewähren sein, wenn der Weiterbetrieb sich dauernd als unmöglich erweist.

Bei den Bühnenverträgen ist allerdings in der Regel die Bestimmung getroffen, daß, wenn der Theaterbetrieb durch Anordnung der Behörde auf unbestimmte Zeit geschlossen wird, die Lösung des Vertragsverhältnisses seitens des Unternehmers sofort erfolgen kann, andernfalls mit einer bestimmten von der vertragsmäßigen Kündigungsfrist abweichenden kürzeren Frist.

Ähnliche Grundsätze werden anzuwenden sein im Verhältnis des Impresario gegenüber den von ihm angestellten Künstlern, wenn er selbst durch die Unmöglichkeit der Fortsetzung des Theaterunternehmens in die Unmöglichkeit versetzt ist, von den Diensten der von ihm angestellten Künstler Gebrauch zu machen.

Für das Dienstverhältnis von Anwaltskonzipienten wird Bezug genommen auf Friedländer, JW. 1914 S. 913 ff.

g) Dienstähnliche Verhältnisse.

Für diese ist folgendes hervorzuheben:

Ist beim Maklervertrag von dem Auftraggeber dem Makler gegenüber in rechtswirksamer Weise auf Widerruf des Auftrages auf eine bestimmte

Zeit verzichtet worden, so ändert sich hieran durch den Kriegszustand nichts. Denn der Auftraggeber ist ja ohnehin nicht verpflichtet, ein ihm von dem Makler angetragenes Geschäft abzuschließen. Will er aber ein Geschäft der aufgetragenen Art abschließen, so besteht kein Grund, einen dem Makler für eine bestimmte Zeit unwiderruflich erteilten Auftrag vorzeitig zu widerrufen.

Der Vertrag mit dem Kommissionär im handelsrechtlichen Sinn ist nach den Regeln des Dienstvertrages zu behandeln, also nach §§ 626, 627 BGB. im Kriegsfall jederzeit lösbar. (Staub a. a. O. Anm. 23 zu § 383).

Die gleichen Grundsätze gelten für den Vertrag mit dem Spediteur. (Staub a. a. O. Anm. 19 zu § 407 und Anm. 16 zu § 408).

Beim Dienstvertrag, welcher eine Geschäftsbesorgung zum Gegenstand hat, kann der Verpflichtete nach § 675 in Verbindung mit §§ 626, 627, 671 BGB. beim Vorliegen eines wichtigen Grundes jederzeit kündigen.

In allen diesen Fällen hat der Dienstverpflichtete, wenn er wegen seiner Verhinderung durch den Kriegszustand kündigt, gemäß §§ 323, 628 Abs. 1 BGB. einen seinen bisherigen Leistungen entsprechenden Teil der Vergütung zu verlangen.

Wird ihm in zulässiger Weise von dem Dienstberechtigten gekündigt, so ergibt sich aus §§ 323, 628 Abs. 2 BGB. die gleiche Folge.

Dabei ist jedoch für solche Dienstverhältnisse im allgemeinen zu bemerken, daß wenn ausnahmsweise die Dienste von dem Dienstverpflichteten nicht in Person zu leisten sind (§ 613 BGB.), der Dienstverpflichtete wegen seiner Einberufung zum Heeresdienste, wenn er Ersatz zu beschaffen vermag, nicht ohne weiteres von der Verpflichtung befreit wird.

Der Auftrag, das ist die unentgeltliche Übernahme der Besorgung eines Geschäftes, ist nach § 671 Abs. 1 BGB. von beiden Teilen ohnehin jederzeit kündbar; hat der Beauftragte auf das Kündigungsrecht verzichtet, so kann er nach § 671 Abs. 3 BGB. das Auftragsverhältnis bei Vorliegen eines wichtigen Grundes, also insbesondere, wenn er selbst zum Kriegsdienst einberufen wird, gleichwohl kündigen.

h) Öffentliche Beamte.

Bei öffentlichen Beamten oder Bediensteten kommen für das Recht zur Auflösung des Amtsverhältnisses und für die Verpflichtung des Dienstherrn zur Fortbezahlung des Gehaltes die für das betreffende Amtsverhältnis geltenden öffentlich-rechtlichen Bestimmungen, (Beamtengesetz usw.) in Verbindung mit etwa bestehenden Dienstverträgen zur Anwendung.

III. Abschnitt:

Werkverträge und ähnliche Verträge.

1. Für den Werkvertrag gilt die allgemeine Regel, daß die Verpflichtung aus solchem durch den Kriegszustand an sich nicht beeinflußt wird.

Doch ist auf § 649 BGB. zu verweisen, wonach der Besteller des Werkes unbeschadet seiner Verpflichtung zur Bezahlung der Vergütung in dem dortselbst bestimmten Umfang bis zur Vollendung des Werkes den Vertrag ohnehin jederzeit kündigen kann.

Selbstverständlich gilt aber auch für den Werkvertrag die allgemeine Bestimmung in § 275 BGB., wonach der Verpflichtete von der Verpflichtung zur Leistung frei wird, soweit die Leistung nach der Entstehung des Schuldverhältnisses objektiv oder subjektiv unmöglich wird, ohne daß dem Leistungsschuldner ein Verschulden zur Last fällt.

Es wird in dieser Hinsicht auf die Ausführungen im VI. Abschnitt A II über das Recht der Vertragsverhältnisse im allgemeinen Bezug genommen.

Wird also die Ausführung des Werkes infolge des Kriegszustandes objektiv unmöglich, oder wird dem Verpflichteten die Leistung unverschuldet subjektiv unmöglich, sei es, daß infolge des Kriegszustandes das Werk überhaupt nicht hergestellt werden kann, weil es sich z. B. um einen Bau in einem vom Feind besetzten Ort handelt, oder weil die Arbeitskräfte und Materialien für das Werk nicht zu beschaffen sind, so kommt der Verpflichtete für die Dauer der Behinderung nicht in Verzug oder wird von der Verpflichtung zur Leistung überhaupt frei, wenn die Herstellung des Werkes dauernd unmöglich geworden ist.

In diesem Falle steht dem Unternehmer nach § 323 BGB. der Anspruch auf die Gegenleistung nicht zu, oder, wenn das Werk teilweise hergestellt ist, nur zu einem verhältnismäßigen Betrage.

Dabei ist zu bemerken, daß nach § 644 BGB. der Unternehmer eines Werkes die Gefahr bis zur Abnahme des Werkes durch den Besteller trägt, wobei die Gefahr auf den Letzteren auch dann übergeht, wenn er mit der Abnahme des Werkes im Verzuge sich befindet, sowie daß die Gefahr auf den Besteller auch dann übergeht, wenn der Unternehmer des Werkes dasselbe auf Verlangen des Bestellers nach einem anderen Orte als dem Erfüllungsorte übersendet. Im letzteren Falle geht also im allgemeinen die Gefahr auf den Besteller über, wenn auf Verlangen des Bestellers der Unternehmer das Werk nach einem anderen Orte als seiner eigenen Gewerbeniederlassung oder seinem eigenen Wohnsitz versendet, es sei denn, daß nach dem Inhalt des Werklieferungsvertrages der Bestimmungsort des Werkes als Erfüllungsort zu gelten hat.

2. Bezüglich einzelner Werkverträge ist noch folgendes besonders zu bemerken:

a) Bezüglich des Verlagsvertrages, welcher durch das Reichsgesetz vom 19. Juni 1901 besonders geregelt ist, gelten für die Verpflichtungen des Autors zur Fertigstellung des Werkes und für die Verpflichtungen des Verlegers zum Verlage desselben die gleichen Regeln.

Hinzuweisen ist auf die Bestimmung in § 18 des eben erwähnten Gesetzes, wonach, falls der mit dem Werk verbundene Zweck nach dem Abschluß des Verlagsvertrages wegfällt, der Verleger den Verlagsvertrag kündigen kann, wobei allerdings der Anspruch des Verfassers auf seine Vergütung bestehen bleibt, und wonach das gleiche gilt, wenn Gegenstand des Verlagsvertrages ein Sammelwerk ist, und dessen Vervielfältigung unterbleibt.

b) Der Vertrag, durch den jemand Anzeigen (Inserate) oder sonstige Reklame bestellt, wird durch den Kriegszustand an sich ebenfalls nicht berührt.

Der Umstand allein, daß die Reklame nicht mehr die genügende Beachtung des Publikums findet, berechtigt insbesondere den Besteller nicht zum Rücktritt.

Derselbe ist nur dann zum Rücktritt berechtigt, wenn eine Unmöglichkeit der Vertragserfüllung auf Seite des anderen Vertragsteiles eintritt.

Dies ist insbesondere dann der Fall, wenn die in Zeitschriften erscheinende Reklame hauptsächlich für das Ausland bestimmt ist, und die Zeitschrift dorthin nicht mehr versandt werden kann, oder wenn der Verleger die Zeitschrift eingehen läßt oder ihrem Inhalt oder ihrer Auflage nach erheblich mindern muß.

In diesem Falle ist auch der Besteller an den Vertrag nach Beendigung des Krieges nicht mehr gebunden, wenn die Unterbrechung der Reklame den Zweck derselben überhaupt gefährdet.

c) Das Verhältnis des Impresario zum Theaterunternehmer ist im allgemeinen als Werkvertrag zu beurteilen, da der Impresario das Auftreten der von ihm angestellten Künstler gegenüber dem Theaterunternehmer herbeizuführen hat.

Wird also durch den Kriegszustand das Auftreten der Künstler unmöglich gemacht, insbesondere wenn dieselben zum Heere einberufen werden, so wird der Impresario gegenüber dem Theaterunternehmer nach § 275 BGB. von seiner Verpflichtung frei.

Dagegen ist für den Theaterunternehmer die Unmöglichkeit der Entgegennahme der Dienste infolge Stillstandes des Theaterbetriebes kein Grund der Nichtbezahlung.

Denn die Bezahlung der Vergütung wird dadurch nicht unmöglich; der Umstand aber, daß der Theaterunternehmer in die Unmöglichkeit versetzt wird, die Künstler zu beschäftigen, darf nicht damit verwechselt werden, daß seine Leistung, nämlich die Bezahlung, möglich bleibt. Die Möglichkeit der außerordentlichen Kündigung nach § 626 BGB., welche dem Theaterunternehmer in diesem Falle gegenüber den einzelnen Bühnenkünstlern zusteht, kommt aber beim Werkvertrag nicht in Betracht.

d) Nach den Regeln des Werkvertrages richtet sich auch der Vertrag über Lieferung elektrischer Kraft oder elektrischen Lichtes, welcher als Werkvertrag zu erachten ist und welcher infolgedessen insbesondere dann vom Verpflichteten wird aufgehoben werden können, wenn infolge des Krieges die Unmöglichkeit der Elektrizitätserzeugung, insbesondere also durch Zerstörung des Elektrizitätswerkes eingetreten ist.

e) Bezüglich des Werkvertrages, welcher eine Geschäftsbesorgung zum Gegenstand hat, gilt das gleiche, wie für den auf eine geschäftliche Besorgung gerichteten Dienstvertrag im II. Abschnitt lit. g hervorgehoben.

f) Der Lagerhalter kann nach § 422 HGB. die Rücknahme des Gutes vor der vereinbarten Zeit ohne Einhaltung einer Kündigungsfrist verlangen, wenn ein wichtiger Grund vorliegt, also unter Umständen im Kriegsfall, wenn sich der Lagerraum an einem gefährdeten Ort befindet, wenn der Lagerraum für militärische Zwecke benötigt wird usw.

Das gleiche gilt nach § 696 BGB. für den gewöhnlichen Verwahrungsvertrag.

g) Einer besonderen Erwähnung bedarf der Frachtvertrag.

Wird durch den Ausbruch des Krieges die Beförderung des Gutes unmöglich gemacht, so wird der Frachtführer von der Verpflichtung zur Beförderung nach der allgemeinen Bestimmung in § 275 BGB. befreit und verliert nach § 323 BGB. den Anspruch auf die Gegenleistung.

Wird durch den Krieg der Antritt oder die Fortsetzung der Reise nur zeitweilig verhindert, so kann nach § 428 HGB. der Absender von dem Vertrage zurücktreten, hat aber in diesem Falle den Frachtführer für die Vorbereitung der Reise, die Wiederausladung und für den etwa schon zurückgelegten Teil zu entschädigen (Distanzfracht).

Zu erwähnen ist ferner die Bestimmung in § 429 HGB., wonach der Frachtführer für Verlust oder Beschädigung des Gutes, welche ohne sein Verschulden infolge des Kriegszustandes eingetreten sind, nicht haftbar ist.

Bezüglich des Frachtgeschäftes über die Binnenschiffahrt ist auf die Bestimmungen des Reichsgesetzes vom 20. Mai 1898 §§ 58, 62, 64, 68, 69, 71 zu verweisen.

Bezüglich des Frachtgeschäftes der Eisenbahn ist auf die Bestimmungen des HGB. §§ 454, 456, 465, 466 sowie auf die Bestimmungen der deutschen EisenbVerkO. vom 23. Dezember 1908 §§ 3, 20, 26, 35, 36, 37, 63, 67, 74, 75, 84 und 94 zu verweisen.

Hiernach haftet die Eisenbahn sowohl bei der Beförderung von Reisenden, als bei der Beförderung von aufgegebenem Reisegepäck und von Frachtgütern nicht, wenn die Beförderung infolge des Krieges nicht erfolgen kann; sie haftet für Verlust und Beschädigung von aufgegebenem Reisegepäck und Frachtgütern nicht, wenn dieselben durch höhere Gewalt herbeigeführt sind.

Die Eisenbahn haftet hiernach ferner nicht, wenn infolge des Krieges die Transportmittel nicht oder nicht rechtzeitig beigestellt werden können; sie haftet in diesem Falle auch nicht für Versäumung der Lieferfrist.

Die Eisenbahnverkehrsordnung gilt mit hier nicht einschlägigen Änderungen auch in Bayern nach der Bekanntmachung des bayerischen Verkehrsministeriums vom 25. Januar 1909.

Hiezu ist ferner zu bemerken, daß zurzeit sowohl für das Gebiet der Reichseisenbahnen als der bayerischen Staatsbahnen sämtliche Lieferfristen für den privaten Güterverkehr bis auf weiteres außer Kraft gesetzt sind (Bekanntmachung des Reichseisenbahnamtes vom 10. August 1914, RGBl. Nr. 58 S. 368 und Bayer. GVBl. Nr. 43 S. 365).

h) Bezüglich der Haftung der Postanstalten gelten folgende Bestimmungen:

Nach dem Reichsgesetz über das Postwesen vom 20. Dezember 1899 wird für eingeschriebene Briefe sowie für Briefe und Pakete mit Wertangabe nach § 6 im Falle höherer Gewalt nicht gehaftet.

Nach § 8 des Weltpostvertrages vom 26. Mai 1906 wird für eingeschriebene Sendungen im Falle höherer Gewalt nicht gehaftet.

Nach Art. 12 des internationalen Übereinkommens, betreffend den Austausch von Proben und Warenkästchen mit Wertangabe, nach Art. 15 des internationalen Übereinkommens, betreffend den Austausch von Postpaketen und nach Art. 11 des internationalen Übereinkommens, betreffend den Postauftragsdienst, wird ebenfalls im Falle höherer Gewalt nicht gehaftet.

Nach § 15 des Gesetzes über das Postwesen kann die Post im Falle eines Krieges durch öffentliche Bekanntmachung überhaupt jede Haftung auf Gefahr des Absenders ablehnen.

IV. Abschnitt:

Gesellschaften und Vereine.

Auf den Fortbestand von Gesellschaften kann der Kriegszustand entgegen der allgemeinen Rechtsregel deshalb von Einfluß sein, weil hier dem Vorliegen wichtiger Gründe ein weitgehender Einfluß eingeräumt ist.

1. Offene Handelsgesellschaften können nach § 131 Ziff. 6 und § 133 HGB. beim Vorhandensein wichtiger Gründe durch Richterspruch auch vor Ablauf der vertragsmäßig festgesetzten oder der gesetzlichen Kündigungsfrist auf Klagestellung eines Gesellschafters aufgelöst werden.

Unter Berücksichtigung der bisherigen allgemeinen Rechtsprechung über die Art der in Betracht kommenden Rechtsgründe wird jedoch ein solches Recht eines Gesellschafters nur dann anzunehmen sein, wenn durch den Ausbruch des Kriegszustandes entweder infolge behördlicher Anordnung oder infolge sonstiger vollständiger Unmöglichkeit der Weiterführung des Betriebes der Gesellschaftszweck dauernd unmöglich geworden ist.

Zeitweilige Unrentabilität, welche nach Beendigung des Krieges wieder behoben werden kann und nur eine Einschränkung des Betriebes oder Stilllegung des Betriebes während des Krieges erfordert, ist kein Grund zur vorzeitigen Auflösung.

Besondere Vorsicht wird wohl auch walten müssen für die Auflösung einer offenen Handelsgesellschaft deshalb, weil dem Gesellschafter durch den Kriegszustand die Erfüllung seiner gesellschaftlichen Verpflichtungen unmöglich wird, was an sich nach § 133 Abs. 2 HGB. außerordentlicher Kündigungsgrund ist.

Die vorzeitige Auflösung aus diesem Grunde, wenn der Gesellschafter infolge Einberufung zum Heere einer öffentlichen Verpflichtung genügt, wird nur in ganz besonderen Ausnahmefällen, wenn dadurch die Erreichung des Gesellschaftszweckes vollständig gefährdet ist, zur außerordentlichen Kündigung durch die anderen Gesellschafter führen können.

Für die Kommanditgesellschaften gelten gemäß § 161 Abs. 2 HGB. die gleichen Grundsätze.

Das gleiche gilt für die stille Gesellschaft und die Gesellschaft des bürgerlichen Rechts gemäß § 339 HGB. und § 723 und § 726 BGB.

Eine Kündigung zur Unzeit ist jedoch nach § 723 BGB. unzulässig; sie könnte gerade dann vorliegen, wenn sie erfolgt, obwohl andere Gesellschafter zum Kriegsdienst einberufen sind.

Der Gewinnanteil des zum Kriegsdienst einberufenen Gesellschafters hört selbstverständlich infolge dieser Einberufung nicht auf; nur insoweit demselben für seine Dienstleistung ein Entgelt gewährt ist, verliert er nach § 323 BGB. den Anspruch auf dasselbe.

Für die Assoziationen von Anwälten wird Bezug genommen auf Friedländer (JW. 1914 S. 914 ff.).

Zu erwähnen ist ferner, daß auch eine Gesellschaft mit beschränkter Haftung auf Klagestellung von Gesellschaftern, deren Anteile mindestens dem zehnten Teile des Stammkapitals entsprechen, bei Unmöglichkeit der Erreichung des Gesellschaftszweckes oder bei anderen in den Verhältnissen der Gesellschaft liegenden wichtigen Gründen durch richterliches Urteil aufgelöst werden kann (§ 61 des Gesetzes über die Gesellschaften mit beschränkter Haftung).

Für die Beurteilung der Wichtigkeit dieser Gründe wird das gleiche zu gelten haben, wie für die offenen Handelsgesellschaften ausgeführt.

Auch in anderen Beziehungen kann der Kriegsfall für das Gesellschaftsrecht von Bedeutung werden.

Wenn der Gesellschafter auch nicht verpflichtet ist, im Kriegsfalle seine Einlage zu erhöhen oder die durch Verlust verminderte Einlage zu ergänzen, so wird doch nach Treu und Glauben anzunehmen sein, daß die Gesellschafter diejenigen Beträge, welche sie nach § 122 HGB. oder nach den gewöhnlichen in den Gesellschaftsverträgen vorkommenden Bestimmungen während des Geschäftsjahres zur Befriedigung ihres Unterhaltes entnehmen können, im Kriegsfalle auf das äußerste beschränken, wenn dies die Lage der Gesellschaft erfordert.

Denn auch solche Entnahmen dürfen nicht erfolgen, wenn sie zum offenbaren Schaden der Gesellschaft gereichen (Staub a. a. O. Anm. 14 zu § 122).

Für Vereine ist zu bemerken, daß die Bestimmung in § 29 BGB., wonach in dringenden Fällen beim Fehlen der erforderlichen Vorstandsmitglieder dieselben bis zur Behebung des Mangels auf Antrag eines Beteiligten vom Amtsgericht bestellt werden können, in dessen Bezirk der Verein seinen Wohnsitz hat, besonders im Kriege praktisch werden kann.

Dies gilt auch für Gesellschaften mit juristischer Person, insbesondere die Aktiengesellschaften, Kommanditgesellschaften auf Aktien und Gesellschaften mit beschränkter Haftung, auf welche die allgemeinen Bestimmungen über Vereine Anwendung finden, beim Fehlen von Vorstandsmitgliedern oder Liquidatoren (Staudinger, Komm. z. BGB., 7. und 8. Aufl. Bem. II Ziff. 2 zu § 29; Staub-Hachenburg, Komm. zum Gesetz über die Gesellschaften mit beschränkter Haftung, 4. Aufl., Anm. 43 zu § 35).

Bei Gesellschaften mit beschränkter Haftung sind nach § 51 des Gesetzes betreffend die Gesellschaften mit beschränkter Haftung die Gesellschafter mit einer Frist von mindestens einer Woche durch eingeschriebenen Brief zur Gesellschafterversammlung einzuladen; ist die Gesellschaft nicht ordnungsmäßig einberufen, so können Beschlüsse nur bei Anwesenheit sämtlicher Gesellschafter gefaßt werden.

Durch Bekanntm. des Bundesrats vom 8. Oktober 1914 (RGBl. Nr. 85 S. 428 ff.), welche am 9. gleichen Monats in Kraft getreten ist, ist nun bestimmt, daß, wenn ein Gesellschafter infolge des Krieges durch eingeschriebenen Brief nicht geladen werden kann, und die Bestellung eines zur Entgegennahme der Ladung berechtigten Abwesenheitspflegers nach den Bestimmungen des Bürgerlichen Gesetzbuchs nicht möglich ist, auf Antrag eines Beteiligten das Amtsgericht des Sitzes der Gesellschaft einen Vertreter zur Entgegennahme der Ladung sowie zur Ausübung der Rechte des Gesellschafters bei Beschlußfassung und zur Ausübung sonstiger dem Gesellschafter in bezug auf die Führung der Gesellschaft zustehenden Rechte bestellen kann.

Die Vertretung ist nach Wegfall des Bedürfnisses wieder aufzuheben; auch wenn die Voraussetzungen der Bestellung nicht vorgelegen haben, sind die von oder gegenüber dem bestellten Vertreter vorgenommenen Rechtshandlungen wirksam.

Für den Fall, daß ein Vertreter oder Pfleger für den im Kriege abwesenden Gesellschafter bestellt ist, kann das genannte Amtsgericht im Falle des Bedürfnisses die Frist verlängern, mit der die Ladung des Vertreters oder Pflegers zur Versammlung der Gesellschafter zu bewirken ist.

2. Nach der besonderen Bestimmung der Bekanntm. des Bundesrats vom 8. August 1914 (RGBl. Nr. 57 S. 365 ff.), welche nur vorübergehende Bedeutung für den derzeitigen Kriegszustand haben soll, sind bis auf weiteres die Aktiengesellschaften, Kommanditgesellschaften auf Aktien, Gesellschaften mit beschränkter Haftung und Erwerbs- und Wirtschaftsgenossenschaften nicht ver-

pflichtet, bei Zahlungsunfähigkeit die Eröffnung des Konkursverfahrens zu beantragen oder die Zahlungen einzustellen, indem für die Aktiengesellschaften und Kommanditgesellschaften auf Aktien die Vorschriften in § 240 Abs. 2, 241 Abs. 3 und 4, 249 Abs. 3, 298 Abs. 2, 315 und 325 Ziff. 8 HGB., für die Gesellschaften mit beschränkter Haftung die Bestimmungen in §§ 64, 71, 84 des Gesetzes betreffend diese Gesellschaften und für die Erwerbs- und Wirtschaftsgenossenschaften die Bestimmungen in §§ 99, 118, 142, 148 des Gesetzes betreffend die Erwerbs- und Wirtschaftsgenossenschaften bis auf weiteres außer Kraft gesetzt sind.

Durch zeitweilige Außerkraftsetzung dieser Vorschriften sollen diese Gesellschaften in den Stand gesetzt werden, trotz zeitweiliger infolge des Kriegszustandes eingetretener Zahlungsunfähigkeit ihren Bestand weiter zu erhalten.

Darum sind die Verpflichtung des Antrages auf Konkurseröffnung und das Verbot der weiteren Zahlungsleistung nur für den Fall der Zahlungsunfähigkeit, nicht der Überschuldung außer Kraft gesetzt.

Immerhin werden auch in einem solchen Falle die Vorstandsmitglieder oder Liquidatoren genau zu erwägen haben, ob es sich nur um eine durch den Krieg veranlaßte vorübergehende oder um dauernde Zahlungsunfähigkeit handelt; im letzteren Falle werden sie zu erwägen haben, ob nicht im Interesse der Gläubiger Konkurseröffnung angezeigt erscheint.

Nach Verordnung des Bundesrats vom 11. Februar 1915 (RGBl. Nr. 17 S. 71) kann der Reichskanzler für während des Krieges gegründete Aktiengesellschaften oder Gesellschaften mit beschränkter Haftung auf Antrag Erleichterungen für die Veröffentlichung der Eintragungen im Handelsregister, die Einsicht desselben, die Erteilung von Abschriften, sowie die Verpflichtung des Vorstandes zur Veröffentlichung von Änderungen der Aufsichtsratsmitglieder zulassen.[1])

V. Abschnitt:

Miet- und Pachtverträge.

Schon aus dem allgemeinen Rechtssatz, daß der Schuldner nur durch nachfolgende unverschuldete Unmöglichkeit seiner Leistung von seiner Verpflichtung befreit wird, ergibt sich, daß der Mieter dadurch, daß er infolge des Krieges an der Benützung des gemieteten Raumes verhindert wird, von seiner Verpflichtung zur Bezahlung des Mietzinses nicht befreit wird.

§ 552 BGB. spricht dies noch ausdrücklich aus.

Es ist jedoch unrichtig, wie es bei Staudinger a. a. O. Bem. I zu § 552 geschieht, aus dieser im ursprünglichen Entwurf des Bürgerlichen Gesetzbuches nicht enthaltenen Bestimmung folgern zu wollen, daß ohne dieselbe der Mieter von der Mietzinszahlung befreit wäre, indem man unrichtigerweise sagt, daß der Vermieter den Zufall trage, und der Mieter nach § 275 und § 323 BGB. an sich von der Bezahlung des Mietzinses im Falle der Unmöglichkeit der Vertragserfüllung befreit sein würde.

Denn der dem Vermieter zur Last fallende Zufall bezieht sich nur darauf, daß er den Zufall zu tragen hat, der ihn an der Gewährung des Gebrauches der vermieteten Räumlichkeiten hindert.

---

[1]) Nach VO. des Bundesrats vom 25. Februar 1915 (RGBl. Nr. 28 S. 123) kann Aktiengesellschaften, Kommanditgesellschaften auf Aktien und Gesellschaften mit beschränkter Haftung, die erhebliche Teile ihres Geschäftes oder Vermögens im Ausland oder in deutschen Schutzgebieten haben und deshalb keine richtige Bilanz aufstellen können, auf Antrag Fristverlängerung oder Befreiung für das abgelaufene Geschäftsjahr bewilligt werden. Im letzteren Fall ist die nächstjährige Bilanz für beide Geschäftsjahre zu erstellen.

Dagegen ist der Mieter, der aus einem in seiner Person liegenden Grund an dem Gebrauch des gemieteten Raumes gehindert ist, nur in die Unmöglichkeit des Gebrauches der vom Vermieter zu gewährenden Gegenleistung, nicht aber in die Unmöglichkeit der Bezahlung versetzt. Nach den allgemeinen gesetzlichen Bestimmungen ist er aber durch nachfolgende Unmöglichkeit nur befreit, wenn diese Unmöglichkeit seine Leistung betrifft; seine Leistung, nämlich die Verpflichtung zur Bezahlung des Mietzinses, wird aber nicht dadurch unmöglich, daß er von dem gemieteten Raume keinen Gebrauch machen kann.

Diese Feststellung ist deshalb wichtig, weil aus der Bestimmung in § 552 BGB. nicht der für andere Verträge unrichtige Schluß gezogen werden darf, daß der aus einem gegenseitigen Vertrage Verpflichtete zu seiner an sich möglichen Leistung deshalb nicht mehr verpflichtet sei, weil er in die von ihm nicht verschuldete Unmöglichkeit versetzt wird, von der Gegenleistung des anderen Vertragsteiles Gebrauch zu machen.

Für die Mietverträge gilt also folgendes:

Der Vermieter muß trotz des Kriegszustandes den Gebrauch der gemieteten Räumlichkeiten dem Mieter weiterhin gewähren und auch seine sonstigen Verpflichtungen aus dem Mietvertrage erfüllen.

Er kann insbesondere auch dem feindlichen Ausländer das Mietverhältnis nicht kündigen, sofern sich derselbe nach den Weisungen der Behörde in entsprechender Weise verhält, ohne die Ordnung in den vermieteten Räumlichkeiten zu stören.

Tritt infolge des Kriegszustandes eine wesentliche Verschlechterung in den Vermögensverhältnissen des Mieters ein, welche den Anspruch auf die Gegenleistung gefährdet, so kommt an sich § 321 BGB. zur Anwendung, wonach aber der Vermieter sich nicht einfach auf den Kriegszustand berufen kann, sondern die durch denselben bedingte Verschlechterung in den Vermögensverhältnissen des Mieters nachweisen muß.

Nur ist die Anwendung dieser gesetzlichen Bestimmung für den Mietvertrag nicht einfach.

Hat der Vermieter den Gebrauch der vermieteten Räumlichkeiten dem Mieter noch nicht gewährt, so kann er seine Leistung zurückhalten, bis die Gegenleistung bewirkt oder für dieselbe Sicherheit geleistet ist.

Hat er aber den Gebrauch der gemieteten Räumlichkeiten bereits gewährt, so kann er die vorzeitige Rückgabe der gemieteten Räumlichkeiten nicht fordern, er kann auch nicht Vorausbezahlung verlangen.

Er wird nur berechtigt sein, für die Zeit, bis zu welcher er das Mietverhältnis im Wege ordentlicher Kündigung auflösen kann, Sicherheitsleistung für den Mietzins zu beanspruchen.

Ist der Vermieter durch den Krieg in die Unmöglichkeit versetzt, den Gebrauch der gemieteten Räumlichkeiten dem Mieter zu gewähren, so entfällt für ihn der Anspruch auf die Gegenleistung, die Bezahlung des Mietzinses; er ist aber auch seinerseits nicht verpflichtet, Schadenersatz zu leisten (BGB. §§ 320, 323, 537).

Wird also auf behördliche Anordnung z. B. ein Theater geschlossen, ein vermieteter Raum für ein Lazarett verwendet, so hat der Vermieter keinen Anspruch auf Zahlung des Mietzinses, ist aber auch zu einem Schadenersatz nicht verpflichtet.

Dabei ist zu bemerken, daß eine bloße Gefährdung des Ortes, in welchem sich der vermietete Raum befindet, durch feindliche Einfälle noch nicht die

Unmöglichkeit der Gewährung des Gebrauches in sich schließt, solange nicht infolge des bevorstehenden feindlichen Einfalles die vermieteten Räume wirklich verlassen werden müssen.

Die Verpflichtung des Vermieters kann sich auch auf Nebenverpflichtungen beziehen.

Hat der Vermieter z. B. eine Wohnung mit Zentralheizung vermietet, so ist derselbe verpflichtet, diese zu bedienen, auch wenn die Preise für die Heizung während des Krieges steigen.

Würde dagegen durch vollständige Unmöglichkeit der Beschaffung der Heizmaterialien (Kohlen) die Unmöglichkeit der Beheizung eintreten, so würde dies den Vermieter nach § 275 BGB. von seiner Leistung befreien, für den Mieter aber gemäß §§ 537, 542 BGB. das Recht der teilweisen Befreiung von der Entrichtung des Mietzinses oder das Recht der außerordentlichen Kündigung nach sich ziehen.

Das gleiche ist der Fall, wenn der Vermieter eine Wohnung mit Zentralbeleuchtung (elektrischer Beleuchtung oder Gasbeleuchtung) vermietet hat, sofern er zur Lieferung des Lichtes verpflichtet ist.

Sind dagegen die Beleuchtungskosten selbst vom Mieter zu tragen, so trifft die Unmöglichkeit des Bezuges des elektrischen Lichtes oder des Gases den Mieter.

Ist der Vermieter trotz des Krieges in der Lage, dem Mieter den Gebrauch der Mieträume zu gewähren, so ist der Mieter zur Bezahlung des Mietzinses verpflichtet, auch wenn er durch einen in seiner Person liegenden Grund, also durch den Kriegszustand, an der Ausübung des ihm zustehenden Gebrauchsrechtes verhindert wird (BGB. § 552).

Der Mieter muß also die Wohnung bezahlen; auch eine Sommerwohnung muß bezahlt werden, wenn auch der Mieter mit Rücksicht auf den ausgebrochenen Kriegszustand dieselbe verlassen hat.

Die Einquartierungslast im Kriege ist eine aus dem Untertanenverband folgende allgemeine Verpflichtung; sie geht deshalb auch zu Lasten des Mieters, stellt also keine vom Vermieter zu vertretende Unmöglichkeit der Gewährung des Gebrauches der Mietsache dar.

Würde allerdings der gemietete Raum mit feindlichen Soldaten belegt, so würde hierin eine Unmöglichkeit der Gewährung des Gebrauches der Mietsache vorliegen, welche den Vermieter treffen würde.

Auch der wegen des Kriegszustandes ausgewiesene feindliche Ausländer muß seine Wohnungsmiete bezahlen.

Ebenso muß der Theaterunternehmer, wenn ihm die Fortbenützung des Theaters vom Vermieter eingeräumt werden kann, die Miete bezahlen, wenn er selbst durch den Kriegszustand an der Fortführung des Theaterunternehmens gehindert wird.

Selbst der zum Heeresdienst einberufene Mieter ist von der Verpflichtung zur Leistung des Mietzinses nicht befreit.

Es kommt für ihn nicht einmal das in § 570 BGB. bestimmte Recht in Betracht, bei vertragsmäßig längerer Dauer des Mietverhältnisses mit der gesetzlichen Kündigungsfrist zu kündigen.

Denn dieses Recht ist für Militärpersonen nur im Falle der Versetzung nach einem anderen Ort gegeben.

Unter der Versetzung kann aber nicht die Mobilmachung verstanden werden, da unter der Versetzung die durch die vorgesetzte Behörde verfügte Verlegung des Wohnsitzes zu verstehen ist.

Nur dann, wenn ein Kriegsteilnehmer im Kriege fällt, sind nach § 569 BGB. sowohl die Erben als der Vermieter berechtigt, das auf eine längere Zeit vertragsmäßig bestimmte Mietverhältnis unter Einhaltung der in § 565 BGB. bestimmten gesetzlichen Frist zu kündigen, also spätestens am dritten Werktage des Kalendervierteljahres für den Schluß desselben, oder wenn der Mietzins nach Monaten bemessen ist, spätestens am 15. eines Kalendermonats für den Schluß desselben, oder wenn der Mietzins nach Wochen bemessen ist, spätestens am ersten Werktag einer Kalenderwoche für den Schluß derselben, wobei aber darauf hinzuweisen ist, daß die Bestimmung der monatlichen oder wöchentlichen Zahlung des Mietzinses nicht gleichbedeutend mit der monatlichen oder wöchentlichen Bemessung des Mietzinses ist.

Es ist ferner darauf hinzuweisen, daß die Bestimmung in § 569 BGB. durch Vertrag abgeändert werden kann, so daß, wenn dies der Fall ist, selbst beim Tode des Mieters das vorzeitige Kündigungsrecht nicht gegeben ist.

Übrigens kann die Frage, ob der Vermieter nicht in der Lage ist, das Mietobjekt zu gewähren, oder der Mieter nicht in der Lage ist, von demselben Gebrauch zu machen, ob also das Risiko den Vermieter oder Mieter trifft, unter Umständen zweifelhaft sein.

Wenn sich z. B. der Vermieter verpflichtet hat, die gemieteten Räumlichkeiten mit einer Einrichtung zu versehen, die aber der Mieter für Rechnung des Vermieters gegen Zahlung des Vermieters besorgen soll, und es kann die Einrichtung, z. B. die Herstellung der Wohnung, die Herstellung einer Ladeneinrichtung, wegen des Krieges nicht rechtzeitig erfolgen, so kommt es auf die Auslegung des Vertrages an.

Ist der Vertrag dahin aufzufassen, daß die Herstellung der Einrichtung vom Vermieter zu treffen ist, und daß sie der Mieter nur für den Vermieter selbst nach seinen eigenen Wünschen besorgen soll, so ist, wenn die Einrichtung nicht rechtzeitig wegen des Krieges fertig gestellt werden kann, der Vermieter nicht in der Lage, die gemieteten Räumlichkeiten zur Verfügung zu stellen, in welchem Falle ihn das Risiko trifft.

Ist aber der Vertrag dahin auszulegen, daß der Mieter sich die Einrichtung selbst zu beschaffen hat, und daß der Vermieter nur eine Zuzahlung dazu leistet, so ist dem Mieter der vermietete Raum zur Verfügung gestellt, und die Unmöglichkeit der rechtzeitigen Fertigstellung der Einrichtung stellt eine den Mieter treffende und darum zu seinen Lasten gehende Verhinderung des Gebrauches dar.

Ist der Mieter genötigt, wegen des Krieges durch den Mangel an Zahlungsmitteln seine Möbel zu verkaufen oder sein Geschäft zu schließen und auszuverkaufen, so sind dies Dinge, welche er zu vertreten hat.

Solche durch den Krieg eintretende außergewöhnliche Verhältnisse berechtigen ihn deshalb auch nicht, das Pfandrecht des Vermieters an den eingebrachten Sachen ohne dessen Zustimmung zu beeinträchtigen (BGB. § 560).

Die gleichen Grundsätze wie für den Mietvertrag gelten auch für den Pachtvertrag, jedoch mit dem durch § 596 BGB. bedingten Abmaße, daß, wenn der Pächter im Kriege fällt, der Verpächter nicht berechtigt ist, das Pachtverhältnis vorzeitig zu kündigen, und daß, wenn der Pächter Militärperson ist, ihm das vorzeitige Kündigungsrecht auch bei Versetzung nach einem anderen Orte nicht zusteht.

Wird durch den Kriegszustand der Betrieb des verpachteten Gewerbes, z. B. einer Wirtschaft oder eines Landgutes unrentabel, so trifft dieses

Risiko den Pächter, welcher auch für sonstige Schwankungen der Konjunktur oder für eine Mißernte die Gefahr trägt.

Daß eine Zerstörung der bereits auf dem Felde stehenden oder gar der bereits eingebrachten Früchte den Pächter trifft, versteht sich ohnehin von selbst.

Liegt aber eine Unmöglichkeit der Gewährung des Pachtobjektes durch den Verpächter vor, so trifft den Verpächter die Gefahr.

Dies ist z. B. dann der Fall, wenn die verpachtete Wirtschaft oder das verpachtete Landgut von den Truppen besetzt oder die Felder verwüstet werden; in diesem Falle liegt für die Folgezeit die Unmöglichkeit der Gewährung des Gebrauches des verpachteten Gegenstandes und des Genusses der Früchte auf Seite des Verpächters vor.

Es ist weiter darauf hinzuweisen, daß bei der Verpachtung eines Grundstückes samt Inventar nach § 586 BGB. der Verpächter Inventarstücke zu ergänzen hat, welche infolge eines von dem Pächter nicht zu vertretenden Umstandes, also infolge kriegerischer Ereignisse in Abgang kommen, wogegen anderseits nach §§ 587, 588 BGB., wenn der Pächter eines Grundstückes das Inventar zum Schätzungswerte mit der Verpflichtung der Rückgewähr nach Beendigung der Pacht übernommen hat, ihn die Gefahr des zufälligen Unterganges oder einer zufälligen Verschlechterung also insbesondere durch kriegerische Ereignisse trifft.

Schließlich ist noch für Miet- und Pachtverträge zu bemerken, daß in der Mietzins- oder Pachtzinszahlung die Verpflichtung des Mieters oder Pächters nicht erschöpft zu sein braucht.

Es gibt bekanntlich Fälle, in welchen der Mieter oder Pächter im Interesse des Vermieters oder Verpächters verpflichtet ist, in den gemieteten Räumlichkeiten ein Gewerbe zu betreiben, z. B. ein Ladengeschäft oder eine Wirtschaft auszuüben, welche den Wert des Anwesens steigern; dies trifft besonders im Falle der Verpachtung eines landwirtschaftlichen Gutes zu.

Von dieser Verpflichtung kann der Mieter oder Pächter nur nach Maßgabe des § 275 BGB. befreit sein, wenn durch den Krieg sich für ihn eine nachträgliche absolute Unmöglichkeit des Weiterbetriebes ergibt, wenn er also selbst zum Heeresdienste einberufen ist und auch für Ersatz seiner Arbeitskraft nicht Sorge tragen kann; solange aber der Weiterbetrieb möglich ist, wird das persönliche Unvermögen des Mieters oder Pächters zum Weiterbetrieb, also insbesondere der Mangel an Zahlungsmitteln zur Einstellung von Ersatzkräften ihn nicht entschuldigen, sofern der Betrieb des Geschäftes nicht durchaus auf seiner persönlichen Arbeitskraft beruht.

Der dem Mietvertrag in gewisser Hinsicht ähnliche Vertrag über Aufnahme eines Gastes muß ebenfalls beiderseits trotz des Krieges erfüllt werden.

VI. Abschnitt:

Einfluß des Krieges im allgemeinen.

A. Vertragsverhältnisse im allgemeinen.

Wie schon oben in Abschnitt I am Ende hervorgehoben wurde, werden durch den Kriegszustand die Rechtsverhältnisse des Privatrechts, insbesondere Vertragsrechte an sich nicht berührt.

Im Gegensatz zu den Rechten feindlicher Staaten, welche wie insbesondere zum Beispiel England Rechtsgeschäfte mit Ausländern während des Kriegszustandes verbieten und bereits abgeschlossenen Rechtsgeschäften die Klagbarkeit während desselben versagen, werden nach Reichsrecht durch den Kriegszustand auch die Rechtsgeschäfte mit ausländischen feindlichen Staaten nicht berührt, nachdem ein gemäß Art. 31 AG. BGB. zulässiges allgemeines Vergeltungsrecht bisher nicht angeordnet wurde.

Bezüglich England, Frankreich und Rußland siehe jedoch VIII. Abschnitt C und Nachtrag.

Soweit Ausfuhrverbote oder sonstige strafgesetzliche Bestimmungen (Landesverrat) entgegenstehen, dürfen natürlich Lieferungen an Angehörige ausländischer Staaten nicht erfolgen.

Abgesehen hievon bleiben gegenseitige Verträge trotz des Kriegszustandes im allgemeinen bestehen, soweit nicht, wie bereits im I. Abschnitt ausgeführt, eine vertragsmäßige Regelung durch eine Kriegsklausel besteht, oder für einzelne Vertragsarten besondere Bestimmungen gelten.

Gleichwohl ist der Kriegszustand auch für solche Verträge, bei welchen nicht auf Grund besonderer Vorschriften Ausnahmebestimmungen gelten, nicht ohne Bedeutung, da gewisse Änderungen auch auf Grund der allgemeinen Vorschriften des bürgerlichen Rechts und des Handelsrechtes eintreten.

I.

Zunächst ist hervorzuheben, daß sich eine gewisse Einwirkung des Krieges schon beim Vertragsschluß selbst ergeben kann.

1. Bezüglich der Form ist zu bemerken, daß nach dem RG. vom 28. Mai 1901 zu den den Amtsgerichten zugewiesenen Verrichtungen, also insbesondere zur Beurkundung von Vollmachten usw. von im Felde Stehenden die Kriegsgerichtsräte und Oberkriegsgerichtsräte, sowie nach § 184 FGG. für die Besatzung der in den Dienst gestellten Schiffe der kaiserlichen Marine, welche sich nicht in einem inländischen Hafen befinden, die Geschwaderauditeure zuständig sind.

2. Nach § 147 BGB. kann der einem Abwesenden gemachte Antrag (Offerte) nur bis zu dem Zeitpunkte angenommen werden, in welchem der Antragende den Eingang der Antwort unter regelmäßigen Umständen erwarten darf.

Weiß der Antragende, daß infolge des Kriegszustandes die Postbeförderung gestört ist, so wird er den Eingang der Antwort abwarten müssen, bis dieselbe nach den im Kriegszustand bestehenden Verhältnissen eintreffen kann, sofern er nicht nach § 149 BGB. eine Frist für den Eingang der Antwort gestellt hat.

Andernfalls braucht er natürlich mit dem Kriegszustand nicht zu rechnen und eine durch diesen verzögerte Annahme des Antrages nicht mehr als wirksame Annahme gelten zu lassen.

Doch wird er in diesem Falle, wenn er die Ursache der Verzögerung erkennen muß, nach § 149 BGB. dem Annehmenden unverzüglich nach Empfang der Erklärung die Verspätung mitteilen müssen, widrigenfalls die Annahme als nicht verspätet gilt.

3. Auch für die Anfechtung einer Willenserklärung nach § 124 BGB. kann der Kriegszustand von Bedeutung werden.

Da auf diese Frist die Bestimmungen in §§ 203 Abs. 2, 206 und 207 BGB. Anwendung finden, ist die Frist gehemmt, solange der Anfechtungsberechtigte durch höhere Gewalt an der Einhaltung derselben verhindert ist.

Die gleichen Hemmungsgründe gelten auch für die Frist zur Klageerhebung, wenn eine Behörde zunächst über die Zulässigkeit des Rechtsweges zu entscheiden hat, oder das zuständige Gericht durch ein höheres Gericht zu bestimmen ist (§ 210 BGB.), ferner für die Frist zur Stellung der Klage nach Zurücknahme der Klage oder Zurückweisung der Klage durch ein nicht in der Sache selbst entscheidendes Urteil (§ 212 BGB.) und für die Frist zur Klagestellung nach Aufrechnung und Streitverkündung (§ 215 BGB.).

Dabei ist weiter zu bemerken, daß nach § 8 RG. betreffend den Schutz der infolge des Krieges an der Wahrnehmung ihrer Rechte behinderten Personen vom 4. August 1914 (RGBl. Nr. 53 S. 328 ff.) diese Ausschlußfristen zugunsten der Kriegsteilnehmer und ihrer Gegner gehemmt werden. Das Nähere hierüber wird im II. Teil III. Abschnitt B erörtert werden.

4. Ferner ist hervorzuheben, daß, nachdem bei der Erfüllung der Vertragsverhältnisse nach § 276 BGB. im allgemeinen nur für Vorsatz und Fahrlässigkeit gehaftet wird, die Haftung für Schadensersatz entfällt, wenn der Schuldner infolge des Kriegszustandes an der Erfüllung seiner Vertragspflicht gehindert ist.

Auch überall da, wo gesetzliche Vorschriften eine Haftung davon abhängig machen, daß der Schuldner einen Umstand zu vertreten hat, tritt die Haftung im Falle höherer Gewalt durch kriegerische Ereignisse nicht ein.

Dabei ist weiter zu bemerken, daß gemäß § 285 BGB. der Schuldner einer Leistung nicht in Verzug kommt, solange die Leistung infolge eines Umstandes unmöglich wird, den er nicht zu vertreten hat.

Dies gilt auch für solche Vertragsverhältnisse, für welche eine gesteigerte Haftung gilt, wie z. B. für den gewerbsmäßig Fremde beherbergenden Gastwirt, der nach § 701 BGB. für den Schaden an den eingebrachten Sachen des Gastes im Falle höherer Gewalt nicht haftet.

Der Schuldner kann aber auch vertragsmäßig die Haftung für Zufall übernehmen.

5. Überhaupt kann durch den Krieg eine gesteigerte Haftung entstehen. Z. B. wird der Spediteur die besondere Verpflichtung haben, im Kriegsfall seinen Auftraggeber auf die Notwendigkeit der Transportversicherung hinzuweisen; der Agent wird sich besonders sorgfältig nach den Kreditverhältnissen eines Kunden zu erkundigen haben usw.

Es kann aber auch den anderen Teil bei Verletzung der durch den Krieg gebotenen besonderen Sorgfalt ein nach § 254 BGB. in Betracht kommendes Verschulden treffen.

II.

Einer hauptsächlichen Erörterung bedarf die Frage, inwieweit der Schuldner einer Leistung infolge des Kriegszustandes von der Verpflichtung der Vertragserfüllung selbst befreit wird.

Von besonderer Bedeutung ist hiebei die Frage, ob und welchen Einfluß der Kriegszustand auf einen noch nicht erfüllten Kauf- oder Werk-Lieferungsvertrag, insbesondere bezüglich der Lieferung von Waren hat.

1. Auf alle diese Verhältnisse hat der Kriegszustand keinen Einfluß, so daß weder der Gläubiger noch der Schuldner der Leistung, insbesondere also weder der Verkäufer noch der Käufer zu einer Auflösung des Vertrages berechtigt sind, insoweit nicht die gesetzlichen Bestimmungen über die Unmöglichkeit einer Leistung eingreifen.

Würde ein Vertrag geschlossen zu einer Zeit, in welcher mit Rücksicht auf den eingetretenen Kriegszustand die von dem Vertragsteil übernommene Leistung bereits objektiv unmöglich war, ohne daß die Vertragsteile diese Unmöglichkeit kannten, so würde nach §§ 306—308 BGB. der Vertrag nichtig sein, ohne daß ein Vertragsteil dem anderen zum Schadenersatz verpflichtet wäre.

Ist dagegen der Vertrag in Kenntnis des Kriegszustandes für den Fall späteren Wiedereintritts der Möglichkeit der Leistung geschlossen, so ist der Vertrag gültig, und zwar, wenn die Gültigkeit davon abhängig gemacht wird, daß der Eintritt der Möglichkeit der Leistung bis zu einem bestimmten Zeitpunkt eintritt, dann, wenn bis dahin die Möglichkeit der Leistung eingetreten ist.

Natürlich müßte es sich darum handeln, daß die auf Grund des Vertrages übernommene Leistung infolge des Kriegszustandes zur Zeit des Vertragsschlusses bereits objektiv unmöglich war, daß also z. B. die Lieferung einer bestimmten Ware, also z. B. Getreide einer bestimmten Ernte aus einem feindlichen Land übernommen wurde, deren Lieferung infolge des Kriegszustandes bereits zur Zeit des Vertragsschlusses objektiv unmöglich war.

War dagegen zur Zeit des Vertragsschlusses die Leistung möglich, so tritt gemäß § 275 BGB. infolge des Kriegszustandes an der Verpflichtung nur dann eine Änderung ein, wenn infolge des Kriegszustandes die Leistung objektiv unmöglich wird oder wenn dem Schuldner die Leistung subjektiv unmöglich wird.

Es kann auch ein Garantieversprechen vorliegen, wornach der Schuldner auf jeden Fall für die Unmöglichkeit der Leistung, also gegebenen Falles für Schadensersatz einstehen will.

Keinesfalls wird jedoch der Schuldner von der Verpflichtung zur Leistung befreit, wenn er den Vertrag in der Erwartung des drohenden Kriegszustandes geschlossen hat, die Leistung zur Zeit des Vertragsschlusses aber noch möglich war.

Denn dann ist die nachträglich eintretende Unmöglichkeit der Erfüllung von ihm zu vertreten.

2. Tritt nun eine von dem Schuldner an sich nicht zu vertretende Unmöglichkeit durch den Kriegszustand ein, so ist zu unterscheiden, ob es sich um die Verpflichtung zur Lieferung einer bestimmten Sache (species) oder einer Gattungsware handelt.

a) Wenn es sich um die Lieferung einer bestimmten Sache handelt, welche infolge des Krieges nicht mehr beschafft werden kann, also z. B. um ein Pferd oder ein Automobil, welches von der Militärbehörde beschlagnahmt wird, so ist der Verkäufer von der Lieferung befreit.

Nur ist in diesen Fällen zu bemerken, daß der Käufer das Recht hat, nach § 281 BGB. von dem Verkäufer die Herausgabe des für den geschuldeten Gegenstand erlangten Ersatzes oder die Abtretung des Ersatzanspruches, also z. B. die Abtretung des Kaufpreisanspruches gegenüber dem Militärfiskus zu verlangen, in welchem Falle sich der von ihm zu bezahlende Kaufpreis nach den Bestimmungen in §§ 281 Abs. 2, 323 Abs. 2 in Verbindung mit §§ 472, 473 BGB. bemißt.

Hat sich der Schuldner vor oder nach Kriegsausbruch freiwillig zur Lieferung eines bestimmten Gegenstandes an die Militärbehörde erboten, so befreit ihn dies von seiner Verpflichtung überhaupt nicht.

In diesem Falle ist er schadensersatzpflichtig.

Abtretung des Ersatzanspruchs kann in dem Falle der freiwilligen Lieferung überhaupt nicht in Betracht kommen.

Denn die Forderung auf den Kaufpreis für den weiteren Verkauf an die Militärbehörde ist kein Surrogat, das an die Stelle der Ware tritt, sondern eine selbständige Forderung, die auch nicht erst durch die Lieferung an die Militärbehörde, also nicht unmittelbar durch den die Lieferung an den früheren Käufer unmöglich machenden Umstand, sondern schon durch den Vertragsschluß mit der Militärbehörde entsteht.

b) Handelt es sich dagegen um eine **Gattungsschuld**, d. h. um Ware, welche nur der Gattung nach bestimmt ist, ohne daß es sich um bestimmte Ware aus der Gattung handelt, also z. B. um den Kauf eines Waggons Weizen, so befreit die nachträglich eintretende Unmöglichkeit den Schuldner von der Leistungspflicht nicht, solange die Leistung aus der Gattung möglich ist.

Der Schuldner kann sich in diesem Falle nicht auf § 285 BGB. berufen, weil er, solange die Leistung aus der Gattung möglich ist, sein Unvermögen zur Leistung, auch wenn ihm ein Verschulden nicht zur Last fällt, nach § 279 BGB. zu vertreten hat.

Bei Gattungware wird der Schuldner deshalb auch durch die **Beschlagnahme** seitens der Militär- oder sonstigen Behörde von der Lieferungspflicht nicht befreit, solange Ware der gleichen Gattung noch zu beschaffen ist.

Anders ist es nur, wenn die sämtliche Ware des Schuldners beschlagnahmt und Ersatzware nicht zu beschaffen ist, oder wenn sich das Schuldverhältnis nach § 243 BGB. auf eine bestimmte Ware beschränkt hatte (s. unten Ziff. 10), und **nach** diesem Zeitpunkt die Ware beschlagnahmt wurde.

Abtretung des Ersatzanspruches kann auch nur in diesen letzteren Fällen verlangt werden, dagegen überhaupt nicht, solange trotz der Beschlagnahme Ersatzware geliefert werden kann, weil in diesem Fall der Schuldner von der Lieferungspflicht überhaupt nicht befreit wird.

Es gilt für den Kriegszustand das gleiche, wie bei anderen unabhängig vom Willen des Schuldners eintretenden Umständen, z. B. Streik, Aussperrung, Transportschwierigkeiten durch Waggonmangel, Feuersbrunst usw. (Das Nähere s. Ziff. 3).

c) Die Speziesschuld nähert sich der sogenannten **begrenzten Gattungsschuld**, d. h. der Verpflichtung zur Leistung einer zwar nur der Gattung nach bestimmten, aber doch einer bestimmten Herkunft entstammenden Ware oder einer bestimmten Handelsmarke, z. B. von Getreide einer bestimmten Ernte aus einem Feindesland, wenn die Ware überhaupt oder wegen Unmöglichkeit des Transportweges nicht mehr geliefert werden kann, von dem Erzeugnis einer bestimmten Fabrik im Feindesland oder dem Erzeugnis einer bestimmten Fabrik im Inlande, die durch den Krieg zerstört oder vollständig betriebsunfähig geworden ist.

Hier wird der Schuldner durch die nachfolgende Unmöglichkeit der Leistung befreit.

Solange aber die Lieferung aus der Gattung noch möglich ist, solange also z. B. das ausländische Getreide noch aus den Vorräten im Inland zu beschaffen ist, ist Unmöglichkeit der Leistung nicht gegeben.

Handelt es sich z. B. um die Lieferung von Getreide aus vom Feind verwüsteten Landesteilen, so tritt Unmöglichkeit der Lieferung ein und zwar nicht bloß für den Urproduzenten, sondern auch für den Händler, welcher solche Ware zu liefern sich verpflichtet hat.

Bei Lieferung an Behörden oder Beschlagnahme durch diese sind die gleichen Grundsätze wie zu a und b sinngemäß anzuwenden.

d) Der Vertrag über Gasmiete und Wassermiete ist in Wirklichkeit ein Kauf, da Gas und Wasser körperliche Sachen sind.

Ist also das Gas- oder Wasserwerk durch den Krieg zerstört, so ist der Leistungsschuldner von seiner Verpflichtung befreit.

3. Handelt es sich nun um die Verpflichtung zur Lieferung von Gattungsware, deren Beschaffung durch den Krieg zwar erschwert, aber immer noch möglich ist, so ist der Schuldner von der Leistung nicht befreit.

Befreit ist er, wenn die zur Herstellung der Ware erforderlichen Rohstoffe oder Arbeitskräfte infolge des Kriegszustandes nicht mehr zu beschaffen sind, insbesondere wenn die Rohstoffe durch feindliche Gewalt weggenommen sind oder wegen Gefahr der Wegnahme nicht befördert werden können.

Es kann dabei dem Leistungsschuldner nicht zugemutet werden, die Ware mit ganz außergewöhnlichen Kosten und Schwierigkeiten zu beschaffen und z. B. auf allen Märkten des In- und Auslandes die Möglichkeit der Beschaffung derselben zu ermitteln.

Allein das nicht ganz außergewöhnliche Risiko trifft ihn, wie ihn auch andere Schwankungen der Konjunktur treffen.

Für Verschulden steht der Verkäufer überhaupt ein.

Hat er z. B. Ware verkauft, die von einem bestimmten Auslandshafen zu einer bestimmten Zeit verladen werden sollte, und versendet er dieselbe nicht rechtzeitig, und wird die Ware erst infolge der Verzögerung auf dem Transport von einer feindlichen Macht beschlagnahmt, so trifft dieses Risiko den Verkäufer, weil zur vertragsmäßigen Erfüllungszeit die Erfüllung noch möglich war (s. auch unten Ziff. 4 und 8).

Der Kriegszustand darf vom Verkäufer auch nicht etwa dazu verwendet werden, um sich einen höheren Preis zu verschaffen.

Aus diesem Grunde ist er auch zu einer Preiserhöhung nicht berechtigt.

Insbesondere gehen infolge des Kriegszustandes eintretende Erhöhungen der ihn nach den gesetzlichen Vorschriften oder dem Vertrage treffenden Zölle, Steuern, Frachten, der Preise für Rohmaterialien, der Arbeitslöhne und der Geschäftsspesen überhaupt zu seinen Lasten, es müßte denn sein, daß sie so erheblich sind, daß sie den ganzen Vertragsinhalt völlig verändern.

Solche Erhöhungen können sich z. B. auch dadurch ergeben, daß der Verkäufer ausländischer Ware bei Sinken des inländischen Geldkurses höhere Aufwendungen für den von ihm zu bezahlenden Preis rechnen muß.

Anderseits kann auch durch Wegfall von Einfuhrzöllen eine Verbilligung der Ware eintreten.

Diese Verbilligung geht umgekehrt zugunsten des Verkäufers, es müßte denn sein, daß die Bezahlung des Zolles vom Käufer gesondert übernommen worden wäre, in welchem Fall der Wegfall dem Käufer zugute kommt.

Hier greifen nun die für den derzeitigen Kriegszustand getroffenen gesetzlichen Bestimmungen ein.

Nach dem RG., betreffend Höchstpreise vom 4. August 1911 (RGBl. Nr. 53 S. 339 ff.) und den Verordnungen des Bundesrates über Höchstpreise vom 28. Oktober und 17. Dezember 1914 (RGBl. Nr. 94 S. 458/459 und Nr. 114 S. 513 ff.) können für Gegenstände des täglichen Bedarfes oder auch für andere Gegenstände Höchstpreise bestimmt werden; es ist ferner der Besitzer solcher Gegenstände, soweit für den Großhandel Höchstpreise festgesetzt sind, verpflichtet, sie der zuständigen Behörde auf ihre Aufforderung zu überlassen.

Soweit nach Inkrafttreten von Bestimmungen, durch welche Höchstpreise festgesetzt werden, Verträge über Lieferungen abgeschlossen werden, welche die Höchstpreise überschreiten, sind solche Verträge nach §§ 134, 138 BGB. nichtig.

Verträge, welche vor Inkrafttreten solcher Bestimmungen über Höchstpreise abgeschlossen sind, bleiben an sich gültig. Soweit die zuständige

Behörde von dem Verkäufer die Überlassung solcher Gegenstände verlangt, ist der Verkäufer durch nachfolgende Unmöglichkeit von der Lieferung nicht befreit, solange gleiche Ware aus der Gattung noch geliefert werden kann.

Im letzteren Fall kann der Gläubiger der Lieferung nicht nach §§ 281, 323 BGB. Abtretung der gegen die Behörde bestehenden Kaufpreisforderung verlangen (s. oben Ziff. 2 b).

Abtretung kann in diesem Falle nur verlangt werden, wenn die Behörde sämtliche Waren des Schuldners beschlagnahmt hat, und Ersatzware nicht zu beschaffen ist, oder wenn sich das Schuldverhältnis nach § 243 BGB. auf eine bestimmte Ware beschränkt hatte (s. unten Ziff. 10) und nach diesem Zeitpunkt diese Ware beschlagnahmt wurde.

Im letzteren Fall berechnet sich der Kaufpreis wie oben in Ziff. 2 a ausgeführt.

Hat der Lieferungsschuldner vor oder während des Krieges militärische Lieferungen für den Kriegszustand übernommen, so ist die Nichterfüllung dieser Verpflichtungen nach § 329 RStGB. mit öffentlicher Strafe bedroht.

Daraus folgt aber nicht, daß der Lieferungsschuldner nunmehr mit Rücksicht auf die Erfüllung seiner Verpflichtungen zu Kriegslieferungen von seiner Verpflichtung gegenüber seiner Privatkundschaft befreit wäre.

Hat er solche militärische Lieferungen erst während des Kriegszustandes übernommen, so unterliegt dies überhaupt keinem Zweifel; denn er darf nicht mehr Lieferungen übernehmen, als er unter Berücksichtigung seiner sonstigen Verpflichtungen ausführen kann.

Das gleiche muß aber auch gelten, wenn der Lieferungsschuldner solche militärische Lieferungen vor dem Kriegszustand übernommen hat, und zwar auch schon zu einer Zeit, als der Kriegsausbruch nicht vorausgesehen werden konnte.

Denn wer Lieferungen für militärische Zwecke übernimmt, muß mit deren Erfüllung rechnen und darf daneben nicht noch weitere Lieferungen übernehmen, welche er bei Kriegsausbruch nicht mehr erfüllen kann.

Die Verpflichtung der Erfüllung der militärischen Lieferungen entbindet also nicht von der Verpflichtung zu den Lieferungen an Privatkunden, es sei denn, daß abgesehen von den an die Militärbehörde zu machenden Lieferungen eine vollständige Unmöglichkeit der Lieferung durch den Kriegszustand eingetreten ist.

Gegenüber einer durch die Konkurrenz mit den militärischen Lieferungen eintretenden Erschwerung der übrigen Lieferungen muß sich der Lieferungsschuldner durch Verträge (Kriegsklausel) sichern; andernfalls geht dies auf sein Risiko.

Der Lieferungsschuldner bleibt also zur Lieferung verpflichtet und wird durch Nichterfüllung seiner Verpflichtung schadensersatzpflichtig.

Die bloße subjektive Unmöglichkeit, d. h. der Mangel an Zahlungsmitteln für Beschaffung der Ware überhaupt oder der Ware zu einem höheren Preis befreit den Schuldner, solange die Beschaffung der Ware aus der Gattung möglich ist, überhaupt nicht (BGB. § 279).

Auch die Einberufung des Leistungsschuldners zum Heeresdienst ist an sich kein Grund zur Befreiung von der Lieferungsverpflichtung, es müßte denn sein, daß dadurch ohne sein Verschulden sein Geschäftsbetrieb vollständig aufhören und er dadurch in die Unmöglichkeit der Lieferung versetzt würde.

Auch eine sonstige freiwillige Einstellung des Betriebes befreit den Leistungsschuldner nicht schlechthin von der Lieferungspflicht; er muß vielmehr den Betrieb auch mit Opfern weiter führen.

Nur wenn, wie schon in Ziff. 3 ausgeführt, der Fortbetrieb wegen Mangels der Rohstoffe oder der Arbeitskräfte nur mit unverhältnismäßig großen Mehrkosten möglich wäre, wird eine Befreiung von der Verpflichtung zur Lieferung anzuerkennen sein.

Ebenso wird zu entscheiden sein, wenn der Verkäufer die von ihm zu liefernde Ware selbst bei einer anderen Fabrik bestellt hatte, und diese durch den Kriegszustand stillsteht.

Hier wird im allgemeinen ihn das Risiko treffen, solange die Ware anderweitig zu beschaffen ist (s. auch oben 2c).

4. Ist nun die Beschaffung der Ware während des Krieges unmöglich, so befreit auch dies nicht schlechthin von der Verpflichtung zur Lieferung.

Sofern vielmehr die Lieferung späterhin erfolgen kann, befreit die zeitweise Unmöglichkeit auch nur während der Dauer der Verhinderung; insbesondere bei Behebung von Transportschwierigkeiten muß also nachträglich geliefert werden.

Dabei ist jedoch zu bemerken, daß die zeitweise Behinderung unter Umständen als eine vollständige Unmöglichkeit der Vertragserfüllung erscheinen kann.

Wenn z. B. eine Ware nur von einem bestimmten Auslandshafen geliefert werden kann und innerhalb bestimmter Zeitdauer geliefert werden muß, für diese Zeitdauer die Lieferung wegen Blockade oder wegen der Gefahr der Wegnahme durch feindliche Schiffe unmöglich ist, dann liegt dauernde Unmöglichkeit der Vertragserfüllung vor (Staub a. a. O. Anm. 46—49 im Exkurs zu § 374).

Kann der Leistungsschuldner zwar nicht die ganze vertragsmäßige Ware liefern, wohl aber einen Teil derselben, so wird man ihn für verpflichtet erachten müssen, seine Verpflichtung wenigstens teilweise zu erfüllen.

5. Für Sukzessivlieferungsverträge, d. h. für einheitliche Lieferungsverträge, welche in Teillieferungen zu erfüllen sind, ist zu bemerken, daß für dieselben im allgemeinen die gleichen Regeln gelten.

Soweit also für den Lieferungsschuldner unverschuldete Unmöglichkeit eintritt, braucht er während des Krieges die Teillieferungen nicht zu machen.

Soweit aber durch das Unterbleiben einzelner Lieferungen der Vertragszweck für den Gläubiger der Lieferung vollständig vereitelt wird, wird in sinngemäßer Anwendung der Grundsätze in §§ 325, 326 BGB., welche allerdings nur für verschuldete Unmöglichkeit gelten, anzunehmen sein, daß der Gläubiger der Lieferung das Recht hat, von dem ganzen Vertrag bezüglich aller noch ausstehenden Teillieferungen abzugehen (Staub a. a. O. Anm. 135 ff. und 188 ff. im Exkurs zu § 374).

6. Ist der Schuldner zur Zeit des Ausbruches des Krieges bereits im Verzug gewesen, so befreit ihn der Kriegszustand, wenn die Leistung vorher noch möglich war, gemäß § 287 BGB. überhaupt nicht von der Leistung.

Der Gläubiger hat in diesem Fall nach §§ 280, 325 BGB. Anspruch auf Ersatz des durch die Nichterfüllung eintretenden Schadens und im Falle teilweiser Unmöglichkeit Anspruch auf Ersatz des Schadens wegen Nichterfüllung der ganzen Verbindlichkeit, wenn die noch mögliche teilweise Erfüllung für ihn kein Interesse hat.

Hat aber der Gläubiger schon lange Zeit vor Ausbruch des Krieges die Ware nicht verlangt, so kann er natürlich nicht wegen der durch den Krieg hervorgerufenen ihm günstigen Preissteigerung dieselbe nachträglich beanspruchen.

Hierin kann eine illoyal verspätete Geltendmachung seiner Rechte liegen.

7. Bei gegenseitigen Verträgen, insbesondere also beim Kauf hat der Gläubiger der Leistung noch weiter das Recht aus § 326 BGB. zum Rücktritt vom Vertrage.

8. An den Bestimmungen über den Übergang der Gefahr der verkauften Sache ändert sich infolge des Kriegszustandes an sich nichts.

Tritt die Unmöglichkeit der Lieferung der Ware infolge des Kriegszustandes vor Übergang der Gefahr auf den Käufer ein, so wird der Verkäufer von der Leistungspflicht befreit.

Gemäß § 446 BGB. geht die Gefahr auf den Käufer mit der Übergabe der Ware über.

Beim Versendungskauf trägt nach § 447 BGB. der Verkäufer die Gefahr des Transportes bis zu dem gesetzlichen Erfüllungsorte, also gemäß § 269 BGB. allgemein bis zum Orte seiner Handelsniederlassung oder dem vereinbarten Erfüllungsorte.

Versendet er die Ware auf Verlangen des Käufers nach einem anderen Orte als dem gesetzlichen oder vereinbarten Erfüllungsorte, so trägt der Käufer die Gefahr des Transportes.

War aber der Verkäufer zur Zeit des Eintrittes des Kriegszustandes bereits mit der Lieferung der Ware im Verzuge, so hat er während des Verzuges jede Fahrlässigkeit zu vertreten und ist auch für die Unmöglichkeit der Lieferung verantwortlich, es sei denn, daß der Schaden auch bei rechtzeitiger Lieferung eingetreten wäre (BGB. § 287; Staub a. a. O. Anm. 51 und 52b im Exkurs zu § 382).

Dabei ist jedoch auf § 300 BGB. hinzuweisen, wonach im Falle des Annahmeverzuges des Gläubigers der Ware bei Lieferung einer Gattungssache die Gefahr auf den Gläubiger, also den Käufer, übergeht.

Eine Versicherungspflicht der Ware auf dem Transport obliegt dem Verkäufer nur dann, wenn sie vereinbart oder handelsüblich ist.

Ob also der Verkäufer eine Kriegstransportversicherung zu nehmen hat, hängt davon ab, ob der Schuldner die Mehrkosten derselben tragen will.

Unter Umständen wird der Lieferant den Käufer auf die Gefahr des Transportes aufmerksam machen müssen.

Es wird auch den Käufer, wenn er nicht die Versicherung der Ware verlangt, auch da wo sie dem Verkäufer nach Lage des Falles zugemutet werden kann, ein nach § 254 BGB. in Betracht kommendes Mitverschulden treffen können.

9. Hat der Verkäufer die Kosten der Fracht bis zum Bestimmungsorte zu tragen, so kann eine Transporterschwerung, welche eine unverhältnismäßig hohe Transportversicherung erfordern würde, als Unmöglichkeit der Leistung überhaupt zu erachten sein.

10. Es ist ferner zu beachten, daß, wenn der Schuldner einer Gattungsware das zur Leistung derselben seinerseits Erforderliche getan hat, das Schuldverhältnis gemäß § 243 BGB. sich auf diese Sache beschränkt; wird also infolge des Kriegszustandes die Lieferung dieser Ware unmöglich, so ist er zur Lieferung einer anderen Ware nicht mehr verpflichtet.

Wenn also der Schuldner die ihm obliegenden Erfüllungshandlungen vollständig vorgenommen hat, also eine den gesetzlichen oder vertragsmäßigen Eigenschaften entsprechende Ware ordnungsmäßig angeboten oder zum Transport gegeben hat, so hat er, wenn die Ware infolge des Kriegszustandes nachträglich nicht mehr geliefert werden kann, andere Ware nicht mehr zu liefern.

Ob er den Anspruch auf die Gegenleistung behält, hängt davon ab, ob die Gefahr der Ware bereits auf den Käufer übergegangen ist.

Ist nach dem Parteiwillen die eine oder andere Ware zu liefern, handelt es sich also um eine wahlweise Lieferung, und wird die Lieferung der einen Ware durch den Krieg ohne Verschulden des Leistungsschuldners nachträglich unmöglich, dann beschränkt sich nach § 265 BGB. das Schuldverhältnis auf die noch mögliche Leistung, auch wenn der Gläubiger der Leistung das Wahlrecht hat.

11. Ist der Schuldner zur Lieferung bereits rechtskräftig verurteilt, und tritt die Unmöglichkeit zur Erfüllung infolge Kriegszustandes erst nach Rechtskraft des Urteils ein, so entfällt nach § 283 BGB. die Verpflichtung zum Schadensersatz.

Allein der Lieferungsschuldner ist in diesem Falle nicht darauf beschränkt, das Verlangen des Gläubigers auf Erfüllung und im Falle der Nichterfüllung auf Schadensersatz abzuwarten, sondern er ist berechtigt, gemäß § 767 ZPO. den Einwand der nachträglich eingetretenen Unmöglichkeit im Wege der Vollstreckungsgegenklage geltend zu machen, und sofern die Voraussetzungen der negativen Feststellungsklage nach § 256 ZPO. gegeben sind, auch diese gegen den Leistungsgläubiger anzustellen (Gaupp-Stein, Komm. z. ZPO., 11. Aufl., Bem. I zu § 767).

Dabei ist aber zu bemerken, wie schon oben in Ziff. 5 ausgeführt, daß der Schuldner gemäß § 287 BGB. während des Verzuges auch die durch Zufall eintretende Unmöglichkeit zu vertreten hat.

Wenn also der Schuldner bereits zur Zeit der Rechtskraft des Urteils sich im Verzug befand, und zu dieser Zeit die Leistung noch möglich gewesen wäre, befreit ihn auch die nach Urteilserlassung eintretende Unmöglichkeit von der Verpflichtung zum Schadensersatz nicht.

12. In allen denjenigen Fällen, in welchen der Lieferungsschuldner von der Leistung infolge des Kriegszustandes befreit wird, verliert er nach § 323 BGB. auch den Anspruch auf die Gegenleistung, d. h. bei Lieferung von Waren auf Bezahlung des Kaufpreises, und muß die bereits geleistete Gegenleistung nach den Vorschriften über die ungerechtfertigte Bereicherung zurückbezahlen.

Wenn der Käufer nach § 281 BGB. die Herausgabe des für den geschuldeten Gegenstand erlangten Ersatzes oder Abtretung des Ersatzanspruches verlangt, wird der Kaufpreis vom Käufer nach Maßgabe der Bestimmung in § 323 Abs. 2 BGB. in Verbindung mit §§ 472, 473 daselbst geschuldet.

Hat der Verkäufer dagegen die Unmöglichkeit der Leistung zu vertreten, z. B. weil er die Lieferung trotz der Möglichkeit des Eintrittes des Kriegszustandes übernommen hat, so kann der Gläubiger der Lieferung gemäß § 325 BGB. Schadensersatz wegen Nichterfüllung verlangen oder vom Vertrage zurücktreten.

Ist dagegen die Leistung für den Schuldner derselben nicht unmöglich, weil die Leistung aus der Gattung möglich ist, und von ihm aus der Gattung noch geleistet werden kann, so kann im Falle seines Verzuges in der Lieferung der Ware der Gläubiger nach § 326 BGB. nach angemessener Fristsetzung und Androhung der Ablehnung der Leistung Schadensersatz wegen Nichterfüllung verlangen oder vom Vertrage zurücktreten.

13. Die Beweislast der unverschuldeten Unmöglichkeit der Leistung trifft nach § 282 BGB. denjenigen, welcher die Leistung zu bewirken hat.

14. Ist die Unmöglichkeit vom Leistungsschuldner nicht verschuldet, so kann § 326 BGB. nicht angewendet werden, weil derselbe Verzug voraussetzt.

Inwieweit auch die unverschuldete Unmöglichkeit des Leistungsschuldners den Gläubiger der Leistung von der Entgegennahme derselben entbinden kann, wird unten in Ziff. 16 und 17 erörtert werden.

15. Es ist ferner darauf hinzuweisen, daß, wenn es sich um ein Gesamtschuldverhältnis handelt, bei welchem mehrere Personen zu einer Leistung als Gesamtschuldner verpflichtet sind, gemäß § 425 BGB. die Unmöglichkeit der Leistung in der Person eines Gesamtschuldners nur diesen, nicht aber die übrigen Gesamtschuldner befreit.

16. Auch der Gläubiger der Leistung ist trotz des Kriegszustandes an seine Verpflichtung zur Abnahme und Bezahlung gebunden.

Es kann also insbesondere der Käufer den Vertrag nicht rückgängig machen, weil er die Ware wegen oder während des Kriegszustandes, weil dieselbe z. B. Saison- oder Modeware ist, nicht gebrauchen kann, oder weil die Ware mit Rücksicht auf den Kriegszustand im Preise gesunken ist, oder weil er selbst zum Kriegsdienst einberufen wird.

Denn wie schon im V. Abschnitt ausgeführt wurde, ist seine Leistung, nämlich die Bezahlung, unter allen Umständen möglich, da insbesondere der Mangel an Zahlungsmitteln gemäß § 279 BGB. jederzeit vom Zahlungsschuldner zu vertreten ist.

Die Unmöglichkeit der Benützung der Ware darf aber nicht mit der Möglichkeit der Zahlung verwechselt werden; § 323 BGB. ist deshalb unanwendbar, weil er den Schuldner nur befreit, wenn seine Leistung ohne sein Verschulden unmöglich wird, nicht aber, wenn seine Leistung möglich bleibt, und ihm nur die Ausnützung der Gegenleistung unmöglich wird.

Es muß infolgedessen sogar der zum Krieg einberufene Angehörige des Heeres einen von ihm bestellten, für ihn aber zurzeit und vielleicht endgültig unbrauchbar gewordenen Zivilanzug abnehmen und bezahlen.

Wenn allerdings der Käufer ohne eine bestimmte Zeitgrenze einen Kauf abgeschlossen hat auf Abruf nach Bedarf, so braucht er mit Rücksicht auf den geordneten Bedarf im Kriegszustand auch nicht mehr abzurufen, als sein wirklicher Bedarf ist.

Wenn er aber willkürlich nicht abruft, setzt er sich den Folgen des Annahmeverzuges, möglicherweise auch des Leistungsverzuges aus.

Kommt der Käufer seiner Zahlungspflicht nicht nach, so stehen dem Verkäufer der Ware die Rechte aus § 326 BGB. zu.

Dabei ist aber zu bemerken, daß das eingeräumte Zahlungsziel sich auch bei zeitweiser Behinderung der Lieferung erst vom Tage der wirklichen Lieferung an berechnet.

Anderseits ist der Käufer einer Ware, deren Lieferung der Verkäufer während des ganzen Kriegszustandes oder zeitweise berechtigterweise zurückhalten darf, und bezüglich welcher den Verkäufer auf Verlangen des Käufers die Nachlieferungspflicht nach Beendigung des Kriegszustandes oder der zeitweisen Behinderung trifft, nicht unter allen Umständen verpflichtet, die Ware sich nachliefern zu lassen.

Wird vielmehr infolge des Kriegszustandes oder der zeitweisen Behinderung durch denselben das Vertragsverhältnis in einem Maße verändert, daß die Ware für den Käufer keinen Wert mehr hat, also wenn es sich um Ware für eine bestimmte Saison handelt, welche auch im nächsten Jahr nicht mehr gebraucht werden kann, oder welche er benötigt und sich deshalb jetzt anderweitig beschaffen muß, so ist der Käufer in diesem Falle von der Verpflichtung zur Abnahme und Bezahlung nach dem Kriege befreit.

Denn in einem solchen Falle handelt es sich nicht mehr um eine bloße Verzögerung der Leistung, sondern um die dauernde Unmöglichkeit der Erfüllung des Vertragszweckes. (Staub a. a. O., Exkurs zu § 374 Anm. 49.)

Wenn also in einem solchen Falle der Käufer auch nicht von § 326 BGB. Gebrauch machen kann, weil den Verkäufer kein Verschulden trifft, ist er zur Abnahme der verspäteten Leistung und zur Bezahlung doch nicht verpflichtet; der Zufall trifft in diesem Fall denjenigen, dessen Leistung zunächst unmöglich geworden ist, nämlich den Verkäufer.

Für Sukzessivlieferungsverträge siehe insbesondere oben Ziff. 5.

17. Es ist überhaupt sowohl für den Verkäufer als für den Käufer zu bemerken, daß der Vertrag unter der stillschweigenden Bedingung des Gleichbleibens der Verhältnisse stehen kann.

Doch muß derjenige, welcher sich hierauf beruft, die Beweislast übernehmen, daß der Vertrag stillschweigend unter der clausula rebus sic stantibus steht.

Alsdann wird durch den Kriegszustand für jeden der Vertragsteile das Recht begründet, von dem Vertrage mit Rücksicht auf die eingetretene Veränderung der Verhältnisse vollständig zurückzutreten.

18. Besonders zu erwähnen ist, daß bei Fixgeschäften des täglichen Lebens und beim handelsrechtlichen Fixgeschäft nach § 361 BGB. und § 376 HGB., wenn der Leistungsschuldner durch den Kriegszustand an der rechtzeitigen Leistung verhindert ist, der andere Vertragsteil von dem Vertrage zurücktreten, aber nicht Schadensersatz wegen Nichterfüllung beanspruchen kann.

19. Weiter ist hervorzuheben, daß nach der besonderen Bestimmung in § 610 BGB. derjenige, welcher die Hingabe eines Darlehens versprochen hat, im Zweifel das Versprechen widerrufen kann, wenn in den Verhältnissen des anderen Teiles eine wesentliche Verschlechterung eintritt, durch die der Anspruch auf Rückerstattung gefährdet wird.

20. Ein weitergehender Spielraum ist jedoch den Grundsätzen von Treu und Glauben nicht einzuräumen. (Staudinger a. a. O., Vorbemerkung V vor § 346).

Denn ein allgemeiner Handelsbrauch, wonach der Krieg Verträge aufhebt, besteht nicht; Treu und Glauben im Verkehr erfordern aber, von ganz besonderen Ausnahmefällen abgesehen, daß Verträge erfüllt werden, auch wenn sich die Verhältnisse zuungunsten eines Vertragsteiles ändern (BGB. §§ 157 und 242, HGB. § 346).

21. Insbesondere wird durch die im II. Teil zu behandelnden Gesetze betreffend die Anordnung einer Geschäftsaufsicht und betreffend den Schutz der infolge des Krieges an der Wahrnehmung ihrer Rechte behinderten Personen vom 4. August 1914 an dem bürgerlichen Rechte nichts geändert.

Der Verkäufer ist also, wenn er gegen eine unter Geschäftsaufsicht stehende Person oder gegen einen Kriegsteilnehmer auch erfolgreich nicht vorgehen kann, nicht verpflichtet, mit der Bezahlung der Ware bis nach

Beendigung des Krieges zu warten; der Käufer ist nicht verpflichtet, solange auf die Lieferung zu warten.

Sofern also nicht etwa durch die Einberufung eines Kriegsteilnehmers Unmöglichkeit in der Erfüllung nach den vorstehenden Erörterungen eintritt, gewähren die eben bezeichneten Gesetze keinen Schutz gegen die Folgen des Verzuges und gegen das Recht des anderen Teiles, wegen veränderter Umstände vom Vertrage zurückzutreten.

22. Die vereinbarten Zahlungsbedingnngen bleiben an sich in allen Fällen bestehen.

Eine bereits eingeräumte Zahlungsnachsicht kann also nicht widerrufen werden.

Ein bereits bezahltes Darlehen kann nicht vor Fälligkeit zurückgefordert werden; die Verfallklausel tritt bei Ratenzahlungen nicht durch den Krieg ein; ein bereits eingeräumter Blanko-, Wechsel- oder Scheckkredit oder ein Kontokorrentverhältnis können nicht unter Verletzung der vertragsmäßig eingeräumten Bedingungen gekündigt werden.

Selbstverständlich braucht der Lieferant einer Ware nicht neue Geschäfte unter den bisher gewährten Zahlungsbedingungen abzuschließen, wenn die alten Abschlüsse erledigt sind, allein er ist nicht berechtigt, ein für eine noch vorzunehmende Warenlieferung bereits eingeräumtes Zahlungsziel einseitig zum Nachteil des Kunden zu ändern, also insbesondere bei einem bereits eingeräumten Zahlungsziel Barzahlung zu verlangen.

Allein auch hier kann der Vertrag, insbesondere der Vertrag auf Warenlieferung unter stillschweigender Bedingung des Gleichbleibens der Verhältnisse geschlossen sein; der Verkäufer, welcher sich hierauf beruft, hat jedoch die Beweislast zu übernehmen (Staub a. a. O. im Exkurs vor § 373 Anm. 39).

23. Abgesehen von einer derartigen stillschweigenden clausula rebus sic stantibus ist dagegen nach der gesetzlichen Bestimmung in § 321 BGB. der Vorleistungspflichtige berechtigt, wenn nach dem Abschluß des Vertrages in den Vermögensverhältnissen des anderen Teiles eine wesentliche Verschlechterung eintritt, durch die der Anspruch auf die Gegenleistung gefährdet wird, die ihm obliegende Leistung zu verweigern, bis die Gegenleistung bewirkt oder Sicherheit für sie geleistet wird.

Der Verkäufer der Ware, welcher sich hierauf beruft, kann aber den ihm obliegenden Nachweis der eingetretenen Verschlechterung der Verhältnisse des anderen Vertragsteiles nicht etwa durch bloßen Hinweis auf den eingetretenen Kriegszustand führen; sondern es obliegt ihm die Beweislast dafür, daß durch den Kriegszustand auch die Vermögensverhältnisse des anderen Vertragteiles sich tatsächlich in der die Gegenleistung gefährdenden Weise verschlechtert haben; andernfalls bleibt er vorleistungspflichtig und setzt sich, wenn er die Leistung verweigert, den Verzugsfolgen, insbesondere nach § 326 BGB. aus, wornach der Käufer einer Ware berechtigt ist, nach Eintreten der Fälligkeit der Lieferung und nach Gewährung einer angemessenen Nachlieferungsfrist und Androhung der Ablehnung der Leistung Schadensersatz wegen Nichterfüllung zu verlangen oder von dem Vertrage zurückzutreten.

Hat dagegen der an sich Vorleistungspflichtige das Recht, die Vorleistung zu verweigern, und wird von dem anderen Teil die Sicherheit nicht geleistet, so kann er nach vergeblicher Fristsetzung zwar nicht Schadensersatz wegen Nichterfüllung verlangen, aber vom Vertrag zurücktreten (Staub a. a. O., Exkurs vor § 373 Anm. 40—45).

24. In allen Fällen, in welchen ein vertragsmäßiges Rücktrittsrecht oder ein nach gesetzlicher Vorschrift nach den gleichen Regeln zu behandelndes gesetzliches Rücktrittsrecht besteht, ist der Rücktritt nach § 350 BGB. nicht dadurch ausgeschlossen, daß der dem Rücktrittsberechtigten gegebene und an sich bei Ausübung des Rücktrittsrechts zurückzugewährende Gegenstand durch Zufall, also insbesondere infolge kriegerischer Ereignisse untergegangen ist.

25. Um die durch den Kriegszustand eingetretenen erheblichen Verschiedenheiten bei der Abwicklung der börsenmäßigen Zeitgeschäfte in Waren nach Tunlichkeit auszugleichen, hat das Reichsgesetz vom 4. August 1914 (RGBl. Nr. 53 S. 336 ff.) besondere Bestimmungen getroffen.

Dieses Gesetz bezieht sich lediglich auf erlaubte Börsentermingeschäfte in Waren und auf handelsrechtliche an der Börse geschlossene Lieferungsgeschäfte in Getreide und Erzeugnissen der Getreidemüllerei.

Es muß also ein Börsentermingeschäft in Waren vorliegen, welches nach § 50 BörsG. vom 8. Mai 1908 durch den Börsenvorstand zum Börsenterminhandel zugelassen oder wenigstens nach § 51 Abs. 1 Satz 3 BörsG. von der Zulassung noch nicht endgültig ausgeschlossen ist, oder es muß ein handelsrechtliches Lieferungsgeschäft nach § 67 BörsG. in Getreide oder Erzeugnissen der Getreidemüllerei vorliegen, welches nach den vom Bundesrat genehmigten börsenmäßigen Geschäftsbedingungen unter den dort bezeichneten Personen abgeschlossen ist.

Ferner muß selbstverständlich für alle diese Fälle ein Geschäft vorliegen, welches nach den Bestimmungen des Börsengesetzes an sich rechtswirksam ist.

Auf Geschäfte, welche überhaupt nicht rechtswirksam sind, oder auf börsenmäßige Geschäfte, welche zwar rechtswirksam sind, aber nicht unter die erwähnten beiden Gattungen fallen, bezieht sich das Reichsgesetz vom 4. August 1914 überhaupt nicht; diese bleiben vielmehr unwirksam oder sind, soweit sie wirksam sind, nach den Bestimmungen des Börsengesetzes zu erledigen.

Bezüglich dieser Geschäfte, auf welche sich das Reichsgesetz vom 4. August 1914 bezieht, ist nun in §§ 1, 4 und 5 bestimmt, daß wenn sie nach den Geschäftsbedingungen einer deutschen Börse vor dem 1. August 1914 abgeschlossen und erst nach dem 4. August 1914 zu erfüllen sind, durch Anordnung des Bundesrates bestimmt werden kann, daß dieselben so anzusehen seien, als ob ein Vertragsteil gemäß eines ihm zustehenden Rechts zurückgetreten sei.

Auf diese Geschäfte findet also § 346 BGB. Anwendung, wonach die Vertragsteile verpflichtet sind, einander die empfangenen Leistungen zurückzugewähren, der Verkäufer also insbesondere nicht mehr verpflichtet ist, die noch nicht gelieferte Ware zu liefern.

Dabei ist nach § 2 und § 3 dieses Gesetzes von der Landeszentralbehörde der betreffenden Börse, nach deren Geschäftsbedingungen das Geschäft geschlossen wurde, nach vorheriger Anhörung des Börsenvorstandes und unter Berücksichtigung der Marktlage vor der Erklärung des Zustandes der drohenden Kriegsgefahr (also vor dem 31. Juli 1914) ein Liquidationspreis zu bestimmen.

Wenn nach dieser Bestimmung der unter den Vertragsteilen vereinbarte Preis niedriger ist als der Liquidationspreis, so kann der Käufer die Differenz vom Verkäufer beanspruchen; wenn dagegen der Liquidationspreis niedriger ist als der vereinbarte Preis, so kann der Verkäufer vom Käufer die Differenz beanspruchen. Der Zeitpunkt für die Fälligkeit dieser Forderungen ist in der Anordnung des Bundesrates zu bestimmen, so daß auch erst von diesem Zeitpunkt an Verzugszinsen zu entrichten sind.

Das Gesetz beruht auf dem Gedanken, daß derartige Geschäfte, bezüglich deren sich die Marktlage durch den Kriegszustand in einer nicht vorauszusehenden Weise erheblich geändert hat, auf einer Grundlage erledigt werden sollen, welche der Marktlage zur Zeit des Eintrittes des Kriegszustandes möglichst entspricht.

Das Recht auf Lieferung der Ware ist dabei ausgeschlossen; infolgedessen muß der Käufer, wenn der Liquidationspreis der Ware höher ist als der vereinbarte Preis, die Ware also im Preis gegenüber dem vereinbarten Preis höher zu bewerten ist, was zu seinem Vorteil ist, wenn er die Ware geliefert erhalten würde, die Differenz zwischen den beiden Preisen verlangen können.

Wenn umgekehrt der Liquidationspreis geringer ist als der vereinbarte Preis, was bei Lieferung der Ware zum Vorteil des Verkäufers wäre, so muß er die Differenz vom Käufer verlangen können.

Auf Grund dieses Reichsgesetzes über die Abwicklung von börsenmäßigen Zeitgeschäften in Waren hat der Bundesrat bisher die Bekanntmachung vom 24. August 1914 (RGBl. Nr. 65 S. 381 ff.) erlassen.

Diese Bekanntmachung bezieht sich auf Börsentermingeschäfte in Kupfer, Zinn, Zucker, Baumwolle und Kaffee, auf börsenmäßige Lieferuugsgeschäfte in Getreide und Mehl, sowie auf Börsentermingeschäfte in Kautschuk, bezüglich deren der Börsenvorstand in Hamburg die Entscheidung darüber, ob sie von der Benützung der Börseneinrichtungen ausgeschlossen sein sollen, noch ausgesetzt hat.

Für diese Geschäfte ist die Liquidation im Sinne des Reichsgesetzes vom 4. August 1914 bestimmt worden.

Bezüglich der Fälligkeit der Forderungen, welche sich als Liquidationsforderungen für Käufer oder Verkäufer ergeben, wird auf § 2 der Bekanntmachung vom 24. August 1914 verwiesen.

Zum Ausschluß jeden Zweifels wird aber bemerkt, daß das Reichsgesetz vom 4. August 1914 und die auf Grund desselben ergangenen und noch etwa ergehenden Bekanntmachungen des Bundesrates sich selbstverständlich nur auf börsenmäßige Zeitgeschäfte, nicht auf gewöhnliche Lieferungsverträge des Handels beziehen; für die Letzteren verbleibt es bei den vorher entwickelten Rechtssätzen.

26. Durch positive Bestimmung der Verordnung des Bundesrates vom 31. Oktober 1914, welche am gleichen Tage in Kraft getreten ist (RGBl. Nr. 96 S. 467/468), ist ferner mit Rücksicht auf die Regelung der Zuckergewinnung für das Betriebsjahr 1914/1915 bestimmt, daß Kaufverträge über Rohzucker dieses Betriebsjahres, soweit sie nach dem 31. Oktober 1914 zu erfüllen sind, nicht mehr zu erfüllen, vielmehr so anzusehen sind, als ob ein Vertragsteil auf Grund eines ihm zustehenden Rechts zurückgetreten sei.

Das Besondere liegt hier darin, daß durch diese positive Bestimmung nicht bloß Verträge, welche nach Inkrafttreten dieser Verordnung geschlossen werden, als ungültig zu erachten sind, sondern daß die Bestimmung auch auf die früher abgeschlossenen Verträge rückwirkende Kraft hat, sofern dieselben nur nach dem 31. Oktober 1914 zu erfüllen sind.

Es ist jedoch ausdrücklich zu bemerken, daß es sich bei dieser Bestimmung nur um die Regelung der Verträge über **Rohzucker** handelt.

Verträge über **Verbrauchszucker** werden also durch diese Bestimmung nicht berührt.

B. Für **Versicherungsverträge** kommt es zunächst überhaupt darauf an, ob das Kriegsrisiko nach deren Inhalt übernommen oder nicht wenigstens ausgeschlossen ist.

Soweit nicht etwa anderes vereinbart ist, ist die Prämie selbstverständlich auch während des Kriegszustandes von dem Versicherungsnehmer weiter zu bezahlen.

Dies gilt nach § 68 des Gesetzes über den PrivatVersV. vom 30. Mai 1908 bei Wegfall des Versicherungsinteresses wenigstens für das laufende Versicherungsjahr.

Wird z. B. ein Pferd, ein Automobil vom Staate für den Kriegszweck übernommen, so hat die Versicherungsgesellschaft an sich das Recht, die Prämie für das laufende Versicherungsjahr zu verlangen.

Nach § 84 haftet bei der Feuerversicherung der Versicherer nicht, wenn der Brand oder die Explosion durch Maßregeln verursacht wird, die im Kriege oder nach Erklärung des Kriegszustandes von einem militärischen Befehlshaber angeordnet worden sind.

Nach § 117 ersetzt die Viehversicherung den Schaden nicht, welcher durch die gleichen Maßregeln verursacht wird.

Nach § 142 ist bei der Transportversicherung von Gütern der Versicherer nicht berechtigt, das Versicherungsverhältnis wegen einer Erhöhung der Gefahr zu kündigen, welche unabhängig von dem Willen des Versicherungsnehmers, also z. B. durch den Kriegszustand eintritt.

Diese Bestimmung gilt natürlich ebenfalls nur dann, wenn das Kriegsrisiko vertragsmäßig nicht überhaupt ausgeschlossen ist.

Ist aber das Kriegsrisiko nicht ausgeschlossen, so ist es für die Anwendung der Bestimmung gleichgültig, ob die Versicherung auf Zeit oder für einen bestimmten Transport abgeschlossen ist, oder ob die Erhöhung der Gefahr durch den Kriegszustand vor Beginn der Versicherung oder vor Beginn des Transportes eingetreten ist.

Für die Lebensversicherung ist noch besonders zu bemerken, daß, wenn in dieselbe ohne oder gegen eine Zuschlagsprämie das Kriegsrisiko eingeschlossen ist, gemäß § 16 und § 17 des genannten Gesetzes unter den daselbst bezeichneten Voraussetzungen der Versicherer vom Vertrage zurücktreten kann.

Er kann aber nicht erklären, daß die Versicherung unter Ausschluß des Kriegsrisikos fortbestehen soll.

Versicherungsverträge mit ausländischen Gesellschaften bleiben an sich gültig.

Jedoch kann der Versicherte von solchen Versicherungsverträgen mit feindlichen Auslandsversicherungsgesellschaften zurücktreten, da nach den Bestimmungen der feindlichen Länder die Erfüllung dieser Versicherungsverträge nicht mehr gewährleistet ist.

Der Versicherte braucht sich in diesem Falle auch nicht gefallen zu lassen, daß eine inländische Versicherungsgesellschaft durch Vertrag mit der ausländischen Gesellschaft an deren Stelle tritt.

C. Rechtsverhältnisse anderer Art.

Der Einfluß des Krieges kann auch für andere Schuldverhältnisse von Einfluß sein.

1. Nach § 234 BGB. sind Wertpapiere zur Sicherheitsleistung unter den daselbst bestimmten weiteren Voraussetzungen nur geeignet, wenn sie einen Kurswert haben.

Wenn auch zum Begriff des Kurswertes nicht eine amtliche Notierung erforderlich ist, so ist doch Kurswert derjenige Wert, welcher infolge von Angebot und Nachfrage allgemein bezahlt wird.

Ein solcher Kurswert ist während des Krieges beim Stillstand jeden börsenmäßigen Handels mit Wertpapieren nicht festzustellen.

Der Wert, zu welchem die Darlehenskassen des Reiches Wertpapiere belehnen, ist kein Kurswert.

Auch der Kurswert vor dem Kriege kann bei der Veränderung der Verhältnisse nicht maßgebend sein.

Die strenge Folge wäre, daß während des Krieges mit Wertpapieren Sicherheit nicht gestellt werden kann, und daß nach § 240 BGB. der zur Sicherheit Berechtigte verlangen kann, daß für die geleistete Sicherheit anderweitige Sicherheit geleistet werde (s. nunmehr Nachtrag).

2. Schwierigkeiten können sich auch ergeben, wenn eine Geldschuld in ausländischer Währung ausgedrückt, jedoch im Inlande zu bezahlen ist (BGB. § 244).

Jedenfalls ist aber zu bemerken, daß eine durch den Krieg bedingte Änderung der Kursverhältnisse gleichgültig ist. Es kommt nur auf den Kurs an, welcher zur Zeit der Zahlung am Zahlungsorte maßgebend ist.

3. In zahlreichen Bestimmungen des bürgerlichen Rechts und des Handelsrechts ist dem Börsen- oder Marktpreis ein bestimmter Einfluß eingeräumt.

Es ist insbesondere auf die Bestimmungen in §§ 261, 385, 1221, 1235 BGB. und §§ 373, 400 HGB. zu verweisen.

Da unter einem Börsen- oder Marktpreis derjenige Preis zu verstehen ist, welcher für eine Sache bestimmter Art und Gattung von durchschnittlicher Güte an dem Handelsplatze, wo sie den Markt hat, und in dessen Handelsbezirk zu einer gewissen Zeit im Durchschnitt gewährt wird, ergibt sich die Folge, daß in den Fällen, in welchen mit Bezug auf den Schluß der Börsen ein Markt- oder Börsenpreis nicht feststellbar ist, von den gesetzlichen Bestimmungen, welche auf diesen Preis Bezug nehmen, kein Gebrauch gemacht werden kann. Die Waren, Pfandgegenstände können also nicht aus freier Hand verkauft werden; der Kommissionär kann nicht als Selbstkontrahent eintreten; beim Fixgeschäft nach § 376 HGB. kann der Schadensersatz wegen Nichterfüllung, soweit trotz des Krieges Verzug vorliegen kann, nicht durch den Unterschied des Kaufpreises gegenüber dem Börsen- oder Marktpreis verlangt werden.

Bei der Bilanz einer Aktiengesellschaft können Wertpapiere und Waren nicht zu einem Börsen- oder Marktpreis, sondern höchstens zum Anschaffungspreis oder Herstellungspreis angesetzt werden usw.

Bei der Bewertung von Wertpapieren in der Bilanz wird allerdings der letzte Kurswert vor Kriegsausbruch angesetzt werden dürfen, wenn nicht besondere Umstände eine geringere Bewertung erfordern.

4. Nach § 41 KO. kann die Anfechtung einer Rechtshandlung seitens des Konkursverwalters nur binnen Jahresfrist seit der Eröffnung des Verfahrens erfolgen.

Auf den Lauf der Frist findet die Bestimmung in § 203 Abs. 2 BGB. Anwendung.

Das gleiche findet statt nach § 12 des Gesetzes, betreffend die Anfechtung von Rechtshandlungen außerhalb des Konkursverfahrens für die zehnjährige Anfechtungsfrist einer nach § 3 Ziff. 1 dieses Gesetzes anfechtbaren Rechtshandlung.

Eine Hemmung dieser Ausschlußfristen tritt deshalb insbesondere dann ein, wenn der Anfechtungsberechtigte innerhalb der letzten 6 Monate der Frist durch höhere Gewalt infolge des Kriegszustandes gehindert war.

5. Bei Zuerkennung einer Geldrente nach Maßgabe der Vorschriften in §§ 843—845 BGB. kann der Berechtigte, wenn sich durch den Kriegszustand in den Vermögensverhältnissen des Verpflichteten eine erhebliche Verschlechterung ergeben hat, gemäß § 324 ZPO. nachträglich Sicherheitsleistung oder Erhöhung der im Urteil bestimmten Sicherheit verlangen.

Diese Vorschrift findet auch auf solche Renten Anwendung, für welche auf Grund anderer Gesetze die Bestimmungen in § 843 Abs. 2 BGB. anwendbar sind, so z. B. nach § 13 RG. über den Verkehr mit Kraftfahrzeugen.

6. Gemäß § 528 BGB. kann mit Rücksicht auf die Verschlechterung der Vermögensverhältnisse des Schenkers durch den Kriegszustand die Verpflichtung zur Herausgabe des Geschenkes in Frage kommen.

7. Bei der nicht auf einem Gesellschaftsvertrage beruhenden Gemeinschaft nach Bruchteilen kann gemäß § 749 BGB. auch dann, wenn das Recht, die Aufhebung der Gemeinschaft zu verlangen, durch Vereinbarung für immer oder auf Zeit ausgeschlossen ist, die Aufhebung verlangt werden, wenn ein wichtiger Grund vorliegt, und zwar auch dann, wenn eine Kündigungsfrist vereinbart ist.

Ob ein solch wichtiger Grund infolge des Kriegszustandes vorliegt, bemißt sich nach der Lage des Falles.

8. Höhere Gewalt kann auch als Hemmung der Verjährungsfrist bei Schuldverschreibungen auf den Inhaber in Betracht kommen (§ 802 BGB.).

9. Soweit bei einer unerlaubten Handlung Vorsatz oder Fahrlässigkeit vorausgesetzt wird, entfällt der Tatbestand derselben, wenn die schädigende Handlung durch den Krieg, also durch einen vom Handelnden nicht verschuldeten Umstand eintrat.

Es ist hiebei auch darauf hinzuweisen, daß in denjenigen Fällen, in welchen das Gesetz den Grundsatz der reinen Gefährdungshaftung eingeführt hat, dieser Grundsatz dann keine Anwendung findet, wenn die Beschädigung durch höhere Gewalt, also durch den Kriegszustand herbeigeführt wurde.

Es ist hiebei insbesondere auf das Reichshaftpflichtgesetz zu verweisen, wonach infolge der Vorschrift in § 1 die Eisenbahn für Beschädigung und Tötung von Personen nicht haftet, wenn der Unfall durch höhere Gewalt herbeigeführt wurde.

Die mit dem Betrieb der Eisenbahn verbundene gewöhnliche Gefahr befreit allerdings die Eisenbahn nicht; würde aber der Unfall z. B. durch eine nicht voraussehbare im Kriegszustand erfolgte Sprengung einer Brücke durch den Feind herbeigeführt werden, so wäre dies als höhere Gewalt zu erachten.

Die gleiche Bestimmung ist in § 7 RG. über den Verkehr mit Kraftfahrzeugen vom 3. Mai 1909 für die Ersatzpflicht bei Tötung oder Beschädigung eines Menschen oder Beschädigung einer Sache getroffen.

Es ist ferner zu verweisen auf die Bestimmungen in §§ 58 und 59 bayr. AG. BGB., wonach die Eisenbahn unter den gleichen Voraussetzungen auch für die Beschädigung von fremden Sachen nicht haftet, und wonach die Haftung in der gleichen Weise eingeschränkt ist, wenn bei der Erteilung und Genehmigung einer Anlage oder eines Betriebes auf öffentlichen Grundstücken oder Gewässern dem Unternehmer für Schadensfälle die Haftung an sich auferlegt ist.

D. Auch im Sachenrecht wird der Anspruch auf Ersatz von Verwendungen für eine herausgegebene, bewegliche oder unbewegliche Sache durch höhere Gewalt gehemmt (BGB. § 1002).

Der Kriegszustand kann nach § 1122 BGB. auch die Haftung der Zubehörstücke für die Hypothek beeinflussen.

Denn wenn z. B. ein landwirtschaftliches Grundstück infolge des Kriegszustandes nicht mehr ordnungsmäßig bewirtschaftet werden kann, wird sich die Veräußerung von Zubehörstücken, z. B. von Viehstücken, nicht umgehen lassen.

Doch wird hier große Vorsicht geboten und bei Überschreitung dem Hypothekgläubiger das Recht nach § 1134 BGB. zu gewähren sein.

Tritt dagegen durch den Kriegszustand eine Verschlechterung des Grundstückes ein, so hat der Hypothekgläubiger auch das Recht aus § 1133 BGB., da er dieses Recht auch dann hat, wenn die Verschlechterung des Grundstückes nicht auf Verschulden des Eigentümers, sondern auf Naturereignisse zurückzuführen ist.

E. Der Kriegszustand kann auch familienrechtliche Verhältnisse beeinflussen.

1. Nach der kaiserlichen Verordnung vom 20. Januar 1879 (RGBl. 1879 S. 5 ff.) kann bei Militärpersonen, welche sich beim mobilen Heer befinden, die Eheschließung unter den dortselbst bestimmten Erleichterungen und vor besonderen Beamten stattfinden.

Nach den Bestimmungen des Personenstandesgesetzes kann durch die Landesregierungen, wenn die Eheschließung vor Einrückung einer Militärperson zum Felde erfolgen soll, Befreiung von dem Aufgebot bewilligt werden.

2. Wird durch den Kriegszustand ein unterhaltsberechtigter Familienangehöriger stellen- oder verdienstlos, so kann er unter den allgemeinen Voraussetzungen der Unterhaltsberechtigung von dem Unterhaltspflichtigen den Unterhalt verlangen, wenn er infolge des Kriegszustandes außerstande ist, sich selbst zu unterhalten.

Ebenso können z. B. die Familienangehörigen ihres zum Kriegsdienst einberufenen Ehegatten oder Vaters von den unterhaltspflichtigen Verwandten den standesgemäßen Unterhalt verlangen, soweit die denselben während der Einberufung gewährten öffentlichen Unterstützungen hiezu nicht ausreichen.

Wird also z. B. der Ehemann oder Vater zum Heeresdienste einberufen, so kann die Ehefrau von ihrem Vater innerhalb dieser Grenzen den Unterhalt verlangen, ebenso wie die Kinder des Einberufenen vom Großvater usw.

Umgekehrt kann der Eintritt des Kriegszustandes die bestehende Unterhaltspflicht schmälern oder aufheben, wenn der Unterhaltsverpflichtete infolge des Kriegszustandes bei Berücksichtigung seiner sonstigen Verpflichtungen nunmehr selbst außerstande ist, ohne Gefährdung seines eigenen standesgemäßen Unterhalts den Unterhalt zu gewähren.

Für vertragsmäßig übernommene Leibrenten kann ein solche Minderung nicht in Frage kommen.

Ist bei Unterhaltsverpflichtungen bereits eine rechtskräftige Verurteilung ergangen, so kann der Verpflichtete gemäß § 323 ZPO. eine entsprechende Abänderung des Urteils im Wege der Klage verlangen; ist die Verpflichtung zur Unterhaltsgewährung durch einstweilige Verfügung ausgesprochen, so gibt die Veränderung der Verhältnisse Anlaß zum Widerspruch oder zum Antrag auf Aufhebung oder Abänderung wegen veränderter Umstände (ZPO. §§ 924, 927, 936).

Umgekehrt kann bei der Unterhaltspflicht der geschiedene Ehegatte oder der Ehegatte einer angefochtenen Ehe, wenn durch den Kriegszustand in den Verhältnissen des Verpflichteten eine erhebliche Verschlechterung der Vermögensverhältnisse eingetreten ist, nach § 324 ZPO. die nachträgliche Sicherheitsleistung oder Erhöhung der im Urteil bestimmten Sicherheit verlangen. (BGB. §§ 1578—1582, § 1351).

3. Der Kriegszustand kann auch auf andere familienrechtliche Verhältnisse einwirken.

Beim gesetzlichen Güterstand der Verwaltung und Nutznießung kann die Ehefrau ohne Zustimmung des Ehemannes über eingebrachtes Gut verfügen und einen Rechtsstreit über dasselbe führen, wenn der Mann durch Abwesenheit an der Erklärung verhindert und mit dem Aufschub Gefahr verbunden ist (BGB. § 1401).

Das gleiche gilt nach §§ 1450, 1519, 1549 BGB. für den vereinbarten Güterstand der Gütergemeinschaft, der Errungenschaftsgemeinschaft und Fahrnisgemeinschaft.

Das Recht und die Pflicht der Mutter, während der Dauer der Ehe für die Person des Kindes zu sorgen (§ 1634 BGB.), wird besonders im Falle der Abwesenheit des Mannes während des Kriegszustandes erhöhte Bedeutung gewinnen.

Ist der Vater durch den Kriegszustand an der Ausübung der elterlichen Gewalt tatsächlich verhindert, die nach §§ 1627 und 1630 BGB. auch das Recht und die Pflicht der Sorge für das Vermögen des Kindes (die gesetzliche Vertretung desselben) umfaßt, so steht dieselbe nach § 1685 BGB. sogar der Mutter überhaupt zu; eventuell hat das Vormundschaftsgericht, wenn auch die Gewalt der Mutter ruht, nach § 1665 die im Interesse des Kindes erforderlichen Maßregeln zu treffen, welche nach § 1909 BGB. in der Mehrzahl der Fälle in der Aufstellung eines Pflegers bestehen werden.

Ist der Vater durch den Kriegszustand für längere Zeit an der Ausübung der elterlichen Gewalt verhindert und stellt das Vormundschaftsgericht gemäß § 1677 BGB. fest, daß die elterliche Gewalt des Vaters ruht, so hat dies wiederum nach § 1685 BGB. die Ausübung der elterlichen Gewalt für die Mutter zur Folge.

Ruht in diesem Falle auch die elterliche Gewalt der Mutter, oder ist dieselbe tot, so ist nach § 1773 in Verbindung mit § 1678 BGB. für das Kind ein Vormund zu bestellen.

Ist ein Vormund zum Kriegsdienste einberufen, so hat das Gericht, wenn es die Besorgung von Angelegenheiten erfordert, nach § 1909 BGB. einen Pfleger aufzustellen; im Falle längerer Abwesenheit des Vormundes wird das Gericht denselben auf seinen Antrag gemäß § 1989 BGB. auch vollständig aus der Führung des Amtes zu entlassen haben.

4. Der Kriegszustand ist auf dem Gebiete des Familienrechts von Bedeutung für den Lauf bestimmter Anfechtungsfristen.

Gemäß § 203 BGB. wird der Lauf der Verjährungsfrist gehemmt, solange der Berechtigte durch höhere Gewalt, also insbesondere durch Kriegszustand, an der Wahrung der Frist gehindert ist.

Diese für die Verjährungsfrist geltende Bestimmung ist auf dem Gebiete des Familienrechts für folgende Ausschlußfristen für anwendbar erklärt:

Für die Anfechtung der Ehe (§ 1339 BGB.), für die Scheidungsklage (§ 1571 BGB.), für die Anfechtung der Ehelichkeit eines Kindes (§ 1594 BGB.), für die Anfechtung der Anerkennung der Ehelichkeit (§ 1599 BGB.).

5. Die Beurkundung der Todesfälle erfolgt für Militärpersonen, welche nach eingetretener Mobilmachung ihr Standquartier verlassen haben, gemäß der kaiserlichen Verordnung vom 20. Januar 1879 (RGBl. 1879 S. 5 ff.) auf Grund dienstlicher Anzeige der vorgesetzten Militärbehörde durch denjenigen Standesbeamten, in dessen Bezirk der Verstorbene seinen letzten Wohnsitz gehabt hat, und in Ermangelung eines solchen vom Standesbeamten des Geburtsortes.

Nach der Demobilisierung oder der Rückkehr einer Militärperson in ihr Standquartier kommen die allgemeinen Vorschriften des Personenstandsgesetzes zur Anwendung.

Stirbt also eine Militärperson in einem Krankenhaus oder Lazarett, welches sich nicht an dem gewöhnlichen Garnisonsort der Militärperson befindet, so erfolgt die Beurkundung durch den Standesbeamten des Wohnsitzes oder in Ermangelung eines solchen des Geburtsortes.

Stirbt die Militärperson in einem Krankenhaus oder Lazarett ihres Garnisonsortes, so erfolgt die Beurkundung nach den allgemeinen Vorschriften des Personenstandsgesetzes durch den Standesbeamten des Sterbeortes.

Die Militärbehörde hat auch nach dem Reichsgesetz vom 28. Mai 1901 bei dem Tode gefallener oder verstorbener Militärpersonen für die Sicherung des Nachlasses zu sorgen, soweit hiefür ein Bedürfnis besteht.

Die Nachlaßverhandlung selbst erfolgt durch das zuständige Nachlaßgericht, welches möglicherweise schon auf Grund der amtlichen Verlustlisten die Verhandlungen einleiten kann (Bayer. JMBl. XXI S. 226 ff.).

Bezüglich der Erleichterung der Todeserklärung von Personen, welche als Angehörige der bewaffneten Macht an einem Kriege teilgenommen haben oder bei einer Seefahrt untergegangen sind, wird auf die Bestimmungen in §§ 15, 16 BGB. und § 966 ZPO. hingewiesen.

F. Auch auf dem Gebiete des Erbrechts übt der Kriegszustand seine Wirkung.

Für den Erben eines Kriegsteilnehmers beginnt nach § 1944 BGB. die sechswöchentliche Frist zur Ausschlagung der Erbschaft mit dem Zeitpunkt, in welchem der Erbe von dem Anfall und dem Grund der Berufung Kenntnis erlangt.

Fällt der Kriegsteilnehmer, so fragt es sich, in welchem Zeitpunkt der Erbe von dem Anfall der Erbschaft Kenntnis erlangt hat.

Die Beurkundung des Todesfalles im Sterberegister ist dazu jedenfalls nicht erforderlich.

Eine unbeglaubigte Nachricht genügt dazu aber auch nicht.

Erhält dagegen der Erbe, was Prüfung des einzelnen Falles ist, zuverlässige Kenntnis von dem Falle des Kriegsteilnehmers, dessen gesetzlicher Erbe er ist, z. B. durch die amtlichen Verlustlisten oder durch sonstige zuverlässige Nachrichten, so beginnt die Frist zur Ausschlagung der Erbschaft von diesem Zeitpunkt an.

Ist der Erbe selbst Kriegsteilnehmer, so ist die sechswöchentliche Frist für die Ausschlagung der Erbschaft gehemmt, solange der Erbe durch höhere Gewalt, also durch den Kriegszustand gehindert ist.

Befindet sich der Erbe bei Beginn der Frist infolge des Kriegszustandes im Ausland, so erstreckt sich die durch den Kriegszustand noch überdies gehemmte Ausschlagungsfrist auf sechs Monate (§§ 1944, 203 BGB.).

Die gleichen Bestimmungen gelten nach § 1954 BGB. für die sechswöchentliche Frist zur Anfechtung der Annahme oder Ausschlagung der Erbschaft, sowie nach § 1956 BGB. für die Anfechtung der Versäumung der Ausschlagungsfrist.

Ist die Einhaltung der Frist zur Errichtung des Inventars durch höhere Gewalt verhindert worden, so ist dem Erben auf seinen Antrag eine längere Inventarfrist zu bestimmen; für den Lauf dieser und der ursprünglichen Inventarfrist finden die gleichen Bestimmungen wie vorstehend Anwendung (§§ 1996, 1997 BGB.).

Hat der Erblasser die Auseinandersetzung des Nachlasses oder einzelner Nachlaßgegenstände durch letztwillige Verfügung ausgeschlossen oder von der Einhaltung einer Kündigungsfrist abhängig gemacht, so kann der Kriegszustand als wichtiger Grund gleichwohl zur Auseinandersetzung führen (§§ 2044, 749 BGB.).

Auf die Frist zur Anfechtung einer letztwilligen Verfügung finden die gleichen Grundsätze wie für die Frist zur Ausschlagung einer Erbschaft Anwendung (§ 2082 BGB.).

Die gleichen Bestimmungen finden Anwendung auf die Frist zur Anfechtung der Ausschlagung der Erbschaft oder eines Vermächtnisses durch den Pflichtteilsberechtigten (§ 2308 BGB.), sowie für die Anfechtung des Erbschaftserwerbes eines Erbunwürdigen oder des Anspruches aus dem Vermächtnis gegenüber einem des Vermächtnisses Unwürdigen (§§ 2340, 2345 BGB.).

Ist ein Vermächtnis auf eine zur Zeit des Erbfalles unmögliche Leistung gerichtet, wie es im Kriegsfalle zutreffen kann, so ist dasselbe vorbehaltlich der Bestimmung in § 308 BGB. gemäß § 2171 BGB. unwirksam; dasselbe gilt nach § 2192 BGB. für die Auflage.

Tritt die Unmöglichkeit nachträglich ein, so ist der Schuldner von der Leistung des Vermächtnisses oder der Vollziehung der Auflage gemäß § 275 BGB. unter den gleichen Voraussetzungen befreit, unter welchen er nach den Ausführungen über die Leistung aus Vertragsverhältnissen befreit wird.

Bezüglich der erleichterten Form des Testamentes im Kriegsfalle wird auf die allgemeinen Bestimmungen in §§ 2249, 2250, 2251, 2252 BGB., sowie auf die besonderen Bestimmungen verwiesen, welche für Militärpersonen und Personen, welche zur kaiserlichen Marine gehören, nach § 44 RMilG. vom 2. Mai 1874 gemäß Art. 44 EG. BGB. aufrecht erhalten sind.

Durch das Reichsgesetz vom 28. Mai 1901 sind für die nach § 167 des Gesetzes über die Angelegenheiten der freiwilligen Gerichtsbarkeit vom 17. Mai 1898 den Amtsgerichten zugewiesenen Verrichtungen die Kriegsgerichtsräte und Oberkriegsgerichtsräte zuständig, wenn es sich um Personen im Felde handelt.

Dieselben sind also in diesem Falle nicht bloß zur Beurkundung von Rechtsgeschäften unter Lebenden, wie schon oben erwähnt (z. B. Errichtung von Vollmachten), sondern auch zur Beurkundung von letztwilligen Verfügungen zuständig.

Bei Personen, die zur Besatzung eines in Dienst gestellten Schiffes der kaiserlichen Marine gehören, welches sich außerhalb eines inländischen Hafens befindet, treten an deren Stelle nach § 184 des Gesetzes über die freiwillige Gerichtsbarkeit die Geschwaderauditeure.

Für die Hemmung der einjährigen Frist zur Anfechtung des Erbvertrages gelten nach § 2283 BGB. die gleichen Bestimmungen wie für die Hemmung der Frist zur Ausschlagung einer Erbschaft. (§ 2283 BGB).

Für alle diese Ausschlußfristen kommt nunmehr noch § 8 RG., betreffend den Schutz der infolge des Krieges an der Wahrnehmung ihrer Rechte behinderten Personen vom 4. August 1914 (RGBl. Nr. 35 S. 328 ff.) in Betracht, wonach diese Fristen weiter zugunsten der Kriegsteilnehmer und ihrer Gegner gehemmt sind.

Das Nähere hiezu wird im II. Teil III. Abschnitt B behandelt werden.

VII. Abschnitt:

Zahlungsverpflichtungen und Zahlungsaufschub.

Auch die Zahlungspflicht an sich bleibt für alle Rechtsgeschäfte bestehen.

Insbesondere ist der Mangel an Zahlungsmitteln nach § 279 BGB. stets vom Schuldner zu vertreten.

Es müssen also Kaufpreise, Mietzinse, Hypotheken und Hypothekzinsen usw. trotz des Kriegszustandes bei Meidung des Eintritts der Folgen des Schuldnerverzuges bezahlt werden.

Jedoch ist in dieser Hinsicht durch die geschaffenen Notgesetze und Notverordnungen ein gewisser Schutz für den Schuldner geschaffen worden.

A. Zahlungsfrist.

Unter einem Moratorium in dem hier in Betracht kommenden Sinn wird ein Akt der Staatsgewalt verstanden, welcher dem Schuldner Ausstand in der Erfüllung fälliger Verbindlichkeiten gewährt.

Folge ist also, daß innerhalb des Rahmens des Moratoriums der Gläubiger die Zahlung nicht verlangen kann.

Das Moratorium begründet deshalb die verzögerliche Einrede der Stundung. (Staudinger a. a. O. Bem. 5 zu § 202).

Ein solches Moratorium kann sich auf alle Forderungen erstrecken, welche bis zu einem gewissen Zeitpunkt entstanden sind oder bis zu einem solchen fällig werden, oder es kann nur für Forderungen bestimmter Art erlassen sein.

Ein allgemeines Moratorium ist jedoch für das Deutsche Reich bisher nicht erlassen worden.

Dagegen ist dem Gerichte nunmehr das Recht auf Bewilligung einer Zahlungsfrist auf Grund der nachfolgenden Bestimmungen gegeben, was eine vollständige Ausnahme von der Vorschrift in § 14 Ziff. 4 EG. ZPO. bildet.

Auf Grund des § 3 RG. vom 4. August 1914 über die Ermächtigung des Bundesrates zu wirtschaftlichen Maßnahmen hat nämlich der Bundesrat die Bekanntm. vom 7. August 1914 über die gerichtliche Bewilligung von Zahlungsfristen erlassen (RGBl. Nr. 56 S. 359 ff.), auf Grund welcher folgende Regeln gelten:

In bürgerlichen Rechtsstreitigkeiten, die bei den ordentlichen Gerichten anhängig sind oder anhängig werden, kann das Prozeßgericht auf Antrag des Beklagten eine mit der Verkündung des Urteils beginnende Zahlungsfrist von längstens drei Monaten in dem Urteil bestimmen. Die Bestimmung ist zulässig, wenn die Lage des Beklagten sie rechtfertigt und die Zahlungsfrist dem Kläger nicht unverhältnismäßigen Nachteil bringt.

Sie kann für den Gesamtbetrag oder einen Teilbetrag der Forderung erfolgen und von der Leistung einer nach freiem Ermessen des Gerichts zu bestimmenden Sicherheit abhängig gemacht werden.

Der Antrag ist nur zulässig, wenn Gegenstand des Rechtsstreites eine vor dem 31. Juli 1914 entstandene Geldforderung ist. Die tatsächlichen Erklärungen, die den Antrag begründen, sind glaubhaft zu machen.

Der Zinsenlauf wird durch die Bestimmung der Zahlungsfrist nicht berührt.

Obwohl die Bekanntmachung des Bundesrates natürlich eine für den derzeitigen Kriegszustand berechnete vorübergehende Maßregel sein soll, ist die Bewilligung der Zahlungsfrist, solange die Bestimmung in Kraft bleibt, für alle vor dem 31. Juli 1914 entstandene Forderungen zulässig, auch wenn die Zahlungsfrist erst in einem späteren Zeitraum beantragt wird.

Im einzelnen ist folgendes zu bemerken:

1. Es muß sich zunächst um einen bürgerlichen Rechtsstreit handeln, welcher bei den ordentlichen Gerichten bereits anhängig ist oder anhängig wird.

Für die Forderungen öffentlichen Rechts, also für Steuern, Abgaben usw. oder für Forderungen, welche vor einem Kaufmanns- oder Gewerbegericht anhängig werden, kann also eine Zahlungsfrist nicht bewilligt werden.

Der Ausdruck der Bekanntmachung im letzteren Punkt ist ungenau.

Die Zahlungsfrist kann nicht bewilligt werden für Forderungen, für welche die Kaufmanns- oder Gewerbegerichte oder reichsrechtlich zugelassene Sondergerichte zuständig sind.

Die Zahlungsfrist kann auch bewilligt werden gegenüber Forderungen aus ausländischen Urteilen oder Schiedssprüchen, sofern solche Forderungen bis zum 31. Januar 1915 überhaupt im Inland geltend gemacht werden können (s. hiezu VIII Abschnitt A Ziff. 13).

2. Es kann ferner eine Zahlungsfrist nur bewilligt werden für Geldforderungen.

Nach einem Erlaß des preußischen Handelsministers (preuß. JMinBl. Jahrg. 1914 S. 678) und der Bekanntmachung des bayerischen Justizministeriums (bayer. JMinBl. Jahrg. 1914 S. 149) soll es sich um eine Geldforderung auch dann handeln, wenn die Forderung ursprünglich auf einen anderen Gegenstand z. B. eine Warenlieferung gerichtet ist, im Falle der Nichterfüllung aber in eine Geldforderung übergeht.

Dies kann nach der Fassung der Bundesratsbekanntmachung in dieser Allgemeinheit nicht als zutreffend erachtet werden.

Wenn der Verkäufer sein Recht auf Lieferung von Waren geltend macht, liegt eine Geldforderung nicht vor.

Eine Geldforderung liegt in einem solchen Falle erst dann vor, wenn der Gläubiger mit Rücksicht auf den Schuldnerverzug von seinem Rechte auf Schadensersatz wegen Nichterfüllung Gebrauch gemacht hat.

Dann ist allerdings die Bewilligung der Zahlungsfrist, obwohl dieselbe nur für die vor dem 31. Juli 1914 entstandenen Geldforderungen möglich ist, als zulässig zu erachten, auch wenn der Gläubiger erst nach dem 31. Juli 1914 sein Recht auf Schadensersatz wegen Nichterfüllung geltend gemacht, falls nur die Verpflichtung zur Warenlieferung schon vor diesem Zeitpunkt entstanden ist.

Denn der Rechtsgrund der Geldforderung ist die ursprüngliche Lieferungsverpflichtung, für welche die Geldforderung nur das Erfüllungssurrogat ist. (Staub a. a. O. Anm. 57 im Exkurs zu § 374).

Bezüglich des Anspruchs auf Räumung einer Wohnung kann also z. B. eine Frist nicht bewilligt werden (abgesehen von dem selbstverständlich bestehen bleibenden Rechte des Gerichts, dem Schuldner eine Räumungsfrist nach § 721 ZPO. zu gewähren).

Bezüglich der Räumung einer Wohnung kann eine Erstreckung nur insoweit in Frage kommen, als die Verpflichtung zur Räumung einer Wohnung die Folge der nicht rechtzeitigen Zahlung der Mietzinsforderung ist, wofür das Nähere später bei den bezüglichen Vorschriften zu B zu erörtern ist.

Auch eine Geldschuld, welche in ausländischer Währung zu bezahlen ist, ist eine Geldschuld (§ 244 BGB.), für welche deshalb auch eine Zahlungsfrist bewilligt werden kann.

Dagegen ist die Forderung des Gläubigers auf Sicherheitsleistung, auch soweit die Sicherheit in Geld geleistet werden soll, keine Geldforderung; denn hier handelt es sich nicht um Zahlung einer Forderung, sondern um Sicherstellung einer Forderung.

Beispiele solcher Ansprüche finden sich in §§ 843, 1051, 1067, 1391, 2128 BGB., Art. 26, 29 WO. u. a.

Für die Forderung aus § 1133 BGB. kann eine Zahlungsfrist nicht bewilligt werden, weil es sich hier um eine die Sicherstellung des Gläubigers bezweckende dingliche Rechtsverfolgung handelt.

Abgesehen von den Forderungen, welche nicht auf Geld gerichtet sind, ist aber die Bewilligung der Zahlungsfrist für alle Geldforderungen zulässig, insbesondere auch für Wechselforderungen oder für Forderungen auf Grund des Regresses aus einem Scheck, oder für Forderungen, für welche ein Pfand oder eine Hypothek besteht usw.

Die Zahlungsfrist kann sogar für Auslandswechsel bewilligt werden, deren Fälligkeit nach den im VIII. Abschnitt B zu erörternden Bundesratsbekanntmachungen ohnehin schon um sechs Monate hinausgeschoben ist.

Die Bewilligung der gerichtlichen Zahlungsfrist für pfandweise gesicherte Forderungen ist auch dann für den Schuldner von Bedeutung, wenn demselben die im II. Teil zu erörternde Geschäftsaufsicht bewilligt ist, weil diese sich nicht auf pfandweise gesicherte Forderungen bezieht.

Auch der Kriegsteilnehmer kann, soweit gegen ihn nicht ohnehin nach den im II. Teil zu erörternden Bestimmungen das Verfahren überhaupt unterbrochen ist, die Bewilligung einer Zahlungsfrist beantragen.

Denn das dortselbst zu erörternde Kriegsschutzgesetz trifft für ihn nur besondere Bestimmungen.

Die allgemeinen Bestimmungen über Bewilligung einer Zahlungsfrist gelten auch für ihn.

3. Die Bestimmung gilt nur für solche Geldforderungen, welche vor dem 31. Juli 1914 nach deutscher Zeit entstanden sind.

Dafür, in welchem Zeitpunkt eine Forderung entsteht, läßt sich keine allgemeine Regel aufstellen.

Es ist dies für jedes einzelne Schuldverhältnis gesondert festzustellen.

Zur Entstehung der Forderung gehört jedenfalls der Eintritt einer aufschiebenden Bedingung (§ 158 BGB.) oder eines Anfangstermins (§ 163 BGB.).

Die Fälligkeit kommt dagegen nicht in Betracht, so daß die Bestimmung auf Bewilligung einer Zahlungsfrist auch für solche Forderungen gilt, welche schon vor dem 31. Juli 1914 entstanden, aber erst nach diesem Zeitpunkt, insbesondere auf Grund einer späteren Kündigung fällig geworden sind.

Das Motiv für die Bestimmung ist gerade die Tatsache, daß der Schuldner gegen nachteilige Folgen des Krieges in bezug auf solche Forderungen geschützt werden soll, welche er vor dem Eintritt des Kriegszustandes bereits auf sich genommen hatte, während er keinen Anspruch auf Schutz für solche Forderungen hat, welche er erst nach dem Kriegszustand übernommen hat, für welche er also mit diesem Kriegszustand bereits zu rechnen hatte.

Der Zeitpunkt der Entstehung des Anspruches im Sinne des Beginnes der Verjährung (§ 198 BGB.) ist also nicht ausschlaggebend; es kommt vielmehr darauf an, ob das den Gegenstand der Forderung bildende Rechtsverhältnis von dem Schuldner bereits vor dem 31. Juli 1914 unbedingt und ohne einen dasselbe hinausschiebenden Anfangstermin eingegangen war.

Ist dies der Fall, dann ist es gleichgültig, ob die Forderung selbst erst nach dem 31. Juli 1914 entstanden ist, und ob zur Entstehung der Forderung selbst noch andere Umstände hinzutreten mußten.

Bei einem unbedingten Kaufvertrag entsteht also die Forderung des Verkäufers auf Zahlung des Kaufpreises mit dem Abschluß des Kaufvertrages; bei Werklieferungsverträgen mit der Bestellung des Werkes.

Ist der Kaufpreis Zug um Zug zu bezahlen, so braucht der Verkäufer natürlich nur gegen Barzahlung zu liefern.

Liefert der Verkäufer aber ohne Barzahlung, oder ist für den Kaufpreis ein Ziel bewilligt, so kann der Käufer eine Zahlungsfrist beantragen, wenn der Kaufvertrag vor dem 31. Juli 1914 abgeschlossen wurde, sofern auch die Kaufpreisforderung selbst erst nach diesem Zeitpunkt fällig werden sollte.

Würde in solchen Fällen gesagt werden, daß die Forderung nicht schon vor dem 31. Juli 1914 entstanden sei, so würde die Verordnung fast gegenstandslos sein, ebenso wie die zu B zu erörternde Bekanntmachung vom 18. August 1914 über die Beseitigung der Folgen der nicht rechtzeitigen Zahlung einer Geldforderung.

Daß die Forderung am 31. Juli 1914 bereits entstanden war, hat der Schuldner zu beweisen, welcher die Zahlungsfrist beantragt.

Bezüglich des Beweises, ob ein Wechsel vor dem 31. Juli 1914 ausgestellt war, und der Frage, welchem Wechselgläubiger gegenüber die Zahlungsfrist beantragt werden kann, wenn ein Wechsel mit einem unrichtigen Ausstellungsdatum versehen ist, wird auf die Erörterungen im VIII. Abschnitt B Ziff. 3 und 5 bezüglich der im Ausland ausgestellten Wechsel Bezug genommen.

Bei Ansprüchen auf wiederkehrende Leistungen also z. B. bei Zinsen, Renten, Mietzinszahlungen, welche frühestens am 31. Juli 1914 fällig werden, kommt es darauf an, ob das die Forderung begründende Schuldverhältnis, vor dem 31. Juli 1914 entstanden ist.

Eine andere Auslegung würde übrigens auch zu praktischen Unmöglichkeiten führen.

Wenn z. B. ein Vermieter eine Mietzinsforderung für die Zeit vom 1. Juli bis 30. September 1914 geltend macht, kann die Zahlungsfrist doch nicht für die Zeit vom 1. bis 30. Juli gewährt und für die spätere Zeit versagt werden.

Der Grund für die Bewilligung der Zahlungsfrist liegt doch immer darin, daß es dem Mieter gestattet sein soll, für eine Schuld Zahlungsfrist zu beantragen, welche er vor dem Kriegszustand auf sich genommen hat, also z. B. für die Bezahlung einer Wohnung, welche er in einem Zeitpunkt gemietet hat, in welchem er mit der Möglichkeit des Krieges noch nicht rechnen konnte.

Dabei kommt es auch hier nicht darauf an, ob der Vermieter oder der Mieter vor dem 31. Juli 1914 hätten kündigen können.

Wenn der Mieter allerdings z. B. nach dem 31. Juli 1914 die Mietsache beschädigt, so kann auf die Schadensersatzforderung des Vermieters keine Zahlungsfrist bewilligt werden; denn diese Forderung beruht nicht unmittelbar auf dem schon vor dem 31. Juli 1914 geschlossenen Mietvertrag, sondern ist selbständig nach diesem Zeitpunkt entstanden.

4. Die Regeln über die gegenseitigen Verträge können jedoch durch die Bewilligung einer Zahlungsfrist nicht abgeändert werden.

Es kann also nicht etwa das Gericht dem Schuldner einen Skonto abzuziehen gestatten, welchen der Schuldner nur bei rechtzeitiger oder vorzeitiger Zahlung abzuziehen berechtigt ist.

Die Bewilligung der Zahlungsfrist hat auch nicht etwa die Wirkung, daß der Schuldner, welcher nach dem Vertrage vorzuleisten hat, nunmehr in Abänderung des § 320 BGB. nachleisten dürfe; die Bewilligung der Zahlungsfrist hat auch nicht die Wirkung, daß der Schuldner trotz nachträglicher wesentlicher Verschlechterung seiner Vermögensverhältnisse das Recht hat, trotz der Bestimmung in § 321 BGB. die Vorleistung durch den anderen Vertragsteil zu verlangen.

Die Bewilligung der Zahlungsfrist hat aber auch nicht die Wirkung, daß der Gläubiger nicht die Rechte aus § 326 BGB. ausüben könne.

Denn wenn auch die Bewilligung der Zahlungsfrist für eine von dem Gläubiger bereits gemachte Leistung die Verzugsfolgen für die Zukunft ausschließt, so kann doch die Leistung des Gläubigers nicht durch die Bewilligung der Zahlungsfrist verändert werden, und es kann dem Schuldner nicht das Recht gegeben werden, eine Zahlung, welche er vor der Gegenleistung oder Zug um Zug mit der Gegenleistung zu machen hat, zu verzögern und sich dadurch die Gegenleistung unter veränderten Umständeu zu sichern oder dem Gläubiger die Vorteile seiner Leistung zu entziehen.

Der Gläubiger hat in diesem Falle deshalb nicht bloß das Recht, unter Setzung einer angemessenen Nachfrist, oder falls eine solche nicht notwendig ist, ohne weiteres vom Vertrage zurückzutreten, sondern auch das Recht, Schadensersatz wegen Nichterfüllung zu verlangen.

Denn in diesem Falle handelt es sich nicht bloß um eine Zahlungspflicht des Schuldners, sondern um die durch die rechtzeitige Zahlung durch den Schuldner herbeizuführende Erreichung des Vertragszweckes.

Auch das Zurückbehaltungsrecht des Gläubigers nach § 273 BGB. wird durch die Bewilligung der Zahlungsfrist nicht berührt.

Der Zurückbehaltungsberechtigte kann also nicht gezwungen werden, falls die Voraussetzungen des Rechtes gegeben sind, unter Verzicht auf dasselbe wegen der dem Schuldner bewilligten Zahlungsfrist seine Leistung zu machen.

Daß das vertragsmäßige Pfandrecht durch die Bewilligung der Zahlungsfrist nicht berührt wird, ist ebenfalls selbstverständlich.

Auch die gesetzlichen Pfandrechte oder die dem Pfandrecht gleichstehenden Zurückbehaltungsrechte werden durch die Bewilligung der Zahlungsfrist nicht berührt; dies gilt insbesondere für das Pfandrecht an der hinterlegten Summe nach § 233 BGB., für das Pfandrecht des Vermieters, Verpächters und Pächters (BGB. §§ 559, 585, 590), des Werkunternehmers (BGB. § 647), des Gastwirtes (BGB. § 704), das Zurückbehaltungsrecht des Kaufmannes (HGB. § 369), das Pfandrecht des Kommissionärs, Spediteurs, Lagerhalters und Frachtführers. (HGB. §§ 397, 410, 421, 440).

Es kann also insbesondere der Vermieter trotz der dem Schuldner bewilligten Zahlungsfrist die eingebrachten dem Mieter gehörigen und ihm nicht unentbehrlichen Gegenstände bei Beendigung des Mietverhältnisses zurückhalten.

Die Bewilligung der Zahlungsfrist hat, wie noch in Ziff. 24 und 25 zu erörtern sein wird, nur die Wirkung, daß sich der Gläubiger vor Ablauf der Zahlungsfrist nicht aus dem verpfändeten Gegenstand befriedigen kann.

5. Dagegen bietet die Bewilligung der Zahlungsfrist für solche Forderungen welche in Teilzahlungen fällig werden, insofern praktische Schwierigkeiten, als die Zahlungsfrist nur von dem Tage der Urteilsverkündung an bestimmt werden kann.

Es wird in diesem Falle dem Schuldner nichts übrig bleiben, als sich für jede Teilzahlung eine neue Zahlungsfrist jeweils neuerlich bestimmen zu lassen.

Besondere Schwierigkeiten entstehen hiebei, wenn der Kläger gemäß §§ 257, 258, 259 ZPO. auf die künftige Leistung klagt.

Soweit bei Urteilserlassung künftige und nicht bereits fällige Leistungen in Frage stehen, für welch letztere die Zahlungsfrist sofort im Urteil bestimmt werden kann, bleibt also dem Schuldner nichts übrig, als sich zunächst verurteilen zu lassen und alsdann bei Fälligkeit jeder einzelnen Rate das Verfahren auf neuerliche Fristbewilligung durch Antrag an das Amtsgericht oder Vollstreckungsgericht zu beantragen, worüber das Nähere in Ziff. 21 und 22 erörtert werden wird.

6. Ist für eine vor dem 31. Juli 1914 entstandene Geldforderung nach diesem Zeitpunkt ein Wechsel ausgestellt oder begeben worden, so kann für diese Forderung aus dem Wechsel die Zahlungsfrist nicht bewilligt werden, weil die Wechselforderung, auch wenn die dem Wechsel zugrunde liegende Forderung vor diesem Zeitpunkt entstanden ist, auch in dem Falle, wenn der Wechsel nicht an Zahlungs Statt, sondern nur zahlungshalber gegeben ist, die Eingehung einer neuen Verbindlichkeit ist (BGB. § 364 Abs. 2).

Dies gilt auch dann, wenn nach dem 31. Juli 1914 ein Prolongationswechsel gegeben wird.

Dies gilt natürlich auch für andere Verbindlichkeiten, welche für eine vor dem 31. Juli 1914 entstandene Verbindlichkeit nachträglich an Erfüllungs Statt oder zahlungshalber übernommen werden.

Es ist auch die Bewilligung der Zahlungsfrist für eine vor dem 31. Juli 1914 entstandene, aber erst nach diesem Zeitpunkt abgetretene Forderung gegenüber dem Erwerber der Forderung zulässig.

Die Zahlungsfrist kann auch gegenüber dem Indossatar bewilligt werden, welcher den vor dem 31. Juli 1914 ausgestellten Wechsel erst nach diesem Zeitpunkt erwirbt. Denn es handelt sich hier um eine Einwendung, welche sich aus dem Wechselrecht selbst ergibt und aus dem Wechsel selbst hervorgeht (WO. Art. 82).

7. Die Zahlungsfrist kann einer natürlichen Person, wie einer offenen Handelsgesellschaft oder Kommanditgesellschaft oder einer juristischen Person bewilligt werden.

Sie kann auch einem Verwalter fremden Vermögens, wie dem Nachlaßpfleger, Nachlaßverwalter, Konkursverwalter, bewilligt werden, letzterem natürlich nur für eine vor dem 31. Juli 1914 entstandene Masseschuld.

Sie kann mangels einer Einschränkung in der Bundesratsbekanntmachung auch einem Ausländer, selbst einem Angehörigen eines feindlichen Staates bewilligt werden; hier wird die Bewilligung allerdings wohl nur für solche Ausländer in Frage kommen, welche im Deutschen Reich mit polizeilicher Duldung weiter verweilen oder einen Geschäftsbetrieb ausüben können (a. M. OLG. Dresden, JW. 1914 S. 1044/1045).

Einen Unterschied nach dem Zwecke der Bekanntmachung zu machen, geht jedoch nicht an.

Da die Zahlungsfrist aber, wie noch bei der Erörterung der internationalen Bestimmungen im XII. Abschnitt zu sagen sein wird, über das Reichsgebiet nicht hinauswirkt, kann sie Personen, welche im Ausland ihren Wohnsitz oder ihre gewerbliche Niederlassung haben, für Forderungen, welche im Ausland zu erfüllen sind, allerdings nicht bewilligt werden.

Dagegen hindert die Bekanntmachung selbstverständlich nicht die Geltendmachung der Forderung im Ausland.

Es kann also der Fall eintreten, daß ein Mitschuldner, z. B. der Bürge, im Ausland verklagt werden kann.

Praktische Bedeutung wird allerdings während des Kriegszustandes diese Möglichkeit der Klagestellung im Auslande nicht haben.

8. Es muß ferner die Lage des Schuldners die Bewilligung der Zahlungsfrist rechtfertigen und umgekehrt dem Gläubiger nicht einen unverhältnismäßigen Nachteil bringen.

Die Würdigung aller Verhältnisse ist Sache des richterlichen Ermessens.

Es ist also auf Seite des Schuldners nicht gerade notwendig, daß seine derzeitige Lage in unmittelbarem Zusammenhang mit dem Kriegszustand steht. Auch der Schuldner, welcher nicht zum Heeresdienst einberufen ist, kann also die Zahlungsfrist bewilligt erhalten.

Irgend ein Zusammenhang mit dem Kriegszustand wird aber gleichwohl gefordert werden müssen.

Ist die Zahlungsunfähigkeit des Schuldners schon vor dem Kriegszustand vorhanden gewesen, und besteht keine Aussicht auf deren Behebung, so wird also besondere Vorsicht bei Bewilligung derselben geboten sein.

Sie wird also insbesondere einem Hypothekschuldner z. B. zu bewilligen sein, welcher infolge des Kriegszustandes kein neuerliches Hypothekkapital auftreiben kann, womit er seinen fälligen Hypothekverpflichtungen nachkommen könnte.

Einem böswilligen Schuldner wird sie überhaupt nicht zu gewähren sein, auch nicht einem Schuldner, welcher in seinem Einkommen (Gehaltsbezug) durch den Krieg keine Schmälerung erfahren hat, auch nicht einem Schuldner, welcher schon vor dem Kriege mit seinen Zahlungsverpflichtungen übermäßig im Rückstand war.

Es wäre also sehr unrichtig, wenn ein Gericht grundsätzlich und schablonenmäßig jedem Schuldner auf Antrag eine gerichtliche Zahlungsfrist und womöglich gar jeweils bis zum Höchstbetrage von drei Monaten bewilligen würde.

Da die Bewilligung der Zahlungsfrist auf der anderen Seite den Gläubiger schädigt, muß auch seine Lage in Berücksichtigung gezogen werden, insbesondere also auch der Umstand, daß er selbst durch die Bewilligung der Zahlungsfrist nicht der Möglichkeit der Erfüllung seiner eigenen Zahlungsverpflichtungen beraubt werden darf.

Das Gericht muß die Interessen des Gläubigers und des Schuldners miteinander tunlichst in Einklang zu bringen suchen.

Die Zahlungsfrist soll also nur dann bewilligt werden, wenn sie für den Schuldner nötig und für den Gläubiger nicht zu beschwerlich ist.

Sie wird also hauptsächlich für Kleinkaufleute gelten, welche durch den Kriegszustand in Zahlungsstockungen geraten sind, oder für Personen, welchen die Bezahlung des Mietzinses oder die Entrichtung einer Rate bei Abzahlungsgeschäften schwer fällt. Sie darf aber nicht dazu führen, zahlungsfähigen Schuldnern die Verpflichtung zur Bezahlung ihrer Verbindlichkeit zu erleichtern. Sie wird insbesondere gegenüber einem Gläubiger nicht gewährt werden dürfen, welcher, wie bei Lohn- oder Unterhaltsforderungen, auf sein Geld angewiesen ist.

Bei aller Vorsicht wird es sich übrigens bei den verschiedenen Gerichtsbesetzungen und verschiedenen Instanzen nicht vermeiden lassen, daß bei mehreren Gläubigern eines Schuldners bei verschiedener Bemessung der Zahlungsfristen einzelne Gläubiger vor anderen begünstigt werden.

Insbesondere kann durch die Bewilligung der Zahlungsfrist sogar in die Rechte einzelner Gläubiger eingegriffen werden.

Im Bürgerlichen Gesetzbuch ist in verschiedenen Fällen bestimmt, daß beim Übergang einer Forderung kraft gesetzlicher Vorschrift die Forderung nicht zum Nachteil des ursprünglichen Gläubigers geltend gemacht werden kann (BGB. §§ 268, 426, 774, 1143, 1150, 1176, 1225, 1249, 1607, 1709).

Wird in solchen Fällen gegenüber dem ursprünglichen Gläubiger eine längere Zahlungsfrist bewilligt als gegenüber demjenigen, auf welchen ein Teil der Forderung übergegangen ist, so wird der ursprüngliche Gläubiger entgegen den gesetzlichen Vorschriften schlechter gestellt.

Die Bewilligung der Zahlungsfrist kann auch dazu führen, daß der Schuldner einen Gläubiger vor anderen Gläubigern, denen gegenüber er Zahlungsfrist bewilligt erhalten hat, begünstigt.

In diesem Falle kann der Gläubiger gegen den Schuldner Arrest erwirken, da dieser auch für eine betagte Forderung zulässig ist (ZPO. § 916 Abs. 2); er kann auch die Rechtshandlung gegenüber den begünstigten Gläubigern anfechten.

Die Anfechtung wird er allerdings gemäß § 2 AnfG. während des Laufes der Zahlungsfrist nicht geltend machen können, wenn er auch nachweist, daß die Zwangsvollstreckung nach Ablauf der Zahlungsfrist zu seiner Befriedigung nicht führen werde, da zur Anfechtung nach § 2 AnfG. die Fälligkeit der Forderung vorausgesetzt ist.

Einen gewissen Schutz gewährt die Befugnis nach § 4 AnfG., wonach auch vor Fälligkeit der Forderung die Anfechtungsabsicht durch Zustellung eines Schriftsatzes erklärt werden kann.

9. Da die Zahlungsfrist vom Gerichte sowohl für den Gesamtbetrag der Forderung als für einen Teil derselben erfolgen und von der Leistung einer Sicherheit abhängig gemacht werden kann, kann das Gericht also auch den Beklagten verurteilen, einen Teil der Forderung sofort und einen anderen Teil spätestens innerhalb drei Monaten zu bezahlen, es kann auch aussprechen, daß der Beklagte die Forderung in Teilbeträgen zu bezahlen habe, von welchen die letzte Rate spätestens innerhalb drei Monaten fällig ist, es kann auch aussprechen, daß in diesem Falle bei Nichteinhaltung einer Rate der ganze Betrag sofort fällig sei.

Es ergibt sich dies aus der einfachen Erwägung, daß das Gericht die Zahlungsfrist ja überhaupt verweigern, also auch an Bedingungen knüpfen kann.

Das Gericht kann auch die Gewährung der Zahlungsfrist für den ganzen Betrag der Forderung oder für einen Teilbetrag derselben von einer nach seinem Ermessen zu bestimmenden Sicherheit abhängig machen, wobei das Gericht also auch eine Sicherheit anordnen kann, welche der Bestimmung in § 108 ZPO. nicht entspricht.

Für Hypotheken, Grundschulden und Rentenschulden s. nunmehr auch Nachtrag.

10. Der Zinsenlauf wird durch die Bestimmung der Zahlungsfrist nicht berührt.

Damit ist aber die Frage des Zinsenlaufes an sich nicht zweifelsfrei erledigt.

Richtig ist jedenfalls, daß infolge der getroffenen Bestimmung Zinsen, welche unabhängig vom Schuldnerverzug laufen, also vertragsmäßige Zinsen, z. B. vereinbarte Darlehenszinsen, oder gesetzliche Zinsen im Sinne von § 353 HGB. auch während der vom Gericht bewilligten Zahlungsfrist weiter laufen.

Das gleiche wird nach den Bestimmungen der Wechselordnung für die vom Verfalltage bzw. dem Protesttage laufenden Zinsen zu gelten haben, da auch diese Zinsen von dem Verzuge unabhängig sind.

Zweifelhaft könnte dagegen die Frage für die eigentlichen Verzugszinsen sein.

Denn durch die vom Gericht bewilligte Zahlungsfrist wird die Fälligkeit der Forderung hinausgeschoben; der Gläubiger kann die Forderung vorher nicht geltend machen. Es liegt nicht etwa nur eine prozessuale Maßnahme entsprechend der Frist in § 721 ZPO. vor.

Wenn auch die nachträgliche Stundung der Forderung an der Zinspflicht an sich nichts ändert, ist doch für ein Moratorium im allgemeinen Zinslosigkeit anzunehmen.

Da es sich jedoch um die Bewilligung einer Zahlungsfrist handelt, welche dem Gläubiger ohnehin Nachteil bringt, wird anzunehmen sein, daß mit der Bestimmung, wonach der Zinsenlauf durch die Bestimmung der Zahlungsfrist nicht berührt werde, auch die Verzugszinsen getroffen sein sollen, so daß also auch die Verzugszinsen während der Zahlungsfrist weiter zu laufen haben.

Das Gericht hat also den Schuldner zur Bezahlung der Forderung samt den gesetzlichen, vereinbarten oder Verzugszinsen zu verurteilen, jedoch im Urteil auszusprechen, daß dem Beklagten eine von der Verkündung des Urteils an beginnende Zahlungsfrist bestimmt werde, deren Zeitdauer im Urteil bis zur Höchstgrenze von drei Monaten zu bestimmen ist.

Der dem Gläubiger neben den Verzugszinsen auf Ersatz des weiteren Zögerungsschadens zustehende Anspruch (BGB. §§ 286, 289) ist in der Bundesratsbekanntmachung nicht erwähnt.

Nach dem hier festgehaltenen Grundsatz, wonach durch die Bewilligung der Zahlungsfrist der Verzug für die Folgezeit aufhört, ist anzunehmen, daß von dem Zeitpunkt der Bewilligung der Zahlungsfrist an auf Grund der positiven Vorschrift der Bundesratsbekanntmachung zwar die Verzugszinsen weiter zu laufen haben, ein Anspruch des Gläubigers auf den seit der Bewilligung der Zahlungsfrist entstandenen weiteren Zögerungsschaden jedoch ausgeschlossen ist.

11. Die tatsächlichen Behauptungen, welche den Antrag auf Bewilligung der Zahlungsfrist begründen sollen, sind glaubhaft zu machen.

Die bloße Behauptung, daß die Lage des Beklagten die Zahlungsfrist rechtfertige, genügt also nicht.

Dagegen kann der Beklagte gemäß § 294 ZPO. aller Beweise sich bedienen, deren Aufnahme sofort erfolgen kann, er kann auch zur Versicherung an Eides Statt zugelassen werden.

Es können also Zeugen zum Termin mitgebracht werden, Aussagen derselben (auch solche, welche nicht an Eides Statt abgegeben sind), vorgelegt werden; es kann der Schuldner, welcher ein kaufmännisches Unternehmen treibt, Auszüge aus seinen Büchern oder Bilanzen vorlegen usw.

Das Gericht kann aber auch ohne Beibringung von Beweisen auf Grund allgemeiner Erwägung die Behauptung des Schuldners als glaubhaft erachten.

Sache des Klägers ist es alsdann, zu behaupten, daß die Bewilligung der Zahlungsfrist ihm selbst einen unverhältnismäßigen Nachteil bringe; man wird auch dem Kläger gestatten müssen, in sinngemäßer Anwendung der dem Beklagten gestatteten Glaubhaftmachung und der Bestimmung in § 710 ZPO. seine Behauptung glaubhaft zu machen.

12. Die Bewilligung einer Zahlungsfrist kann der Beklagte auch für den Fall der Verurteilung beantragen, wenn er die Forderung oder deren Fälligkeit überhaupt bestreitet.

Den Antrag auf Bewilligung der Zahlungsfrist kann selbstverständlich auch der Widerbeklagte stellen.

Es kann natürlich auch sein, daß nur ein Mitbeklagter den Antrag auf Bewilligung der Zahlungsfrist stellt, und ein anderer Mitbeklagter nicht, oder daß ein Mitbeklagter überhaupt nicht erscheint.

Dann ist gegen den Mitbeklagten, welcher den Antrag nicht stellt, die Zahlungsfrist auch nicht zu bewilligen, gegen den nicht erschienenen Mitbeklagten ohne Bewilligung einer solchen Versäumnisurteil zu erlassen.

13. Auch im Urkunden- und Wechselprozeß, welchem die Glaubhaftmachung auch jetzt schon nicht fremd ist (§ 605 Abs. 2 ZPO.), ist der Antrag

auf Bewilligung der Zahlungsfrist glaubhaft zu machen, aber nicht etwa urkundlich zu belegen.

Im gerichtlichen Mahnverfahren kann die Zahlungsfrist nicht etwa von dem Gerichtsschreiber im Vollstreckungsbefehl bewilligt werden.

Denn abgesehen davon, daß zur Bewilligung derselben nicht der Gerichtsschreiber zuständig ist, muß die Zahlungsfrist in der mündlichen Verhandlung beantragt werden, auf welche das Urteil ergeht.

Der Schuldner kann dieselbe also nur in der Weise zur Geltung bringen, daß er gegen den Zahlbefehl Widerspruch erhebt und in der mündlichen Verhandlung die Bewilligung der Zahlungsfrist beantragt.

Die Bewilligung der Zahlungsfrist kann auch mit dem Einspruch oder der Berufung beantragt werden, und es kann zu diesem Zwecke Einspruch oder Berufung eingelegt werden.

Das in JW. 1914 S. 846 abgedruckte Urteil des Amtsgerichtes Neisse, welches die Zulässigkeit des Einspruches zu diesem Zwecke verneint, ist unzutreffend; richtig Amtsgericht Cöln S. 947.

Es handelt sich um einen den Stundungseinwand gleich gestellten Antrag des Schuldners, wie oben in Ziff. 10 ausgeführt; der Einwand, daß die Forderung erst in einem späteren Zeitpunkt fällig sei, kann aber zweifellos in der vorerwähnten Weise geltend gemacht werden.

Ist ein Versäumnisurteil ergangen, so kann also gegen das Urteil zwecks Bewilligung einer Zahlungsfrist Einspruch eingelegt werden. Soweit der Einspruch zulässig ist, wird das Urteil alsdann entweder unter Bewilligung oder unter Ablehnung der Zahlungsfrist aufrecht zu erhalten sein.

Der Antrag ist in der mündlichen Verhandlung zu stellen, auf welche das Urteil ergeht (§ 714 ZPO.).

Im Anwaltsprozeß muß der Beklagte den Antrag durch einen Anwalt stellen lassen.

Hat das Gericht den Antrag im Urteil übergangen, so kann nach §§ 321, 716, 721 ZPO. die Ergänzung desselben beantragt werden.

Wenn das Gericht den Antrag ganz oder teilweise abweist oder entgegen dem Widerspruch des Klägers ihm stattgibt, so steht gegen das Urteil die Berufung zu.

Die Geltendmachung auch erst in der Berufungsinstanz ist gemäß § 529 ZPO. zulässig, da es sich hier um ein Verteidigungsmittel, nicht um die Geltendmachung eines neuen Anspruchs handelt.

Die einschränkende Vorschrift nach § 99 ZPO. findet keine Anwendung, auch wenn es sich in der Hauptsache um ein Anerkennungsurteil handelt, weil der Angriff gegen die Entscheidung über den Antrag auf Bewilligung einer Zahlungsfrist sich nicht gegen den Kostenpunkt richtet.

Das Urteil wird, auch wenn es Versäumnis- oder Anerkenntnisurteil ist, trotz der Vorschrift in § 313 ZPO., soweit es bezüglich der Zahlungsfrist von den Anträgen der Parteien abweicht, zu begründen sein.

Der Beklagte hat das Recht, die nachträgliche Zahlungsfrist zu beantragen, auch dann, wenn am 7. August 1914, dem Tage der Verkündung der Bundesratsbekanntmachung, das Urteil über eine vor dem 31. Juli 1914 entstandene Forderung bereits ergangen ist.

Er kann zu diesem Zwecke gegen das Urteil Berufung einlegen, kann den Antrag aber auch erst in der Vollstreckungsinstanz stellen (s. hiezu Ziff. 22 bei der Zuständigkeit des Vollstreckungsgerichtes).

Wenn der Beklagte zu dem Zwecke der Erwirkung der Zahlungsfrist gegen das Urteil Einspruch oder Berufung einlegt, so kann er in Anwendung von §§ 719, 707 ZPO., wenn das Urteil vollstreckbar ist, den Antrag stellen, daß die Zwangsvollstreckung gegen oder ohne Sicherheitsleistung einstweilen eingestellt werde oder nur gegen Sicherheitsleistung stattfinde und daß die erfolgten Vollstreckungsmaßregeln gegen Sicherheitsleistung aufzuheben seien.

Nach dem Beschluß des Kammergerichtes (Recht 1914 S. 1208) soll allerdings in diesem Fall nur das Vollstreckungsgericht zuständig sein, weil das Prozeßgericht selbst nur die Frist im Urteil bewilligen könne.

Dieser Standpunkt kann nicht als zutreffend erachtet werden.

Eine endgültige Entscheidung kann das Prozeßgericht in jedem Fall nur im Urteil treffen; dies hindert aber in keinem Fall die Erlassung einer einstweiligen Anordnung durch das Prozeßgericht.

Bei dem hier festgehaltenen Standpunkt, daß durch die Bewilligung der Zahlungsfrist für den Schuldner die Einrede der Stundung entstehe, kann das Prozeßgericht ebenso die Vollstreckung einstellen, wie in anderen Fällen, in welchen die Einrede der Stundung besteht, wenn auch die Einrede der Stundung bei Bewilligung der Zahlungsfrist erst durch die Bewilligung des Prozeßgerichts entsteht.

Der Schuldner kann sich allerdings direkt an das Vollstreckungsgericht wegen Einstellung der Zwangsvollstreckung auf Grund der dem Vollstreckungsgerichte selbst eingeräumten Zuständigkeit wenden (s. unter Ziff. 22); wenn er aber diesen Weg der selbständigen Tätigkeit des Vollstreckungsgerichtes nicht einschlägt, kann die Einstellung der Zwangsvollstreckung nur durch das Prozeßgericht, nicht aber durch das Vollstreckungsgericht erfolgen, welches der Entscheidung des Prozeßgerichtes überhaupt nicht vorgreifen kann.

14. Über die vorläufige Vollstreckbarkeit des Urteils bestimmt die Bundesratsbekanntmachung nichts; es gelten deshalb hiefür die allgemeinen Bestimmungen.

Handelt es sich also um ein Urteil, welches nach diesen allgemeinen Bestimmungen für vorläufig vollstreckbar erklärt werden muß, also insbesondere um ein Anerkenntnisurteil, um ein Urteil bei Streitwerten bis zu 300 Mark oder um ein Urteil, welches auf Antrag des Klägers gegen Sicherheitsleistung für vorläufig vollstreckbar zu erklären ist, so ist dasselbe, soweit es die Bewilligung der Zahlungsfrist ablehnt, in der Richtung gegen den Schuldner vollstreckbar.

Insoweit es die Zahlungsfrist bewilligt, kann es, auch wenn es an sich vollstreckbar ist, gemäß § 751 ZPO. vor Ablauf der dem Schuldner bewilligten Zahlungsfrist gleichwohl nicht vollstreckt werden, und falls dem Schuldner die Zahlungsfrist nur gegen Sicherheitsleistung gewährt ist, dann nicht, wenn diese Sicherheit geleistet wird.

Dabei ist jedoch zu beachten, daß die Zahlungsfrist, auch wenn das Urteil nicht vorläufig vollstreckbar und nicht rechtskräftig ist, immer mit der Verkündung des Urteils, nicht mit dessen Rechtskraft oder Vollstreckbarkeit beginnt.

Bis zum Eintritt der Rechtskraft oder der Vollstreckbarkeit kann also die dem Schuldner bewilligte Zahlungsfrist bereits ganz oder teilweise abgelaufen sein, so daß der Gläubiger nur noch den Rest der Frist abzuwarten hat.

Wird anderseits dem Schuldner die Zahlungsfrist erst vom Berufungsgericht bewilligt, so läuft die Zahlungsfrist wiederum erst von dem Tage der Verkündung des Urteils des Berufungsgerichts.

Dadurch, daß auch nach streitiger Verhandlung über die Bewilligung der Zahlungsfrist entschieden ist, wird die Eigenschaft des Urteils als eines Anerkenntnisurteils nicht berührt.

Denn wenn auch durch die Bewilligung der Zahlungsfrist die Fälligkeit hinausgeschoben wird, macht der Schuldner nicht geltend, daß die Forderung von Anfang an nicht fällig gewesen sei, sondern nur, daß ihm seitens des Gerichts gegenüber der fälligen Forderung Stundung bewilligt werden solle. Es wird also nicht die Fälligkeit der Forderung bestritten, die Forderung und ihre Fälligkeit vielmehr anerkannt.

Es liegt also auch dann, wenn die Zahlungsfrist abgelehnt wird, ein Anerkenntnisurteil vor.

Soweit das Urteil hiernach oder auf Grund der allgemeinen Bestimmungen mit Rücksicht auf die Höhe des Streitwertes oder die Leistung der Sicherheit durch den Kläger vollstreckbar ist, ist auf Grund desselben die Zwangsvollstreckungsklausel zu erteilen, auch wenn die Zahlungsfrist noch nicht abgelaufen ist.

Denn auf die Fälligkeit einer Forderung durch Eintritt der kassatorischen Klausel bezieht sich § 726 ZPO. überhaupt nicht, sondern nur auf Tatsachen, welche die Fälligkeit überhaupt erst begründen, z. B. eine notwendige Kündigung; nur darf das Urteil vor Eintritt der Fälligkeit gemäß § 751 ZPO. nicht vollstreckt werden.

Die Vollstreckungsklausel ist deshalb auch zu erteilen, wenn das Gericht die Zahlungsfrist nur mit der kassatorischen Klausel bewilligt hat.

Es muß hier nicht etwa der Gläubiger durch öffentliche oder öffentlich beglaubigte Urkunde den Nachweis bringen, daß eine Rate nicht eingehalten worden sei.

Diese negative Tatsache hat der Gläubiger überhaupt nicht zu beweisen; vielmehr ist es, wenn auf Grund der Behauptung des Gläubiger, daß eine Rate nicht eingehalten worden sei, vollstreckt wird, Sache des Schuldners, gemäß § 767 ZPO. Vollstreckungsgegenklage zu stellen.

Die gegenteiligen Ausführungen in der JW. 1914 S. 964 ff. treffen deshalb nicht zu.

15. Auf die Kosten des Rechtsstreites bezieht sich die gerichtliche Bewilligung der Zahlungsfrist nicht; für diese kann deshalb auch eine solche nicht bewilligt werden, obwohl es in der Praxis häufig anders gehandhabt wird.

Es folgt dies daraus, daß die Verpflichtung zur Kostentragung sich nicht aus dem zwischen den Parteien bestehenden Rechtsverhältnis ergibt, die Prozeßkostenpflicht also auch davon unabhängig ist, ob der Schuldner erst nach einer bestimmten Zeit den Gläubiger zu befriedigen braucht.

Der Fall liegt ähnlich, wie bei dem Erben, welcher für die Nachlaßschulden nur beschränkt haftet, gleichwohl aber, wenn er auch nur unter Beschränkung der Erbenhaftung verurteilt wird, in die Kosten ohne Rücksicht auf diese Haftungsbeschränkung zu verurteilen ist (Gaupp-Stein a. a. O., Vorbem. 2 Ziff. 2 vor § 91).

Der Beklagte, welchem die Zahlungsfrist auch gegen den Widerspruch des Klägers bewilligt wird, ist als unterliegender Teil in die Kosten des Rechtsstreites zu verurteilen und zwar auch dann, wenn er den Anspruch sofort anerkennt (§§ 91, 93 ZPO.); denn in dem Antrag auf Bewilligung der Zahlungsfrist liegt das Eingeständnis, den Anspruch des Klägers zurzeit nicht befriedigen zu können, welches den Beklagten unter allen Umständen kostenpflichtig macht, da hiernach der Kläger Anlaß zur Klagestellung hatte.

Als selbstverständlich sei bemerkt, daß der Schuldner, welcher während des Prozesses bezahlt, aber erst nach eingetretenem Verzug, aus dem eben erwähnten Grunde selbstverständlich die Kostenpflicht nicht etwa damit bestreiten kann, daß er auch eine Zahlungsfrist hätte beantragen können und dann überhaupt noch nicht hätte bezahlen brauchen.

Stellt der Beklagte den Antrag auf Bewilligung der Zahlungsfrist erst in der Berufungsinstanz, so wird er nach § 97 Abs. 2 ZPO. in die Kosten zu verurteilen sein.

Bedauerlich ist das Ergebnis im Kostenpunkt für den Gläubiger in dem allerdings wohl seltenen Fall, daß das Urteil erster Instanz sich auf eine Forderung vor dem 31. Juli 1914 bezieht, der Beklagte aber den Antrag auf Bewilligung der Zahlungsfrist deshalb noch nicht stellen konnte, weil zur Zeit der Erlassung des Urteils erster Instanz die Bundesratsbekanntmachung vom 7. August 1914 noch nicht ergangen war.

Mangels einer anderen Bestimmung wird für diesen Fall, wenn der Beklagte mit seinem Antrag in der Berufungsinstanz durchdringt, der Kläger in die Kosten derselben zu verurteilen sein, da der Beklagte denselben in der ersten Instanz noch nicht erheben konnte, § 97 Abs. 2 ZPO., also hier nicht anwendbar ist.

16. Die Festsetzung der Kosten durch den Gerichtsschreiber erfolgt ebenfalls nach den allgemeinen Vorschriften, also ohne weiteres, wenn Anerkenntnisurteil mit Zahlungsfrist bewilligt ist, oder wenn das Urteil auf Grund anderer Vorschriften, z. B. gegen Sicherheitsleistung, für vorläufig vollstreckbar erklärt ist.

Nur muß in diesem Falle im Kostenfestsetzungsbeschluß auf die Notwendigkeit der Erlage der Sicherheit hingewiesen werden.

Es gilt hier dasselbe, wie schon in Ziff. 14 für die Vollstreckbarkeit überhaupt ausgeführt.

Aus dem gleichen Grunde sind auch hier die Ausführungen JW. 1914 S. 965/966 unzutreffend.

17. Auf das Recht auf Bewilligung einer Zahlungsfrist kann, da dieselbe nur auf Antrag bewilligt wird, von dem Schuldner auch verzichtet werden, da ja überhaupt nur auf Antrag, nicht von Amts wegen eine Frist bestimmt werden kann.

Insbesondere liegt im Abschluß eines Vergleiches, in welchem dem Schuldner nach dem 7. August 1914 vom Gläubiger Raten bewilligt werden, der Verzicht des Schuldners auf Erteilung einer weiteren nach der Bekanntmachung von diesem Tage zu gewährenden Zahlungsfrist.

18. Die Gerichtskosten und Anwaltsgebühren des Klägers sind, da die Verhandlung über die Bewilligung der Zahlungsfrist allein die Verhandlung nicht zu einer kontradiktorischen macht, in diesem Falle nur nach den Regeln über die Erlassung eines Anerkenntnisurteils zu bemessen.

19. Bezüglich der Gerichtskosten sind nach § 4 der Bundesratsbekanntmachung vom 7. August 1914 die Gerichtskosten zur Begünstigung dieses Vergleichs in der Weise ermäßigt, daß bei Streitwerten bis zu 100 Mark einschließlich Gerichtsgebühren überhaupt nicht erhoben werden, bei höheren Streitwerten nur die Hälfte der an sich anzusetzenden Gebühren, sofern der Rechtsstreit durch Vergleich erledigt wird.

Diese Ermäßigung trifft nicht etwa nur die Vergleichsgebühr, sondern falls ein Vergleich geschlossen wird, alle Gerichtsgebühren, also auch die

Gerichtsgebühren erster Instanz, wenn der Vergleich erst in einer höheren Instanz geschlossen wird.

Zweifelhaft könnte sein, ob diese Ermäßigung nicht bloß dann eintritt, wenn es sich um Geldforderungen handelt, welche vor dem 31. Juli 1914 entstanden sind, und um Rechtsstreitigkeiten, bei welchen der Schuldner um eine Zahlungsfrist nachsucht (JW. 1914 S. 968/969).

Nach der Bekanntmachung des bayer. Staatsministeriums der Justiz vom 16. August 1914 (JMBl. Nr. 15) soll sie dankenswerterweise angewendet werden in allen Prozessen, welche durch Vergleich erledigt werden.

Die gleiche Bestimmung ist nach der JW. 1914 S. 1047 auch durch das sächsische Justizministerium getroffen worden.

Wird ein Rechtsstreit nicht durch Vergleich erledigt, so bewendet es bei den allgemeinen Vorschriften des Gerichtskostengesetzes.

Soll die Ermäßigung eintreten, so muß ein Vergleich vorliegen, also ein gegenseitiges Nachgeben, wenn auch nur in bezug auf prozessuale Befugnisse (Zurücknahme des Einspruchs oder eines Rechtsmittels usw.) oder in bezug auf die Fälligkeit.

Der Vergleich muß vor Gericht abgeschlossen „oder dem Gerichte mitgeteilt sein".

Während im allgemeinen nach den Bestimmungen des Gerichtskostengesetzes der Vergleich nur dann begünstigt ist, wenn er vor Gericht oder durch Übergabe des Vergleichs zum gerichtlichen Protokoll abgeschlossen wird, genügt nunmehr die Mitteilung an das Gericht.

Die Ermäßigung der Gerichtskosten tritt nunmehr auch dann ein, wenn die Parteien von dem Abschluß eines außergerichtlichen Vergleichs dem Gerichte zwecks Erledigung der Sache Mitteilung machen; doch wird zu verlangen sein, daß beide Parteien übereinstimmend dem Gerichte diese Mitteilung machen.

Immer muß aber der Vergleich nach Inkrafttreten der Verordnung des Bundesrates geschlossen worden sein; auf vorher geschlossene Vergleiche bezieht sich die Bestimmung nicht. Der Entscheidung des Landgerichts Würzburg (JW. 1914 S. 990) kann insoweit nicht beigetreten werden.

Damit die Ermäßigung der Gerichtskosten eintritt, muß der Rechtsstreit durch den Vergleich erledigt sein.

Betrifft der Vergleich nicht den Rechtsstreit selbst, sondern nur den Kostenpunkt, so liegt kein Vergleich vor, welcher den Rechtsstreit erledigt; es tritt dann auch die Gebührenermäßigung nicht ein.

Betrifft der Vergleich nur einen Teil des Rechtsstreites, während über einen anderen Teil gerichtliche Entscheidung herbeigeführt oder der Rechtsstreit überhaupt nicht erledigt wird, so liegt ebenfalls ein den Rechtsstreit erledigender Vergleich nicht vor.

Die Ermäßigung der Gebühren kann dann nur für den durch Vergleich erledigten Teil des Rechtsstreites eintreten.

Wird durch den Vergleich ein anderer Anspruch der Parteien mitverglichen, so tritt dadurch eine Erhöhung des Streitgegenstandes nicht ein; auch wird dadurch die Gebührenermäßigung nicht gehindert.

Werden mehrere Rechtsstreitigkeiten durch einen einheitlichen Vergleich erledigt, so wird in den sämtlichen Rechtsstreitigkeiten die Gebührenermäßigung einzutreten haben.

Im einzelnen muß zu diesen Fragen auf die Kommentare zum GKG. §§ 12, 21 und 23 Bezug genommen werden.

Insoweit die Kosten des gerichtlichen Mahnverfahrens als Teil der Kosten des Rechtsstreites anzusehen sind, werden durch die Ermäßigung der Gebühren auch die Kosten des Mahnverfahrens betroffen.

Von der Ermäßigung bzw. Niederschlagung wird auch das Gerichtskostenpauschale betroffen.

Allerdings ist dasselbe nicht Gebühr, sondern Auslagenersatz.

Da es aber nach § 80b GKG. den Ansatz einer Gebühr voraussetzt, kann es auch nur erhoben werden, wenn eine solche Gebühr zur Ansetzung gelangt.

Gelangt eine solche zur Ansetzung, so beträgt dasselbe im Mindestbetrage 50 Pfg.

An der für einen Vergleich nach Landesrecht gemäß § 101 GKG. zu erhebenden besonderen Gebühr wird überhaupt nichts geändert; diese ist also zum Mehrbetrage oder wenn überhaupt keine Vergleichsgebühr erhoben wird, zum vollen Betrage anzusetzen.

Für das im Rechtsstreit selbst ergehende Anerkenntnisurteil tritt die Ermäßigung der Gerichtskosten auf die Hälfte, bzw. der Nachlaß der Gerichtskosten bei Streitwerten bis zu 100 Mark nach der ausdrücklichen Vorschrift der Verordnung nicht ein.

Im Wege der Analogie kann dieselbe deshalb auf das im Rechtsstreit ergehende Anerkenntnisurteil auch nicht ausgedehnt werden, wie es die Ausführungen in der JW. 1914 S. 967/968 versuchen.

20. Die Höhe des Streitwertes richtet sich lediglich nach der Höhe der Forderung, wie sich schon daraus ergibt, daß die Verordnung selbst bezüglich der Gerichtsgebühren auf einen Streitwert von 100 Mark Bezug nimmt.

Der Streitwert ist hier nicht nach § 3 ZPO. nach freiem richterlichen Ermessen zu bestimmen, sondern der Streitwert ist stets, wenn es sich auch nur um die Fälligkeit handelt, nach der Höhe der Forderung zu bestimmen.

Der Streitwert ist nicht nach dem Interesse des Klägers an dem Urteil oder dem Aufschub der Forderung zu bestimmen. (Gaupp-Stein a. a. O., Bem. IV zu § 3).

Ein wirklicher Rechtsstreit ist auch dann nicht gegeben, wenn sich ein Schuldner bei einer unbestrittenen Forderung durch Versäumnisurteil oder durch Anerkenntnisurteil verurteilen läßt; allein auch in diesem Falle bestimmt sich die Höhe des Streitwertes stets nach der Höhe der Forderung.

Die Ausführungen in der JW. 1914 S. 966/967 treffen deshalb nicht zu.

Wie es mit dem Streitwert bei der Beseitigung der Rechtsverwirkung der Räumung einer Wohnung zu halten ist, wird zu B Ziff. 10 erörtert werden.

21. Der Schuldner kann den Antrag auf Bewilligung einer Zahlungsfrist auch stellen, bevor er von dem Gläubiger gerichtlich in Anspruch genommen wird.

Nach § 2 der Bekanntmachung des Bundesrates vom 7. August 1914 ist er nämlich befugt, unter Anerkennung der Forderung des Gläubigers diesen vor das Amtsgericht des allgemeinen Gerichtsstandes des Gläubigers zur Verhandlung über die Bestimmung der Zahlungsfrist zu laden.

Dieses Recht hat der Schuldner auch vor Fälligkeit der Forderung, insbesondere auch dann, wenn noch eine Kündigung des Gläubigers vorauszugehen hat.

In dem auf Antrag des Gläubigers zu erlassenden Anerkenntnisurteil ist zugleich über die Bestimmung der Zahlungsfrist zu erkennen, wobei bezüglich der Bewilligung derselben die schon erörterten Vorschriften gelten, wonach die Zahlungsfrist für eine vor dem 31. Juli 1914 entstandene Geldforderung bis zur Höchstgrenze von drei Monaten bewilligt werden kann, wenn die Lage des Beklagten sie rechtfertigt, die Zahlungsfrist dem Gläubiger keinen unverhältnismäßigen Nachteil bringt, und wobei das Gericht die Zahlungsfrist auch für einen Teilbetrag der Forderung oder gegen Leistung einer Sicherheit bewilligen kann, und wobei der Zinsenlauf unberührt bleibt.

Auch dieses Verfahren ist also nur zulässig, wenn es sich um eine Forderung handelt, für welche die ordentlichen Gerichte zuständig sind.

Dieses Verfahren ist ferner nur dann zulässig, wenn der Schuldner die Forderung des Gläubigers anerkennt, was er in dem Antrag zum Ausdruck zu bringen hat.

Der Antrag des Schuldners unterbricht deshalb auch gemäß § 208 BGB. die Verjährung.

Zuständig ist stets das Amtsgericht, auch wenn es sich um einen landgerichtlichen Streitwert handelt. Es besteht deshalb auch kein Anwaltszwang; doch können sich natürlich die Parteien durch Anwälte vertreten lassen.

Der Antrag kann, da die örtliche Zuständigkeit des allgemeinen Gerichtsstandes des Gläubigers keine ausschließliche ist, auf Grund Vereinbarung der Parteien nach den allgemeinen Vorschriften in §§ 38 ff. ZPO. auch zu einem anderen Amtsgericht gestellt werden.

Der Antrag muß ferner die Bitte um Bewilligung der Zahlungsfrist enthalten und zweckmäßig die Glaubhaftmachung derselben.

Da übrigens nach §§ 496, 497, 510c ZPO. die Ladungen im amtsgerichtlichen Verfahren von Amts wegen erfolgen, ist die Ladung im Antrag nicht erforderlich.

Der Termin ist vielmehr von Amts wegen zu bestimmen, und zu demselben sind die Parteien zu laden.

Einer armen Partei, welche auswärts wohnt, kann nach § 116 ZPO. und § 34 RAO. ein Anwalt beigeordnet werden; liegen diese Voraussetzungen nicht vor, so kann der auswärts wohnenden Partei, auch wenn sie nicht arm ist, zur unentgeltlichen Wahrnehmung ihrer Rechte ein nicht als Richter angestellter Justizbeamter beigeordnet werden.

Die Bestimmung oder Ablehnung der Zahlungsfrist erfolgt in diesem Fall in dem Anerkenntnisurteil, welches auf Grund der mündlichen Verhandlung auf Antrag des Gläubigers ergeht, in welchem der Schuldner zu den Kosten des Verfahrens zur verurteilen ist, und zwar gemäß § 91 ZPO. auch zu den Anwaltskosten des Klägers, und welches gemäß § 708 Ziff. 1 ZPO. für vorläufig vollstreckbar zu erklären ist, gemäß § 751 daselbst aber vor Ablauf der Frist nicht vollstreckt werden kann.

Soweit es die Bewilligung der Zahlungsfrist ablehnt, ist es dagegen, soweit es vollstreckbar ist, in der Richtung gegen den Schuldner vollstreckbar (s. oben Ziff. 14).

Da das Gericht an sein Urteil gebunden ist (ZPO. § 318), kann ein wiederholter Antrag auf Bewilligung einer Zahlungsfrist oder einer weiteren Zahlungsfrist nicht gestellt werden.

Denn auch wenn dem Schuldner in Raten zu bezahlen gestattet wird, handelt es sich um Teilzahlungen einer einheitlichen Forderung, nicht um wiederkehrende Leistungen, so daß das bereits ergangene Urteil auch nicht gemäß § 323 ZPO. wegen nachträglicher Änderung der Verhältnisse abgeändert werden kann.

In dem Termin kann natürlich auch ein Vergleich geschlossen werden.

Erscheinen beide Parteien nicht, so ruht das Verfahren; erscheint eine der beiden Parteien nicht, so kann ein Versäumnisurteil nicht ergehen, weil ein solches die Erhebung einer Klage voraussetzt.

Der Schuldner muß alsdann das Vorgehen des Gläubigers abwarten und im Wege der Einwendung die Bewilligung der Zahlungsfrist beantragen.

Das gleiche gilt, wenn die beiden Parteien zwar erscheinen, der Gläubiger aber kein Anerkenntnisurteil beantragt.

Es kann dann nicht etwa ein Urteil ergehen, welches lediglich auf Antrag des Schuldners die Zahlungsfrist bewilligt.

Hiegegen spricht schon der Wortlaut der Bestimmung, wonach „in dem auf Antrag des Gläubigers zu erlassenden Anerkenntnisurteil" über die Bestimmung der Zahlungsfrist zu erkennen ist.

Allein abgesehen hievon kennt die ZPO. kein Urteil, welches auf eine Ladung des Schuldners ergehen könnte; dies bestimmt nicht einmal § 510c ZPO.

Für die Gerichtsgebühren gilt das Besondere, daß die oben schon erwähnte Ermäßigung oder völlige Niederschlagung derselben hier nicht bloß dann gilt, wenn ein Vergleich geschlossen wird, sondern auch wenn ein Anerkenntnisurteil ergeht.

Was die Höhe der Anwaltskosten anlangt, so ist für das Verfahren der Ladung zum Amtsgericht in der Gebührenordnung nichts bestimmt, da dieses Verfahren der ZPO. bisher fremd war.

Es ist infolgedessen gemäß § 89 RAGebO. die Gebühr unter entsprechender Anwendung deren Bestimmungen zu bemessen.

Ähnlich ist das Verfahren nach § 510c ZPO.

Wenn also der Schuldner den Gläubiger vor das Amtsgericht laden läßt, und es wird im Termin ein Vergleich geschlossen, so hat der Anwalt eine volle Gebühr.

Kommt ein Vergleich nicht zustande, so hat er jedenfalls eine Gebühr in Höhe von 3/10 der vollen Gebühr.

Falls im Termin auf Antrag des Gläubigers ein Anerkenntnisurteil ergeht, so wird dem Rechtsanwalt die volle Prozeßgebühr und für die Verhandlung die halbe Verhandlungsgebühr zuzubilligen sein.

Die Pauschgebühren für die Schreib- und sonstigen Auslagen bemessen sich selbstverständlich nach den allgemeinen Grundsätzen.

22. Nach § 3 der Bundesratsbekanntmachung kann ferner, wenn bereits ein Vollstreckungstitel vorliegt, also z. B. ein gerichtlicher Vergleich, eine vollstreckbare Urkunde über die Bestellung einer Hypothekforderung usw., die Zahlungsfrist auch in der Weise bewilligt werden, daß das Vollstreckungsgericht die Vollstreckung in das Vermögen des Schuldners auf seinen Antrag auf die Dauer von längstens drei Monaten einstellt und zwar beginnend mit der Bekanntmachung des Beschlusses an den Schuldner.

Auch hier ist die Bewilligung der Zahlungsfrist nur für eine vor dem 31. Juli 1914 entstandene Geldforderung und nur dann zulässig, wenn die Lage des Beklagten sie rechtfertigt und dem Kläger keinem unverhältnismäßigen Nachteil bringt.

Der Antrag ist vom Schuldner an das Vollstreckungsgericht zu stellen, welches ausschließlich zuständig ist (§§ 764 und 802 ZPO.).

Gegen dessen Entscheidung steht je nach deren Inhalt dem Gläubiger oder Schuldner die sofortige Beschwerde nach § 793 ZPO. zu.

Da in der Bundesratsbekanntmachung ein Verfahren nicht vorgeschrieben ist, wird dasselbe nach § 766 ZPO. zu behandeln sein.

Das Vollstreckungsgericht kann also mündliche Verhandlung anordnen oder ohne solche entscheiden und gemäß § 732 ZPO. auch vor der Entscheidung eine einstweilige Anordnung über Einstellung der Zwangsvollstreckung ohne oder gegen Sicherheitsleistung treffen.

Das Gericht wird in der Regel den Gläubiger schon deshalb zu hören haben, um auch dessen Interesse entsprechend abwägen zu können und um dem Gläubiger zur Äußerung darüber Gelegenheit zu geben, ob der Schuldner sich nicht etwa bloß böswillig seiner Verpflichtung entziehen will.

Für den Fall der Anordnung einer mündlichen Verhandlung kann einer armen oder auswärts wohnenden Partei unter den gleichen Voraussetzungen wie oben Ziff. 21 schon bemerkt, ein Vertreter beigeordnet werden.

Der Antrag ist erst zulässig, wenn eine Vollstreckungsmaßregel eingeleitet ist, insbesondere also z. B. die Pfändungsbenachrichtigung nach § 845 ZPO. erfolgt ist.

Vorher kann das Vollstreckungsgericht nicht tätig werden.

Seine Tätigkeit ist ausgeschlossen, wenn die Vollstreckung bereits beendigt ist (Gaupp-Stein a. a. O. Bem. 4 zu § 764, Vorbem. 7 vor § 704).

Entscheidend ist dabei allerdings nicht der Gesichtspunkt, daß auch gegen Kriegsteilnehmer im Sinne des im II. Teil III. Abschnitt B zu erörternden Kriegsschutzgesetzes Vollstreckung möglich sei, und die in der Heimat zurückgebliebene Bevölkerung nicht in höherem Grade geschützt zu sein brauche.

Denn wenn eine Zahlungsfrist vom Prozeßgericht oder Amtsgericht auf Ladung des Schuldners erteilt wird kann eine Vollstreckung ja auch nicht stattfinden.

Maßgebend ist vielmehr, daß, so ange eine Vollstreckung nicht eingeleitet ist, das Vollstreckungsgericht überhaupt nicht tätig werden kann.

Daß möglicherweise verschiedene Vollstreckungsgerichte über Zahlungsfristen gegen den gleichen Schuldner zu entscheiden haben und verschieden entscheiden können, ist möglich, aber nicht zu ändern.

Das Vollstreckungsgericht kann also erst nach Einleitung einer Vollstreckungsmaßregel tätig werden (s. hiezu auch Nachtrag).

Die Einstellung der Vollstreckung kann auch für den Kriegsteilnehmer im Sinne des eben erwähnten Kriegsschutzgesetzes bewilligt werden.

Denn die besonderen Bestimmungen dieses Gesetzes sind nicht ausschließlich in dem Sinne, daß die allgemein für jeden geltenden Schutzbestimmungen nicht für den Kriegsteilnehmer ganz besonders angewendet werden könnten.

Die Einstellung der Vollstreckung ist zulässig, gleichviel ob es sich um eine Zwangsvollstreckung in das bewegliche oder unbewegliche Vermögen handelt, oder ob der Vollstreckungstitel ein Urteil, ein Vergleich oder eine sonstige vollstreckbare Urkunde ist, sofern es sich nur um die Vollstreckung für eine vor dem 31. Juli 1914 entstandene Geldforderung handelt.

Dagegen versteht es sich von selbst, daß das Vollstreckungsgericht die Zwangsvollstreckung nicht aus einem Arrestbeschluß einstellen kann.

Denn der Arrestbeschluß geht gerade auf eine durch Vollstreckung zu ermöglichende Sicherung, nicht auf eine Geldzahlung.

Auch soweit eine einstweilige Verfügung auf Zahlung (z. B. bei Unterhaltsforderungen während eines Rechtsstreites) vorliegt, wird nur das Prozeßgericht nach § 927 ZPO. wegen veränderter Umstände zur Abänderung zuständig sein.

Ist jedoch eine Zahlungsfrist bereits durch das Prozeßgericht oder im Falle Anerkennung der Forderung durch den Schuldner auf dessen Antrag durch das Amtsgericht bewilligt worden, so ist ein nochmaliger Antrag an das Vollstreckungsgericht nicht zulässig (§ 3 Abs. 2 der Bundesratsbekanntm.).

Für Hypotheken, Grundschulden und Rentenschulden s. auch Nachtrag.

Der Umstand dagegen, daß der Schuldner versäumt hat, den Antrag auf Bewilligung der Zahlungsfrist bei diesen Gerichten zu stellen, schließt den nachträglichen Antrag beim Vollstreckungsgericht nicht aus.

Den Antrag beim Vollstreckungsgericht kann der Schuldner in diesem Fall auch stellen, wenn das Urteil des Prozeßgerichts nicht rechtskräftig ist, also wenn dasselbe noch mit Einspruch oder Berufung anfechtbar ist.

Denn die Entscheidung des Prozeßgerichts zur Bewilligung der Zahlungsfrist ist keine ausschließliche.

Dagegen kann der Schuldner keinesfalls eine Einwendungsklage aus § 767 ZPO. stellen, weil das Verfahren nach der Bundesratsbekanntmachung erschöpfend geregelt ist.

Für den Fall, daß das Prozeßgericht oder das Amtsgericht die Bewilligung der Zahlungsfrist jedoch bereits abgelehnt hat, wird anzunehmen sein, daß, wenn nach der gerichtlichen Ablehnung der Zahlungsfrist neuerliche Gründe hervorgetreten sind, auf Grund solcher vom Vollstreckungsgericht die Zahlungsfrist bewilligt werden kann, während andernfalls die Rechtskraft des Urteils entscheidet (§ 767 ZPO.).

In Frage könnte kommen, ob das Vollstreckungsgericht nicht wenigstens in dem Fall, daß eine von ihm erteilte oder abgelehnte Bewilligung einer Zahlungsfrist sich auf Grund Veränderung der Umstände nachträglich als unbegründet herausstellen sollte, berechtigt ist, seinen Beschluß wieder abzuändern oder aufzuheben.

Auch diese Frage ist zu verneinen, da, wenn auch die Gerichte an sich nur an ihre Urteile gebunden sind, doch auch Beschlüsse, gegen welche das Rechtsmittel der sofortigen Beschwerde zulässig ist, in Rechtskraft erwachsen und vom Gericht selbst nicht abgeändert werden können (ZPO. §§ 329, 577); s. auch Nachtrag.

Dagegen wird anzunehmen sein, daß der Antrag auf Einstellung der Vollstreckung nicht zulässig ist, wenn der Gläubiger dem Schuldner bereits durch einen nach dem 7. August 1914 geschlossenen Vergleich Stundung bewilligt hat, der Schuldner also auf die nach der Bundesratsbekanntmachung von diesem Tage zu gewährende Zahlungsfrist verzichtet hat (s. oben Ziff. 17).

Die Zahlungsfrist beginnt nach § 3 der Verordnung des Bundesrates mit der Bekanntmachung, also mit der Zustellung des Beschlusses an den Schuldner.

Der Beschluß ist gemäß § 794 Ziff. 3 ZPO. ohnehin sofort vollstreckbar.

Die Einstellung der Vollstreckung kann ferner nur insolange erfolgen, als die Vollstreckung noch nicht beendigt ist.

Auch hier kann das Vollstreckungsgericht die Einstellung der Vollstreckung für den gesamten Betrag oder einen Teilbetrag der Forderung bewilligen oder für den gesamten Betrag oder Teilbetrag von einer Sicherheit abhängig machen; es kann also auch Fristen bewilligen.

Die einschränkende Vorschrift in § 707 ZPO., wonach die Vollstreckung nur gegen Sicherheitsleistung eingestellt werden kann, außer wenn glaubhaft gemacht wird, daß die Vollstreckung dem Schuldner einen nicht zu ersetzenden Nachteil bringt, findet nicht statt, weil nach § 1 und § 3 Bundesratsbekanntm. vom 7. August 1914 die Bestimmung einer Sicherheit im Ermessen des Gerichts liegt.

Dagegen ist die Aufhebung der bereits erfolgten Vollstreckungsmaßregeln ohne Sicherheitsleistung nicht als zulässig zu erachten, weil hier in bereits bestehende Rechte des Gläubigers eingegriffen werden würde, und die Aufhebung der erfolgten Vollstreckungsmaßregeln, wie sich aus § 707 ZPO. ergibt, etwas anderes ist, als die Einstellung der Vollstreckung.

Bezüglich der Kosten des Verfahrens besteht hier das bedauerliche Ergebnis, daß, wenn der Schuldner die Bewilligung der Zahlungsfrist erst beim Vollstreckungsgericht beantragt und die Zahlungsfrist bewilligt erhält, der Gläubiger als unterliegender oder teilweise unterliegender Teil in die Kosten des Verfahrens zu verurteilen ist, bzw. bei teilweiser Bewilligung in einen Teil derselben (§§ 91, 92 ZPO.).

Sollte, was nicht ausgeschlossen ist, vor dem Vollstreckungsgerichte ein Vergleich geschlossen werden, so gilt hiefür die schon oben in Ziff. 19 hervorgehobene Ermäßigung bzw. völlige Niederschlagung der Gerichtskosten.

Für eine beschlußmäßige Erledigung durch das Vollstreckungsgericht werden dagegen die Gerichtskosten nach den allgemeinen Vorschriften erhoben.

Nebenbei sei bemerkt, daß die Frage, ob die gepfändeten Gegenstände dem Schuldner gehören, mit dem gegenwärtigen Verfahren nichts zu tun hat.

Die Einstellung der Vollstreckung ist lediglich von den Voraussetzungen der Bewilligung der Zahlungsfrist abhängig, kann dem Schuldner also auch dann bewilligt werden, wenn die gepfändeten Gegenstände einem Dritten gehören sollten.

23. Je nachdem die Zwangsvollstreckung hiernach für die ganze Forderung oder für einen Teil derselben gegen oder ohne Sicherheitsleistung eingestellt ist, hat die Einstellung die Wirkung, daß die Zwangsvollstreckung während der Dauer der Zahlungsfrist gehemmt ist, die bereits erwirkten Vollstreckungsmaßregeln jedoch bestehen bleiben.

Im einzelnen ergibt sich hiemit also folgendes:

Bezüglich gepfändeter Sachen ist der Versteigerungstermin abzusetzen; ob dieselben, falls der Gläubiger die Einschaffung verlangt, vom Gerichtsvollzieher im Gewahrsam des Schuldners belassen werden können, muß das Vollstreckungsgericht entscheiden.

Der noch nicht abgelieferte Versteigerungserlös ist zu hinterlegen, ebenso gepfändetes Geld.

Ist eine gepfändete Sache der Gefahr einer beträchtlichen Wertsminderung ausgesetzt, oder erfordert ihre Aufbewahrung unverhältnismäßig hohe Kosten, so wird in sinngemäßer Anwendung von § 930 ZPO. vom Vollstreckungsgericht auf Antrag des Gläubigers oder Schuldners die Versteigerung derselben und die Hinterlegung des Erlöses anzuordnen sein.

Gepfändete Wertpapiere dürfen nicht verkauft werden.

Bei Zwangsvollstreckung in Forderungen und andere Vermögensrechte muß sich der Gläubiger der Einziehung während der Dauer der Einstellung enthalten.

Dabei ist auf die Ausführungen in Ziff. 22 zu verweisen, wonach der Schuldner schon die Einstellung beantragen kann, wenn eine Pfändungsbenachrichtigung nach § 845 ZPO. ergangen ist, so daß hier der Fall eintreten kann, daß die Vollstreckungsmaßregel der Pfändung überhaupt nicht mehr vom Gläubiger erwirkt werden kann.

Ist eine gepfändete Forderung dem Gläubiger an Zahlungs Statt überwiesen, so läßt sich, weil in diesem Falle der Gläubiger, soweit die überwiesene Forderung zu Recht besteht, als befriedigt zu erachten ist, und die Vollstreckung damit beendigt ist, dieses Ergebnis durch Einstellung der Vollstreckung überhaupt nicht mehr rückgängig machen.

Ist ein gerichtliches Verteilungsverfahren zur Verteilung des Versteigerungserlöses anhängig, so ist dasselbe während der Dauer der Einstellung der Vollstreckung einzustellen und der Verteilungstermin abzusetzen; denn das Zwangsvollstreckungsverfahren endigt erst mit der Ausführung des Teilungsplanes.

Ist gegen den Schuldner Offenbarungseidesverfahren anhängig, so ist der Termin abzusetzen.

Der Haftbefehl kann während der Dauer der Einstellung nicht vollzogen werden; eine bereits vollstreckte Haft wird unterbrochen. Nach Ablauf der Frist kann die neue Verhaftung auf Grund des früheren Haftbefehls bewirkt werden, aber wohl nur noch für den Zeitraum erstreckt werden, welcher unter Anrechnung der bereits vollstreckten Haft bis zur höchst zulässigen Zeitdauer von 6 Monaten noch fehlt.

Im allgemeinen sei bemerkt, daß das Verfahren auf Leistung des Offenbarungseides nicht Zwangsvollstreckungsmaßregel selbst ist, sondern nur eine Hilfsmaßnahme der Zwangsvollstreckung.

Infolgedessen muß das Verfahren, wenn die Vollstreckung überhaupt eingestellt ist, unterbrochen werden, obwohl die bereits erfolgten Vollstreckungsmaßregeln bestehen bleiben.

Allerdings wird das Gericht, wenn der Schuldner sich durch Verzögerung der Leistung des Offenbarungseides seiner Verpflichtung zum Schaden seines Gläubigers entziehen will, die Einstellung der Vollstreckung nicht bewilligen.

Für einen Schuldner, welcher wirklich durch den Kriegszustand in vorübergehende Zahlungsunfähigkeit gekommen ist, kann aber gerade die Einstellung der Zwangsvollstreckung behufs Abwendung des Offenbarungseides ein schutzwürdiges Interesse bieten.

Für die Vollstreckung in unbewegliches Vermögen gelten folgende Grundsätze:

Bei der Zwangsvollstreckung in unbewegliches Vermögen ist das Verfahren einzustellen, also insbesondere der Versteigerungstermin abzusetzen.

Ist bereits ein Gebot im Versteigerungstermin gelegt, so erlöschen nach § 72 des Gesetzes über die Zwangsversteigerung und Zwangsverwaltung die abgegebenen Gebote (Jäckel-Güthe, Kommentar zum Gesetz über die Zwangsversteigerung und Zwangsverwaltung, 4. Aufl. Bem. 17 zu § 72 und Bem. 9 zu § 76).

Ist die Versteigerung schon geschlossen, so ist die Einstellung nur bis zur Verkündung des den Zuschlag erteilenden Beschlusses zulässig.

Legt der Schuldner den Beschluß über Einstellung der Vollstreckung dem Versteigerungsbeamten vor der Erteilung des Zuschlages vor, so ist der Zuschlag nicht zu erteilen, in welchem Falle wiederum nach § 72 des Gesetzes das abgegebene Gebot erlischt.

Ist der Zuschlag erteilt worden, obwohl vorher der Beschluß über Bewilligung der Zahlungsfrist und Einstellung der Vollstreckung dem Versteigerungsbeamten vorgelegt war, so kann der Zuschlag gemäß § 83 Ziff. 6 in Verbindung mit §§ 96, 100 von dem Schuldner mit der sofortigen Beschwerde angefochten werden (Jäckel-Güthe a. a. O. Bem. 1 zu § 29; Fischer-Schäfer, Zwangsvollstreckung in das unbewegliche Vermögen, 2. Aufl., Bem. 3 zu § 33).

Diese Bestimmungen gelten auch für alle sonstigen Fälle, in welchen eine einstweilige Einstellung der Vollstreckung bis zur endgültigen Bestimmung der Zahlungsfrist einzutreten hat.

Ist der Zuschlag rechtskräftig, so ist das gerichtliche Verteilungsverfahren auszusetzen, da die Beendigung der Zwangsvollstreckung erst mit der Ausführung des Teilungsplanes eintritt (Gesetz über die Zwangsvollstreckung und Zwangsverwaltung § 130).

Das außergerichtliche Verteilungsverfahren kann vor Ablauf der Frist nicht durchgeführt werden.

Bemerkt sei aber, daß an der bereits vor Bewilligung der Zahlungsfrist und vor Einstellung der Vollstreckung eingetretenen Rechtskraft des Zuschlages nichts mehr geändert wird.

Beim Verfahren der Zwangsverwaltung in unbewegliche Gegenstände bleibt die Beschlagnahme bestehen.

Es dürfen nur die beim Verwalter eingehenden Beträge nicht zur Befriedigung des betreibenden Gläubigers verwendet werden (Jäckel-Güthe a. a. O. Bem. 15 zu § 161, Bem. 1 zu § 30; Steiner, Kommentar zum Gesetz über die Zwangsversteigerung und Zwangsverwaltung, 2. Aufl., Bem. 4 zu § 161).

Bei einer Einstellung der Zwangsvollstreckung in unbewegliches Vermögen, welche durch Eintragung einer Sicherungshypothek erwirkt ist, kann nur die Aufhebung gegen Sicherheitsleistung in Frage kommen, da eine einstweilige Einstellung begrifflich nicht möglich ist.

In allen Fällen der Einstellung der Vollstreckung durch das Vollstreckungsgericht erfolgt die Einstellung der Vollstreckung selbst gemäß §§ 766, 775 ZPO. auf Vorlage der Entscheidung.

Bezüglich der Zwangsvollstreckung zur Herausgabe von Sachen oder zur Erwirkung von Handlungen oder Unterlassungen ist nichts zu bemerken, da es sich bei der Bewilligung der Zahlungsfrist nur um die Vollstreckung für Geldforderungen handelt.

Da es sich hier ohnehin nur um einstweilige Einstellung der Vollstreckung handelt, versteht es sich von selbst, daß der Zinsenlauf durch die Einstellung der Vollstreckung nicht berührt wird.

Die Gerichtskosten bemessen sich nach § 35 Ziff. 1 GKG.

Anwaltskosten bemessen sich nach den allgemeinen Vorschriften über die Tätigkeit des Anwaltes in der Zwangsvollstreckungsinstanz.

Was die Verpflichtung zur Tragung der Kosten des Verfahrens vor dem Vollstreckungsgericht selbst anlangt, so besteht mangels einer anderweitigen Bestimmung das bedauerliche Ergebnis, daß, wenn der Schuldner im Vollstreckungsverfahren mit dem Antrag auf Einstellung derselben wegen Bewillung der Zahlungsfrist obliegt, die Kosten nach den allgemeinen Vorschriften dem Gläubiger ganz oder teilweise aufzuerlegen sind (ZPO. §§ 91, 22); s. oben Ziff. 22.

Die Entscheidung des Vollstreckungsgerichts ist gemäß § 794 Ziff. 3 sofort vollstreckbar.

Unabhängig von diesen Vorschriften werden die Vollstreckungsorgane natürlich auch die ohnehin schon durch die gesetzlichen Vorschriften gegebenen Erstreckungen in möglichst weitem Umfang anzuwenden haben, namentlich also der Gerichtsvollzieher die Frist zwischen der Pfändung und der Versteigerung beweglicher Sachen (§ 816 ZPO.) und der Vollstreckungsbeamte die Frist zwischen der Anberaumung und Abhaltung des Versteigerungstermins bei einer unbeweglichen Sache (§ 36 ZVG.).

Der Versteigerungsbeamte kann deshalb auch den bereits angesetzten Termin von Amts wegen entsprechend verschieben, was in außergewöhnlichen Fällen zulässig ist (Warneyer, Jahrbuch der Entscheidungen, Erg.-Bd. 1914 S. 265, JW. 1911 S. 599).

24. Einer besonderen Betrachtung bedarf der Fall, wenn der Gläubiger das Recht hat, ohne gerichtliches Verfahren sich wegen einer Geldforderung aus einem Pfande zu befriedigen, wenn seine Forderung ganz oder zum Teil fällig ist (BGB. §§ 1228, 1233).

Diese Bestimmungen gelten insbesondere auch für das Pfandrecht des Kommissionärs, Spediteurs, Lagerhalters und Frachtführers.

Die Bewilligung einer Zahlungsfrist ist, wie schon in Ziff. 2 hervorgehoben, auch gegenüber einer durch Pfand gesicherten Forderung zulässig.

Der Schuldner kann die Bewilligung der Zahlungspflicht in der in Ziff. 21 ausgeführten Weise durch Ladung des Gläubigers vor das Amtsgericht herbeizuführen.

Um die vorzeitige Befriedigung aus dem Pfand zu verhindern, muß in diesem Falle der Schuldner durch Antrag auf einstweilige Verfügung nach Maßgabe der Bestimmungen in §§ 935 ff. ZPO. die einstweilige Einstellung des Pfandverkaufes herbeiführen.

Erscheint der Gläubiger zum Termin nicht, so bleibt dem Schuldner nur der Weg, gegen den Gläubiger auf Einstellung des Pfandverkaufes Klage zu stellen, womit er wiederum den Antrag auf Erlassung einer einstweiligen Verfügung auf vorläufige Einstellung des Pfandverkaufes verbinden kann.

Wird dem Schuldner die Zahlungsfrist bewilligt und seiner Klage stattgegeben, so treffen den Gläubiger als unterliegenden Teil die Prozeßkosten (s. Ziff. 23), denn eine Bestimmung, welche die Überbürdung der Kosten auf den lediglich mit Rücksicht auf die Bewilligung der Zahlungsfrist obsiegenden Schuldner zulassen würde, ist in der Bekanntmachung vom 7. August 1914 nicht gegeben.

25. Hat der Gläubiger für sein Recht zum Verkaufe einen vollstreckbaren Titel gegen den Eigentümer erlangt (§ 1233 BGB.), was insbesondere auch für das kaufmännische Zurückbehaltungsrecht nach § 371 HGB. zutrifft, und betreibt der Gläubiger die Zwangsvollstreckung, so muß der Schuldner die Zahlungsfrist beim Vollstreckungsgericht durch Antrag auf Einstellung der Vollstreckung beantragen.

Ist dem Schuldner eine Zahlungsfrist bewilligt, so kann auch der Gläubiger vor deren Ablauf die Herausgabe des Pfandes gemäß § 1231 BGB. zum Zwecke des Verkaufes nicht fordern.

Bei dem Pfandrechte an einer Forderung muß der Gläubiger bei Einziehung vor Ablauf der Zahlungsfrist den eingezogenen Geldbetrag hinterlegen (§§ 1281, 1282 BGB).

Das vertragsmäßig bestellte Recht des Pfandgläubigers zur Ziehung der Nutzungen und das Recht der Versteigerung des Pfandes bei Sicherheitsgefährdung des Pfandgläubigers durch drohenden Verderb oder durch eine zu besorgende wesentliche Minderung des Wertes des Pfandes sind dagegen von dem Ablauf der Zahlungsfrist unabhängig, da diese Rechte sich nicht an die Fälligkeit der Forderung knüpfen.

26. Besonders zu erörtern sind ferner die Fälle der Haftung für eine fremde Schuld, also die Haftung des Bürgen für die Schuld des Hauptschuldners oder die Haftung des Eigentümers einer beweglichen Sache oder unbeweglichen Sache für die Schuld des persönlichen Schuldners.

In diesem Falle ist klar, daß der Bürge oder der Eigentümer, wenn in seiner Person die Voraussetzungen der Bewilligung der Zahlungsfrist gegeben sind, die Zahlungsfrist beantragen kann, wenn er selbst in Anspruch genommen wird.

Liegt dagegen diese Voraussetzung auf Seite des Bürgen oder Eigentümers nicht vor, so kann gleichwohl die Zahlung verweigert werden, wenn dem Hauptschuldner wegen seiner persönlichen Verhältnisse die Zahlungsfrist bewilligt ist; denn dadurch ist für den Hauptschuldner oder persönlichen Schuldner die verzögerliche Einrede der Stundung gegeben (Staudinger a. a. O. Bem. 5 zu § 202), welche auch für den Bürgen gemäß § 768 BGB. und für den dinglich Verpflichteten gemäß §§ 1228 und 1137 BGB. wirkt, so daß auch der Bürge bzw. der dinglich Verpflichtete die Zahlung bzw. die Verwertung des Pfandes und der hypothekarisch belasteten unbeweglichen Sache verweigern können, solange dem Hauptschuldner Zahlungsfrist bewilligt ist.

Dies gilt auch für den Fall der selbstschuldnerischen Bürgschaft, da durch diese nur die Einrede der Vorausklage aus § 771 BGB., nicht die Einrede aus § 768 BGB. beseitigt wird.

Es kann gemäß § 425 BGB. ein Gesamtschuldner, soweit nicht in seiner Person die Voraussetzungen der Bewilligung der Zahlungsfrist gegeben sind, sich nicht darauf berufen, daß ein anderer Gesamtschuldner dieselbe beanspruchen könne.

Dagegen kann auch, selbst wenn der Bürge vom Gläubiger bereits verklagt ist, oder ein Mitschuldner bezahlt hat und gegen seinen Mitschuldner den Ausgleichungsanspruch auf Zahlung erhebt, dem Hauptschuldner oder dem Mitschuldner Zahlungsfrist bewilligt werden.

Insbesondere kann der Bürge von dem Hauptschuldner, selbst wenn er bereits zugunsten des Gläubigers verurteilt ist, Befreiung von der Bürgschaft nicht verlangen, da der Hauptschuldner, solange ihm Zahlungsfrist bewilligt ist, sich nicht im Verzuge befindet (BGB. § 775 Ziff. 3 und 4).

Hat ein Schuldner seinem Gläubiger einen Wechsel zahlungshalber gegeben, und wird dem Wechselschuldner Zahlungsfrist bewilligt, so wird der Gläubiger, obwohl im allgemeinen in der Annahme eines Wechsels die Bewilligung der Stundung bis zu dessen Eingang liegt, von seinem Schuldner gegen Rückgabe des Wechsels vor Ablauf der Zahlungsfrist die Zahlung fordern können, da in der Annahme des Wechsels nur die Bewilligung der Stundung bis zu dessen ursprünglichem Verfalltermin zu erblicken ist.

27. Solange dem Schuldner eine Zahlungsfrist bewilligt ist, ist gemäß § 202 BGB. die Verjährung gehemmt.

Hiezu kann die weitere Hemmung der Verjährungsfrist auf Grund der allgemeinen Bestimmungen über die Verjährung treten, was im XI. Abschnitt erörtert werden wird.

B. Beseitigung der Rechtsverwirkung.

Eine Ergänzung hat die Bekanntmachung des Bundesrats vom 7. August 1914 durch die weitere Verordnung desselben vom 18. August 1914 (RGBl. Nr. 63 S. 377 ff.) erfahren.

Auch diese Bestimmung ist wie die Bestimmung auf Bewilligung einer Zahlungsfrist nur als eine vorübergehende Maßregel während des derzeitigen Kriegszustandes gedacht.

Es ist aber auch hier zu bemerken, daß, soweit die in derselben aufgestellten Voraussetzungen zutreffen, die darin angeordneten Maßnahmen, soweit die Verordnung in Kraft besteht, jederzeit von dem Schuldner beantragt werden können.

Hiernach kann in bürgerlichen Rechtsstreitigkeiten, welche bei den ordentlichen Gerichten anhängig sind oder anhängig werden, das Prozeßgericht auf Antrag des Schuldners im Urteil anordnen, daß die besonderen Rechtsfolgen, die wegen der Nichtzahlung oder der nicht rechtzeitigen Zahlung einer vor dem 31. Juli 1914 entstandenen Geldforderung nach dem Gesetz oder Vertrag eingetreten sind oder eintreten, als nicht eingetreten gelten, sofern diese Rechtsfolgen am 31. Juli 1914 nicht schon eingetreten waren. Das Gericht kann auch anordnen, daß die Folgen nur unter einer Bedingung, insbesondere erst nach fruchtlosem Ablauf einer auf höchstens drei Monate zu bemessenden Frist eintreten.

Auch hier ist die Bestimmung nur zulässig, wenn die Lage des Beklagten sie rechtfertigt und die Zahlungsfrist dem Kläger nicht einen unverhältnismäßigen Nachteil bringt.

Sie kann auch für den Gesamtbetrag oder einen Teilbetrag der Forderung erfolgen und von der Leistung einer nach freiem Ermessen des Gerichts zu bestimmenden Sicherheit abhängig gemacht werden.

Es wird auch anzunehmen sein, daß das Gericht befugt ist, die besonderen Rechtsfolgen als teilweise eingetreten und teilweise beseitigt zu erklären.

Die tatsächlichen Behauptungen, welche den Antrag begründen, sind glaubhaft zu machen.

Soweit diese Bekanntmachung die gleichen Voraussetzungen aufstellt, wie schon die Bekanntm. vom 7. August 1914 über die Bewilligung der Zahlungsfrist, ist auf die schon zu A gegebenen Erörterungen hinzuweisen.

Es gilt dies insbesondere für die Erläuterung des Begriffes der bürgerlichen Rechtsstreitigkeiten, für welche die ordentlichen Gerichte zuständig sind, der Personen, welchen und gegenüber welchen die Zahlungsfrist bewilligt werden kann, der Abwägung der Lage des Schuldners und Gläubigers, der Notwendigkeit der Glaubhaftmachung, der Notwendigkeit der Antragstellung durch den Schuldner und der Zulässigkeit des Verzichts desselben, sowie der Zulässigkeit eines Vergleiches, durch welchen ein weiter gehendes Recht des Schuldners auf Beseitigung der Rechtswirkung ausgeschlossen wird.

Besonders Vorsicht wird das Gericht hier der Lage des Gläubigers angedeihen lassen müssen.

Denn die Beseitigung der Rechtsverwirkung kann den Gläubiger in noch üblere Lage versetzen als bei bloßer Bewilligung einer Zahlungsfrist.

Der Gläubiger kann z. B. über eine von ihm außerordentlich gekündigte Wohnung schon anderweitig verfügt haben.

In diesem Falle wird dem Schuldner nicht die Beseitigung der Rechtsverwirkung der außerordentlichen Kündigung zu gewähren sein, weil der Gläubiger in solchem Falle durch Vorenthaltung der weiter vermieteten Wohnung in schwere Nachteile kommen würde.

Dabei ist jedoch zu bemerken, daß die Bekanntmachung vom 18. August 1914, welche die Folgen der Rechtsverwirkung ausschließt, unabhängig von der Befugnis des Gerichts zur Bewilligung von Zahlungsfristen nach der Bekanntmachung vom 7. August 1914 besteht.

Hiernach ist abgesehen von den schon zur Bekanntmachung vom 7. August 1914 gemachten Ausführungen hierher noch folgendes zu bemerken:

1. Die besonderen Rechtsfolgen, welche durch Urteil des Gerichts ausgeschlossen werden können, sind insbesondere der Eintritt der Verfallklausel wegen Nichteinhaltung einer Rate oder wegen Nichtbezahlung von Zinsen, die Verpflichtung des Mieters zur Räumung einer Wohnung wegen Nichtbezahlung des Mietzinses (§ 554 BGB.), die Vertragsbestimmung, daß der Schuldner seiner Rechte aus dem Vertrage verlustig sein oder der Gläubiger zum Rücktritt berechtigt sein soll, wenn der Schuldner seine Verbindlichkeiten nicht erfüllt (§ 360 BGB.), der Verfall der Vertragsstrafe, falls der Schuldner seine Verbindlichkeit nicht rechtzeitig erfüllt (§ 339 BGB.), das Recht des Verkäufers zum Rücktritt vom Kaufvertrage, wenn der Käufer mit der Zahlung in Verzug kommt (§ 455 BGB.), insbesondere also das Recht des Abzahlungsgeschäftes, wegen Nichterfüllung der dem Käufer obliegenden Verpflichtungen von dem Vertrage zurückzutreten oder Vertragsstrafe zu verlangen (§§ 1, 4 AbzG.), das Recht des Hypothekgläubigers auf Kündigung oder sofortige Fälligkeit des Hypothekkapitals, wenn der Schuldner die Zinsen nicht rechtzeitig bezahlt, oder das Recht des Hypothekgläubigers auf Zahlung eines erhöhten Zinssatzes oder einer Vertragsstrafe in diesem Falle, das Recht der Aktiengesellschaften und Gesellschaften mit beschränkter Haftung auf Verlustigerklärung des Aktionärs oder Gesellschafters mit dem Anteilsrechte und den geleisteten Teilzahlungen (Kaduzierung) nach § 219 HGB. und § 21 des Gesetzes über die Gesellschaften mit beschränkter Haftung usw.

Dagegen muß es sich um eine „besondere Rechtsfolge" handeln, welche durch die Nichtbezahlung oder nicht rechtzeitige Bezahlung einer Geldforderung eingetreten ist.

Tritt die Rechtsfolge überhaupt nicht ein, weil z. B. der Gläubiger Stundung bewilligt hat, oder weil nach besonderer gesetzlicher Vorschrift dieselbe ausgeschlossen ist (z. B. in den Fällen der §§ 554 und 341 Abs. 3 BGB.), so kommt die Beseitigung derselben überhaupt nicht in Frage.

Rechtsfolgen, welche nicht an die Nichtzahlung oder nicht rechtzeitige Zahlung einer Geldforderung geknüpft sind, können deshalb überhaupt nicht beseitigt werden.

Wenn z. B. der Mieter einer Wohnung verpflichtet ist, die Wohnung nicht wegen Rückstandes des Mietzinses, sondern wegen Beendigung des Mietverhältnisses zurückzugeben, kann ihm eine Beseitigung dieser Rechtsfolge nicht gewährt werden (abgesehen von der auf anderer Erwägung beruhenden singulären Vorschrift in § 721 ZPO.).

Ebensowenig kann die Fälligkeit eines Hypothekkapitals beseitigt werden, wenn dieselbe nicht an die Nichtbezahlung der Hypothekzinsen, sondern an die Veräußerung des Grundstückes geknüpft ist, oder wenn bestimmt ist, daß die Fälligkeit eines Hypothekkapitals eintritt, falls der Hypothekschuldner die Zinsen einer anderen Hypothek oder sonstige aus dem Grundstück zu bezahlende Forderungen unbefriedigt läßt, es müßte denn sein, daß ihm für diese anderen Forderungen Zahlungsfrist bewilligt ist.

Für Hypothekforderungen, Grundschulden und Rentenschulden s. Nachtrag.

Ebensowenig können die Rechte des Gläubigers nach §§ 1133, 1134 BGB. bei Verschlechterung des Grundstückes beseitigt werden, da diese Rechtsfolgen nicht an die Nichtzahlung der Hypothek geknüpft sind.

2. Die Bewilligung der Beseitigung der Rechtsverwirkung hat die Folge, daß die an die Nichtbezahlung oder nicht rechtzeitige Zahlung geknüpfte besondere Rechtsfolge der Rechtsverwirkung von dem Schuldner abgewendet wird.

Auf seine Verpflichtung selbst ist die Bewilligung ohne Einfluß.

Die Verzugszinsen laufen also weiter; der Aktionär oder Gesellschafter einer Gesellschaft mit beschränkter Haftung muß, wenn er auch bei Bewilligung der Beseitigung der Rechtsverwirkung nicht mit seinem Anteilsrechte ausgeschlossen werden kann, doch die Verzugszinsen bezahlen (HGB. § 218, GmbHG. § 20).

Ebenso wird die Verpflichtung zum Ersatz des Zögerungsschadens nach §§ 286, 289 BGB. durch die Beseitigung der Rechtsverwirkung nicht berührt, da es sich auch hiebei nicht um eine besondere Rechtsfolge handelt, welche durch die nicht rechtzeitige Zahlung verwirkt wird. Ist dagegen dem Schuldner eine Zahlungsfrist bewilligt, so tritt allerdings die Verzugsfolge auf Bezahlung von Verzugszinsen und Leistung von Schadensersatz nicht ein, weil der Schuldner, sofern ihm eine Zahlungsfrist bewilligt ist, wie bereits bei der Bewilligung der Zahlungsfrist ausgeführt wurde, nicht in Verzug gerät (Ziff. 4, 10 und 26 zu A).

Dagegen tritt auch hiedurch eine Änderung der Regeln über die gegenseitigen Verträge nicht ein.

Wie bereits bei der Bewilligung der Zahlungsfrist zu A Ziff. 4 ausgeführt wurde, kann das Gericht also nicht etwa dem Schuldner das Recht vorbehalten, einen Skontoabzug zu machen, welcher bei verspäteter Zahlung nicht mehr berechtigt ist.

Das Gericht kann auch die Rechtsfolgen nicht ausschließen, welche nicht an die Tatsache der Nichtbezahlung oder nicht rechtzeitigen Bezahlung als Nebenwirkung geknüpft sind, sondern welche eintreten, weil der Gläubiger seine der Zahlung des Schuldners als Gegenleistung gegenüberstehende Leistung nicht zu machen hat.

Das Gericht kann also nicht die Vorleistungspflicht des Schuldners ausschließen, ebensowenig das Recht des Gläubigers auf Zurückhaltung seiner eigenen Leistung nach § 273 oder § 320 BGB. oder das Recht desselben, bei nachträglicher wesentlicher Verschlechterung der Vermögensverhältnisse des Schuldners Sicherheitsleistung für seine Gegenleistung nach § 321 BGB. zu fordern.

Das Gericht kann auch nicht die Rechte des Gläubigers nach § 326 BGB. ausschließen, weil es sich hier nicht um besondere vom Schuldner verwirkte Rechtsfolgen, sondern darum handelt, daß der Schuldner wegen Unterlassung seiner Leistung die derselben gegenüberstehende Gegenleistung nicht zu fordern hat.

Das Gericht kann also insbesondere nicht das Recht des Gläubigers ausschließen, bei Sukzessiv-Lieferungsverträgen wegen teilweisen Rückstandes des Verpflichteten wegen des noch ausständigen Teiles vom Vertrage zurückzutreten oder Schadensersatz wegen Nichterfüllung zu verlangen.

Das Gericht kann auch das Zurückbehaltungsrecht des Vermieters und Verpächters, sowie die sonstigen gesetzlichen Pfandrechte nicht ausschließen.

Es wird hiezu auf die Erläuterungen zum Antrag auf Bewilligung der Zahlungsfrist zu A Ziff. 4 Bezug genommen.

Ebensowenig kann das Gericht bei Lebensversicherungsverträgen, wenn die Prämie nicht rechtzeitig bezahlt wird, dem Versicherungsnehmer das Recht auf die Versicherungssumme gleichwohl vorbehalten.

Denn hier handelt es sich um Leistung gegen Gegenleistung.

Die Folgen des § 39 des Gesetzes über den Privatversicherungsvertrag vom 30. Mai 1908 kann deshalb das Gericht bei nicht rechtzeitiger Prämienzahlung nicht ausschließen, wobei noch darauf hinzuweisen ist, daß § 6 dieses Gesetzes über den Rücktritt des Versicherers bei unverschuldeter Verletzung von dem Versicherungsnehmer obliegenden Vertragspflichten sich auf die Bezahlung der Prämien nicht bezieht.

Zweifelhaft könnte die Sache wegen der Vertragsstrafe sein; doch ist auch hier anzunehmen, daß es sich um eine Rechtsfolge handelt, deren Verwirkung vom Gericht beseitigt werden kann, da es sich doch auch bei der Vertragsstrafe um eine Leistung handelt, welche neben die Hauptverpflichtung tritt, nicht Gegenleistung ist (RGE., JW. 1914 S. 527 Nr. 4).

Gleichgültig ist, ob die Rechtsfolgen nach Vertrag oder Gesetz eintreten.

Der Nichteintritt der Rechtsfolgen kann also vom Gericht angeordnet werden, gleichviel ob es sich z. B. um die außerordentliche Kündigung des Vermieters nach § 554 BGB. handelt, wenn der Mieter mit zwei Mietzinszahlungen, oder wie das gewöhnlich in den Verträgen für den Fall vorkommt, daß der Mieter schon mit einer Mietzinszahlung im Rückstand ist.

3. Es darf die Rechtsfolge nicht bereits am 31. Juli 1914 eingetreten gewesen sein und sie darf nicht aus einer Forderung stammen, welche nicht schon vor dem 31. Juli 1914 entstanden war.

Der Schuldner kann sich also auch hier ebensowenig wie bei der Bewilligung der Zahlungsfrist auf den Kriegszustand berufen, wenn dieser nicht die Ursache der Rechtsverwirkung ist.

Zunächst ist bezüglich des Entstehens einer Geldforderung auf die Erläuterungen zum gleichen Punkt bezüglich der Bewilligung der Zahlungsfrist zu A Ziff. 3 selbst zu verweisen.

Der Schuldner kann also z. B. bei einer Mietzinsforderung oder bei einer Hypothekforderung, welche vor dem 31. Juli 1914 entstanden sind, die Beseitigung der Rechtsverwirkung auch dann beantragen, wenn die Miet- oder Zinsrate selbst erst nach dem 31. Juli 1914 zahlbar gewesen ist.

Nur kann die Rechtsverwirkung auch für eine solche vor dem 31. Juli 1914 entstandene Forderung dann nicht mehr rückgängig gemacht werden, wenn die Rechtsverwirkung selbst bereits vor dem 31. Juli 1914 eingetreten war.

War bei einem Mietverhältnis der Schuldner bereits vor dem 31. Juli 1914 mit den Mietzinsraten im Rückstand, durch deren Nichtbezahlung das Recht des Vermieters auf außerordentliche Kündigung eingetreten ist, so ist die Rechtsfolge damit auch bereits vor dem 31. Juli 1914 verwirkt, auch wenn der Vermieter erst nach diesem Zeitpunkt von dem Rechte der außerordentlichen Kündigung selbst Gebrauch gemacht hätte.

Hat der Vermieter allerdings auf dieses Recht ausdrücklich oder stillschweigend verzichtet, so kann der Mieter, wenn er nach dem 31. Juli 1914 neuerlich in Zahlungsverzug gerät, und deshalb der Vermieter von dem Rechte der außerordentlichen Kündigung Gebrauch macht, nunmehr die Beseitigung der Rechtsverwirkung beantragen.

4. Nun müßte nach dem oben zu A Ziff. 4 und 10 bei der Bewilligung der Zahlungsfristen eingenommenen Standpunkt, wonach durch die Bewilligung der Zahlungsfrist Verzug nicht eintritt, gesagt werden, daß alsdann auch die Folgen der Rechtsverwirkung von selbst nicht einteten können, sofern dieselben wenigstens an den Verzug des Schuldners geknüpft sind.

Allein die Bundesratsbekanntmachung vom 18. August 1914 zieht diese Konsequenz nicht, sondern steht auf dem Standpunkt, daß die Bewilligung der Beseitigung der Rechtsverwirkung vom Gerichte besonders getroffen werden muß.

Hieraus ergibt sich zunächst die Schlußfolgerung, daß, wenn für eine vor dem 31. Juli 1914 entstandene Forderung dem Schuldner nachträglich Zahlungsfrist bewilligt wird, die bereits vor dem 31. Juli 1914 eingetretene Rechtsverwirkung nicht mehr beseitigt wird, trotzdem der Schuldner die Forderung selbst vor Ablauf der Zahlungsfrist nicht zu bezahlen braucht.

Wird dem Schuldner also z. B. für eine Mietzinsrate, welche vor dem 31. Juli 1914 fällig gewesen wäre, Zahlungsfrist bewilligt, so ist die Beseitigung der bereits am 31. Juli 1914 eingetretenen Verpflichtung zur Räumung der Wohnung wegen Nichtbezahlung dieser Mietzinsrate überhaupt nicht mehr möglich.

Diese Folge ist aus der Erwägung zu billigen, daß die nachträgliche Bewilligung einer Zahlungsfrist nur die Verzugsfolge für die Zukunft beseitigt, welche aber für die Vergangenheit nicht wieder aufgehoben werden kann.

Allein nach der Bundesratsbekanntmachung vom 18. August 1914 tritt auch bei Bewilligung der Zahlungsfrist für eine vor dem 31. Juli 1914 entstandene Forderung nicht ohne weiteres der Rechtszustand ein, daß nunmehr auch die an die nicht rechtzeitige Zahlung geknüpfte Rechtsverwirkung von selbst nicht eintritt, sondern der Schuldner muß, wenn er neben der Bewilligung der Zahlungsfrist für eine vor dem 31. Juli 1914 entstandene Geldforderung auch die Beseitigung der Rechtsverwirkung für die Zukunft anstreben will, einen hierauf besonders gerichteten Antrag stellen.

5. Der Schuldner kann, wenn über die Forderung ein Rechtsstreit anhängig ist oder anhängig wird, diesen Antrag in der mündlichen Verhandlung vor dem Prozeßgericht stellen und damit den Antrag auf Bewilligung einer Zahlungsfrist verbinden.

Den Antrag kann natürlich auch der Widerbeklagte stellen.

Auch im Urkunden- und Wechselprozeß kann der Antrag gestellt werden, wie schon zu A Ziff. 13 bei der Bewilligung der Zahlungsfrist ausgeführt wurde.

Die Erläuterungen dortselbst sind auch hieher für die Frage zu beziehen, wie der Antrag auf Beseitigung der Rechtsverwirkung geltend gemacht werden kann, wenn der Gläubiger gegen den Schuldner im gerichtlichen Mahnverfahren vorgeht, desgleichen für die Frage, wie der Schuldner verfahren muß, wenn gegen ihn bereits ein noch nicht rechtskräftiges Versäumnisurteil oder Endurteil ergangen ist.

6. Wenn nun aber auch der Antrag auf Bewilligung einer Zahlungsfrist und der auf Beseitigung der Rechtsverwirkung von einander unabhängig sind, so muß doch gesagt werden, daß, wenn die Bewilligung der Zahlungsfrist vom Gerichte in einem früheren oder im gegenwärtigen Verfahren abgelehnt wird, auch dem Antrage auf Beseitigung der Rechtsverwirkung nicht mehr stattgegeben werden kann. Denn die Beseitigung der Rechtsverwirkung hat doch zur Voraussetzung, daß ein Verzug an sich nicht mehr besteht.

Es würde ein Widerspruch sein, wenn durch das Gericht bereits ausgesprochen wäre oder ausgesprochen würde, daß dem Schuldner kein Grund zur Hinausschiebung der Bezahlung der fälligen Forderung zur Seite steht, seine Verpflichtung zur sofortigen Bezahlung also feststehen würde, und ihm andererseits wiederum unter Verneinung des Zahlungverzuges die an die nicht rechtzeitige Zahlung geknüpfte Rechtsverwirkung erlassen würde (a. M. Bayer. JMBl. XVII S. 183).

Dagegen kann der Schuldner, welcher sich früher nur die Bewilligung der Zahlungsfrist hat erteilen lassen, nachträglich den Antrag auf Beseitigung der Rechtsverwirkung stellen und umgekehrt.

Ebenso ist es zulässig, daß das Gericht die Zahlungsfrist zwar bewilligt, den Antrag auf Beseitigung der Rechtsverwirkung dagegen zurückweist.

Auch wird es als zulässig erachtet werden müssen, wenn dem Schuldner für eine neuerlich fällig werdende Zahlung also für eine neuerliche Teilzahlung Zahlungsfrist bewilligt wird, die Folgen der Rechtsverwirkung nachträglich auszuschließen, aber nur insoweit, als es sich um die Beseitigung der Rechtsverwirkung wegen Nichtzahlung oder nicht rechtzeitiger Zahlung dieser neuerlichen Rate handelt.

7. Auch hier wird der Schuldner sich für jede neuerlich fällig werdende Rate die Beseitigung der Rechtsverwirkung gesondert erteilen lassen müssen, wie schon oben für die Bewilligung der Zahlungsfrist ausgeführt wurde (A Ziff. 5).

Auch hier können sich erhebliche praktische Schwierigkeiten ergeben, wenn der Kläger gemäß §§ 257, 258, 259 ZPO. auf künftige Leistung, insbesondere auf Räumung klagt.

Denn eine dem § 258 ZPO. entsprechende umgekehrte Bestimmung, daß die Beseitigung der Rechtsverwirkung auf künftige Leistungen angeordnet werden könne, fehlt; das Gericht kann infolgedessen, da die Beseitigung der Rechtsverwirkung von der Urteilserlassung an wirkt, für künftige Teilzahlungen dieselbe nicht anordnen.

Es bleibt auch hier dem Schuldner nichts übrig, als für solche Leistungen, welche zur Zeit der Urteilserlassung noch nicht fällig sind, nachträglich auf dem Wege der Ladung des Gläubigers vor das Amtsgericht oder in der Vollstreckungsinstanz die Beseitigung der Rechtsverwirkung zu beantragen.

Er kann sogar dann noch den Antrag auf Beseitigung der Rechtsverwirkung stellen, wenn er die Forderung selbst allerdings nicht rechtzeitig gezahlt hat, an sich also die Rechtsverwirkung eingetreten ist, vorausgesetzt natürlich, daß die Rechtsverwirkung nicht schon vor dem 31. Juli 1914 eingetreten ist.

8. Wie sich aus § 1 der Bekanntmachung vom 18. August 1914 ergibt, kann das Gericht die Rechtsfolge der Rechtsverwirkung nicht für alle Zeit ausschließen.

Das Gericht kann zunächst die Rechtsverwirkung auch nur für einen Teil der Forderung ausschließen, also z. B. anordnen, daß ein Teil des Mietzinses bezahlt werden und nur wegen des Rückstandes eines Teiles die außerordentliche Kündigung nicht eintreten solle.

Es kann auch die Beseitigung der Rechtsverwirkung von einer Sicherheitsleistung abhängig machen.

Wenn es nun auch in der Bekanntmachung des Bundesrates vom 18. August 1914 weiter heißt:

„Das Gericht kann auch anordnen, daß die Folgen nur unter einer Bedingung, insbesondere erst nach dem fruchtlosen Ablauf einer auf höchstens 3 Monate zu bemessenden Frist eintreten", so ergibt sich doch aus dem Worte „höchstens", welches die gleiche Bedeutung hat wie das Wort „längstens" in der Bekanntmachung vom 7. August 1914 über die Bewilligung der Zahlungsfrist, daß das Gericht trotz des Ausdruckes „kann" die Beseitigung der Rechtsverwirkung für eine längere als dreimonatliche Frist ablehnen muß.

Soweit es sich hiernach um die Bestimmung einer Zahlungsfrist handelt, muß angenommen werden, daß diese Frist auch hier von der Verkündung des Urteils an läuft, obwohl auf die Bestimmung in § 1 Abs. 1 Satz 1 der Bekanntmachung vom 7. August 1914 in § 1 der Bekanntmachung vom 18. August 1914 nicht ausdrücklich Bezug genommen ist.

Es wird natürlich zweckmäßig sein, daß das Gericht im Falle der Bewilligung der Zahlungsfrist die Frist zur Beseitigung der Rechtsverwirkung in der gleichen Zeitdauer und jedenfalls für keinen längeren Zeitraum bemißt als die Zahlungsfrist selbst.

Ebenso wird das Gericht, wenn die Zahlungsfrist bereits in einem früheren Verfahren bewilligt wurde, bei der Bewilligung der Beseitigung der Rechtsverwirkung verfahren müssen.

Andernfalls könnte das Ergebnis eintreten, daß die dem Schuldner bewilligte Zahlungsfrist früher abläuft als die Frist zur Beseitigung der Rechtsverwirkung, was nach den vorstehenden Ausführungen widerspruchsvoll wäre.

Die dem Gerichte nach § 721 ZPO. zustehende Befugnis, dem Schuldner für die Räumung einer Wohnung besonders in dem Falle der Verwirkung der außerordentlichen Kündigung eine angemessene Frist zu bewilligen, auch wenn die Beseitigung dieser Rechtsverwirkung selbst dem Schuldner nicht gewährt wird, bleibt natürlich bestehen, wie schon zu A Ziff. 2 hervorgehoben wurde.

9. Der Schuldner kann die Beseitigung der Rechtsverwirkung eventuell auch für den Fall seiner Verurteilung beantragen, auch wenn er die Forderung oder die Fälligkeit der Forderung des Gläubigers bestreitet.

Auch hier hat der Schuldner jedoch die Befugnis, wenn er die Forderung des Gläubigers anerkennt, unter Anerkennung der Forderung diesen vor das Amtsgericht des allgemeinen Gerichtsstandes des Gläubigers zur Verhandlung über die Anordnung der Beseitigung der Rechtsverwirkung zu laden.

Dieses Recht hat er auch hier, bevor die Rechtsverwirkung eingetreten ist.

In dem Termin kann alsdann auf Antrag des Gläubigers Anerkenntnisurteil ergehen; dabei ist im Termin gleichzeitig über die Bewilligung der Beseitigung der Rechtsfolgen zu entscheiden.

Erscheint der Gläubiger oder der Schuldner nicht, oder beantragt der Gläubiger kein Urteil, so ist auch hier ein Versäumnisurteil oder Urteil nicht möglich; auch hier muß der Schuldner alsdann warten, bis der Gläubiger die Folgen der Rechtsverwirkung gegen ihn geltend macht, und alsdann im Wege der Einwendung die Beseitigung der Rechtsverwirkung verlangen.

Im übrigen wird bezüglich aller anderen Punkte auf die Erläuterungen zu dem Antrag auf Bewilligung der Zahlungsfrist Bezug genommen, insbesondere wegen der Zuständigkeit des Gerichts und des Verfahrens (s. zu A Ziff. 21).

10. Bezüglich der Kosten des Prozesses vor dem Prozeßgericht oder Amtsgericht würde hier der Gläubiger, dessen Klageantrag infolge Bewilligung

der Beseitigung der Rechtsverwirkung zurückgewiesen werden mußte, kostenfällig erscheinen; nach § 2 der Bundesratsbekanntmachung vom 18. August 1914 können jedoch die Prozeßkosten dem Beklagten oder Widerkläger ganz oder teilweise auferlegt werden, wenn der Beklagte auf Grund der Bewilligung der Beseitigung der Rechtsverwirkung obsiegt.

Anwaltskosten sind auch hier in allen Fällen gemäß § 91 ZPO. von dem Teil zu erstatten, welcher in dieselben verurteilt wird, auch insoweit kein Anwaltszwang besteht.

Die ganze Bestimmung ist deshalb angezeigt, weil der Schuldner, wenn er lediglich infolge Bewilligung der Beseitigung der Rechtsverwirkung obsiegt, doch eigentlich als der an sich sachfällige Teil erscheint.

Im übrigen wird bezüglich der Prozeßkosten, insbesondere bezüglich der Festsetzung des Streitwertes und der Höhe der Anwaltskosten auf die Erläuterungen zu dem Antrag auf Bewilligung einer gerichtlichen Zahlungsfrist Bezug genommen (s. zu A Ziff. 15, 16, 18—20).

Soweit es sich jedoch um die Räumung handelt, ist der Streitwert nach § 3 ZPO. nach freiem richterlichen Ermessen festzusetzen.

Denn § 8 ZPO. und § 9a GKG. finden nach der ausdrücklichen Fassung dieser Bestimmungen nur dann Anwendung, wenn das Bestehen oder die Dauer eines Pacht- oder Mietverhältnisses streitig ist (Gaupp-Stein a. a. O. Bem. I zu § 8).

11. Bezüglich der Vollstreckbarkeit der Urteile gilt das gleiche wie beim Antrag auf Bewilligung der Zahlungsfrist (s. zu A Ziff. 14), nur mit dem Unterschied, daß die Anordnung des Nichteintrittes der Rechtsverwirkung ein rechtsgestaltender Ausspruch ist (Gaupp-Stein a. a. O., Vorbem. II Ziff. 3 vor § 253), welcher aber mit der Verkündung des Urteils, soweit dasselbe vorläufig vollstreckbar ist, gleichwohl bereits seine Wirkung äußern kann (Gaupp-Stein a. a. O., Vorbem. III vor § 704).

Soweit die Beseitigung der Rechtsverwirkung an die gleichzeitig bewilligte Zahlungsfrist geknüpft ist, wirkt allerdings die Beseitigung der Rechtsverwirkung auch hier von der Verkündung des Urteils an, mit welchem, wie bei der Bewilligung der Zahlungsfrist ausgeführt, die Zahlungsfrist selbst beginnt.

12. Bezüglich der Rechtsmittel gegen das Urteil gilt das gleiche wie bei der Bewilligung der Zahlungsfrist (s. oben A Ziff. 13).

Doch gilt hier mit Rücksicht darauf, daß die Kosten den beiden Parteien nach Ermessen des Gerichts ganz oder teilweise auferlegt werden können, das Besondere, daß gemäß § 99 Abs. 2 ZPO., wenn der Schuldner auf Grund Anerkenntnisurteiles verurteilt wurde, die Entscheidung im Kostenpunkte selbständig angefochten werden kann, wenn entgegen den Anträgen der Parteien die Kosten der einen oder anderen Partei ganz oder teilweise auferlegt wurden.

13. Hat der Gläubiger für seine Forderung bereits einen vollstreckbaren Titel, also z. B. einen gerichtlichen Vergleich, eine vollstreckbare Hypothekurkunde, so kann der Schuldner den Antrag auf Beseitigung der Rechtsfolge der Rechtsverwirkung gemäß § 3 der Bundesratsbekanntmachung vom 18. August 1914 durch Einwendungen gegen die Zulässigkeit der Vollstreckungsklausel geltend machen, über welche alsdann gemäß § 732 ZPO. zu entscheiden ist und zwar von dem Gerichte, dessen Gerichtsschreiber die Vollstreckungsklausel erteilt hat, bzw. vom Amtsgerichte, in dessen Bezirk der betreffende Notar seinen Amtsitz hat (§ 797 Abs. 3 ZPO.).

Der Schuldner kann den Antrag auch in der Vollstreckungsinstanz stellen, wenn ein noch nicht rechtskräftiges Versäumnis- oder Endurteil vorliegt.

Die Zuständigkeit des Prozeß- oder Amtsgerichts ist keine ausschließliche.

Er kann aber auch gegen das Versäumnisurteil oder Endurteil des Prozeßgerichts Einspruch oder Berufung einlegen und die einstweilige Einstellung der Vollstreckung beantragen; hierüber gilt das gleiche wie beim Antrag auf Bewilligung einer Zahlungsfrist (s. oben A Ziff. 13).

Ist jedoch bereits vom Prozeßgericht oder auf Ladung des Schuldners vom Amtsgericht die Beseitigung der Rechtsverwirkung angeordnet, so ist die Einwendung beim Vollstreckungsgericht nicht mehr zulässig.

Das gleiche wird sinngemäß zu gelten haben, wenn der Antrag auf Beseitigung der Rechtsverwirkung vom Prozeßgericht oder Amtsgericht bereits zurückgewiesen ist.

Insbesondere wird in diesem Fall entgegen dem Falle des Antrages auf Bewilligung einer Zahlungsfrist das Vollstreckungsgericht auch dann einem Antrag auf Beseitigung der Rechtsverwirkung nicht mehr stattgeben können, wenn selbst nach der Entscheidung des Prozeßgerichts oder Amtsgerichts neue Umstände hervorgetreten sind.

Denn die einmal rechtskräftig festgestellte Tatsache, daß infolge Verzuges die Rechtsverwirkung eingetreten sei, läßt sich nicht nachträglich beseitigen.

Nur wenn dem Schuldner für eine neuerlich fällig werdende Schuld Zahlungsfrist bewilligt wird, kann nur bezüglich dieser neuerlich fällig werdenden Schuld die Folge der Rechtsverwirkung ausgeschlossen werden.

Durch die im II. Teil zu erörternde Geschäftsaufsicht wird der Antrag auf Beseitigung der Rechtsverwirkung nicht ausgeschlossen; es kann vielmehr trotz der Geschäftsaufsicht für den Schuldner dieser Antrag notwendig werden.

Denn durch die Geschäftsaufsicht wird die eingetretene Rechtsverwirkung an sich nicht rückgängig gemacht; dieselbe bleibt vielmehr, auch soweit sie während der Geschäftsaufsicht nicht geltend gemacht werden kann, an sich bestehen.

Auch dem Kriegsteilnehmer im Sinne der im II. Teil zu erörternden Kriegsschutzgesetzes kann die Beseitigung der Rechtsverwirkung bewilligt werden.

Sie hat für ihn auch insofern erhebliche Vorteile, als durch das Kriegsschutzgesetz an den Verzugsfolgen an sich nichts geändert wird.

14. Nachdem hier der Weg des § 732 ZPO. ausdrücklich vorgeschrieben ist, kann der Antrag entgegen dem Antrag auf Bewilligung der Zahlungsfrist bereits gestellt werden, wenn die Vollstreckungsklausel erteilt ist, auch wenn eine Vollstreckungshandlung noch nicht vorgenommen ist (s. hiezu auch Nachtrag).

Das Vollstreckungsgericht kann über den Antrag eine vorherige mündliche Verhandlung anordnen (§ 732 ZPO.); das Gericht kann auch nach dieser Bestimmung vor der Entscheidung eine einstweilige Anordnung über Einstellung der Zwangsvollstreckung gegen oder ohne Sicherheit erlassen.

Da die Bestimmung in § 2 der Bundesratsbekanntmachung sich nur auf das Verfahren vor dem Prozeßgericht oder Amtsgericht bezieht, nicht aber auf das Verfahren vor dem Vollstreckungsgericht, besteht auch hier das bedauerliche Ergebnis, daß, wenn der Schuldner mit seinem Antrag durchdringt, der Gläubiger in die Kosten des Verfahrens zu verurteilen ist; bzw., wenn dem Antrag des Schuldners teilweise stattgegeben wird, in einen Teil derselben (s. oben A Ziff. 22).

Gegen die Zurückweisung seines Antrages hat der Schuldner hier die einfache Beschwerde (Gaupp-Stein a. a. O. Bem. II zu § 732).

Falls dem Antrag des Schuldners stattgegeben wird, würde sich für den Gläubiger die eigentümliche Folge ergeben, daß er überhaupt kein Beschwerderecht, sondern nur das Klagerecht hat (Gaupp-Stein a. a. O. Bem. II zu § 732 und Bem. II zu § 730).

Hieraus ergibt sich, daß das vorgeschriebene Verfahren nach § 732 ZPO. nicht paßt.

Das Ergebnis, daß dem Gläubiger kein Beschwerderecht zusteht, kann deshalb aus diesem Grunde nicht angenommen werden; man wird dem Gläubiger vielmehr hier das Recht der sofortigen Beschwerde nach § 793 ZPO. zu gewähren haben.

Die Entscheidung des Vollstreckungsgerichts ist gemäß § 794 Ziff. 3 ZPO. sofort vollstreckbar und kann auch von demselben nachträglich nicht aufgehoben werden, wie schon für die Beschlüsse des Vollstreckungsgerichts bei Bewilligung der Zahlungsfrist ausgeführt wurde.

Das gleiche wie dort ausgeführt, gilt auch für die Wirkung der einstweiligen Einstellung der Vollstreckung.

Bezüglich der einzelnen Fragen wird auf die Ausführungen zu A Ziff. 22 Bezug genommen.

15. Bezüglich der Gerichtskosten vor dem Prozeßgericht, dem Amtsgericht und dem Vollstreckungsgericht ist zu bemerken, daß die allgemeine Bestimmung in § 4 der Bekanntmachung über die Bewilligung der Zahlungsfrist vom 7. August 1914 zwar wegen ihrer allgemeinen Fassung auch für Vergleiche auf Grund der Bekanntmachung vom 18. August 1914 im Verfahren auf Beseitigung der Folgen der Rechtsverwirkung gilt, daß aber im übrigen an den Gerichtskosten nichts geändert wird, da die letztere Bekanntmachung auf § 4 der ersteren Bekanntmachung keinen Bezug nimmt (a. M. Bayer. JMBl. XVII S. 182 und 183).

16. Neben den Anträgen beim Prozeßgericht in anhängigen oder anhängig werdenden Sachen, dem Antrage an das Amtsgericht und dem Antrage an das Vollstreckungsgericht hat aber der Schuldner, obwohl es sich bei der Beseitigung der Rechtsfolgen der Rechtsverwirkung an sich um eine feststellende Entscheidung handelt, nicht noch das Recht der Feststellungsklage nach § 256 ZPO. oder der Einwendungsklage aus § 767 ZPO., da das Verfahren nach der Bekanntmachung des Bundesrates durch die dortselbst zugelassenen Maßnahmen erschöpfend geregelt ist.

17. Die ergehenden Entscheidungen werden in der Hauptsache ungefähr folgendermaßen zu lauten haben:

a) Wenn der Schuldner eine Zahlungsfrist nicht gleichzeitig beantragt:

„Die Verpflichtung des Beklagten auf Bezahlung des Kapitals, auf Räumung der Wohnung, auf Bezahlung der Vertragsstrafe, auf Zurückgabe der Gegenstände usw. ist nicht eingetreten",

oder „die Verpflichtung usw. tritt nicht ein, wenn der Schuldner bis zum . . . . . . bezahlt".

b) Wenn der Beklagte gleichzeitig die Bewilligung der Zahlungsfrist und die Beseitigung der Rechtsverwirkung beantragt:

„Der Beklagte ist schuldig, bis zum . . . . . . zu bezahlen.

Falls derselbe bis zu diesem Zeitpunkt nicht bezahlt, ist er schuldig, die Wohnung zu räumen usw."

Entsprechend ist zu erkennen, wenn das Gericht zwar die Zahlungsfrist bewilligt, aber den Antrag auf Beseitigung der Rechtsverwirkung zurückweist.

Dabei ist darauf hinzuweisen, daß das Gericht z. B. auch aussprechen kann, daß der Beklagte in Teilzahlungen zu bezahlen habe, und daß bei Nichteinhaltung einer Teilzahlung die Fälligkeit des ganzen Betrages einzutreten habe, daß die Beseitigung der Folgen der Rechtsverwirkung von einer Sicherheitsleistung abhängig sei usw.

18. Soweit das Vollstreckungsgericht die Vollstreckung mit Rücksicht auf die Beseitigung der Rechtsverwirkung einstellt, treten die gleichen Wirkungen ein, wie oben schon zu A Ziff. 23 für den Fall erörtert, daß vom Vollstreckungsgericht die Vollstreckung wegen Bewilligung der Zahlungsfrist eingestellt wird.

19. Ist der Gläubiger berechtigt, sich ohne gerichtliches Verfahren zu befriedigen, so gilt das gleiche wie oben schon zu A Ziff. 24 beim Antrag auf Bewilligung einer Zahlungsfrist ausgeführt.

Dabei ist jedoch zu bemerken, daß, um den Verfall eines Pfandes auszuschließen, nicht der Weg der Beseitigung der Rechtsverwirkung, sondern der Weg der Bewilligung der Zahlungsfrist gewählt werden muß.

Denn die Berechtigung des Gläubigers, sich aus dem Pfand zu befriedigen, ist ebenso, wie das Recht des Gläubigers, den Bürgen in Anspruch zu nehmen, nicht eine besondere Rechtsfolge, welche neben der Zahlungsverpflichtung des Schuldners eintritt, sondern die Berechtigung des Gläubigers auf Erfüllung der Verbindlichkeit selbst.

In diesem Falle hat auch der dinglich Verpflichtete bzw. der Bürge das Recht, die Bezahlung zu verweigern, wie oben schon bei der Bewilligung der Zahlungsfrist ausgeführt wurde (A Ziff. 26).

Dagegen kann sich zwecks Beseitigung einer Rechtsverwirkung der Fall der Notwendigkeit selbständiger Klageerhebung durch den Schuldner ergeben, wenn der Gläubiger auf Ladung zum Amtsgerichte nicht erscheint und auch keinen Vollstreckungstitel für sich zu erwirken braucht, z. B. bei der Kaduzierung der Aktien- oder Stammanteile.

Wenn in diesem Falle der Schuldner die Bewilligung der Beseitigung der Rechtsverwirkung des Ausschlusses wegen nicht rechtzeitiger Zahlung verlangt, ist es seine Sache, die Einstellung der drohenden Kaduzierung durch Antrag auf einstweilige Verfügung zu erlangen.

Jedoch können, wenn der Schuldner gegen den Gläubiger selbständige Klage auf Beseitigung der Rechtsverwirkung stellen muß, gemäß der allgemeinen Fassung von § 2 der Bekanntmachung vom 18. August 1914 die Prozeßkosten dem Schuldner ganz oder teilweise auferlegt werden.

20. Bei Gesamtschuldverhältnissen wirkt nach § 425 BGB. die Beseitigung der Rechtsverwirkung nur für den Gesamtschuldner, welchem sie bewilligt wird.

Ein anderer Gesamtschuldner kann sich nicht darauf berufen.

Das Gericht kann also aussprechen, daß mit Rücksicht auf die nicht rechtzeitige Zinszahlung das Kapital selbst in der Richtung gegen den einen Gesamtschuldner fällig, in der Richtung gegen den anderen die Fälligkeit nicht eingetreten sei.

Bei Rechtsverhältnissen, welche aber ihrer Natur nach nicht wohl geteilt werden können, wird die Rechtsverwirkung nur einheitlich beseitigt werden können.

Es wird also z. B., wenn Ehegatten gemietet haben, wegen Nichtbezahlung des Mietzinses nicht wohl auszusprechen sein, daß der Ehemann die Wohnung zu räumen habe, der Ehefrau dagegen Beseitigung dieser Rechtsverwirkung zu bewilligen sei.

Erscheint allerdings nur ein Beklagter, welcher den Antrag stellt, so wird nichts übrig bleiben, als gegen den anderen Beklagten Versäumnisurteil ohne Beseitigung der Rechtsverwirkung zu erlassen.

21. **Eine weitere Abwendung der Rechtsverwirkung ist für das Patentrecht bestimmt.**

Zufolge besonderer Bekanntmachung des Bundesrates vom 10. September 1914 (RGBl. Nr. 74 S. 403) kann das Patentamt durch unanfechtbaren Beschluß bis auf weiteres einem Patentinhaber, der infolge des Krieges außerstande gesetzt worden ist, die nach § 8 Abs. 2 PatG. vom 7. April 1901 fällige Jahresgebühr zu zahlen, dieselbe auf Antrag bis zum Ablauf von längstens 9 Monaten vom Beginn des laufenden Patentjahres ab stunden und die Zuschlagsgebühr nach Abs. 3 daselbst erlassen. Dabei ist besonders bestimmt, daß für Patente, die am 31. Juli 1914 noch nicht erloschen waren, die Stundung auch dann zulässig ist, wenn sie nach Ablauf der gesetzlichen Zahlungsfrist (§ 8 Abs. 3) beantragt ist.

Wer durch den Krieg verhindert worden ist, dem Patentamt gegenüber eine Frist einzuhalten, deren Versäumung nach gesetzlicher Vorschrift einen Rechtsnachteil zur Folge hat, ist ferner auf Antrag wieder in den vorigen Stand einzusetzen.

Die Wiedereinsetzung muß innerhalb einer Frist von zwei Monaten beantragt werden, wobei im übrigen die Bestimmungen in §§ 233 ff. ZPO. entsprechend anzuwenden sind.

Zugunsten von Angehörigen ausländischer Staaten finden diese Vorschriften nur dann Anwendung, wenn in diesen Staaten nach einer im Reichsgesetzblatt enthaltenen Bekanntmachung den deutschen Reichsangehörigen gleichartige Erleichterungen gewährt werden.

C. Ausführungsbestimmungen.

Nach der Verordnung des Bundesrates vom 15. Dezember 1914, welche am gleichen Tage in Kraft getreten ist (RGBl. Nr. 113 S. 511/512), kann eine Gemeindebehörde in ihrem Bezirk ein bereits bestehendes oder zu errichtendes Einigungsamt mit der Aufgabe betrauen, zwischen Mietern und Vermietern oder zwischen Hypothekschuldnern und Hypothekgläubigern eine Vermittlung zwecks billigen Ausgleiches der Interessen herbeizuführen.

Ein solches Einigungsamt hat an sich keine Zwangsgewalt.

Die Landeszentralbehörden können jedoch, falls in einer Gemeinde ein solches Einigungsamt besteht, anordnen, daß Mieter, Vermieter, Hypothekschuldner und Hypothekgläubiger auf Anordnung des Einigungsamtes vor diesem zu erscheinen und Mieter und Hypothekschuldner über die für die Vermittlung erheblichen, von dem Einigungsamt bestimmt zu bezeichnenden Tatsachen Auskunft zu erteilen haben.

Erscheinen die Beteiligten trotz Aufforderung nicht oder erteilen dieselben die verlangte Auskunft nicht, so können sie von dem Einigungsamt für jede dieser beiden Zuwiderhandlungen in eine einmalige Ordnungsstrafe bis zu 100 Mark verurteilt werden, gegen deren Festsetzung binnen zwei Wochen Beschwerde bei der Gemeindeaufsichtsbehörde erhoben werden kann.

Die Gemeindebehörde ist unter der Voraussetzung der Zulässigkeit dieses Verfahrens durch Verordnung der Landeszentralbehörde ferner befugt, von den genannten Personen eine Versicherung an Eides Statt über die Richtigkeit und Vollständigkeit der gemachten Auskunft entgegenzunehmen.

Abgesehen von der Strafbarkeit einer solchen wissentlich oder fahrlässig falschen eidlichen Versicherung nach §§ 156, 163 StGB. ist auch die wissentlich unwahre uneidliche Auskunft der Mieter und Hypothekschuldner mit einer Geldstrafe bis zu 1000 Mark bedroht.

Mieter und Vermieter, Hypothekschuldner und Hypothekgläubiger sind jedoch auch in den Fällen, in welchen nach Anordnung der Landeszentralbehörde das Einigungsamt das persönliche Erscheinen und die Erteilung der Auskunft durch Ordnungsstrafe bis zu 100 Mark erzwingen kann, nicht verpflichtet, auf die Vermittlung des Einigungsamtes selbst einzugehen.

Auch besteht keine Bestimmung, durch welche die Abgabe der Versicherung an Eides Statt erzwungen werden könnte.

Die für das Rechtsleben wichtigste Bestimmung der Verordnung ist jedoch folgende:

Wenn einem solchen gemeindlichen Einigungsamt von der Landeszentralbehörde die Befugnis beigelegt ist, Mieter und Vermieter, Hypothekschuldner und Hypothekgläubiger zum Erscheinen vor dem Einigungsamt und zur Erteilung der Auskunft über die für die Vermittlung erheblichen Tatsachen zu zwingen, dann sind die Gerichte verpflichtet, vor der Entscheidung das Einigungsamt gutachtlich zu hören.

Diese Verpflichtung des Gerichts besteht jedoch nur für die Fälle, in welchen es sich nach den in A und B dargestellten Verordnungen des Bundesrates vom 7. August 1914 über die gerichtliche Bewilligung von Zahlungsfristen und vom 18. August 1914 über die Folgen der nicht rechtzeitigen Zahlung einer Geldforderung um die vom Prozeßgerichte, Amtsgerichte oder Vollstreckungsgerichte zu entscheidende Frage handelt, ob dem Schuldner eine Zahlungsfrist oder die Beseitigung der Verwirkung der besonderen durch die Nichtbezahlung oder nicht rechtzeitige Zahlung eingetretenen Rechtsfolgen zu bewilligen sei, sofern es sich dabei um die Verpflichtung zur Bezahlung des Mietzinses oder der Zinsen für ein hypothekarisch sicher gestelltes Darlehen handelt.

Damit in solchen Fällen die gutachtliche Äußerung des Einigungsamtes herbeigeführt werden kann, hat der Gerichtsschreiber des Prozeßgerichtes, Amtsgerichtes oder Vollstreckungsgerichtes die Klage des Gläubigers, die Ladung des Schuldners oder den Antrag des Schuldners in Abschrift dem Einigungsamte mitzuteilen, welches seinerseits verpflichtet ist, sein Gutachten mit tunlichster Beschleunigung dem Gerichte mitzuteilen.

Das Gericht ist auch in diesem Falle an das Gutachten des Einigungsamtes nicht gebunden.

In allen übrigen Fällen, in denen also dem Einigungsamt von der Landeszentralbehörde die erwähnte Zwangsgewalt nicht beigelegt ist, oder in welchem es sich zwar um die Bewilligung von Zahlungsfrist und Beseitigung der Rechtsverwirkung aber für andere als Mietzinsforderungen oder Zinsforderungen aus Hypothekdarlehen handelt, ist das Einigungsamt überhaupt nicht zu hören.

Das Verfahren vor dem Einigungsamt ist in allen Fällen stempel- und gebührenfrei; desgleichen genießen die aus Anlaß dieser Verordnung vorzunehmenden gerichtlichen Handlungen das gleiche Vorrecht.

Die Tragweite der letzteren Vorschrift ist nicht völlig klar.

Es könnte die Bestimmung besagen, daß für die gerichtlichen Entscheidungen in solchen Fällen, welche nach Einholung eines Gutachtens des Einigungsamtes ergehen, überhaupt keine Gerichtskosten erhoben werden.

Allein die aus Anlaß der gegenwärtigen Verordnungen vorzunehmenden gerichtlichen Handlungen sind nur die Erholung des Gutachtens.

Die Entscheidung selbst erfolgt auf Grund der Verordnungen für die gerichtliche Bewilligung von Zahlungsfristen und die Beseitigung der Rechtsverwirkung.

Für diese Entscheidungen selbst wird es also bezüglich der zu erhebenden Gerichtskosten bei den Bestimmungen dieser Verordnungen selbst sein Bewenden haben (s. oben A Ziff. 19, 21, 22 und B Ziff. 10).

VIII. Abschnitt:

Ausländische Forderungen.

A. Im allgemeinen.

Eine große Reihe ausländischer Staaten hat während des Kriegszustandes Moratorien erlassen.

Infolgedessen ist es nicht möglich, Forderungen im Auslande beizutreiben.

Um einen Ausgleich zu schaffen, hat der Bundesrat ein Gegenmoratorium erlassen, welches in den Bekanntmachungen vom 7. August 1914 (RGBl. Nr. 56 S. 360 ff.) und vom 22. Oktober 1914 (Nr. 91 S. 448 und 449) enthalten ist.

Hiernach gelten folgende Bestimmungen:

Personen, welche im Ausland ihren Wohnsitz haben, sowie juristische Personen, die im Ausland ihren Sitz haben, können vermögensrechtliche Ansprüche, die vor dem 31. Juli 1914 entstanden sind, bis zum 31. Januar 1915 vor inländischen Gerichten nicht geltend machen; ist ein Anspruch vor dem Inkrafttreten dieser Vorschrift bereits rechtshängig geworden, so wird das Verfahren bis zum 31. Januar 1915 unterbrochen.

Diese Bestimmung ist ebenfalls als eine während des derzeitigen Kriegszustandes vorübergehende gedacht.

Sie ist ferner zunächst für die Zeit bis 31. Januar 1915 erstreckt, nachdem sie ursprünglich nur bis 31. Oktober 1914 gegolten hatte.

Soweit sie nicht eine weitere Verlängerung erfahren wird, bezweckt sie also von vornherein nur die Beschränkung der Geltendmachung von Ansprüchen bis zum 31. Januar 1915.

1. Es muß sich um die Forderungen natürlicher oder juristischer Personen im Auslande handeln.

Zum Ausland gehören auch die mit Deutschland befreundeten und neutralen ausländischen Staaten, dagegen natürlich nicht die deutschen Schutzgebiete.

Auch die Forderungen offener Handelsgesellschaften, Kommanditgesellschaften oder sonstiger Gesellschaften des Auslandes, welche nicht juristische Personen im eigentlichen Sinne sind, fallen sinngemäß unter die Vorschrift.

Es kommt ferner nicht darauf an, ob die Personen, welche im Auslande wohnen, auch Ausländer sind, es können vielmehr auch Deutsche, welche im Auslande wohnen, oder deutsche Gesellschaften des Auslandes die bezeichneten Ansprüche nicht geltend machen.

Wie sich aus § 2 der Bundesratsbekanntmachung vom 7. August 1914 ergibt, findet die Beschränkung in der Geltendmachung der erwähnten Forderungen bei natürlichen Personen übrigens nicht bloß auf solche Anwendung, welche im Ausland ihren Wohnsitz haben, sondern auch auf solche, welche im Ausland ihre gewerbliche Niederlassung haben.

Der Reichskanzler kann jedoch Ausnahmen von diesen Vorschriften zulassen, insbesondere also bestimmen, daß die Vorschrift auf die im Ausland wohnenden Deutschen keine Anwendung finden soll.

Der Reichskanzler kann ferner ein Vergeltungsrecht dahin erlassen, daß die Vorschriften auf Angehörige und juristische Personen eines ausländischen Staates ohne Rücksicht auf den Wohnsitz oder Sitz für anwendbar erklärt werden, insbesondere also ein Vergeltungsrecht dahin, daß Ausländer und ausländische Gesellschaften, auch wenn sie ihren Wohnsitz oder ihre gewerbliche Niederlassung in Deutschland haben, ihre Ansprüche in Deutschland während der bezeichneten Frist nicht geltend machen können.

Es ist ferner zu bemerken, daß das Gegenmoratorium keine Anwendung auf Ansprüche findet, die im Betrieb von im Inland unterhaltenen gewerblichen Niederlassungen solcher natürlicher oder juristischer Personen entstanden sind, welche im Ausland ihren Wohnsitz oder ihre gewerbliche Niederlassung haben.

Ob die gewerbliche Niederlassung im Inland zur Zeit der Geltendmachung des Anspruches noch besteht, ist gleichgültig, es kommt nur darauf an, ob die Forderung aus einer im Inland befindlichen gewerblichen Niederlassung entstanden ist.

Eine gewerbliche Niederlassung ist dann vorhanden, wenn es sich um eine Niederlassung handelt, welche den Mittelpunkt gewerblicher Beziehungen bildet, oder wenn es sich um einen räumlich abgegrenzten Teil einer solchen Niederlassung mit selbständigen äußeren Einrichtungen und selbständiger Befugnis zum Abschluß von Geschäften handelt.

Wenn die Niederlassung auch nicht auf längere Zeit berechnet sein muß, darf es sich doch nicht um einen ganz vorübergehenden Geschäftsbetrieb handeln.

Es genügt auch eine Zweigniederlassung im Sinne des Handelsgesetzbuches; jedenfalls aber muß es sich um eine Niederlassung handeln, von welcher aus unmittelbar Geschäfte in nicht bloß vorübergehender und gelegentlicher Weise abgeschlossen werden.

Es muß also eine Selbständigkeit nach außen bestehen; eine gewerbliche Niederlassung liegt nicht vor, wenn nur Geschäfte angebahnt oder vermittelt werden können, welche die im Ausland befindliche Hauptniederlassung erst genehmigen muß.

Hiernach bemißt es sich auch, ob Subdirektionen von Versicherungsgesellschaften selbständige Niederlassungen sind oder nicht.

Hat eine ausländische Firma im Inland nur einen Agenten, so liegt natürlich eine gewerbliche Niederlassung der ausländischen Firma im Inlande überhaupt nicht vor.

Liegt eine selbständige gewerbliche Niederlassung in diesem Sinne hiernach im Inlande nicht vor, so findet auch die Ausnahmebestimmung über die Möglichkeit der Geltendmachung im Inlande bis 31. Januar 1915 keine Anwendung.

Dagegen ist es gleichgültig, wo das Geschäft abgeschlossen worden ist oder wo es zu erfüllen ist.

Jedoch muß das Geschäft, damit die Ausnahmebestimmung der unbeschränkten Geltendmachung zutreffen soll, im Betriebe der inländischen Niederlassung entstanden sein, d. h. aus diesem Geschäftsbetrieb der Niederlassung mittelbar oder unmittelbar hervorgehen und sich auf diesen beziehen.

Hat oder hatte also z. B. eine im Ausland wohnhafte natürliche Person oder eine im Ausland sitzende juristische Person eine Zweigniederlassung oder sonstige gewerbliche Niederlassung oder eine Fabrik in Deutschland, von welcher aus selbständige Geschäfte abgeschlossen werden oder wurden, so finden die beschränkenden Vorschriften auf die Geltendmachung der aus diesen Niederlassungen entstandenen Forderungen keine Anwendung.

Der Reichskanzler ist jedoch auch hier ermächtigt, im Wege der Vergeltung die beschränkende Vorschrift auf die Geltendmachung solcher Ansprüche auszudehnen, also anzuordnen, daß auch die aus inländischen Betrieben ausländischer Personen oder Gesellschaften erwachsenen Forderungen während der oben bezeichneten Zeit nicht geltend gemacht werden können.

Solche Vorschriften des Reichskanzlers nach der einen oder anderen Richtung sind bisher nicht ergangen.

Die natürlichen Personen, Gesellschaften und juristischen Personen, welche der beschränkenden Vorschrift der Geltendmachung von Forderungen unterliegen, werden im folgenden der Einfachheit halber als „Auslandsgläubiger" bezeichnet werden.

2. Die Forderungen, auf welche die Bestimmung Anwendung findet, müssen vor dem 31. Juli 1914 entstanden sein.

Bezüglich der Erläuterung dieses Merkmales wird auf die Ausführungen zum Antrag auf Bewilligung der Zahlungsfrist im VII. Abschnitt A Ziff. 3 Bezug genommen.

Eine Forderung solcher Personen, welche nicht vor dem 31. Juli 1914 bereits entstanden war, wird von der Beschränkung nicht getroffen.

Es ist insbesondere nach deutschem Recht auch nicht verboten, mit Ausländern während des Kriegszustandes Rechtsgeschäfte abzuschließen; Ansprüche hieraus können Ausländer auch bei deutschen Gerichten verfolgen, vorbehaltlich der unter C noch zu erörternden Beschränkungen der Forderungen englischer, französischer und russischer Gläubiger.

3. Soweit die Ansprüche vor dem 31. Juli 1914 entstanden sind und demgemäß unter die Beschränkung der Geltendmachung fallen, gehören darunter Geldforderungen aller Art, insbesondere auch Wechselforderungen oder Regreßforderungen aus einem Scheck, auch Unterhaltsforderungen.

Entgegen der Bekanntmachung des Bundesrates über die Bewilligung von Zahlungsfristen und die Beseitigung von Rechtsverwirkungen fallen unter die gegenwärtige Vorschrift aber auch sonstige vermögensrechtliche Ansprüche aller Art, also insbesondere auch z. B. Ansprüche auf Warenlieferung, Ansprüche auf Unterlassung auf Grund eines Wettbewerbverbotes usw.

Auch die Geltendmachung erbrechtlicher Ansprüche fällt unter die Vorschrift.

Da das Erbrecht selbst aber nicht berührt wird, müssen bei der amtlichen Nachlaßbehandlung auch die ausländischen Beteiligten, soweit notwendig, gehört werden.

4. Es erhebt sich nun die Frage, ob durch diese Hinausschiebung der Möglichkeit der Geltendmachung die Verzugsfolgen, welche durch die nicht rechtzeitige Befriedigung eines Anspruches sich ergeben, ohne weiteres in Wegfall kommen.

Die Frage ist zu bejahen.

Denn die Bekanntmachung des Bundesrates stellt ein Gegenmoratorium dar.

Der enge Ausdruck, daß Ansprüche „nicht geltend gemacht" werden können, ändert hieran nichts.

Tatsächlich wird die Fälligkeit hinausgeschoben.

Ist aber die Fälligkeit hinausgeschoben, so ist der Schuldner, wie schon im VII. Abschnitt zu A Ziff. 4 und 10 ausgeführt, zur Leistung nicht verpflichtet, kann also nicht in Verzug kommen (a. M. JW. 1914 S. 911).

Es ergibt sich dies auch aus der noch zu B erörternden Bekanntmachung über die Hinausschiebung der Fälligkeit im Ausland ausgestellter Wechsel, bezüglich welcher die Verpflichtung zur Zinszahlung ausdrücklich bestimmt wurde, und aus der schon erörterten Bekanntmachung über die Bewilligung von Zahlungsfristen, bei welcher die gleiche Bestimmung ausdrücklich getroffen wurde.

Aus der Notwendigkeit dieser ausdrücklichen Bestimmung ergibt sich, daß an sich Verzug nicht vorliegt.

Auf Grund des Anspruchs eines Auslandsgläubigers, dessen Geltendmachung bis 31. Januar 1915 ausgeschlossen ist, können Verzugsfolgen für den Schuldner und sonstige Rechtsfolgen vor Ablauf dieses Zeitraumes nicht eintreten.

Der ausländische Käufer kann also, wenn ihm eine Ware nicht rechtzeitig geliefert wird, nicht wegen Verzugs des deutschen Verkäufers nach § 326 BGB. Schadensersatz wegen Nichterfüllung verlangen oder vom Vertrage zurücktreten er kann auch nicht sonstige an die Nichtbezahlung oder nicht rechtzeitige Zahlung geknüpfte Rechtsfolgen geltend machen; Rechtsverwirkung ist also hier von selbst ausgeschlossen.

Der Umstand, daß die zu C noch zu erörternden besonderen Verordnungen, welche gegenüber englischen, französischen und russischen Gläubigern ergangen sind, ausdrücklich die Zinspflicht und Rechtsverwirkung während der Stundung ausschließen, gibt gegen die hier ausgesprochene Ansicht keinen Rückschluß aus dem Gegenteil, weil es sich bei diesen Verordnungen gegenüber solchen Gläubigern darum handelte, die Zinspflicht und die Rechtsverwirkung mit rückwirkender Kraft zu beseitigen.

Sollten allerdings die Verzugsfolgen oder die Rechtsverwirkung vor dem 7. August 1914, dem Tage des Inkrafttretens der Verordnung bereits eingetreten sein, so kann zwar der hierauf gegründete Anspruch vor dem 31. Januar 1915 nicht geltend gemacht werden; die Verzugsfolgen oder Rechtsverwirkung werden aber durch die nach Eintritt derselben eintretende Unmöglichkeit der Geltendmachung andererseits auch nicht rückgängig gemacht.

Ist also der Schuldner vor dem 7. August 1914 bereits in Verzug, so schuldet er auch die Verzugszinsen.

5. Aktiengesellschaften und Gesellschaften mit beschränkter Haftung, sowie sonstige Handelsgesellschaften und Gesellschaften des bürgerlichen Rechts müssen den auf Auslandsgläubiger treffenden Betrag deren Forderung bei ihrer Auf-

lösung hinterlegen (BGB. §§ 372, 733, HGB. §§ 149, 300, 301, GmbHG. §§ 70, 73).

Dies hat auch bei Auseinandersetzung sonstiger Gemeinschaften, wie der allgemeinen Gütergemeinschaft, der Erbengemeinschaft usw. zu geschehen.

Denn wenn auch die zeitliche Geltendmachung ausgeschlossen ist, muß die Forderung des Auslandsgläubigers bei der Auseinandersetzung selbstverständlich berücksichtigt werden.

6. Sollte sich der Fall einer Gesamtgläubigerschaft in der Weise ergeben, daß ein Gesamtgläubiger im Ausland und ein anderer im Inland wohnt, so wirkt dies gemäß §§ 429, 425 BGB. nur zum Nachteil des ausländischen Gläubigers; der inländische Gläubiger kann den Anspruch geltend machen.

Auch die Forderung auf eine unteilbare Leistung kann in Frage kommen, da sich die Bekanntmachung nicht bloß auf Forderungen, sondern auf alle vermögensrechtlichen Ansprüche bezieht.

Hier wird nach § 432 BGB. auch dem inländischen Gläubiger das Klagerecht zu versagen sein, sofern nicht Gesamtgläubigerschaft vorliegt, weil in diesem Falle auch der inländische Gläubiger nur die Leistung an alle auch den ausländischen Gläubiger fordern müßte, was eben für die Zeit vor dem 31. Januar 1915 ausgeschlossen ist.

7. Wird eine Forderung, auf welche die Verordnung Anwendung findet, vor dem 31. Januar 1915 durch Klage im Inland geltend gemacht, so muß zwar auf die Klage Termin bestimmt werden (Gaupp-Stein a. a. O. Bem. I zu § 261, Bem. II zu § 216).

Die Klage muß jedoch als zur Zeit verfrüht abgewiesen werden.

Gegen den nichterschienenen Beklagten kann ein Versäumnisurteil nicht erlassen werden, die Klage ist vielmehr in diesem Falle gemäß § 331 Abs. 2 ZPO. abzuweisen, weil der Klageantrag nicht gerechtfertigt erscheint; es ist nicht bloß etwa gemäß § 335 ZPO. der Antrag auf Erlassung eines Versäumnisurteils zurückzuweisen.

Wird gerichtlicher Zahlbefehl beantragt, so ist das Gesuch gemäß § 691 ZPO. als zur Zeit unbegründet zurückzuweisen.

Ist Zahlbefehl erlassen worden, so kann Vollstreckungsbefehl nicht erlassen werden, weil derselbe gemäß § 700 ZPO. dem Versäumnisurteil gleich steht.

Ist über eine solche Forderung bereits bei Inkrafttreten der Verordnung ein Rechtsstreit anhängig gewesen, so wird das Verfahren bis 31. Januar 1915 unterbrochen.

Dies hat nach § 249 ZPO. die Wirkung, daß der Lauf jeder Frist aufhört, und Prozeßhandlungen seitens der Parteien und seitens des Gerichts nicht vorgenommen werden können.

Die Aussetzung kann vom Beklagten auch durch Einspruch oder Rechtsmittel noch erreicht werden.

Hat aber der inländische Schuldner ohne Prozeß vorzeitig bezahlt, so kann er nach § 813 BGB. seine Leistung nicht zurückfordern, auch nicht den Ersatz von Zwischenzinsen beanspruchen.

Handelt es sich nur noch um das Kostenfestsetzungsverfahren, so ist, da der Grund des Anspruchs auf Erstattung der Prozeßkosten das Urteil selbst ist, das Verfahren unterbrochen, falls das Urteil, auf Grund dessen die Kosten festgesetzt werden sollen, vor dem 31. Juli 1914 erlassen, wenn auch erst später rechtskräftig geworden ist (Gaupp-Stein a. a. O. Vorbem. II Ziff. 4 vor § 91).

Die Aufnahme des unterbrochenen Verfahrens hat nach Ablauf des 31. Januar 1915 gemäß § 250 ZPO. durch Zustellung eines Schriftsatzes zu erfolgen.

Jedoch ist, da es sich um eine Unterbrechung des Verfahrens auf eine bestimmte Zeit handelt, zu bemerken, daß, wenn ein bereits anhängiges Verfahren bis 31. Januar 1915 unterbrochen war, von da ab alle unterbrochenen Fristen ohne weiteres von neuem zu laufen beginnen.

Da es sich im Gegensatz zum Antrag auf Bewilligung einer gerichtlichen Zahlungsfrist hier nicht um eine bloße Stundung der Forderung, sondern um das Verbot der Geltendmachung überhaupt handelt, wie sich aus der absoluten Fassung der Verordnung ergibt, „können vermögensrechtliche Ansprüche nicht geltend machen", „das Verfahren wird unterbrochen", so muß das Gericht die Unterbrechung des Verfahrens sowohl beim Erscheinen als Nichterscheinen des Beklagten von Amts wegen beachten, also das Verfahren auch aussetzen, wenn der Beklagte solchen Antrag nicht stellt (RGE., LZ. 1914 S. 615; JW. 1914 S. 988, ebenso auch S. 989).

8. Auch Arreste und einstweilige Verfügungen können auf Auslandsforderungen nicht erlassen werden, da auch hierin die Geltendmachung des Anspruches liegt.

Wird gleichwohl Arrest erlassen, weil dem Gerichte die Eigenschaft des Anspruches als Auslandsanspruches nicht bekannt ist, so treten die gleichen Wirkungen ein, welche im II. Teil, III. Abschnitt, B Ziff. 17, für den Fall der Erlassung eines Arrestes gegen einen Kriegsteilnehmer erörtert werden.

Der ausländische Gläubiger kann auch das Konkursverfahren über das Vermögen seines Schuldners nicht beantragen.

Würde dasselbe gleichwohl auf Antrag eines solchen Gläubigers eröffnet werden, so stünde dem Schuldner gegen den Eröffnungsbeschluß die sofortige Beschwerde zu.

Sicherung des Beweises ist dagegen auch für einen Auslandsanspruch zulässig, da hierin noch nicht die Geltendmachung des Anspruches selbst liegt (s. auch II. Teil, III. Abschnitt, B I Ziff. 13).

9. Hat ein Auslandsgläubiger eine Forderung zum Konkursverfahren angemeldet, so liegt auch hierin eine Geltendmachung vor einem inländischen Gericht.

Obwohl nach § 65 KO. betagte Forderungen als fällig gelten, und obwohl die Verordnung diese Fälle vielleicht nicht im Auge gehabt haben mag, wird die Forderung entgegen der allgemeinen Regel in § 5 KO., wonach ausländische Gläubiger den inländischen gleichstehen, von der Unmöglichkeit der Geltendmachung bis 31. Januar 1915 betroffen.

Nicht einfach ist das dabei einzuschlagende Verfahren.

Hat die Prüfung der Forderung noch nicht stattgefunden, so ist die Prüfung derselben vom Prüfungstermin abzusetzen und, falls die Ausschlußfrist nach dem 31. Januar 1915 noch nicht abgelaufen ist, besonderer Prüfungstermin anzusetzen.

Kann die Prüfung der Forderung hienach überhaupt nicht mehr rechtzeitig stattfinden, so ist der Gläubiger von der Teilnahme bei der Verteilung endgültig ausgeschlossen.

Ist die Forderung im Prüfungstermin bestritten worden, so kann, da auch in der Klage auf Feststellung der Forderung die Geltendmachung eines vermögensrechtlichen Anspruches liegt, diese vor dem 31. Januar 1915 nicht erfolgen.

Hat die Prüfung der Forderung und deren Feststellung bereits stattgefunden, so wird der auf dieselbe entfallende Anteil in sinngemäßer Anwendung von § 168 KO. bis zum Ablaufe der Frist zurückzuhalten sein.

Da sich die Verordnung auf alle vermögensrechtlichen Ansprüche bezieht, so hat sie Geltung auch für Masseansprüche, Aussonderungsrechte und Absonderungsrechte.

Was die ersteren anlangt, so wird anzunehmen sein, daß dieselben bei Vornahme einer Verteilung sicherzustellen sind (Jaeger, Kommentar zur Konkursordnung, 3. und 4. Auflage, Anm. 6 zu § 57).

Bezüglich der Aussonderungs- und Absonderungsansprüche fehlt eine finngemäß anzuwendende Bestimmung.

Die ersteren können im Konkursverfahren bis 31. Januar 1915 nicht geltend gemacht werden; der Konkursverwalter wird aber auszusondernde Gegenstände bei Meidung persönlicher Haftung nicht veräußern dürfen, sondern wird es dem Gläubiger überlassen müssen, seine Rechte nach Beendigung des Konkursverfahrens gegenüber dem Gemeinschuldner geltend zu machen.

Bezüglich der Absonderungsrechte kann der Konkursverwalter gemäß §§ 126, 127 KO. die Zwangsversteigerung betreiben; die Geltendmachung der Ausfallsforderung des Auslandsgläubigers ist dann entsprechend den obigen Erörterungen zurzeit ausgeschlossen.

Soweit der Konkursverwalter die Verwertung der verpfändeten Gegenstände nicht betreibt, kann der Gläubiger schon gemäß § 153 KO. die Ausfallsforderung nicht geltend machen.

Im Zwangsvergleichsverfahren können Auslandsgläubiger nicht mitstimmen; ihre Forderungen werden bei Berechnung der erforderlichen Mehrheit nicht mitgezählt.

Soweit es sich um ausländische Gläubiger handelt, welche Ausländer sind, kann denselben auch nicht etwa zur Wahrung ihrer Rechte ein Pfleger aufgestellt werden, da die Voraussetzungen nach § 1911 BGB. und Art. 23 EG. hiezu nicht zutreffen.

10. Die Verordnung bezieht sich auf die Geltendmachung vermögensrechtlicher Ansprüche vor „inländischen Gerichten".

Dieselbe findet also nicht bloß Anwendung auch auf Ansprüche, welche vor Kaufmanns- und Gewerbegerichten geltend gemacht werden, sondern auf alle Ansprüche vor inländischen Staatsgerichten, also auch auf Ansprüche, welche vor Gerichten geltend gemacht werden, die nach § 14 GVG. als besondere Gerichte zugelassen sind.

11. Wenn dem Gerichte die Ausländereigenschaft des Gläubigers nicht bekannt ist, trifft die Beweislast hiefür den Schuldner.

12. Ansprüche gegen einen Auslandsschuldner können dagegen geltend gemacht werden.

Der verklagte Auslandsschuldner kann deshalb den Prozeß, auch wenn ihn der Kläger ruhen läßt, selbst betreiben.

Der Umstand, daß bei Abweisung des klägerischen Anspruches der Kläger zugunsten des Auslandsbeklagten in die Prozeßkosten verurteilt wird, hindert diese Betreibung nicht, da die Verurteilung des Klägers in die Prozeßkosten zugunsten des Auslandsbeklagten nur eine sich erst im Prozeß ergebende Folge der Betreibung des Anspruches gegen den Auslandsbeklagten ist.

Jedoch kann der Auslandsbeklagte die Prozeßkosten vor dem 31. Januar 1915 nicht eintreiben.

Ist aber der Kläger selbst ein Auslandsgläubiger, so kann er auch gegen den Auslandsschuldner den Anspruch vor dem 31. Januar 1915 nicht geltend machen.

13. Für die Vollstreckung ausländischer Urteile (ZPO. §§ 328, 722, 723) und ausländischer Schiedssprüche gilt an sich nichts Besonderes, solange nicht ein Vergeltungsrecht angeordnet ist.

Eine Unterbrechung des Verfahrens tritt also für derartige Vollstreckungsklagen nur dann ein, wenn die allgemeinen Voraussetzungen der Bekanntmachung gegeben sind, wenn also das ausländische Urteil oder der ausländische Schiedsspruch sich auf vermögensrechtliche Ansprüche beziehen, die vor dem 31. Juli 1914 entstanden sind, und welche von Auslandspersonen oder deren Rechtsnachfolgern geltend gemacht werden.

14. Wird eine Forderung, welche von der Unmöglichkeit der Geltendmachung betroffen wird, im Wege der Einrede geltend gemacht, also z. B. als Gegenforderung, so ist dieselbe nicht zu berücksichtigen, soweit sie nicht etwa gemäß § 278 ZPO. nachträglich noch rechtzeitig vorgebracht werden kann, falls bis zum Schluß der mündlichen Verhandlung, auf welche das Urteil ergeht, die Frist, innerhalb welcher die Geltendmachung ausgeschlossen ist, abgelaufen ist.

Schwierig ist die Frage, wenn es sich um die Einrede der Aufrechnung einer Forderung handelt, welche einem Auslandsgläubiger zusteht.

§ 302 ZPO. ist hier nicht anwendbar, weil die zur Aufrechnung gestellte Forderung eben von dem Gläubiger nicht soll geltend gemacht werden können.

Der Auslandsgläubiger ist also auf die Klage ohne Berücksichtigung seiner Gegenforderung zu verurteilen; dagegen kann er die Aufrechnungseinrede, weil er sie ohne sein Verschulden in erster Instanz nicht geltend machen konnte, gemäß § 529 ZPO. noch in der Berufungsinstanz vorbringen, wenn bis dahin die die Geltendmachung hemmende Frist abgelaufen ist.

Andernfalls bleibt ihm nichts übrig, als nach Ablauf dieser Frist gesonderte Klage zu erheben.

Stehen sich ferner ein Auslandsgläubiger und ein inländischer Gläubiger als Kläger und Widerkläger gegenüber, so kann nach § 301 ZPO. über die Klage oder Widerklage des inländischen Gläubigers durch Teilurteil entschieden werden, während über die Klage oder Widerklage des ausländischen Gläubigers das Verfahren ausgesetzt werden muß.

15. Wenn für die Forderung bereits ein Vollstreckungstitel vorliegt, und der Auslandsgläubiger die Zwangsvollstreckung betreibt, tritt die Unzulässigkeit der Zwangsvollstreckung bis 31. Januar 1915 ein.

Der Ausdruck der Bundesratsbekanntmachung, daß vermögensrechtliche Ansprüche vor „inländischen Gerichten" nicht geltend gemacht werden können, und daß „das Verfahren unterbrochen" werde, scheint allerdings nur auf den Fall der Geltendmachung der Forderung im Prozeß zu passen.

Allein nachdem die Bundesratsbekanntmachung in Wahrheit ein Gegenmoratorium sein soll, ist anzunehmen, daß die Geltendmachung der Forderung auch im Vollstreckungsverfahren ausgeschlossen sein soll.

Vollstreckungsgericht und Gerichtsvollzieher dürfen deshalb Vollstreckungen, wenn ihnen die Auslandseigenschaft der Forderungen in obigem Sinne bekannt ist, nicht vornehmen; auch das Grundbuchamt darf Zwangshypotheken nicht eintragen, der Versteigerungsbeamte bei der Vollstreckung in unbewegliche Gegenstände hat das Verfahren auszusetzen usw.

Da jedoch hier eine Vorschrift fehlt, wonach das Vollstreckungsgericht die Vollstreckung einstellen kann, so bleibt dem Schuldner, wenn gegen ihn trotzdem vollstreckt wird, nur der Weg der Klage gegen den Anspruch selbst nach § 767 ZPO., da es sich hier um die Einwendung der Stundung gegen den Anspruch selbst handelt, wobei der Schuldner gemäß § 769 ZPO. beim Prozeßgericht oder in dringenden Fällen beim Vollstreckungsgericht Antrag auf einstweilige Einstellung der Vollstreckung stellen kann.

Einwendungen nach § 766 ZPO. sind also nicht zulässig.

Die Klage nach § 767 führt zur Aufhebung der Vollstreckungsmaßregel.

Sind bei der Vollstreckung auch inländische Gläubiger beteiligt, so hat dies auf deren Vollstreckungsrechte keinen Einfluß.

Die Ausführungen in der JW. 1914 S. 990, 991, 1004 treffen nicht zu.

Ein Auslandsgläubiger kann deshalb auch in einem Verteilungsverfahren nicht berücksichtigt werden.

Der auf seine Forderung entfallende Betrag ist deshalb auch nicht etwa einstweilen zu hinterlegen.

Handelt es sich nicht um ein Urteil, sondern um einen Vergleich, Kostenfestsetzungsbeschluß, Vollstreckungsbefehl oder vollstreckbare notarielle Urkunde, so ist die Klage gemäß § 767 ZPO. nach §§ 795, 796, 797 gegeben.

Liegt für eine Auslandsforderung bereits ein vollstreckbarer Titel also z. B. ein vollstreckbares Urteil gemäß §§ 722, 723 ZPO. vor, so darf, wenn es sich um eine vor dem 31. Juli 1914 entstandene Forderung handelt, vor Ablauf des 31. Januar 1915 die Vollstreckungsklausel nicht erteilt werden.

Wird sie trotzdem erteilt, so stehen dem Schuldner gemäß § 732 ZPO. Einwendungen gegen die Zulässigkeit der Vollstreckungsklausel zu.

16. Hat ein inländischer Schuldner auf Grund eines vorläufig vollstreckbaren Urteils bezahlt, oder ist ihm als Beklagter eine Aufrechnungsforderung oder die Ausführung der Rechte im ordentlichen Verfahren nach vorausgegangenem Wechselprozeß, oder sind ihm Verteidigungsmittel vorbehalten worden (ZPO. §§ 717 Abs. 2, 302, 600, 541), so wird der Rechtsstreit hierüber nicht unterbrochen.

Der Rechtsstreit wird auch nicht unterbrochen, wenn der inländische Schuldner im Prozeß gegen den Auslandsgläubiger ein Rechtsmittel eingelegt hat. Denn in allen diesen Fällen handelt es sich nicht mehr um die Geltendmachung des Anspruchs seitens des Auslandsgläubigers, sondern um die Geltendmachung des Anspruchs gegen denselben.

Damit erledigt sich die in der JW. 1914 S. 975 aufgeworfene Frage.

Soweit gleichzeitig der Auslandsgläubiger ein Rechtsmittel eingelegt hat, ist der Prozeß in der Richtung gegen ihn allerdings unterbrochen; es muß dann über das Rechtsmittel des im Inland Wohnenden Teilurteil ergehen.

Ebenso ist das Verfahren unterbrochen, wenn ein Auslandsgläubiger auf Grund eines gegen ihn ergangenen Urteils den Rechtsstreit bei Vorbehalt der Aufrechnungsforderung, der Rechte im ordentlichen Verfahren oder von Verteidigungsmitteln weiter betreiben will.

17. Bezüglich der Verjährung aller Ansprüche, welche nach der Bundesratsbekanntmachung vom 7. August 1914 bis zum 31. Januar 1915 nicht geltend gemacht werden können, ist gemäß § 202 BGB. die Verjährung gehemmt.

Denn hier handelt es sich darum, daß der Schuldner zur Verweigerung seiner Leistung vorübergehend berechtigt ist (Staudinger a. a. O. Bem. 5 zu § 202).

Ist Rechtsstreit anhängig, welcher nicht weiter betrieben werden kann, so bleibt der Lauf der Verjährung gleichwohl unterbrochen, da § 211 BGB.

für einen Stillstand des Prozesses nicht Anwendung findet, welcher von dem Willen einer Partei unabhängig ist.

Würde allerdings nach dem 31. Januar 1915 der Rechtsstreit nicht wieder aufgenommen werden, so würde die Unterbrechung der Verjährung endigen.

Bei Gesamtgläubigern wirkt nach §§ 425, 429 BGB. die Hemmung der Verjährung nur für den beteiligten Auslandsgläubiger.

Nach § 8 RG. betreffend den Schutz der infolge des Krieges an der Wahrnehmung ihrer Rechte behinderten Personen vom 4. August 1914 (RGBl. Nr. 53 S. 328 ff.) ist die Verjährung weiter gehemmt zugunsten der Kriegsteilnehmer und ihrer Gegner.

Das Nähere hierüber wird im II. Teil III. Abschnitt B V erörtert werden.

18. Da es bezüglich der Beschränkung der Geltendmachung dieser Forderungen darauf ankommt, daß Auslandsgläubiger vermögensrechtliche Ansprüche, welche vor dem 31. Juli 1914 entstanden sind, bis 31. Januar 1915 nicht geltend machen können, ist die Geltendmachung seitens solcher Personen auch dann ausgeschlossen, wenn sie eine vor dem 31. Juli 1914 entstandene Forderung von einem inländischen Gläubiger erworben haben, welchem die Forderung selbst auf Grund eines im Inlande begründeten Rechtsverhältnisses zustand.

Dies trifft auch für Wechselforderungen zu, welche vor dem 31. Juli 1914 entstanden sind, jedoch erst nach diesem Zeitpunkt an Auslandsgläubiger giriert wurden.

Denn obwohl der Giratar die Wechselforderung aus eigenem Rechte geltend macht, kommt es hier darauf nicht an, weil es sich bei der Geltendmachung durch einen Auslandsgläubiger nur darum handelt, daß er eine vor dem 31. Juli 1914 entstandene Forderung nicht geltend machen kann, gleichviel ob diese Forderung vor diesem Zeitpunkt überhaupt oder nur in seiner Person entstanden ist.

Anderseits gelten auf Grund positiver Vorschrift der Bundesratsbekanntmachung vom 7. August 1914 alle vorausgehenden Beschränkungen in der Geltendmachung von vor dem 31. Juli 1914 entstandenen vermögensrechtlichen Ansprüchen von Auslandsgläubigern auch für die Rechtsnachfolger dieser Personen, sofern nicht die Rechtsnachfolge vor dem 31. Juli 1914 eingetreten ist.

Unter dieser Voraussetzung gilt für den Rechtsnachfolger auch die Unterbrechung des Verfahrens eines schon anhängigen Rechtsstreites, sei es, daß er den Rechtsstreit selbst begonnen hat, sei es, daß er in zulässiger Weise an Stelle der bisherigen Auslandspartei in den Rechtsstreit eintritt.

Es darf ihm auch vor dem 31. Januar 1915 die Vollstreckungsklausel nicht erteilt werden; wird sie doch erteilt, so stehen dem Schuldner gemäß § 732 ZPO. Einwendungen gegen die Erteilung derselben zu.

Unter Rechtsnachfolge ist jede Rechtsnachfolge zu verstehen, also sowohl Rechtsnachfolge auf Grund Vertrages, wie Forderungsabtretung, Übergang eines Geschäftes mit Aktiven, Übernahme des Vermögens eines anderen, wie auch die Rechtsnachfolge auf Grund Gesetzes, sei es allgemeine Rechtsnachfolge auf Grund Beerbung oder Sondernachfolge auf Grund Pfändung und Überweisung, oder in denjenigen Fällen, in welchen die Forderung auf einen Dritten übergeht, welcher für den Mitschuldner oder persönlichen Schuldner die Zahlung leistet, also die Ausgleichsforderung des Gesamtschuldners, welcher einen ausländischen Gläubiger befriedigt (§ 426 BGB.), die Forderung des Bürgen gegen den Hauptschuldner auf Grund einer Verbürgung für eine Auslandsforderung (§ 774 BGB.), die Regreßforderung des Eigentümers, welcher den ausländischen Hypothekgläubiger befriedigt hat (§ 1143 BGB.), die Forderung desjenigen, welcher eine ausländische Forderung oder Hypothekforderung zur Abwendung der Zwangsvollstreckung bezahlt hat (§§ 268, 1150 BGB.), die Regreßforderung des Eigentümers einer beweglichen verpfändeten Sache, welcher den ausländischen Gläubiger befriedigt hat (§ 1225 BGB.), die Forderung desjenigen, welcher bei drohender Pfandveräußerung einen ausländischen Gläubiger befriedigt hat (§ 1249 BGB.), die Ersatzforderung eines Verwandten, welcher einem Auslandsgläubiger Unterhalt gewährt hat, gegen den zunächst verpflichteten Verwandten (§ 1607 BGB.), die Ersatzforderung für den Unterhalt eines im Ausland wohnhaften unehelichen Kindes gegen den unehelichen Vater (§ 1709 BGB.).

Die Beschränkung der Geltendmachung dieser Forderungen tritt also auch für den in Deutschland wohnenden Gläubiger ein, wenn er eine von der Beschränkung begriffene Auslandsforderung nach dem 31. Juli 1914 als Rechtsnachfolger erworben hat.

Die Übertragung eines Orderpapiers, also insbesondere des Wechsels oder Schecks, oder eines der in § 363 HGB. genannten Orderpapiere bewirkt zwar Rechtsnachfolge in dem Sinn, daß der Giratar die Forderung aus eigenem Rechte geltend macht.

Immerhin liegt aber auch hier Rechtsnachfolge vor (HGB. § 364, WO. Art. 10).

Schwierig wird die Frage, wenn ein mehrfacher Übergang der Forderung stattgefunden hat.

Ist eine Auslandsforderung vor dem 31. Juli 1914 auf einen Inländer übergegangen und von diesem nach dem 31. Juli 1914 auf einen anderen Inländer, so wird dieser von der Beschränkung der Geltendmachung nicht betroffen sein, da durch die Bundesratsbekanntmachung nur ausgeschlossen werden soll, daß durch Übergang der Forderung nach dem 31. Juli 1914 auf einen Inländer die andernfalls ausgeschlossene Geltendmachung ermöglicht werden soll.

Dieser Zusammenhang des Übergangs der Forderung von einem Inländer auf einen anderen Inländer wird unterbrochen, wenn in der Zwischenzeit die Forderung wieder auf einen Auslandsgläubiger übergegangen war.

Ist also die Forderung eines Auslandsgläubigers zwar vor dem 31. Juli 1914 auf einen inländischen Gläubiger übergegangen, alsdann wiederum an einen Auslandsgläubiger, und wird sie von diesem nach dem 31. Juli 1914 auf einen Inländer übertragen, so wird dieser von der Beschränkung der Geltendmachung betroffen.

Stand die Forderung ursprünglich überhaupt einem Inländer zu und ist sie von diesem auf einen Auslandsgläubiger übergegangen, so ist der letztere selbstverständlich von der Beschränkung überhaupt betroffen.

Geht sie nun von diesem nach dem 31. Juli 1914 auf einen Inländer über, so ist auch dieser von der Beschränkung betroffen, da es sich alsdann um die Forderung eines Auslandsgläubigers handelt, welche nach dem 31. Juli auf einen inländischen Gläubiger übergegangen ist.

19. Die Beweislast anlangend, so ergibt sich aus der Fassung von § 3 der Bekanntmachung vom 7. August 1914, wonach der auf einen Rechtsnachfolger übergegangene Anspruch im Inland nicht geltend gemacht werden kann, sofern nicht der Anspruch vor dem 31. Juli 1914 übergegangen ist, daß die Beweislast für diesen vorher erfolgten Übergang den Rechtsnachfolger trifft.

Dies ergibt sich übrigens auch daraus, daß das Verbot der Geltendmachung von Auslandsforderungen vor dem 31. Januar 1915 ein absolutes ist.

Beim Wechsel oder Scheck muß also der Gläubiger beweisen, daß er den Wechsel oder Scheck vor dem 31. Juli 1914 erworben hat.

Kann er diesen Beweis mit den im Wechselprozeß zulässigen Beweismitteln nicht führen, weil z. B. das ihn legitimierende Giro nicht datiert ist, so muß er vom Wechselprozeß abstehen und im ordentlichen Verfahren klagen oder in dasselbe übergehen.

20. Auf Gerichtskosten trifft die Beschränkung der Geltendmachung nicht zu.

Gerichtskosten, welche bereits erwachsen sind, können also auch in dem Rechtsstreit eines Auslandsgläubigers gegen den inländischen Kostenschuldner beigetrieben werden.

B. Ausländische Wechselforderungen.

Bezüglich der im Auslande vor dem 31. Juli 1914 ausgestellten und im Inlande zahlbaren Wechsel gelten auch abgesehen von den Vorschriften der Bekanntmachungen des Bundesrates vom 7. August und 22. Oktober 1914 noch die weiteren Vorschriften auf Grund der Bekanntmachungen des Bundesrates vom 10. und 12. August 1914 (RGBl. Nr. 58 S. 368 und Nr. 59 S. 369) und 22. Oktober 1914 (Nr. 91 S. 448).

Bezüglich dieser ist nämlich durch die Vorschriften vom 10. und 12. August 1914 bestimmt, daß, falls dieselben nicht schon am 31. Juli 1914 verfallen waren, deren Fälligkeit um 3 Monate hinausgeschoben wird.

Durch die Verordnung vom 22. Oktober 1914 wurde die Fälligkeit um weitere 3 Monate hinausgeschoben.

Auch diese Verordnungen sind als vorübergehende Maßregeln während des derzeitigen Kriegszustandes gedacht. Solange dieselben in Kraft sind, beziehen sie sich aber auf alle Wechsel, welche im Auslande vor dem 31. Juli 1914 ausgestellt und im Inlande zahlbar sind, falls die Wechsel nicht schon am 31. Juli 1914 verfallen waren, gleichviel, an welchem späteren Tage die Verfallzeit eintritt.

Diese Verordnungen, welche aber nur für Wechsel, nicht für Schecks gelten, stellen eine Ergänzung zur Verordnung vom 7. August 1914 dar, durch welche die Geltendmachung von vor dem 31. Juli 1914 entstandenen vermögensrechtlichen Ansprüchen von Auslandsgläubigern bis 31. Oktober 1914 und nunmehr bis 31. Januar 1915 hinausgeschoben ist.

Denn während durch diese letztere Verordnung vom 7. August 1914 die Forderungen der Auslandsgläubiger und deren Rechtsnachfolger getroffen sind, wird durch die genannten Verordnungen des Bundesrates vom 10. und 12. August und 22. Oktober 1914 die Fälligkeit aller im Ausland vor dem 31. Juli 1914 ausgestellten Wechsel um 6 Monate hinausgeschoben, sofern nur der Wechsel im Ausland ausgestellt wurde, auch wenn er sich in der Hand eines Inlandgläubigers befindet.

Die beiden Vorschriften stehen also in dem Verhältnis zu einander, daß die Fälligkeit eines im Ausland ausgestellten Wechsels um 6 Monate hinausgeschoben wird; wird der Wechsel von einem Auslandsgläubiger geltend gemacht, so ist überdies diese Geltendmachung vor dem 31. Januar 1915 überhaupt ausgeschlossen.

1. Es kann also auf Grund eines solchen Auslandswechsels jeder im Inland belangte Wechselschuldner (Akzeptant, Aussteller, Indossant, Wechselbürge) die Zahlung während der Verlängerungsfrist verweigern; selbst der einem feindlichen Staat angehörige ausländische Wechselschuldner hat dieses Recht, wenn er im Inlande belangt wird.

Insbesondere kommt es auch auf das Deckungs- und Valutaverhältnis nicht an, so daß auch derjenige Wechselschuldner, welcher den Wechselbetrag bereits als Valuta erhalten, z. B. im Ausland einkassiert und dafür den im Ausland ausgestellten Wechsel angenommen hat, zur Verweigerung der Leistung während der Verlängerungsfrist berechtigt ist.

Was für Auslandswechsel gilt, gilt natürlich auch für nicht akzeptierte, im Ausland ausgestellte und im Inland zahlbare Tratten.

Denn zum Wechsel gehört bekanntlich nicht die Annahme durch den Bezogenen, der allerdings vor der Annahme des Wechsels wechselmäßig nicht haftet; wohl aber haften aus einem nicht angenommenen Wechsel der Aussteller und die Indossanten.

2. Handelt es sich um solche Auslandswechsel, so ist deren Fälligkeit um 6 Monate hinausgeschoben, auch wenn sie von einem Inländer als nunmehrigem Wechselinhaber geltend gemacht werden.

Nur ist, da es sich hier nicht um eine prozessuale Bestimmung, sondern nur um eine Hinausschiebung der Fälligkeit handelt, der Nichteintritt der Fälligkeit, wenn der Beklagte erscheint und von dem Einwand keinen Gebrauch machen sollte, nicht von Amts wegen zu berücksichtigen, da hiefür kein öffentliches Interesse vorliegt.

Wird allerdings der Wechsel von einem Auslandsgläubiger geltend gemacht, ist diese Geltendmachung also vor 31. Januar 1915 nach der zu A erörterten Verordnung über die Beschränkung der Geltendmachung von Auslandsgläubigern unzulässig, so muß dies nach Maßgabe der dortigen Erörterungen von Amts wegen beachtet werden.

Erscheint der Beklagte nicht, so kann gegen ihn allerdings gleichwohl kein Versäumnisurteil erlassen werden, auch wenn der Wechsel von einem inländischen Gläubiger geltend gemacht wird. Denn es handelt sich hier nicht um den Einwand der nachträglichen Stundung, sondern die Fälligkeit ist kraft Gesetzes hinausgeschoben.

Wird deshalb ein solcher Wechsel vor Eintritt der verlängerten Verfallfrist geltend gemacht, so ist die Klage als verfrüht abzuweisen.

Ist der Wechselanspruch vor Inkrafttreten der bezüglichen Verordnungen bereits geltend gemacht worden, so wird man, auch wenn ein inländischer Gläubiger den Wechsel geltend macht, anzunehmen haben, daß die Klage nicht abzuweisen, sondern das Verfahren auszusetzen ist.

Denn andernfalls käme man zu dem unbefriedigenden Ergebnis, daß, wenn ein solcher Wechsel von einem Auslandsgläubiger geltend gemacht würde, gemäß § 1 der Verordnung vom 7. August 1914 das Verfahren nur unterbrochen wäre, während wenn ein Inlandgläubiger einen solchen Wechsel geltend macht, die Klage als verfrüht abgewiesen werden müßte.

Dabei muß die Hinausschiebung der Fälligkeit des Wechsels, da sie sich unmittelbar aus dem Gesetz ergibt, jeder Wechselgläubiger gegen sich gelten lassen, vorausgesetzt, daß der Wechsel nach seiner äußeren Erscheinung im Ausland vor dem 31. Juli 1914 ausgestellt und an diesem Tage noch nicht verfallen war.

Die Fälligkeit des Wechsels muß das Gericht aber auch im Versäumnisverfahren prüfen, weil die Fälligkeit der Wechselforderung zur Rechtfertigung des Klageantrages gehört.

Würde der Wechsel von einem Auslandsgläubiger im Sinne der Bekanntmachung vom 7. August 1914 geltend gemacht werden, so müßte, auch wenn der Beklagte zum Termin erscheint und sich auf die Klage einläßt, das Verfahren von Amts wegen bis 31. Januar 1915 ausgesetzt werden, wie bei Erläuterung dieser Bekanntmachung erörtert wurde.

3. Die Vorschrift der Hinausschiebung der Fälligkeit um sechs Monate bezieht sich auf Wechsel, die im Ausland vor dem 31. Juli 1914 ausgestellt wurden, im Inlande zahlbar sind und am 31. Juli 1914 noch nicht verfallen waren.

Es muß sich also um Wechsel handeln, welche im Auslande ausgestellt und im Inlande zahlbar sind.

Zum Ausland zählen auch hier die befreundeten Staaten; dagegen gehören die deutschen Schutzgebiete auch hier nicht zum Ausland.

Ob ein Wechsel im Ausland ausgestellt ist, ist lediglich nach der Gestalt zu beurteilen, in welcher er schließlich äußerlich auftritt.

Ist also ein Wechsel tatsächlich im Ausland ausgestellt worden, trägt derselbe aber einen inländischen Ausstellungsort, so wird er von der Hinausschiebung der Verfallzeit nicht betroffen.

Ist jedoch der Wechsel ganz oder teilweise nicht ausgefüllt, d. h. als Blankett begeben und nachträglich vereinbarungswidrig mit einem falschen Ausstellungsort versehen worden, so steht dem Wechselschuldner der bezügliche Einwand der Verlängerung der Verfallzeit gegenüber dem bösgläubigen Erwerber des Wechsels zu, d. h. demjenigen gegenüber, welcher den Wechsel in Kenntnis der vereinbarungswidrigen Ausfüllung erworben hat.

Ist der Wechsel in bezug auf den Ausstellungsort dagegen nachträglich verfälscht worden, so ist dies ein Einwand, welcher gegen jeden Wechselinhaber geht (Staub-Stranz, Komm. z. WO., 8. Aufl., Bem. 12 und 36 zu Art. 7, Bem. 16, 17 und 19 zu Art. 75 und 76, Bem. 21 zu Art. 82).

Die Beweislast trifft natürlich den Wechselschuldner, welche im Wechselprozeß nur mit den in diesem zulässigen Beweismitteln vertreten werden kann.

Nur mit dieser Maßgabe ist die Entscheidung des Landgerichts Karlsruhe richtig (Recht 1914 S. 614/615), daß entscheidend sei, ob der Wechsel tatsächlich im Auslande unterzeichnet wurde.

4. Ob der Wechsel im Inlande zahlbar ist, bemißt sich nach den Vorschriften der Wechselordnung über den Zahlungsort.

Enthält also der Wechsel selbst die Bestimmung des Zahlungsortes, so ist dieser maßgebend, eventuell der beim Namen oder der Firma des Bezogenen angegebene Ort (WO. Art. 4 Ziff. 8).

Ist in dem Wechsel ein vom Wohnorte des Bezogenen verschiedener Zahlungsort angegeben, oder ist auf dem Wechsel ein Domiziliat benannt, so ist der angegebene Zahlungsort oder der Wohnort des Domiziliaten entscheidend für die Frage, ob der Wechsel im Inlande zahlbar ist (WO. Art. 24 und 43).

Beim eigenen (trockenen) Wechsel ist Zahlungsort der Ort der Ausstellung, insofern nicht ein besonderer Zahlungsort oder Domiziliat angegeben ist (WO. Art. 97 und 99).

5. Es muß sich ferner um Wechsel handeln, die vor dem 31. Juli 1914 ausgestellt und nicht am 31. Juli 1914 schon verfallen waren.

Es kommen also nur Wechsel in Frage, die spätestens am 30. Juli 1914 ausgestellt und frühestens am 1. August 1914 fällig geworden sind.

Auch für das Datum der Ausstellung und des Verfalles ist maßgebend die äußerliche Erscheinung des Wechsels.

Ist der Wechsel nachträglich vereinbarungswidrig mit einem falschen Datum versehen oder nachträglich das wirkliche Datum verfälscht worden, so kommen hiefür die gleichen Grundsätze wie oben wegen des Ausstellungsortes zur Anwendung (s. Ziff. 3).

Dieser Fall ist dann gegeben, wenn einem nicht oder nicht vollständig ausgefüllten Wechsel entgegen der Vereinbarung statt des wirklichen vor dem 31. Juli 1914 liegenden Ausstellungsdatums ein späteres beigesetzt wurde, oder wenn bei einem vor dem 31. Juli 1914 ausgestellten Wechsel das nach diesem Zeitpunkt eintretende Fälligkeitsdatum auf eine frühere Zeit zurückverlegt wurde, oder wenn ein ausgefüllter Wechsel nach einer dieser Richtungen verfälscht wurde.

6. Der Verfalltag selbst bemißt sich nach den Bestimmungen der Wechselordnung, also entweder auf einen bestimmten Tag, auf Sicht oder auf eine bestimmte Zeit nach Sicht, auf einen bestimmten Tag nach dem Tag der Ausstellung oder auf eine Börse oder einen Markt (WO. Art. 4 Ziff. 4).

Es wird in dieser Beziehung auf die Bestimmungen in Art. 30 ff. WO. Bezug genommen.

Dabei ist darauf hinzuweisen, daß, wenn der Verfalltag auf einen Sonn- oder Feiertag fällt, der nächste Werktag als Zahlungstag gilt (BGB. § 193, WO. Art. 92).

Festzustellen ist also zunächst bei einem Wechsel auf einen bestimmten Zahlungstag oder auf einen bestimmten Tag vom Tage der Ausstellung oder auf eine Börse oder Markt der Verfalltag, wobei zu beachten ist, daß nach Art. 92 WO., falls der Wechsel hiernach an einem Sonntag oder allgemeinen Feiertag verfallen würde, der nächste Werktag der Verfalltag ist.

Die gleichen Bestimmungen über die Verfallzeit gelten nach Art. 96 und 98 WO. auch für den eigenen Wechsel.

Die sechsmonatliche Verlängerungsfrist berechnet sich alsdann nach § 187 Abs. 2 und § 188 BGB. in der Weise, daß die sechsmonatliche Frist mit dem Tage endigt, welcher durch seine Zahl dem Verfalltage entspricht, eventuell mit dem letzten Tage des Monats.

Tritt also z. B. die Fälligkeit des Wechsels am 1. August 1914 ein, so ist der Verfalltag der 1. Februar 1915; tritt die Fälligkeit des Wechsels am 31. August 1914 ein, so ist Verfalltag der 28. Februar 1915, bzw., da dieser ein Sonntag ist, der 1. März 1915.

Für den Sichtwechsel ist zunächst zu bemerken, daß die in Art. 19 WO. bestimmte Frist, innerhalb welcher der Wechsel zur Annahme vorgelegt werden muß, durch die Verlängerung der Verfallzeit überhaupt nicht berührt wird.

Die Fälligkeit selbst tritt nach Art. 31 WO. mit der Vorzeigung ein, und wenn er erst mit dem Ablauf einer bestimmten Frist nach Sicht zahlbar ist, mit dem Ablauf dieser Frist (WO. Art. 32).

Die für Sichtwechsel in Art. 31 WO. bestimmte Verpflichtung zur Vorzeigung des Sichtwechsels zur Zahlung innerhalb der dortselbst bestimmten Frist wird durch die Verlängerung der Verfallzeit ebenfalls nicht berührt.

Dabei ist zu bemerken, daß die Vorzeigung des Wechsels auch seitens eines Auslandsgläubigers geschehen kann, da dies keine Geltendmachung vor Gericht ist.

Ob nun bezüglich eines solchen Auslands-Sichtwechsels die Verfallzeit auf sechs Monate hinausgeschoben wird, hängt davon ab, ob er nicht schon spätestens am 31. Juli 1914 zur Zahlung verfallen war.

Beim gewöhnlichen Sichtwechsel kommt es also darauf an, ob nicht schon spätestens am 31. Juli 1914 dieser zur Zahlung vorgezeigt war. In diesem Falle tritt eine Verschiebung seiner Verfallzeit überhaupt nicht ein; beim gewöhnlichen Sichtwechsel wird also nur dann die Verfallzeit hinausgeschoben, wenn er frühestens am 1. August 1914 zur Zahlung vorgezeigt wurde.

Beim Wechsel, welcher eine bestimmte Zeit nach Sicht zahlbar ist, kommt es darauf an, ob diese Frist vor oder nach dem 31. Juli 1914 abgelaufen ist.

Ist also z. B. ein Wechsel einen Monat nach Sicht zahlbar, und wurde er am 15. Juli 1914 zur Zahlung vorgezeigt, so tritt sein Verfall am 15. August 1914 ein; in diesem Fall wird dann seine Fälligkeit um weitere sechs Monate hinausgeschoben.

7. Nach der ausdrücklichen Bestimmung der Bundesratsbekanntmachungen vom 10. August und 22. Oktober 1914 wird durch diese Hinausschiebung der Fälligkeit des Wechsels die Verpflichtung zur Entrichtung eines weiteren Wechselstempels nach § 3 Abs. 2 WStempG. nicht begründet; auch wird durch die weitere Vorschrift dieser Bekanntmachungen durch die Hinausschiebung der Fälligkeit an der Reichsbankfähigkeit dieser Wechsel nichts geändert.

8. Während im allgemeinen auch bei Prolongation eines Wechsels der Wechsel zur Erhaltung des Regreßrechts gegenüber Aussteller und Vormännern zur ursprünglichen Verfallzeit protestiert werden muß, braucht die Protestation eines derartigen Auslandswechsels erst zu erfolgen, wenn nach der verlängerten Verfallzeit der Verfall eingetreten ist, und zwar wie jede Protesterhebung, am zweiten Werktag nach dem Verfalltag (Art. 41 WO.), wie er sich auf Grund der verlängerten Frist ergibt.

Denn hier handelt es sich nicht um eine nachträgliche Stundung, um ein Moratorium, sondern um eine Hinausschiebung des Verfalltages kraft Gesetzes.

Durch die im IX. Abschnitt II zu erörternden Bekanntmachungen des Bundesrates vom 6. August 1914, 29. August 1914, 8. und 24. September 1914 und 22. Oktober 1914 sind die Protestfristen, soweit sie nicht am 31. Juli 1914 bereits abgelaufen waren, um 30 Tage, für bestimmte Grenzgebiete um 150 Tage verlängert.

Verfällt nun z. B. ein Auslandswechsel an sich am 1. August 1914, so tritt der Verfall nunmehr am 1. Februar 1915 ein.

Es erhebt sich deshalb die Frage, ob der zur Erhaltung des Wechselregreßrechts gegenüber Aussteller und Vormännern nach der verlängerten Verfallfrist notwendige Protest nunmehr am zweiten Werktage nach dem 1. Februar 1915 vorgenommen werden muß, oder ob auf Grund der allgemeinen Bestimmung der Bundesratsbekanntmachungen vom 6. August 1914 und folgenden die Protestfrist nochmals um 30 Tage bzw. in den Grenzgebieten um 150 Tage verlängert ist, der Wechselgläubiger den Protest also nach dem Ablauf dieser weiteren Frist noch rechtzeitig vornehmen lassen kann.

Da nun nach der allgemeinen Vorschrift der Bundesratsbekanntmachungen vom 6. August 1914 und folgenden die Protestfrist, soweit sie erst nach dem 31. Juli abläuft, für alle Wechsel um 30 Tage bzw. 150 Tage verlängert wird, so bedarf es der Protesterhebung zur Ausübung der Erhaltung des Wechselregreßrechts gegenüber Aussteller und Vormännern erst nach dieser Frist; es braucht hiernach der Auslandswechsel nicht schon nach der um sechs Monate verlängerten Verfallzeit, sondern wie jeder andere Wechsel erst 30 bzw. 150 Tage nach dieser Verfallzeit protestiert werden.

Auf diese Konsequenz scheint übrigens auch die in Ziff. 9 zu erörternde Bestimmung der Verzinsung des Wechsels wegen der verlängerten Verfallzeit hinzudeuten.

Es wird jedoch schon hier darauf hingewiesen, daß der Wechselgläubiger von der Verlängerung der Protestfrist um weitere 30 bzw. 150 Tage keinen Gebrauch zu machen braucht, sondern nur berechtigt ist, den Wechsel erst nach Ablauf dieser weiteren Frist protestieren zu lassen.

Dabei kann sich noch die weitere Folge ergeben, daß eine weitere Verlängerung der Protestfrist eintritt, wenn zur Zeit, nach der alsdann der Protest zu erheben wäre, der Protest infolge der kriegerischen Ereignisse nicht erhoben werden kann.

Hierüber wird im IX. Abschnitt I das Erforderliche ausgeführt werden.

9. Bezüglich der Verzinsung der Auslandswechsel, deren Fälligkeit um 6 Monate hinausgeschoben ist, bestimmen die Bundesratsbekanntmachungen vom 12. August und 22. Oktober 1914, daß sich die Wechselsumme um 6 % jährliche Zinsen für sechs Monate erhöht.

Es fragt sich, wie die Bestimmung auszulegen ist, ob dieselbe tatsächlich eine Erhöhung der Wechselsumme um 6 % Zinsen für sechs Monate bedeutet, oder ob damit nur gesagt sein soll, daß die Auslandswechsel trotz der Hinausschiebung der Fälligkeit um sechs Monate vom ursprünglichen Verfalltag ab mit 6 % zu verzinsen sind.

Schon der ungewöhnliche Ausdruck, daß sich die Wechselsumme um 6 % jährlicher Zinsen für sechs Monate erhöhe, läßt auf das Erstere schließen (a. M. Bayer. JMBl. XV S. 169).

Es ist dies auch ein richtiger Gedanke, da es sich im gegebenen Falle nicht um Verzugszinsen, sondern um das dem Wechselgläubiger zu gewährende Entgelt für die Hinausschiebung der ursprünglichen Fälligkeit handelt.

Die Konsequenz ist also, daß zur Wechselsumme der Betrag von 6 % für sechs Monate tatsächlich zuzuschlagen ist.

Der Betrag ist auch von dem Akzeptanten zu bezahlen, welcher ja an sich nach den Bestimmungen der Wechselordnung Verzugszinsen nur vom Tage der Vorzeigung an bezahlen müßte.

Weitere Konsequenz ist, daß von dem gesamten Betrag, welcher sich aus der Wechselsumme und den 6 % Zinsen für sechs Monate zusammensetzt, vom neuen Verfalltage ab die 6 % Zinsen vom Akzeptanten, dem Aussteller und den sonstigen Vormännern nach den allgemeinen Regel der Wechselordnung zu bezahlen sind.

Wie es mit der Verzinsung zu halten ist, wenn alsdann noch eine Verzögerung der Protesterhebung durch höhere Gewalt oder infolge der allgemeinen Verlängerung der Protestfrist eintritt, wird im IX. Abschnitt II. Ziff. 10 und 11 erörtert werden.

Wenn der Wechselschuldner nach Verfall des Wechsels nach sechs Monaten etwa nur die Wechselsumme, nicht aber den Betrag der Erhöhung derselben für sechs Monate bezahlen sollte, müßte natürlich der Wechsel zur Erhaltung des Wechselregreßrechts gegen Aussteller und Vormänner mangels Zahlung protestiert werden, wie ja überhaupt jeder Wechsel unter der Voraussetzung protestiert werden muß, daß derselbe beim Verfall nicht vollständig, sondern nur teilweise bezahlt werden will.

Die Bestimmung, daß der Auslandswechsel nicht etwa nur während der Verlängerung der Verfallzeit um sechs Monate mit 6 % zu verzinsen ist, sondern daß sich die Wechselsumme tatsächlich um den entsprechenden Betrag erhöht, bewirkt auch, daß es sich hier nicht mehr um eine Nebenforderung handelt, sondern um eine Erhöhung der Wechselsumme, also der Hauptforderung selbst.

Es tritt also auch für die gerichtliche Geltendmachung eine Erhöhung des Streitwertes selbst ein, was sowohl für die sachliche Zuständigkeit des Gerichts, als bei Erhöhung der Wertsklasse für die Prozeßkosten von Bedeutung sein kann.

10. Die Verjährung des Wechselanspruchs aus einem derartigen ausländischen Wechsel richtet sich nach den Bestimmungen in Art. 77 ff. WO. in Verbindung mit der verlängerten Verfallzeit.

Hiernach verjährt der wechselmäßige Anspruch gegen den Akzeptanten des gezogenen Auslandswechsels in drei Jahren vom Verfalltage des Wechsels an gerechnet, d. h. also von dem Verfalltage ab gerechnet, welcher sich unter Zurechnung der sechsmonatlichen Verlängerungsfrist ergibt, da die Verjährung erst von der Fälligkeit der Forderung an beginnt (Staudinger a. a. O. Bem. 2 und 3 zu § 198).

Es ist hier insbesondere darauf hinzuweisen, daß bei Auslandswechseln die Verjährung nicht etwa, wie beim allgemeinen Aufschub gerichtlicher Geltendmachung von Auslandsforderungen gehemmt wird, sondern überhaupt erst von dem um sechs Monate hinausgeschobenen Verfalltermin beginnt.

Denn während es sich bei Auslandsforderungen im allgemeinen darum handelt, daß sie zeitweise nicht geltend gemacht werden können, also der Schuldner vorübergehend zur Verweigerung der Leistung berechtigt ist, so daß hier während dieser Zeit die Hemmung der Verjährung nach § 202 BGB. eintritt (s. oben A Ziff. 17), ist die Fälligkeit von Auslandswechseln um sechs Monate hinausgeschoben, tritt also früher nicht ein, so daß hier die Verjährung wie bei allen nicht fälligen Forderungen erst von der Fälligkeit an beginnt.

Dabei ist weiter zu bemerken, daß nach § 8 RG., betr. den Schutz der infolge des Krieges an der Wahrnehmung ihrer Rechte behinderten Personen vom 4. August 1914 (RGBl. Nr. 53 S. 328 ff.) die Verjährung weiter gehemmt ist zugunsten der Kriegsteilnehmer und ihrer Gegner.

Das Nähere hierüber wird im II. Teil III. Abschnitt B V erörtert werden.

11. Die Regreßansprüche gegen den Aussteller und die Vormänner haben den Protest zur Voraussetzung, welcher nach den vorstehenden Erörterungen nach Ablauf der sechsmonatlichen Verlängerungsfrist oder spätestens nach Ablauf der weiteren 30 bzw. 150tägigen Frist aufgenommen werden muß, sofern nicht infolge kriegerischer Ereignisse die Protesterhebung noch weiter verzögert wird, worüber im IX. Abschnitt I das Erforderliche erörtert werden wird.

Die in Art. 78 und 79 WO. bestimmten Verjährungsfristen wirken alsdann gegen den Inhaber des Wechsels, welcher denselben hat protestieren lassen, mit dem Tage des rechtzeitig erhobenen Protestes, gegen den Indossanten, welcher den Wechsel im Rückwege eingelöst hat, vom Tage der von ihm geleisteten Zahlung oder der gegen ihn seitens des Nachmannes erhobenen Klage.

12. Bemerkt sei, daß es nicht ausgeschlossen ist, daß auf Grund der Bekanntmachung des Bundesrates vom 7. August 1914 über die Bewilligung der Zahlungsfrist dem Wechselschuldner nach Ablauf der sechsmonatlichen Verlängerungsfrist und nunmehr eingetretenem Verfall des Wechsels nochmals die allgemeine Zahlungsfrist bis zur Höchstdauer von weiteren drei Monaten bewilligt werden kann, nachdem, wenn durch den Aufschub der Fälligkeit um sechs Monate die Verfallzeit auch erst nach dem 31. Juli 1914 eingetreten ist, die Wechselforderung selbst doch schon vor diesem Zeitpunkt entstanden ist.

Nur müssen natürlich die übrigen Voraussetzungen der Bekanntmachung vom 7. August 1914 vorliegen, und außerdem wird die Bewilligung einer weiteren gerichtlichen Zahlungsfrist, wenn die Fälligkeit des Wechsels ohnehin schon um sechs Monate hinausgeschoben war, dem Schuldner nur mit besonderer Vorsicht zu bewilligen sein.

13. Hat der Wechselschuldner einen solchen Auslandswechsel in Unkenntnis der sechsmonatlichen Verlängerungsfrist vor deren Ablauf bezahlt, so kann er die Zahlung nicht zurückfordern, auch nicht die Erstattung der Zwischenzinsen verlangen (BGB. § 813).

Wird ein Wechsel zahlungshalber einem anderen gegeben, so liegt in der Entgegennahme des Wechsels die Stundung der Forderung, für die der Wechsel gegeben wurde, und die Verpflichtung, zunächst den Einzug des Wechsels zu versuchen.

Wird nun von einem Schuldner ein Auslandswechsel zahlungshalber gegeben, so wird der Gläubiger, der den Wechsel zahlungshalber entgegengenommen hat, gegen Rückgabe desselben für berechtigt zu erachten sein, seine eigene Forderung gegen den Schuldner auch vor Eintritt der verlängerten Verfallzeit geltend zu machen, wenn er den Wechsel zu einer Zeit zahlungshalber entgegengenommen hat, zu welcher die Fälligkeit des Auslandswechsels noch nicht verlängert war, er also mit derselben noch nicht zu rechnen hatte. Dabei ist noch zu berücksichtigen, daß der Gläubiger, wenn auch bei Annahme des Wechsels schon die Bekanntmachung vom 10. August 1914 über die Hinausschiebung der Fälligkeit des Auslandswechsels um drei Monate ergangen war, an diese gebunden ist, während er den Ablauf der weiteren Verlängerung der Verfallzeit um weitere drei Monate auf Grund der Bekanntmachung vom 22. Oktober 1914 nicht abzuwarten hat, wenn er den Wechsel vor Erlassung dieser Bekanntmachung zahlungshalber entgegengenommen hatte, in diesem Falle vielmehr von seinem Schuldner gegen Rückgabe des Wechsels Bezahlung der Schuld verlangen kann, zu deren Zahlung der Wechsel gegeben wurde.

C. Englische, französische und russische Forderungen.

Mit Rücksicht auf die Beschränkungen, welche im gegenwärtigen Kriege England, Frankreich und Rußland dem deutschen Handel auferlegt haben, hat der Bundesrat als Vergeltungsmaßregel bis zu anderweitiger Bestimmung durch den Reichskanzler zum Schutz der deutschen Schuldner besondere Verordnungen erlassen.

Hiernach sind die Verordnungen über die Beschränkung der Geltendmachung von Ansprüchen von Personen, die im Ausland ihren Wohnsitz haben, über die Fälligkeit von Auslandswechseln, sowie die Bestimmungen über Zahlungsfristen und Beseitigung der Rechtsverwirkung erheblich erweitert.

I. Englische Forderungen.

Zunächst ist gegenüber England die Bekanntmachung vom 30. September 1914 (RGBl. Nr. 83 S. 421 ff.) ergangen, welche in ihren zivilrechtlichen Bestimmungen am gleichen Tage in Kraft getreten ist.

1. Nach diesen Bestimmungen sind nicht bloß Zahlungen hinausgeschoben, sondern es ist in § 1 und § 7 bis auf weiteres verboten, Zahlungen nach Großbritannien und Irland oder den britischen Kolonien und auswärtigen Besitzungen mittelbar oder unmittelbar also auch nicht über ein neutrales Land in bar, in Wechsel oder Schecks, durch Überweisung oder in sonstiger Weise, also insbesondere durch Hingabe an Zahlungs Statt zu leisten, sowie Geld oder Wertpapiere mittel- oder unmittelbar nach den bezeichneten Gebieten abzuführen oder zu überweisen, soweit es sich nicht um die Unterstützung von Deutschen handelt, oder der Reichskanzler zwecks Abwendung von Schädigungen deutscher Unternehmungen im Auslande Ausnahmen gestattet (s. hiezu Nachtrag).

Soweit also der Schuldner begründete Anhaltspunkte dafür hat, daß die Zahlung nach England fließen soll, z. B. auf dem Umwege über einen im Inland wohnhaften Inkassobevollmächtigten, wird er selbst auf die Gefahr einer Verurteilung hin die Zahlung zu verweigern haben.

Es ist also nicht verboten, aus einem Guthaben eines englischen Gläubigers oder einer englischen Bank einem inländischen Gläubiger Zahlung zu leisten, insbesondere also einen Scheck eines englischen Gläubigers zugunsten eines inländischen Gläubigers einzulösen.

Es ist auch nicht verboten, einem nicht in England wohnhaften englischen Gläubiger Zahlung zu leisten.

Es ist auch nicht verboten, neue Verträge mit Engländern abzuschließen und Warenlieferungsverträge zu erfüllen, insoweit nicht Ausfuhrverbote oder sonstige strafgesetzliche Bestimmungen (Landesverrat) entgegenstehen.

Inwieweit gegenüber einem englischen Gläubiger oder einem Rechtsnachfolger desselben, also z. B. dem Inhaber eines Schecks die *Verpflichtung* zur Befriedigung von Ansprüchen besteht, oder die Bezahlung verweigert werden *kann*, ergibt sich aus den nachfolgenden Vorschriften.

2. Neben dem öffentlich-rechtlichen Verbote, dessen wissentliche Übertretung, soweit nicht nach anderen Strafgesetzen eine höhere Strafe verwirkt ist, mit Gefängnis oder Geldstrafe bestraft wird, ist nämlich weiter nach § 2 die nachfolgende zivilrechtliche Stundung bestimmt:

„Schon entstandene oder noch entstehende vermögensrechtliche Ansprüche solcher natürlicher oder juristischer Personen, die in den im § 1 bezeichneten Gebieten ihren Wohnsitz oder Sitz haben, gelten vom 31. Juli 1914 an, oder wenn sie erst an einem späteren Tage zu erfüllen sind, von diesem Tage an bis auf weiteres als gestundet. Für die Dauer der Stundung können Zinsen nicht gefordert werden. Rechtsfolgen, die sich nach den bestehenden Vorschriften in der Zeit vom 31. Juli 1914 bis zum Inkrafttreten dieser Verordnung aus der Nichterfüllung ergeben haben, gelten als nicht eingetreten.

Die Stundung wirkt auch gegen jeden Erwerber des Anspruchs, es sei denn, daß der Erwerb vor dem 31. Juli 1914, oder wenn der Erwerber im Inland seinen Wohnsitz oder Sitz hat, vor dem Inkrafttreten dieser Verordnung stattgefunden hat. Dem Erwerber des Anspruches steht gleich, wer durch dessen Erfüllung einen Erstattungsanspruch erlangt hat."

Zur Erläuterung der einzelnen Merkmale wird auf die Ausführungen zu den schon zu A und B erörterten Verordnungen des Bundesrates Bezug genommen und des weiteren folgendes bemerkt:

Die Bestimmung stellt nicht einen Erlaß solcher Ansprüche, sondern nur eine Stundung derselben auf.

Soweit es sich dabei um Zahlungen irgend welcher Art nach England selbst handelt, muß aber die Zahlung abgelehnt werden.

Im übrigen braucht der Schuldner nicht zu leisten, soweit die Bestimmung reicht.

Sie bezieht sich auf vermögensrechtliche Ansprüche aller Art, also insbesondere auch auf Forderungen aus Warenlieferungen.

Sie bezieht sich an sich auch auf Forderungen von Deutschen, welche in den erwähnten Gebieten wohnen.

Sie bezieht sich aber überhaupt nicht auf Personen, welche nicht in den bezeichneten Gebieten, also insbesondere in Deutschland wohnen; englische Gläubiger, welche insbesondere in Deutschland Wohnsitz oder Sitz haben, werden also von der Beschränkung überhaupt nicht getroffen.

Sie bezieht sich ferner auf alle Ansprüche, welche nicht schon am 31. Juli 1914 befriedigt worden sind, gleichviel, wann dieselben entstanden sind. Es fallen darunter auch solche Forderungen, welche erst während des Kriegszustandes selbst entstanden sein sollten.

Alle diese Ansprüche sind nicht bloß auf eine bestimmte Zeit, sondern bis auf weiteres gestundet und zwar mit der Rechtsnachfolge, daß für die Dauer der Stundung Zinsen nicht gefordert werden können, also weder vertragsmäßige noch Verzugszinsen. Doch bezieht sich dies nur auf die Zinsen während der Dauer der von der Verordnung angeordneten Stundung. Die Zinsen, welche also bis zum 31. Juli 1914 bereits zu leisten waren, werden durch die Verordnung nicht berührt.

Die Bestimmung, daß Zinsen während der Dauer der Stundung nicht bezahlt zu werden brauchen, bezieht sich auch auf Wechselforderungen; bei diesen Wechseln erhöht sich also die Wechselsumme nicht wie bei den übrigen Auslandswechseln um den Betrag, welcher aus 6 % jährlich zu berechnen ist.

Auch ist bezüglich solcher Wechsel die Verfallzeit nicht bloß um sechs Monate, sondern bis auf weiteres hinausgeschoben worden.

Diese für Wechsel selbstverständlichen Folgen sind in der Bekanntmachung des Bundesrates über die Fälligkeit im Ausland ausgestellter Wechsel vom 22. Oktober 1914 noch ausdrücklich hervorgehoben.

Es ist ferner bestimmt, daß Rechtsfolgen, die nicht bereits am 31. Juli 1914 infolge Nichterfüllung eingetreten waren, als nicht eingetreten gelten.

Die Bestimmungen über den Wegfall der Verpflichtung zur Zahlung von Zinsen und die Beseitigung von Rechtsfolgen aus der Nichterfüllung sind rückwirkend für die Zeit vom 31. Juli 1914 ab.

Es werden also nur Zinsen geschuldet, welche bis 31. Juli 1914 bereits geschuldet waren.

Es sind ferner alle Rechtsfolgen aus der Nichterfüllung beseitigt, welche am 31. Juli 1914 noch nicht eingetreten waren, auch wenn sie in der Zwischenzeit bis zum Inkrafttreten der Verordnung eingetreten sind, sofern sie nur nicht bereits am 31. Juli 1914 eingetreten waren.

Die Verordnung schützt also insbesondere deutsche Schuldner gegen nachteilige Folgen aus der Unterlassung einer Zahlung, welche dieselben seit Eintritt des Kriegszustandes zu machen abgelehnt haben.

Da in der gegenwärtigen Verordnung nicht bloß die Beseitigung der Rechtsverwirkung für die „besonderen" Rechtsfolgen angeordnet ist, wie in der Bekanntmachung vom 18. August 1914 über die Folgen der nicht rechtzeitigen Zahlung einer Geldforderung, sind auch alle Verzugs- und sonstigen Folgen als beseitigt zu erachten.

Es kann also der Gläubiger im Sinne der gegenwärtigen Verordnung trotz der Nichtbezahlung nicht den Skontoabzug verweigern, er ist nicht berechtigt, von der Vorleistung abzugehen, er ist nicht berechtigt, wegen Nichtbezahlung die Vertragserfüllung zu verweigern, Schadensersatz wegen Nichterfüllung zu verlangen oder vom Vertrage zurückzutreten.

Die Beschränkung wirkt auch gegenüber den Rechtsnachfolgern der ursprünglichen Gläubiger.

Da die Beschränkung alle Ansprüche mit Rückwirkung für die Zeit vom 31. Juli 1914 an ergreifen soll, wirkt dieselbe gegenüber dem Rechtsnachfolger nur dann nicht, wenn seine Rechtsnachfolge bereits vor dem 31. Juli 1914 stattgefunden hat.

Wenn der Rechtsnachfolger, gleichviel welcher Nationalität er ist, indessen im Deutschen Reiche seinen Wohnsitz oder seine gewerbliche Niederlassung hat, wirkt die Beschränkung gegen ihn auch dann nicht, wenn die Rechtsnachfolge vor Inkrafttreten der Verordnung, also vor dem 30. September 1914 stattgefunden hat.

Wenn dagegen die Rechtsnachfolge nach dem 30. September 1914 stattgefunden hat, wirkt sie gegen jeden Rechtsnachfolger, auch gegen den im deutschen Reichsgebiet seßhaften.

Die gleichen Beschränkungen, wie gegenüber dem Rechtsnachfolger gelten gegen denjenigen, welcher durch die Erfüllung eines von der Verordnung getroffenen Anspruchs einen Ersatzanspruch erlangt hat.

In diesem Fall ist auch der Erstattungsanspruch von der Beschränkung getroffen.

In der Mehrzahl der Fälle wird diese Person übrigens ohnehin schon als Rechtsnachfolger in Betracht kommen.

Ist dies nicht ohnehin schon der Fall, so wird der Erstattungsanspruch dann von der Beschränkung unter allen Umständen betroffen, wenn er nach dem 30. September 1914 erlangt ist; ist er vorher erlangt, so ist er von der Beschränkung betroffen, wenn er nach dem 31. Juli 1914 erlangt wurde; ausnahmsweise wird er auch in diesem Falle nur dann von der Beschränkung nicht betroffen, wenn er von einer im Inland wohnhaften oder seßhaften Person vor dem 30. September 1914 erlangt wurde.

Hiernach bemißt es sich insbesondere, ob ein in Deutschland wohnhafter Bürge, welcher den englischen Gläubiger befriedigt hat und dafür in dessen Rechte gegenüber dem Hauptschuldner eingetreten ist, den Erstattungsanspruch gegen den Hauptschuldner geltend machen kann.

Die Verordnung bezieht sich jedoch nach § 5 derselben ähnlich wie die Verordnung vom 7. August 1914 über die Beschränkung der Geltendmachung von Auslandsgläubigern überhaupt auf solche Ansprüche nicht, welche im Deutschen Reiche selbst erfüllt werden und welche für die von der Verordnung betroffenen Gläubiger aus dem Betriebe einer im Inland unterhaltenen Niederlassung entstanden sind (s. A Ziff. 1).

Es ist also auf den Unterschied hinzuweisen, wonach Forderungen englischer Gläubiger, die aus einem inländischen Betrieb entstanden sind, nur im Inlande selbst befriedigt werden dürfen, da Zahlungen nach England, also insbesondere an die dortselbst bestehende Niederlassung verboten sind.

Bei dem Zusammentreffen der beiden im vorletzten Absatz bezeichneten Voraussetzungen findet also die Stundung und die Beseitigung der Rechtsfolgen nicht statt.

Doch findet die Stundung und die Beseitigung der Rechtsfolgen trotz der beiden Voraussetzungen wiederum Anwendung, wenn ein Auslandsgläubiger im Sinne der gegenwärtigen Verordnung wegen der Nichtannahme oder Nichtbezahlung eines im Auslande zahlbaren Wechsels gegen einen inländischen Wechselverpflichteten Regreßanspruch erhebt.

Hiezu bestimmt nun eine weitere Verordnung des Bundesrates vom 22. Dezember 1914, welche am gleichen Tage in Kraft getreten ist (RGBl. Nr. 118 S. 542), daß für die Frage der Anwendbarkeit der Stundung Ansprüche einer Bank auf Annahme oder Zahlung von im Auslande ausgestellten Wechseln oder auf Deckung für im Auslande bewirkte oder zu bewirkende Wechselzahlungen nicht schon deshalb als im Betriebe einer inländischen Niederlassung der Bank entstanden gelten, weil die Niederlassung den den Ansprüchen zugrunde liegenden Kredit gewährt oder vermittelt hat, oder weil die auf dem Wechsel befindliche Ordre auf die inländische Niederlassung der Bank lautet, oder weil die Niederlassung den Wechsel, wenn auch unter Aushändigung der Verschiffungsdokumente über die den Gegenwert bildenden Waren zur Annahme vorgelegt hat.

Hierin liegt eine vom 22. Dezember 1914 ab in Kraft getretene Erweiterung der Stundung englischer Forderungen.

Nach der bis dahin geltenden Bestimmung war eine im Inland erfolgende Erfüllung von Ansprüchen nicht gestundet, die im Betrieb einer inländischen Niederlassung entstanden waren mit Ausnahme von Rückgriffsansprüchen wegen der Nichtannahme oder Nichtzahlung von im Ausland zahlbaren Wechseln, welche wiederum gestundet waren.

Vom 22. Dezember 1914 ab unterliegen nun der Stundung aber auch Ansprüche einer englischen Bank auf Annahme oder Zahlung von Wechseln, die im Ausland ausgestellt sind, auch wenn die Wechsel im Inland zahlbar sind; ferner auf Deckung von im Ausland bewirkten oder zu bewirkenden Wechselzahlungen, auch wenn die der Bank zustehenden Ansprüche auf Deckung dieser Wechselzahlungen im Inlande zu erfolgen haben, sofern die Entstehung der Forderung *nur* auf die oben angegebenen Handlungen der inländischen Bankniederlassung sich gründet.

Zum Ausschluß der Stundung genügt also nicht, daß die inländische Bankniederlassung den Kredit gewährt oder vermittelt hat, oder daß der Wechsel auf sie giriert ist, oder daß sie den Wechsel zur Annahme vorgelegt hat, selbst wenn sie dabei die Verschiffungsdokumente (Konnossement) über die den Gegenwert bildenden Waren ausgehändigt hat.

Durch die Bestimmung soll also verhütet werden, daß englische Banken lediglich durch Benützung einer inländischen Niederlassung oder durch Vermittlung des tatsächlich von der englischen Bank selbst gewährten Kredites durch eine solche Niederlassung Deckung für derartige Wechselverbindlichkeiten erhalten.

Die Bestimmung kommt deshalb vorwiegend in Fällen zur Anwendung, in denen die englische Bank in Deutschland Wechsel zur Annahme und Zahlung vorlegt, die überseeische Händler für Warenlieferungen auf deutsche Kaufleute gezogen haben.

In solchen Fällen ist das Geschäft tatsächlich von der englischen Bank im Ausland vorgenommen worden, auch wenn der Wechsel an die inländische Niederlassung giriert ist, damit diese das Inkasso besorgen soll.

Dies ist auch dann der Fall, wenn der Kaufmann in Deutschland den Wechsel auf die Präsentation seitens der deutschen Niederlassung der englischen Bank bereits akzeptiert hat.

Auch dann, wenn die englische Bank den Wechsel von dem Aussteller bereits erworben hat, ist dies auf Grund der Geschäftsverbindung mit der inländischen Bankniederlassung erfolgt.

In allen diesen Fällen ist das Geschäft selbst, wenn es auch durch die inländische Bankniederlassung vermittelt wird, doch im Geschäftsbetrieb der englischen Bank im Auslande erfolgt.

Auch wenn von dem Kaufmann in Deutschland Deckung für Wechselzahlungen verlangt wird, welche im Ausland zu leisten sind, handelt es sich um Wechsel, welche auf die englische Bank gezogen sind.

Wenn in solchen Fällen die bezüglichen Vereinbarungen auch mit der inländischen Bankniederlassung getroffen sind, leistet die Wechselzahlung im Ausland doch die englische Bank selbst.

In allen solchen Fällen kann, wenn es sich wirtschaftlich um ein Geschäft einer englischen Bank handelt, der Anspruch nicht geltend gemacht werden, auch wenn die Bankniederlassung im Inlande das Geschäft vermittelt hat.

Ist dagegen der Anspruch tatsächlich aus dem Betriebe der inländischen Bankniederlassung entstanden, so tritt eine Stundung nicht ein.

Die Stundung tritt insbesondere also dann nicht ein, wenn es sich um Regreßansprüche wegen der Nichtannahme oder Nichtzahlung eines im Inlande ausgestellten und im Inlande zahlbaren Wechsels handelt, sofern der Anspruch aus dem Betriebe einer im Inlande unterhaltenen Bankniederlassung entstanden ist.

Forderungen, welche unter die erweiterte Stundung fallen, gelten also ebenfalls vom 31. Juli 1914 an als gestundet mit der Wirkung, daß für die Dauer der Stundung Zinsen nicht gefordert werden können.

Rechtsfolgen, welche in der Zeit vom 31. Juli 1914 bis zum Inkrafttreten der Verordnung vom 22. Dezember 1914 aus der Nichterfüllung sich ergeben haben, gelten als nicht eingetreten.

Bezüglich der Rechtsnachfolge in die Forderung, welche von der erweiterten Stundung der Verordnung vom 22. Dezember 1914 betroffen wird, ist bestimmt, daß es bezüglich des Ausschlusses der Stundung gegenüber einem Erwerber einer solchen Forderung darauf ankommt, daß der Erwerb der Forderung entweder vor dem 31. Juli 1914 stattgefunden hat, oder wenn der Erwerber seinen Wohnsitz oder Sitz im Inland hat, vor dem Inkrafttreten der Verordnung vom 22. Dezember 1914, also vor diesem Tage.

Im übrigen ist bezüglich dieser Punkte auf die Ausführungen in Ziff. 2 oben zu verweisen.

In allen Fällen, in welchen hiernach die Stundung eintritt, hat der Schuldner, wenn er ein Interesse oder den Wunsch der Zahlung hat, gemäß § 3 VO. das Recht, sich von der Verpflichtung dadurch zu befreien, daß er die geschuldeten Beträge oder Wertpapiere hinterlegt.

Auf die Hinterlegung finden die Vorschriften des § 372 BGB. Anwendung, jedoch mit der Maßgabe, daß die Hinterlegung der geschuldeten Beträge oder Wertpapiere nicht bei einer landesrechtlichen Hinterlegungsstelle, sondern bei der Reichsbank zu erfolgen hat.

3. Eine besondere Bestimmung ist in § 4 VO. vom 30. September 1914 für Wechsel- und Schecks getroffen.

Hiernach ist folgendes bestimmt:

„Bei Wechseln, bei denen zur Zeit des Inkrafttretens dieser Verordnung die Frist für die Vorlage zur Zahlung und für die Protesterhebung wegen Nichtzahlung noch nicht abgelaufen und Protest noch nicht erhoben ist, wird durch das Zahlungsverbot und die Stundung die Zeit, zu der die Vorlage zur Zahlung und die Protesterhebung wegen Nichtzahlung zulässig und erforderlich ist, bis nach dem Außerkrafttreten dieser Verordnung hinausgeschoben. Die Frist, innerhalb deren die Vorlage und die Protesterhebung nach dem Außerkrafttreten zu erfolgen hat, bestimmt der Reichskanzler.

Die Vorschriften des Abs. 1 finden entsprechende Anwendung auf Schecks, bei denen die Zeit, innerhalb deren sie zur Zahlung vorzulegen sind, bei dem Inkrafttreten dieser Verordnung noch nicht abgelaufen ist."

Zu dieser Bestimmung ist zunächst Bezug zu nehmen auf die Erläuterungen zu den früheren Verordnungen über die Hinausschiebung der Fälligkeit von Auslandswechseln und die nachfolgenden im IX. Abschnitt zu behandelnden Bestimmungen über die Verlängerung der Fristen des Wechsel- und Scheckrechts.

Es ist also zu bemerken, daß für Auslandswechsel im Sinne der Bekanntmachung vom 10. August 1914, welche nicht schon am 31. Juli 1914 verfallen waren, die Fälligkeit um sechs Monate hinausgeschoben ist, und daß alsdann noch die Verordnungen über die Verlängerung der Fristen des Wechsel- und Scheckrechtes in Betracht kommen.

Im übrigen ist jedoch gleichgültig, ob ein Wechsel vor oder nach dem 31. Juli 1914 und ob er in England ausgestellt ist; es kommt nur darauf an, daß er sich in den Händen eines in England wohnhaften oder seßhaften Gläubigers befindet oder befunden hat und von einem Rechtsnachfolger zu einer Zeit erworben wurde, welche nach den obigen Ausführungen seine Geltendmachung zur Zeit ausschließt.

Ist hiernach ein Wechsel, welcher von dem Auslandsgläubiger im Sinne der gegenwärtigen Verordnung geltend gemacht wird, am 30. September 1914 noch nicht präjudiziert und mangels Zahlung noch nicht protestiert, so kann und braucht er während der Dauer der gegenwärtigen Verordnung nicht protestiert zu werden. Die Protestation ist während dieser Dauer weder zulässig noch erforderlich.

Die Gefahr der rechtzeitigen Protesterhebung geht natürlich zu Lasten des Wechselinhabers.

Wenn der Wechsel von der Stundung nicht betroffen ist, wenn also insbesondere die Weigerung des Wechselschuldners zur Zahlung unbegründet ist, wird er den Wechsel mangels Zahlung protestieren lassen müssen.

Es handelt sich hier natürlich nur um eine für das Inland in Betracht kommende Protestation.

Die Vornahme der Protestation im Auslande ist überhaupt nicht verboten.

Zu wiederholen ist dabei, daß für die Dauer der Stundung bei Wechseln dieser Art Zinsen nicht gefordert werden können.

Die Verwendung einer weiteren Wechselstempelmarke infolge der Hinausschiebung der Fälligkeit ist nicht erforderlich.

Für Schecks, für welche am 30. September 1914 die Frist zur Vorlage zur Zahlung nach den Bestimmungen des Scheckgesetzes und den Verordnungen über die Verlängerung der Fristen des Wechsel- und Scheckrechtes noch nicht abgelaufen war, sind die zur Erhaltung des Scheckregresses erforderlichen Handlungen während der Dauer der Verordnung weder zulässig noch erforderlich.

Handelt es sich um einen im Inlande zahlbaren Wechsel oder Scheck, so tritt auch hier die Stundung nicht ein, wenn der Wechsel oder Scheck für einen Auslandsgläubiger im Sinne der gegenwärtigen Verordnung für eine Forderung aus dem Betriebe einer im Inlande unterhaltenen Niederlassung entstanden ist.

Regreßansprüche eines solchen Auslandsgläubigers wegen der Nichtannahme oder Nichtbezahlung eines im Auslande zahlbaren Wechsels können jedoch auch in diesem Fall nicht geltend gemacht werden.

Es ist ferner ausdrücklich auf die durch die Verordnung des Bundesrates vom 22. Dezember 1914 erfolgte Erweiterung der Stundung hinzuweisen, welche bezüglich der Ansprüche auf Annahme oder Zahlung von Wechseln und Deckung von Wechselzahlungen ergangen ist, und welche oben in Ziff. 2 bereits erörtert wurde.

Besonders ist noch zu bemerken, daß bezüglich der Wechsel, welche unter die erweiterte Stundung fallen, die Frist zur Vorlage zur Zahlung und zur Protesterhebung wegen Nichtzahlung hinausgeschoben ist, sofern zur Zeit des Inkrafttretens der Verordnung vom 22. Dezember 1914 diese Frist noch nicht abgelaufen und Protest noch nicht erhoben war.

4. Es ist ferner auf die früheren Ausführungen zu den ausländischen Forderungen und Auslandswechseln zu verweisen, wie es im Falle einer mehrfachen Rechtsnachfolge zu halten ist (s. A Ziff. 18).

Die Beweislast dafür, daß der Erwerb vor dem 31. Juli 1914 bzw. für die im Inlande wohnhafte oder seßhafte Person vor dem 30. September 1914 bzw. für die erweiterte Stundung nach der Bundesratsverordnung vom 22. Dezember 1914 vor diesem Zeitpunkt stattgefunden habe, trifft nach der Fassung der Bekanntmachung auch hier den Rechtsnachfolger.

Beweist der Gläubiger, daß der Erwerb zu einer Zeit stattgefunden hat, welche die Geltendmachung der Forderung zuläßt, so ist der Schuldner zur Zahlung verpflichtet, wenn er nicht etwa den Beweis erbringen kann, daß die Forderung nur zum Schein abgetreten worden sei, um auf dem Umwege über einen inländischen Gläubiger die Zahlung nach England zu bewirken.

Bei einem Wechsel, welcher sich nach seinem Inhalt in den Händen eines in England wohnhaften oder seßhaften Gläubigers befunden hat, kommt es also auf den vom Wechselgläubiger zu erbringenden Nachweis an, daß er den Wechsel zu einer Zeit erworben hat, welche seine Geltendmachung nicht ausschließt.

Soweit es sich dabei um Merkmale handelt, welche sich nicht aus dem Wechsel selbst ergeben, z. B. weil der Ausstellungsort oder das Datum des Giros des im Inland wohnhaften oder seßhaften Gläubigers falsch ist, werden die gleichen Grundsätze über seinen guten Glauben zur Anwendung zu kommen haben, wie schon für Auslandswechsel überhaupt ausgeführt (s. B Ziff. 3 und 5).

5. Werden Forderungen, welche von der gegenwärtigen Verordnung getroffen werden, vor inländischen Gerichten oder mit Vollstreckung geltend gemacht, so finden die Bestimmungen Anwendung, welche schon bei der Bekanntmachung vom 7. August 1914 über die Geltendmachung von Ansprüchen von Personen, die im Auslande ihren Wohnsitz haben, hervorgehoben wurden.

Es ist besonders hieher zu wiederholen, daß, wenn ein Rechtsstreit über eine solche Forderung bereits anhängig ist, der Prozeß und zwar mit Rücksicht auf die vorerst unbegrenzte Dauer der Stundung auf unbestimmte Zeit auszusetzen, soweit die Klage neu erhoben, dieselbe als verfrüht abzuweisen ist.

Selbstverständlich ist die Stundung im Sinne dieser Verordnung von Amts wegen zu beachten.

Ist eine Zahlung in unzulässiger Weise geleistet worden, so ist eine Rückforderung, trotzdem durch die Zahlung gegen ein gesetzliches Verbot verstoßen wurde, nicht bloß nach § 813 Abs. 2 BGB., sondern auch nach § 817 gleichwohl ausgeschlossen.

6. Die Verordnung betreffend das Zahlungsverbot gegenüber England bedeutet, wie schon oben hervorgehoben wurde, eine Erweiterung gegenüber den Verordnungen vom 7. August und 22. Oktober 1914 über die Geltendmachung von Ansprüchen von Personen, die im Auslande ihren Wohnsitz haben, und gegenüber den Verordnungen vom 10. und 12. August und 22. Oktober 1914 über die Fälligkeit im Ausland ausgestellter Wechsel.

Während nach der Verordnung vom 7. August 1914 vermögensrechtliche Ansprüche von Auslandsgläubigern, welche vor dem 31. Juli 1914 entstanden sind, bis zum 31. Januar 1915 im Inlande nicht geltend gemacht werden können, wenn sie nicht aus dem Betriebe inländischer Niederlassungen entstanden sind, bestimmt die Verordnung gegenüber England, abgesehen von dem öffentlich-rechtlichen Verbote der Zahlung in das Ausland selbst, daß Vermögensansprüche von Personen, welche in England Wohnsitz oder Sitz haben, vom 31. Juli 1914 ohne weiteres gestundet sind, auch wenn sie erst nach diesem Tage entstanden sind, sowie daß für die Dauer der Stundung Zinsen nicht gefordert werden können, und Rechtsfolgen aus der Nichterfüllung vom 31. Juli 1914 ab nicht mehr eintreten können.

Während ferner nach den Verordnungen vom 10. und 12. August und 22. Oktober 1914 über die Hinausschiebung der Fälligkeit von Auslandswechseln lediglich die Fälligkeit von im Ausland vor dem 31. Juli 1914 ausgestellten Wechseln um sechs Monate hinausgeschoben ist, wogegen sich auch die Wechselsumme um 6 % Zinsen für diese sechs Monate erhöht, ist nach der Verordnung gegen England für alle Wechsel, gleichviel wann und wo sie ausgestellt sind, sofern sie nur noch nicht präjudiziert sind, die Frist zur Vorlage zur Zahlung und zur Protesterhebung bis auf weiteres hinausgeschoben, ohne daß für die Zwischenzeit Zinsen zu bezahlen sind, oder eine Erhöhung der Wechselsumme eintritt.

Anderseits ist aber zu bemerken, daß soweit auch nicht die weitergehenden Bestimmungen der Verordnung gegenüber England Platz greifen, immer noch die allgemeinen Bestimmungen der Verordnungen über Auslandsgläubiger und Auslandswechsel überhaupt anwendbar sein können.

Es unterliegen z. B. eine englische Forderung oder ein englischer Wechsel, welche vor dem 31. Juli 1914 an eine in einem befreundeten oder neutralen Auslandsstaat befindliche Firma abgetreten oder giriert wurden, der Beschränkung der Verordnung gegenüber England nicht.

Gleichwohl können dieselben nach den Verordnungen vom 7. August und 22. Oktober 1914 über die Geltendmachung von Ansprüchen von Auslandspersonen und vom 10. und 12. August und 22. Oktober 1914 über die Fälligkeit im Ausland ausgestellter Wechsel vor dem 31. Januar 1915 bzw. vor Ablauf von sechs Monaten nicht geltend gemacht werden.

Auch bezüglich des Beginnes, der Hemmung und der Unterbrechung der Verjährung gelten für die englischen Forderungen die gleichen Bestimmungen, wie sie schon für die Forderungen von Auslandsgläubigern oder die im Ausland ausgestellten Wechsel erörtert wurden (s. B Ziff. 10).

II. Französische Forderungen.

Gegenüber Frankreich ist auf Grund der Ermächtigung, welche in der Verordnung gegenüber England dem Reichskanzler zur Ausdehnung im Wege der Vergeltung gegenüber anderen Staaten eingeräumt ist, die Bekanntmachung des Reichskanzlers vom 20. Oktober 1914 ergangen, welche in bezug auf die zivilrechtlichen Bestimmungen am gleichen Tage in Kraft getreten ist (RGBl. Nr. 89 S. 443).

Hiernach ist die Verordnung, wie dieselbe gegenüber England besteht, auch auf Frankreich und die französischen Kolonien und auswärtigen Besitzungen für anwendbar erklärt und zwar mit Wirksamkeit der zivilrechtlichen Bestimmungen vom 20. Oktober 1914 ab, bezüglich der erweiterten Stundung vom 22. Dezember 1914 ab, so daß, soweit das Inkrafttreten der Verordnungen maßgebend ist, gegenüber Frankreich der 20. Oktober 1914 bzw. der 22. Dezember 1914 in Betracht kommen.

Dabei ist jedoch im Unterschied zu der Verordnung gegenüber England folgendes bestimmt:

Die Stundung und die Beseitigung der Rechtsfolgen und die Nichterfüllung gegenüber *englischen* Forderungen wirken gegen den Erwerber des Anspruchs, wenn der Erwerb nach dem 31. Juli 1914 stattgefunden hat, oder wenn der Erwerb nach diesem Zeitpunkt aber bis zum Inkrafttreten der Verordnung stattgefunden hat von einer nicht im Inland wohnhaften oder seßhaften Person.

Gegenüber *Frankreich* kommt es aber auf den Wohnsitz oder Sitz des Erwerbers überhaupt nicht an, sondern nur darauf, ob der Erwerb vor oder nach dem 20. Oktober 1914 bzw. bei Forderungen, welche unter die erweiterte Stundung fallen, vor oder nach dem 22. Dezember 1914 stattgefunden hat.

Gegenüber Frankreich wird also jeder, welcher den Anspruch oder durch dessen Erfüllung einen Erstattungsanspruch erlangt hat, von den Folgen der Verordnung betroffen, wenn er den Anspruch nach dem 20. Oktober 1914 bzw. 22. Dezember 1914 erworben hat.

Hat er den Anspruch vorher erworben, insbesondere also einen französischen Wechsel vorher giriert erhalten, so wird er von der Verordnung nicht betroffen.

Daß er dagegen von den allgemeinen Verordnungen über die Geltendmachung von Ansprüchen von Auslandspersonen oder aus im Ausland ausgestellten Wechseln immerhin trotzdem betroffen werden kann, wurde schon zu I Ziff. 6 bei der Verordnung gegenüber England ausgeführt (s. I Ziff. 6).

Bezüglich aller übrigen Punkte muß ohnehin auf die Erörterungen zur Bekanntmachung gegenüber England Bezug genommen werden.

III. Russische Forderungen.

Gegenüber Rußland ist auf Grund der Ermächtigung, welche in der Verordnung gegenüber England dem Reichskanzler zur Ausdehnung im Wege der Vergeltung gegenüber anderen Staaten eingeräumt ist, die Bekanntmachung des Reichskanzlers vom 19. November 1914 ergangen, welche in bezug auf die zivilrechtlichen Bestimmungen am 20. November 1914 in Kraft getreten ist (RGBl. Nr. 100 S. 479).

Hienach ist die Verordnung, wie dieselbe gegenüber England besteht, auch auf Rußland und Finnland für anwendbar erklärt und zwar mit Wirksamkeit der zivilrechtlichen Bestimmungen vom 20. November 1914 bzw. bezüglich der erweiterten Stundung vom 22. Dezember 1914 ab, so daß, soweit das Inkrafttreten der Verordnungen maßgebend ist, gegenüber Rußland und Finnland diese Tage in Betracht kommen.

Dabei ist bestimmt, daß es gegenüber Rußland und Finnland auf den Wohnsitz oder Sitz des Erwerbers überhaupt nicht ankommt, sondern nur darauf, ob der Erwerb vor oder nach dem 20. November 1914 bzw. 22. Dezember 1914 stattgefunden hat.

Es wird also bezüglich dieser Änderung auf die Bemerkungen wie in II für die französischen Forderungen und im übrigen auf die Bemerkungen wie in I für die englischen Forderungen Bezug genommen.

IX. Abschnitt:

Fristen des Wechsel- und Scheckrechtes.

Nicht zu verwechseln mit der sechsmonatlichen Verlängerung des Verfalltermines von Auslandwechseln, welche im VIII. Abschnitt B behandelt wurden, sind die Bestimmungen über die Verlängerung der zur Erhaltung des Wechsel- und Scheckrechts zu wahrenden Fristen, insbesondere der Frist zur Protesterhebung.

I. Fristverlängerung infolge kriegerischer Ereignisse.

Nach den Bestimmungen der Wechselordnung und des Scheckgesetzes ist zur Erhaltung des Wechselrechts oder des Regreßrechts aus dem Scheck die Vornahme gewisser Rechtshandlungen erforderlich.

Als solche Fristen kommen in Betracht die Fristen, innerhalb welcher ein Wechsel dem Bezogenen zur Annahme vorzulegen ist, und die Fristen, innerhalb welcher ein Wechsel oder ein Scheck dem Bezogenen zur Zahlung vorzulegen eventuell mangels Zahlung zu protestieren ist.

Es handelt sich hiebei um folgende Fristen:

a) um die Fristen nach Art. 19 und 20 WO., wonach ein auf eine bestimmte Zeit nach Sicht lautender Wechsel bei Vermeidung des Verlustes des wechselmäßigen Anspruchs gegen Aussteller und Indossanten nach Maßgabe der im Wechsel enthaltenen Bestimmung und in deren Ermangelung binnen zwei Jahren nach der Ausstellung zur Annahme präsentiert und eventuell mangels Annahme protestiert werden muß;

b) um die Frist nach Art. 24 WO., wonach bei einem Domizilwechsel der Aussteller die Präsentation zur Annahme bei Vermeidung des Verlustes des gleichen Regreßrechtes vorschreiben kann;

c) um die Frist nach Art. 31 WO., wonach Sichtwechsel bei Vermeidung des Verlustes des gleichen Regreßrechtes nach Maßgabe der besonderen im Wechsel enthaltenen Bestimmung und in deren Ermangelung binnen zwei Jahren nach der Ausstellung zur Zahlung präsentiert werden müssen;

d) um die Frist nach Art. 41 WO., wonach bei Meidung des Verlustes des gleichen Regreßrechts der Wechsel mangels Zahlung rechtzeitig, nämlich am zweiten Werktage nach dem Zahlungstage protestiert werden muß;

e) um die Frist nach Art. 45 WO., wonach der Inhaber eines mangels Zahlung protestierten Wechsels oder der von diesem Inhaber selbst wiederum benachrichtigte Vormann seinen Vormann innerhalb zwei Tagen nach der Protesterhebung schriftlich benachrichtigen, d. h. das Schreiben zur Post geben muß, widrigenfalls er den übersprungenen Vormännern zum Schadensersatz verpflichtet ist und gegen diese Personen den Anspruch auf Zinsen und Kosten verliert;

f) um die Frist nach Art. 58 WO., wonach der Ehrenakzeptant den Honoraten unter Übersendung des Protestes innerhalb zwei Tagen von der Intervention bei Meidung des durch die Unterlassung entstehenden Schadens benachrichtigen muß;

g) um die Frist nach Art. 60 WO., wonach die Verpflichtung des Ehrenakzeptanten erlischt, wenn demselben der Wechsel nicht spätestens am dritten Werktage nach dem Zahltage zur Zahlung vorgelegt wird;

h) um die Frist nach Art. 62 WO., wonach der Wechsel bei einem von dem Bezogenen nicht eingelösten Wechsel spätestens am dritten Werktage nach dem Zahlungstage den auf dem Wechsel befindlichen Notadressaten oder Ehrenakzeptanten zur Zahlung vorgelegt und mangels Zahlung protestiert werden muß, widrigenfalls der Wechselinhaber den Regreß gegen den Adressanten oder Honoraten und deren Nachmänner verliert;

i) um die entsprechenden Fristen, welche für den eigenen (trockenen) Wechsel nach Art. 98 und 99 WO. gelten;

k) um die Fristen nach § 11 und § 12 ScheckG., wonach der im Inland ausgestellte und zahlbare Scheck binnen 10 Tagen nach der Ausstellung dem Bezogenen am Zahlungsorte zur Zahlung vorzulegen oder an eine Abrechnungsstelle, bei welcher der Bezogene vertreten ist, einzuliefern ist;

l) um die Frist nach § 16 ScheckG., wonach die rechtzeitige Vorlegung des Schecks und die Nichtbezahlung desselben durch eine von dem

Bezogenen auf den Scheck gesetzte Erklärung, durch eine Bescheinigung der Abrechnungsstelle oder durch Protest nachgewiesen werden muß;

m) um die Frist nach § 17 ScheckG., wonach der Scheckinhaber bei Meidung der in Art. 45 WO. bezeichneten Folgen seinen unmittelbaren Vormann innerhalb zweier Tage nach der Ausstellung der in lit. l bezeichneten Erklärung, Bescheinigung oder Erhebung des Protestes von der Nichtzahlung des Schecks zu unterrichten hat.

Die Wechselordnung kennt nun die Entschuldbarkeit der Unterlassung einer wechselrechtlich oder scheckrechtlich vorgeschriebenen Handlung auch im Falle der höheren Gewalt nicht.

Dies führt insbesondere im Falle kriegerischen Zustandes oder im Falle, daß die Handlung durch eine gesetzgeberische Maßnahme des Auslandes nicht vorgenommen werden kann, zu dem Ergebnis, daß der Gläubiger ohne sein Verschulden seines Regreßanspruches verlustig geht.

Infolgedessen hat das Reichsgesetz über die Ermächtigung des Bundesrates zu wirtschaftlichen Maßnahmen und über die Verlängerung der Fristen des Wechsel- und Scheckrechtes im Falle kriegerischer Ereignisse vom 4. August 1914 (RGBl. Nr. 53 S. 327 ff.) folgende Bestimmung getroffen:

„Wird in Veranlassung kriegerischer Ereignisse die rechtzeitige Vornahme einer Handlung, deren es zur Ausübung oder Erhaltung des Wechselsrechts oder des Regreßrechts aus dem Scheck bedarf, durch höhere Gewalt verhindert, so verlängern sich die für die Vornahme der Handlung vorgeschriebenen Fristen um so viel als erforderlich ist, um nach Wegfall des Hindernisses die Handlung vorzunehmen, mindestens aber bis zum Ablauf von sechs Werktagen nach Wegfall des Hindernisses.

Als Verhinderung durch höhere Gewalt gilt es insbesondere, wenn der Ort, wo die Handlung vorgenommen werden muß, von dem Feind besetzt ist, es sei denn, daß sie bei Anwendung der im Verkehr erforderlichen Sorgfalt trotzdem bewirkt werden kann, oder wenn die zwecks Herbeiführung der Handlung zu benützende Postverbindung derart unterbrochen ist, daß ein geregelter Postverkehr nicht mehr besteht."

Dieses Gesetz, welches als dauerndes Gesetz gedacht ist, ist in seiner zeitlichen Geltung auf den derzeitigen Kriegszustand nicht beschränkt.

Auf Grund der allgemeinen Bekanntmachung in § 3 dieses Gesetzes hat alsdann der Bundesrat durch Bekanntmachung vom 7. Oktober 1914 (RGBl. Nr. 56 S. 361 ff.) verfügt, daß die vorstehende Vorschrift auch dann für anwendbar zu erachten sei, wenn die rechtzeitige Vornahme einer solchen Handlung durch eine im Ausland erlassene Vorschrift verhindert wird.

Durch die Bekanntmachung des Bundesrates vom 29. August 1914, welche am gleichen Tage in Kraft getreten ist (RGBl. 67 S. 387), ist die vorbestimmte Frist von sechs Tagen auf eine solche von zwei Wochen verlängert worden.

Die Bekanntmachung ist erlassen auf Grund § 3 des Gesetzes vom 4. August 1914, obwohl zur Verlängerung der Fristen dieses Gesetzes nach § 2 desselben kaiserliche Verordnung mit Zustimmung des Bundesrates erforderlich wäre. Sie mag durch § 3 gedeckt erscheinen; damit wäre allerdings gleichzeitig bewiesen, daß alsdann § 2 des Gesetzes überflüssig ist.

Hiernach gilt folgender Rechtszustand:

1. Die Versäumung der Handlung wird dann entschuldigt, wenn es derselben zur Ausübung oder Erhaltung des Wechselrechts oder des Regreßrechts aus dem Scheck bedarf.

Aus dieser Fassung des Gesetzes ist der Schluß gezogen worden, daß, wenn eine Handlung nur dazu dient, um einen Schadensersatz abzuwenden, die Entschuldigung deren Unterlassung auch jetzt nicht eintritt.

Die Vorschrift des Art. 45 WO. und § 17 ScheckG., wonach der Inhaber oder Indossatar, welcher die Benachrichtigung an den unmittelbaren Vormann unterläßt, deshalb den sämtlichen übersprungenen Vormännern zum Ersatz des aus der Unterlassung entstandenen Schadens verpflichtet ist, soll nach dieser Meinung weiter bestehen, ebenso die Vorschrift in Art. 58 WO., wonach der Ehrenakzeptant den Honoraten unter Übersendung des Zahlungsprotestes von der geschehenen Intervention innerhalb zwei Tagen nach der Protesterhebung bei Meidung des durch die Unterlassung entstehenden Schadensersatzes benachrichtigen muß.

Dieser Meinung kann nicht beigetreten werden. Gerade die Benachrichtigung des Vormannes oder Honoraten kann durch Störung der Postverbindung unmöglich werden.

Die Schadensersatzverpflichtung ist allgemein von einem Verschulden abhängig.

Nach den Bestimmungen in Art. 45 und 58 WO. ist sie zudem an die „Unterlassung" geknüpft.

Wird also die Protesterhebung, welche nach der Wechselordnung ein Formalakt ist, dessen Unterlassung ohne jedes Verschulden den Verlust des Regreßrechts herbeiführt, auf Grund des neuen Gesetzes entschuldigt, so muß dies um so mehr von den Fristen nach Art. 45 und 58 WO. uud damit auch die Fristen des § 17 ScheckG. gelten, soweit deren Versäumung zwar nicht den Verlust des Regreßrechts, aber eine Verpflichtung zum Schadensersatz begründet.

Dies ergibt sich überdies mit voller Deutlichkeit aus § 3 der Bekanntmachung vom 29. August 1914, wonach für die noch unter II zu erörternde allgemeine Verlängerung der Fristen des Wechsel- und Scheckrechts ausdrücklich ausgesprochen wurde, daß diese nicht auf Verhinderung durch höhere Gewalt beruhende Verlängerung der Fristen auf die Fristen nach Art. 45 WO. und § 17 ScheckG., betreffend die Benachrichtigung des Vormannes keine Anwendung findet.

Daraus ergibt sich also zweifellos, daß, soweit die Fristverlängerung durch höhere Gewalt infolge kriegerischer Ereignisse eintritt, dieselbe sich auch auf die Fristen nach Art. 45 und 58 WO. und § 17 ScheckG. bezieht, auch soweit sie die Benachrichtigung betreffen.

Für diese und die übrigen genannten Rechtshandlungen, welche zur Erhaltung des Wechsel- und Scheckrechtes vorgenommen werden müssen, insbesondere also für die Notwendigkeit der Protesterhebung gilt die Entschuldigung.

2. Die Unterlassung wird jedoch nur entschuldigt, wenn die Vornahme infolge kriegerischer Ereignisse durch höhere Gewalt unmöglich war.

Hiezu sei bemerkt, daß die Frage der Notwendigkeit der Protesterhebung und der Benachrichtigung des Vormannes sich auch bei im Ausland zahlbaren Wechseln ausschließlich nach deutschem Recht richtet, wenn es sich um Vormänner und Aussteller im Deutschen Reich handelt.

Zur Erhaltung des Wechselrechts gegenüber dem Akzeptanten bedarf es dagegen nach der deutschen Wechselordnung überhaupt keines Protestes.

Die Form der im Ausland notwendigen Protesterhebung richtet sich dagegen nach Art. 86 WO. nach ausländischem Recht.

Ob dazu die Protestation bei einem diplomatischen Vertreter oder Konsul des auswärtigen Staates im Inlande genügt, richtet sich also nach dem Rechte des betreffenden Auslandsstaates.

Jedenfalls ist aber zur Erhaltung des Wechselrechts gegenüber deutschen Indossanten und Vormännern die Protesterhebung insolange nicht notwendig, als dieselbe infolge der kriegerischen Ereignisse im Auslande nicht vorgenommen werden kann.

Als höhere Gewalt ist es insbesondere anzusehen, wenn der Ort, an welchem die Handlung vorgenommen werden müßte, von dem Feinde besetzt ist, oder wenn die Postverbindung derart unterbrochen ist, daß ein geregelter Postverkehr nicht mehr besteht, oder wenn die rechtzeitige Vornahme der Handlung durch eine im Ausland erlassene gesetzliche Vorschrift verhindert wird.

Das Wechsel- und Scheckrecht gegen inländische Vormänner und Aussteller wird also insbesondere erhalten, wenn die Protesterhebung im feindlichen Auslande erfolgen müßte, was während des Kriegszustandes überhaupt unmöglich ist.

Die Erhaltung des Rechts tritt ferner dann ein, wenn auch in einem mit Deutschland befreundeten oder neutralen Staat eine Vorschrift also insbesondere ein Moratorium erlassen wird, durch welches die Vorlage des Wechsels oder Schecks zur Zahlung verhindert wird; denn nach der deutschen Wechselordnung müßte an sich auch im Falle des Moratoriums der Wechsel zur Erhaltung des Wechselregreßrechtes gegen Aussteller und Vormänner beim ursprünglichen Verfall vorgezeigt und mangels Zahlung protestiert werden.

Die Erhaltung des Wechselrechts tritt auch dann ein, wenn die Vornahme der Handlung im befreundeten oder neutralen Staat zwar nicht durch eine gesetzliche Vorschrift aber deshalb verhindert ist, weil eine regelmäßige Postverbindung, welche den Auftrag zur Protesterhebung mit Versendung des Wechsels oder die Aufgabe des Benachrichtigungsschreibens möglich macht, nicht besteht, oder weil infolge der kriegerischen Ereignisse im befreundeten Staat die Handlung nicht vorgenommen werden kann, indem z. B. der betreffende Ort dortselbst vom Feinde besetzt ist.

Die Erhaltung des Wechselrechts tritt ferner dann ein, wenn der Ort, wo die Handlung vorgenommen werden muß, zwar im Inland liegt, der Ort aber vom Feinde besetzt ist, und trotz erforderlicher Sorgfalt im Verkehr die Vornahme der Handlung unmöglich ist, oder weil dorthin eine geregelte Postverbindung nicht besteht.

Die Verhinderung durch kriegerische Ereignisse kommt ferner nur dann in Betracht, wenn sie zu der Zeit besteht, zu welcher die Handlung vorgenommen werden muß, oder wenn die Behebung des Hindernisses so kurz vor der Zeit der Notwendigkeit der Vornahme der Handlung eingetreten ist, daß die Handlung nicht mehr rechtzeitig vorgenommen werden kann, trotzdem das Hindernis selbst zur Zeit der Notwendigkeit der Vornahme der Handlung weggefallen ist.

Durch die noch unter II zu erörternden Bestimmungen über die weitere Verlängerung der bestehenden Fristen wird allerdings zugunsten des Wechselgläubigers hier eine weitere Milderung eintreten.

3. Die Handlung muß jedoch, soweit dieselbe zur Erhaltung des Wechsel- oder Scheckrechts erforderlich ist, nach Wegfall des Hindernisses innerhalb bestimmter Frist vorgenommen werden.

Ist während des Laufes der Frist die Vornahme der Handlung zeitweise möglich und zeitweise unmöglich, was z. B. bei zeitweiser Störung der Posttätigkeit oder bei zeitweiser Besetzung durch den Feind vorkommen kann, so kommt es darauf an, daß die Nachfrist selbst dem Wechselgläubiger vollständig zur Verfügung stehen muß.

Die Nachfrist läuft also von Behebung des Hindernisses an gerechnet stets von neuem, wenn während der Dauer derselben wiederum eine Behinderung eingetreten ist.

Nach dem Gesetz vom 4. August 1914 beträgt diese nach dem Wegfall des Hindernisses einzuhaltende Frist sechs Tage, nach der Bekanntmachung des Bundesrates vom 29. August 1914 zwei Wochen.

Bei der ersten Frist waren mit Rücksicht auf die ausdrückliche Bestimmung von sechs Werktagen die Sonn- und Feiertage nicht miteinzurechnen, so daß die Rechtshandlung spätestens am sechsten Werktage nach dem Tage des Wegfalles des Hindernisses erfolgen mußte, diesen Tag selbst nicht miteingerechnet.

Nach der neuen Bekanntmachung ist die Frist zur Vornahme der Handlung nach Wegfall des Hindernisses auf zwei Wochen bestimmt. Diese richten sich nach der regelmäßigen gesetzlichen Vorschrift, wonach die Frist mit dem Tage endigt, welcher seiner Benennung nach dem Tage der Behebung des Hindernisses entspricht, und wenn dieser Tag auf einen Sonn- oder Feiertag fällt, mit Ablauf des folgenden Werktages.

Für Wechsel oder Schecks, für welche die Nachfrist von sechs Werktagen vor dem 29. August 1914 bereits abgelaufen war, bewendet es natürlich bei dieser Frist; eine Verlängerung auf zwei Wochen tritt nur dann ein, wenn am 29. August 1914, dem Inkrafttreten der Bekanntmachung des Bundesrates über Erstreckung der Frist auf zwei Wochen, die Frist noch nicht abgelaufen war.

War die Frist am 29. August 1914 noch im Laufe, so läuft natürlich vom 29. August 1914 ab nicht eine neue zweiwöchige Frist, sondern der bereits abgelaufene Zeitraum wird in die 14 tägige Frist eingerechnet.

Zum Ausschluß eines Zweifels sei bemerkt, daß deshalb, weil der Bezogene sich im Kriegsdienst befindet, die Protesterhebung nicht unterlassen werden darf.

4. Durch die Unmöglichkeit der rechtzeitigen Erhebung des Protestes mangels Zahlung tritt, da die Verjährung gegenüber Aussteller und Vormännern nach Art. 78 und 79 WO. vor dem Tage der rechtzeitigen Protesterhebung nicht zu laufen beginnt, die Verjährung auch nicht früher ein, als bis die Protesterhebung möglich war.

Würde natürlich rechtzeitige Protesterhebung überhaupt versäumt, so wäre der Regreßanspruch gegen diese abgesehen vom Bereicherungsausspruch nach Art. 83 WO. überhaupt verloren.

Ist der Protest erlassen, so beginnt die Verjährung mit dem Tage, an welchen der Protest, wenn er nicht erlassen worden wäre, hätte vorgenommen werden müssen (Staub-Stranz a. a. O. Bem. 3 zu § 78).

Die gleichen Grundsätze gelten für die Verjährungsfrist nach § 20 ScheckG. Dabei ist jedoch zu bemerken, daß nach dieser letzteren gesetzlichen Bestimmung die Verjährung jedenfalls nicht früher beginnt, als mit dem Ablaufe der Vorlegungsfrist, also der Frist, innerhalb welcher der Scheck nach §§ 11 und 12 dieses Gesetzes dem Bezogenen nach Wegfall des Hindernisses vorgelegt oder in die Abrechnungsstelle eingeliefert werden kann.

Dabei ist weiter zu beachten, daß, wenn infolge des Kriegszustandes durch höhere Gewalt innerhalb der letzten sechs Monate der Verjährungsfrist die Rechtsverfolgung gehindert ist, die Verjährung insoweit gehemmt ist (BGB. § 203).

Gegenüber dem Akzeptanten des gezogenen Wechsels oder gegenüber dem Aussteller des eigenen Wechsels tritt eine Verlängerung der dreijährigen Verjährungsfrist durch die Unmöglichkeit der Protesterhebung nicht ein, da sich diese Frist gemäß Art. 77 und 100 WO. nur vom Verfalltage an berechnet.

Die Verjährung gegen diese Personen kann also nur nach § 203 BGB. gehemmt werden, wenn die Klagestellung innerhalb der letzten sechs Monate durch die kriegerischen Ereignisse nicht erfolgen konnte.

Dabei ist weiter zu bemerken, daß nach § 8 RG., betreffend den Schutz der infolge des Krieges an der Wahrnehmung ihrer Rechte behinderten Personen vom 4. August 1914 (RGBl. Nr. 53 S. 328 ff.) die Verjährung weiter gehemmt ist zugunsten der Kriegsteilnehmer und ihrer Gegner.

Hierüber wird das Nähere im II. Teil III. Abschnitt B V erörtert werden.

Zum Ausschluß eines Zweifels sei bemerkt, daß die Unmöglichkeit der Klagestellung natürlich die Verjährung nur gegen denjenigen Schuldner hemmt, gegen welchen die Klagestellung unmöglich ist.

Ist also z. B. gegen einen Wechselschuldner Klagestellung nicht möglich, weil derselbe Kriegsteilnehmer ist, worüber noch, wie eben bemerkt, bei der Erörterung dieser Bestimmungen und der Verjährung im allgemeinen (Abschnitt XI) das Erforderliche zu erörtern sein wird, so wird dadurch die Verjährung gegen die übrigen Wechselschuldner nicht gehemmt.

Schließlich mag noch darauf hingewiesen werden, daß der Wechselschuldner selbstverständlich kein Recht darauf hat, daß die zur Erhaltung des Wechsel- oder Scheckrechts erforderliche Handlung nicht schon früher vorgenommen werde; die Vorschrift soll nur dem Gläubiger den erforderlichen Schutz gewähren, der zur Erhaltung seines Rechts sogar verpflichtet ist, die Handlung nach Wegfall des Hindernisses innerhalb der bestimmten Frist vorzunehmen.

5. Eine Vereinbarung, wonach die Frist zur Vornahme der Rechtshandlung trotz der kriegerischen Ereignisse innerhalb früherer Zeit vorgenommen werde müsse, ist an sich nicht ausgeschlossen, da Vereinbarungen, wonach jemand die Gefahr für den später eintretenden Zufall, also die nachträgliche Unmöglichkeit zu vertreten übernimmt, nicht unwirksam sind (§ 275 BGB.).

Würde allerdings schon zur Zeit der Vereinbarung der Kriegszustand und die Unmöglichkeit der Vornahme der Rechtshandlung vorliegen, so wäre die Vereinbarung gemäß § 308 BGB. nichtig, wenn sie nicht etwa nur für den Fall getroffen wird, daß die Vornahme der Rechtshandlung innerhalb der vereinbarten Frist möglich werden sollte (BGB. § 308).

Allein auch soweit eine solche Vereinbarung hiernach möglich ist, wirkt sie natürlich nur zwischen den Vertragsparteien, nicht aber gegenüber einem dritten Schuldner, also einem Aussteller oder Indossanten, welcher die Vereinbarung nicht getroffen hat.

6. Ist ein Auslandswechsel, welcher infolge der kriegerischen Ereignisse mangels Zahlung nicht protestiert werden kann, im Inlande zum Inkasso oder Zahlungshalber begeben worden, so hat der Wechselnehmer, wenn er den Wechsel vor Eintritt der kriegerischen Ereignisse erhalten hat, das Recht, denselben ohne Protesterhebung seinem Vormann zurückzugeben.

Wenn auch derjenige, welcher einen Wechsel annimmt, im allgemeinen die Verpflichtung der Einziehung und Protestation desselben übernimmt, so übernimmt er damit nicht das außerordentliche Risiko der Unmöglichkeit der Protesterhebung infolge späteren Eintritts kriegerischer Ereignisse.

Die Verpflichtung gegen den Vormann, den Wechsel rechtzeitig protestieren zu lassen, wenn er ihn behält, hat mit der Frage, ob er den Wechsel unter veränderten Umständen behalten muß oder nicht vielmehr zurückgeben darf, nichts zu tun.

7. Hinzuweisen ist noch darauf, wie schon im VIII. Abschnitt B ausgeführt wurde, daß bei Auslandswechseln die Verfallzeit überhaupt um sechs Monate hinausgeschoben ist.

Wird also ein solcher im Ausland ausgestellter und im Inland zahlbarer Wechsel unter den hiefür geltenden Vorschriften erst nach sechs Monaten fällig, so kann der Fall eintreten, daß nunmehr zu der auf sechs Monate hinausgeschobenen Verfallzeit die Vornahme der Rechtshandlung infolge kriegerischer Ereignisse unmöglich ist; in diesem Falle verlängert sich die Frist zur Vornahme der Rechtshandlung wiederum um die Zeit, bis zu welcher infolge Wegfalles des Hindernisses die Vornahme derselben wiederum möglich wird.

8. Dabei ist weiter darauf hinzuweisen, daß die gerichtliche Bewilligung der Zahlungsfrist, wie sie im VII. Abschnitt A behandelt wurde, dem Schuldner unter den für diese Zahlungsfrist geltenden Voraussetzungen natürlich auch bewilligt werden kann, wenn auch die Fälligkeit des Auslandswechsels ohnehin schon um sechs Monate hinausgeschoben und nach Eintritt der hiernach ohnehin schon verlängerten Verfallzeit die weitere Unmöglichkeit der Protesterhebung eingetreten ist.

Gleichwohl kann dem Schuldner, wenn nach Behebung des Hindernisses die Rechtshandlung möglich geworden ist, noch die Zahlungsfrist bewilligt werden, wenn deren sonstige Voraussetzungen gegeben sind.

II. Allgemeine Fristverlängerung.

Eine weitere Verlängerung kann sich noch auf Grund der nachfolgenden Bestimmungen ergeben:

Der Bundesrat hat nämlich durch Bekanntmachung vom 6. August 1914 (RGBl. Nr. 55 S. 357) weiter bestimmt, daß die Fristen für die Vornahme einer Handlung, deren es zur Ausübung des Wechselrechts oder des Regreßrechts aus dem Scheck bedarf, bis auf weiteres, soweit sie am 31. Juli 1914 noch nicht abgelaufen waren, um 30 Tage verlängert werden.

Diese Vorschrift soll jedoch nur vorübergehende Wirkung für den derzeitigen Kriegszustand haben.

Auch sie ist, wie die zu I schon erörterte Bekanntmachung vom 29. August 1914, auf Grund von § 3 des Gesetzes über die Ermächtigung des Bundesrates zu wirtschaftlichen Maßnahmen und über die Verlängerung der Fristen des Wechsel- und Scheckrechts im Falle kriegerischer Ereignisse vom 4. August 1914 erlassen, obwohl für ihre Erlassung nach § 2 dieses Gesetzes eigentlich kaiserliche Verordnung mit Zustimmung des Bundesrates erforderlich gewesen wäre.

Diese Fristen sind alsdann durch die Bekanntmachungen des Bundesrates vom 29. August 1914 (RGBl. Nr. 67 S. 387) und vom 8. September 1914 (RGBl. Nr. 72 S. 399) um weitere 30 Tage für die Grenzgebiete verlängert worden, nämlich für solche Wechsel oder Schecks, welche in Elsaß-Lothringen, in der preußischen Provinz Ostpreußen, sowie in den zu Westpreußen gehörigen Kreisen Marienburg, Elbing Stadt und Land, Stuhm, Marienwerder, Rosenberg, Graudenz Stadt und Land, Löbau, Culm, Briesen, Strasburg, Thorn Stadt und Land, zahlbar sind, sowie für gezogene Wechsel, welche im Stadtkreis Danzig zahlbar sind, wenn sie als Wohnort des Bezogenen einen Ort angeben, der in Ostpreußen oder in einem der vorbezeichneten westpreußischen Kreise gelegen ist.

Durch Bekanntmachung des Bundesrates vom 24. September 1914, in Kraft getreten am 25. gleichen Monats (RGBl. Nr. 79 S. 413), sind alsdann für diese Grenzgebiete die Fristen um weitere 30 Tage verlängert worden.

Durch Verordnung des Bundesrates vom 22. Oktober 1914, welche am 23. gleichen Monats in Kraft getreten ist (RGBl. Nr. 91 S. 449), ist die Frist abermals um weitere 30 Tage verlängert worden.

Durch Bekanntmachung des Bundesrates vom 23. November 1914 (RGBl. Nr. 101 S. 482) sind diese Fristen in den bezeichneten Grenzgebieten um weitere 30 Tage verlängert.

Durch weitere Bekanntmachung des Bundesrates vom 17. Dezember 1914, welche am 18. des gleichen Monats in Kraft getreten ist (RGBl. Nr. 114 S. 519, 520) ist nun zwecks Vermeidung einer fortgesetzten Verlängerung dieser Frist für die bezeichneten Grenzgebiete bestimmt, daß diese Fristen, soweit sie nicht am 31. Juli 1914 schon abgelaufen waren, ein für allemal in der Weise verlängert werden, daß sie, wenn der Zahlungstag des Wechsels oder der sonstige für den Beginn der Frist maßgebende Zeitpunkt vor dem 1. Januar 1915 eingetreten ist, fünf Monate nach Beginn der Frist, jedoch frühestens mit dem 1. Februar 1915 ablaufen, und wenn der Zahlungstag des Wechsels oder der sonstige für den Beginn der Frist maßgebende Zeitpunkt am 1. Januar 1915 oder später eintritt, mit dem 31. Mai 1915 ablaufen, soweit sich nicht aus anderen Vorschriften, also infolge der Hinausschiebung der Fälligkeit von Auslandswechseln oder der Unmöglichkeit infolge kriegerischer Ereignisse ein späterer Ablauf ergibt (s. hiezu auch N a c h t r a g).

Zu der Verlängerung der Frist in diesen Grenzgebieten ist im allgemeinen hervorzuheben, daß es nicht darauf ankommt, wo der Bezogene wohnt, sondern wo der Wechsel oder Scheck nach dem Inhalt der Urkunde zahlbar ist.

Ist allerdings ein besonderer Zahlungsort nicht genannt, so gilt nach Art. 4 Ziff. 8 WO. und § 5 ScheckG. der bei der Adresse des Bezogenen angegebene Ort als Zahlungsort.

Bei dem im Stadtkreis Danzig zahlbaren Wechseln kommt es dagegen darauf an, daß als Wohnort des Bezogenen im Wechsel ein Ort angegeben ist, der in Ostpreußen oder einem der bezeichneten westpreußischen Kreise gelegen ist, und daß außerdem der Wechsel in Danzig zahlbar ist (domizilierter Wechsel).

In allen diesen Fällen kommt es für die Verlängerung der Fristen auf die äußere Erscheinung des Wechsels an.

Für den Fall, daß ein Wechsel in einem hiernach maßgebenden Punkt falsch ausgefüllt oder verfälscht wurde, kommen die Grundsätze in Anwendung, wie sie im VIII. Abschnitt B Ziff. 3 und 5 erörtert wurden.

1. Von der verlängerten Frist braucht der Wechselgläubiger jedoch keinen Gebrauch zu machen.

Sie soll ihm nur die Möglichkeit geben, mit Rücksicht auf die kriegerischen Ereignisse die Vornahme insbesondere der Protestation mangels Zahlung zwecks Gewährung von Nachsicht zu unterlassen.

Der Inhaber eines Wechsels kann selbstverständlich, wenn er den Wechsel während dieser Frist nicht protestieren lassen will, sofern er von seinem Vormann nicht ausdrücklich mit der sofortigen Protesterhebung beantragt ist, den Wechsel auch an seinen Vormann zurückgeben.

2. Die Fristverlängerung findet nach der ausdrücklichen Bestimmung in § 3 der Bekanntmachung vom 29. August 1914 und § 2 der Bekanntmachung vom 17. Dezember 1914 keine Anwendung auf die Fristen nach Art. 45 WO. und § 17 ScheckG., wonach, wenn der Protest mangels Zahlung erhoben ist, der unmittelbare Vormann innerhalb zwei Tagen von der Nichtzahlung des Wechsels oder Schecks schriftlich zu benachrichtigen ist.

Im übrigen finden die Vorschriften über die Fristverlängerung auf alle oben bezeichneten Fristen Anwendung (s. zu 1 im Eingang).

Wenn der Gläubiger ohne Benützung der Frist den Wechsel mangels Zahlung protestieren oder den Scheck zur Zahlung vorlegen läßt, muß er auch den Vormann bei Meidung der in diesen gesetzlichen Bestimmungen genannten Folgen benachrichtigen.

Dabei ist jedoch zu bemerken, daß, wenn unmittelbar nach der Wechsel-Protesterhebung oder Vorlegung des Schecks wiederum durch kriegerische Ereignisse die Einhaltung unmöglich wird, sich auch die Benachrichtigungsfrist neuerlich bis nach Behebung des Hindernisses erstrecken kann.

Ist der Protest erlassen, so beginnt, was nebenbei bemerkt sei, die ursprüngliche Frist zur Benachrichtigung seitens des Inhabers des Wechsels am Tage nach Ablauf der Protestfrist.

Trotz der nicht ganz umfassenden Wortfassung des § 3 wird man die Verpflichtung zur Benachrichtigung auch auf die Verpflichtung des Ehrenakzeptanten zur Benachrichtigung des Honoraten nach Art. 58 WO. zu beziehen haben.

Dabei ist jedoch darauf hinzuweisen, daß die Einschränkung, wonach sich die Verlängerung der Frist auf die Benachrichtigungsfristen nicht beziehen soll, erst in der Bekanntmachung vom 29. August 1914 getroffen wurde. Für die Zeit vom 6. bis 29. August 1914 wurde deshalb auch diese Benachrichtigungsfrist von der Verlängerung um 30 Tage betroffen.

Soweit also in dieser Zeit Benachrichtigungen der Vormänner und des Honoraten nicht stattfanden, sind die nachteiligen Rechtsfolgen aus der Unterlassung dieser Benachrichtigungen nicht eingetreten.

Es kann dann die Frage auftauchen, ob die vor dem 29. August 1914 laufenden Benachrichtigungsfristen noch bis zum Ablauf von 30 Tagen weiter laufen, oder nunmehr seit der Bekanntmachung vom 29. August 1914 die Benachrichtigung innerhalb zwei Tagen also bis spätestens 31. August 1914 nachgeholt worden sein mußte.

In sinngemäßer Anwendung des Grundsatzes von Art. 169 EG.BGB., welcher allerdings nur auf die Verjährungsfristen Anwendung findet, wird man sich immerhin dafür entscheiden müssen, daß frühere Benachrichtigungen, sofern die Protesterhebung spätestens am 29. August 1914 stattgefunden hatte, nunmehr alsbald wiederum innerhalb zwei Tagen vorzunehmen waren.

3. Die 30- bzw. 150tägige Frist wird, da sie keine Monatsfrist, sondern schlechtweg eine nach Tagen bestimmte Frist ist, nicht nach § 188 Abs. 2 BGB.,

sondern in der Weise berechnet, daß die zur Vornahme der Handlungen bestimmte Frist, also insbesondere die Protestfrist sich um 30 oder 150 Tage verlängert, wobei, wenn das Ende der Frist hiernach auf einen Sonn- oder allgemeinen Feiertag fällt, der nächste Werktag der letzte Tag ist.

Die für die Grenzgebiete nunmehr bestimmte Frist von fünf Monaten für solche Wechsel oder Schecks, deren Verfall vor dem 1. Januar 1915 eingetreten ist, wird dagegen nach Monaten gemäß § 188 BGB. berechnet.

Da sich die Verlängerung der Frist auf solche Fristen bezieht, welche am 31. Juli 1914 noch nicht abgelaufen waren, gilt die Verlängerung auch für solche Wechsel, welche zwar vor dem 31. Juli 1914 fällig waren, bezüglich welcher aber die Protestfrist an diesem Tage noch lief.

Ist z. B. ein Wechsel am 29. Juli 1914 fällig gewesen, so war der zweite Werktag nach diesem Tage, das ist der 31. Juli 1914, der ursprüngliche letzte Protesttag.

Der Protest war also an diesem Tage noch zulässig, die Frist also noch nicht abgelaufen.

Da sie sich nun normalerweise, abgesehen von den Grenzgebieten, um 30 Tage verlängert, ist der letzte Protesttag der verlängerten Frist der 31. + 30 = 61. Juli das ist 30. August 1914, aber da dieser Tag ein Sonntag war, der 31. August 1914.

Für Schecks ist auf die Vorschriften in §§ 11, 12, 16 ScheckG. vom 11. März 1908 zu verweisen, wonach der Scheck innerhalb der dort bestimmten Frist zur Zahlung vorzulegen, und mangels Zahlung die in § 16 vorgeschriebenen Handlungen vorzunehmen sind.

Hiernach bemißt es sich, ob die zur Erhaltung des Scheckregreßrechtes erforderliche Frist am 31. Juli 1914 bereits abgelaufen war.

4. Im Vollzuge dieser Fristverlängerungen ist betreffend Änderung der Postordnung vom 20. März 1900 eine Bekanntmachung des Reichskanzlers vom 6. August 1914 erschienen (RGBl. Nr. 55 S. 357 ff.).

Hiernach hat derjenige, welcher den Wechsel durch die Post einziehen läßt, wenn er die sofortige Aufnahme des Wechselprotestes ohne Rücksicht auf die verlängerte Protestfrist wünscht, auf der Rückseite des Postauftrages zu bemerken: „Sofort zum Protest ohne Rücksicht auf die verlängerte Protestfrist". Alsdann wird der Wechsel von der Postanstalt sofort protestiert; andernfalls wird der Wechsel am 32. Werktage nach dem Zahlungstage nochmals zur Zahlung vorgezeigt und erst dann mangels Zahlung protestiert.

In denjenigen Fällen, in welchen der Gläubiger die Aufnahme des Protestes nicht durch die Post wünscht, wird der Wechsel, falls es der Auftraggeber verlangt, sofort an einen zuständigen Beamten (Gerichtsvollzieher oder Notar) zum Protest gegeben, andernfalls an den Auftraggeber nach vergeblicher Vorzeigung zurückgesandt.

Die gleiche Bestimmung ist für Bayern durch die Bekanntmachung des Staatsministeriums für Verkehrsangelegenheiten vom 11. August 1914 ergangen (GVBl. Nr. 43 S. 367 ff.).

Die Ausdrucksweise „am 32. Werktage nach der Zahlung" war nicht ganz zutreffend.

Es war damit offenbar gemeint: am 32. Tage, sofern dieser Tag ein Werktag ist.

Denn da bei der 30tägigen Frist die am Anfang oder in der Mitte derselben liegenden Sonn- und Feiertage mitgezählt werden, und nur, wenn der letzte Tag ein Sonn- oder allgemeiner Feiertag ist, die Frist an diesem Tage nicht endigt, sollte gesagt sein: „am 32. Tage, oder wenn dieser Tag ein Sonn- oder allgemeiner Feiertag ist, am darauffolgenden Werktag."

Es lag hier offensichtlich eine ungenaue Ausdrucksweise vor.

Die Erörterungen in der JW. 1914 S. 821 und 822 sind deshalb nicht zutreffend.

Im übrigen treffen die Ausführungsbestimmungen der Postordnung vollständig zu. Denn wenn der Wechselinhaber von der Verlängerung der Protestfrist keinen Gebrauch machen will und die Post entsprechend anweist, muß der Wechsel zur Protesterhebung innerhalb der normalen Protestfrist gegeben oder von der Post innerhalb derselben selbst protestiert werden.

Die auf die Abänderung der Postordnung in den Grenzgebieten erforderlichen gleichen Änderungen sind getroffen durch die Bekanntmachungen des Reichskanzlers vom 30. August 1914 (RGBl. Nr. 68 S. 391 ff.), vom 8. September 1914 (RGBl. Nr. 73 S. 401), vom 27. September 1914 (RGBl. Nr. 82 S. 419 ff.), vom 26. Oktober 1914 (RGBl. Nr. 94 S. 457 ff.), sowie vom 27. November 1914 (RGBl. Nr. 106 S. 491 ff.).

Hiernach ist die übrigens auch nach der früheren Bestimmung sachlich bedeutungslose ungenaue Wortfassung geändert.

Es ist nunmehr bestimmt, daß, wenn die Zahlung der Wechselsumme nicht zu erlangen oder der Versuch der Vorzeigung des Postauftrages erfolglos ist, der Postauftrag bei der Postanstalt zur Einlösung bereit gehalten wird. Erfolgt die Einlösung auch nachträglich nicht, so wird der Wechsel mit dem Postauftrag am 30. Tage (in den bezeichneten Grenzgebieten am 150. Tage) nach Ablauf der Protestfrist, und wenn dieser Tag auf einen Sonn- oder Feiertag fällt, am nächsten Werktag nochmals zur Zahlung vorgezeigt und alsdann Protest erhoben.

Es ist ferner in der Bekanntmachung vom 27. November 1914 nochmals bestimmt, daß der Auftraggeber, wenn er den Postprotest wünscht, dies durch den Vermerk „ohne die verlängerte Protestfrist" auf der Rückseite des Postprotestauftrages auszudrücken hat.

In diesem Falle wird der Wechsel schon am 2. Werktage nach dem Zahlungstage nochmals zur Zahlung vorgelegt und mangels Zahlung protestiert.

Für Bayern, sowie für Wechsel in den Grenzgebieten s. Nachtrag.

5. Notar und Gerichtsvollzieher werden den Protest nur dann sofort zu erheben haben, wenn sie ausdrücklich zur sofortigen Protesterhebung vom Gläubiger beauftragt sind.

Dies schreibt auch die Bekanntmachung des bayerischen Justizministeriums ausdrücklich vor (Bayer. JMBl. XIV S. 140).

6. Hat der Auftraggeber die sofortige Protestation nicht verlangt, ist aber nach Ablauf der verlängerten Protestfrist nunmehr die Erhebung des Protestes infolge höherer Gewalt durch kriegerische Ereignisse unmöglich geworden, so verlängert sich natürlich auch beim Postprotest die Frist zur Protesterhebung bis nach Behebung des Hindernisses nach den hiefür schon zu I erörterten Grundsätzen.

7. Für die Frage der Verjährung gilt bei der gegenwärtigen Verlängerung der Protestfrist das gleiche, wie schon zu I Ziff. 4 bezüglich der Verjährung für den Fall ausgeführt wurde, daß die Erhebung des Protestes infolge kriegerischer Ereignisse unmöglich wird, da es sich sowohl bei der Hinausschiebung der Protestfrist durch kriegerische Ereignisse wie bei der

allgemeinen Verlängerung derselben für die Frage der Verjährung darum handelt, daß der Protest nicht früher vorgenommen zu werden braucht.

Dabei ist auch hier zu bemerken, daß nach § 8 RG. betr. den Schutz der infolge des Krieges an der Wahrnehmung ihrer Rechte verhinderten Personen vom 4. August 1914 (RGBl. Nr. 53 S. 328 ff.) die Verjährung weiter gehemmt ist zugunsten der Kriegsteilnehmer und ihrer Gegner, worüber das nähere im II. Teil, III. Abschnitt B V erörtert werden wird.

8. An der Form des Protestes ist nichts geändert.

Es wird sich jedoch empfehlen, daß im Protest mangels Zahlung, falls der Wechselschuldner zum Heere einberufen ist, dies vom Protestbeamten bemerkt wird.

9. Unter Zugrundelegung aller erwähnten Fristbestimmungen kann sich also folgendes ergeben:

Die Fälligkeit aller im Ausland vor dem 31. Juli 1914 ausgestellten und im Inlande zahlbaren Wechsel wird, wenn sie nicht schon am 31. Juli 1914 verfallen waren, um sechs Monate hinausgeschoben.

Tritt also die Fälligkeit des Auslandswechsels am 1. August 1914 ein, so ist Verfalltag der 1. Februar 1915.

Nach der Bekanntmachung über die Verlängerung der Fristen des Wechsels- und Scheckrechts wird alsdann die Protestfrist um weitere 30 Tage (bzw. 150 Tage in den bezeichneten Grenzgebieten) verlängert.

Der 1. Februar 1915 ist der Zahltag, also der zweite Werktag nach dem Verfalltag, das ist der 3. Februar an sich der letzte Protesttag.

Die Frist verlängert sich um 30 Tage, also auf den 3. + 30. = 33. Februar, das ist der 5. März 1915.

Ist an diesem Tage die Prosteserhebung infolge der kriegerischen Ereignisse unmöglich, so braucht dieselbe erst vorgenommen zu werden, wenn das Hindernis behoben ist, und zwar innerhalb der bereits erörterten Nachfrist von nunmehr zwei Wochen.

Alsdann kann nunmehr dem Schuldner noch eine Zahlungsfrist bis zu drei Monaten bewilligt werden.

Es kann der Fall auch so liegen, daß nach der für den Auslandswechsel verlängerten Verfallfrist nunmehr infolge kriegerischer Ereignisse die Protesterhebung unmöglich ist.

Wenn dieselbe alsdann wiederum möglich ist, ist sie nunmehr um weitere 30 bzw. 150 Tage verlängert, und alsdann kann dem Schuldner noch Zahlungfrist bewilligt werden.

Ebenso ist es beim Scheck mit der Einschränkung, daß die Hinausschiebung der Fälligkeit von Auslandsschecks wegfällt.

Ebenso ist es möglich, daß der Aufschub des Beginnes und der Hemmung der Verjährungsfristen, welche bei den einzelnen Fällen erörtert wurden, zusammentreffen kann.

Für die Wechsel und Schecks in den bezeichneten Grenzgebieten ändert sich dies nun dahin, daß, wenn der Zahlungstag des Wechsels oder der Beginn der Frist unter etwaiger Berücksichtigung der Hinausschiebung der Fälligkeit von Auslandswechseln oder der Unmöglichkeit infolge kriegerischer Ereignisse vor dem 1. Januar 1915 eintritt, die Frist fünf Monate nach deren Beginn, jedoch nicht vor dem 1. Februar 1915 endigt, andernfalls mit dem 31. Mai 1915.

Für diese Wechsel in den Grenzgebieten s. nun Nachtrag.

Jedoch ist wiederholt hervorzuheben, daß die Fristverlängerung überhaupt nur dann eintritt, wenn die Frist nicht schon am 31. Juli 1914 abgelaufen war, und daß der Gläubiger von derselben keinen Gebrauch machen muß.

10. **Was die Verzinsung anlangt, so ist folgendes zu bemerken:**

Nach den allgemeinen Regeln des Wechselrechts sind die Zinsen zu 6 % vom Verfalltag des Wechsels ab zu berechnen (Staub-Stranz a. a. O. Bem. 4 zu Art. 50).

Der Akzeptant hat jedoch die Zinsen nur von dem Tage der Vorzeigung des Wechsels ab oder der der Vorzeigung gleichstehenden Erhebung der Klage ab zu bezahlen. Dies gilt insbesondere dann, wenn der Aussteller selbst die Wechselforderung gegen ihn geltend macht; nur dann, wenn noch weitere Regreßpflichtige vorhanden sind, oder wenn der Aussteller vorgeht, der selbst als Regreßpflichtiger Zinsen zahlte, muß der Akzeptant auf Grund seiner samtverbindlichen Haftung für die gesamte Wechselverbindlichkeit die Zinsen schon vom Verfalltage ab bezahlen (Staub-Stranz a. a. O. Bem. 13 zu Art. 50 und Bem. 13 zu Art. 51).

Unter Anwendung dieser Rechtsgrundsätze ergibt sich für die kriegsrechtlichen Bestimmungen folgendes:

Bei Auslandswechseln in dem im VIII. Abschnitt B erörterten Sinn mit Ausnahme der englischen, französischen und russischen Wechsel tritt nach den Bekanntmachungen des Bundesrates vom 10. und 12. August und 22. Oktober 1914 die Erhöhung der Wechselsumme um 6 % jährliche Zinsen für sechs Monate ein.

Es ist also, wie schon im VIII. Abschnitt B Ziff. 9 ausgeführt, hierunter nicht bloß eine Verzinsung, sondern eine wirkliche Erhöhung der Wechselsumme zu verstehen.

Dies hat die Folge, daß nunmehr die 6 % Zinsen nicht bloß aus der Wechselsumme vom ursprünglichen Verfalltage des ausländischen Wechsels, sondern daß sie aus der Summe zu bezahlen sind, welche sich aus der Wechselsumme zuzüglich eines Betrages von 6 % für sechs Monate ergibt.

Diesen um sechsmonatliche Zinsen erhöhten Betrag hat auch der Akzeptant zu bezahlen, wie sich aus den Bekanntmachungen des Bundesrates ohne weiteres ergibt und auch der Sachlage entspricht.

Durch die Verlängerung der Protestfrist infolge höherer Gewalt durch kriegerische Ereignisse und durch die Bekanntmachungen des Bundesrates über die Verlängerungen der Frist des Wechsel- und Scheckrechtes überhaupt um 30 bzw. in Grenzgebieten um 150 Tage bzw. fünf Monate wird dagegen nur die Frist zur Erhebung des Protestes hinausgeschoben.

Dies hat auf den Zinsenlauf gegenüber dem Aussteller und den Vormännern keinen Einfluß, weil diese die Zinsen vom Verfalltage ab zu bezahlen haben.

(Wie hier eingeschaltet sei, gelten diese Bestimmungen über die Zinsen beim Scheck gemäß § 17 ScheckG. auch für die regreßpflichtigen Aussteller und Indossanten des Schecks).

Aussteller und Vormänner haben also beim Auslandswechsel die um 6 % Zinsen für sechs Monate erhöhte Wechselsumme, wenn der Wechsel nachträglich unter Zugrundelegung der Erstreckungsfristen rechtzeitig protestiert ist, was ja überhaupt die Voraussetzung des Wechselregreßrechtes gegen sie ist, von dem Tage an zu verzinsen, an welchem die verlängerte Verfallfrist des Auslandswechsels endigt.

Der Akzeptant hat jedoch diese Zinsen erst vom Tage der Vorzeigung des Wechsels oder von der Klagestellung an zu bezahlen, sofern nicht Aussteller und Vormänner des Wechsels die Zinsen schon vom hinausgeschobenen Verfalltage ab zu bezahlen haben, in welchem Falle er für diese Zinsen samtverbindlich mithaftet.

Dabei ist aber ausdrücklich darauf hinzuweisen, daß auch in den Fällen, in welchen der Akzeptant die Zinsen nur vom Tage der Vorzeigung des Wechsels an zu bezahlen hat, bezüglich der Präsentation des Wechsels auch im Wechselprozeß nicht der Nachweis durch Urkunden, sondern auch durch Eideszuschiebung zulässig ist (§ 605 ZPO.).

Es genügt also, wenn dem Akzeptanten der Wechsel trotz der verlängerten Protestfrist vor Ablauf derselben seinerzeit präsentiert wurde, dies in der Klage zu behaupten, was alsdann im Versäumnisfall das Zugeständnis dieser Behauptung zur Wirkung hat.

Bestreitet allerdings der Akzeptant die frühere Vorzeigung zur Zahlung, so muß ihm hierüber der Eid zugeschoben werden, wenn die Präsentation nicht durch andere im Wechselprozeß zulässige Beweismittel, also z. B. durch den ihm vorgezeigten Postauftrag erwiesen werden kann.

Durch die dem Schuldner auf Grund der Bekanntmachung des Bundesrates über die gerichtliche Bewilligung von Zahlungsfrist zu gewährenden Fristen wird der Zinsenlauf nicht berührt; die während dieser Frist laufenden 6 % Zinsen hat deshalb auch der Akzeptant zu bezahlen.

Was vom Akzeptanten gesagt ist, gilt gemäß Art. 98 WO. auch vom Aussteller des eigenen Wechsels.

11. Wenn der Wechsel im Wege des Postauftrages eingezogen wurde, wurden bisher die Zinsen von der Post nicht miteingezogen.

Nach der schon erwähnten Bekanntmachung betreffend Änderung der Postordnung vom 26. Oktober 1914 (RGBl. Nr. 94 S. 457/458) ist nun bestimmt, daß, solange die Verlängerung der Fristen des Wechsel- und Scheckrechts besteht, die Post damit betraut werden kann, neben der Wechselsumme auch die vom Tage der ersten Vorzeigung des Wechsels angefallenen Wechselzinsen einzuziehen und im Nichtzahlungsfalle deshalb Protest zu erheben.

Wenn der Wechselinhaber dies verlangt, so ist in den Vordruck zum Postauftrag hinter die Worte: „Betrag des beigefügten Wechsels" einzutragen: „nebst 6 % Verzugszinsen".

Da nun der Akzeptant die Zinsen nur vom Tage der ersten Vorzeigung des Wechsels an zu bezahlen hat, ist der Zeitpunkt, von dem an die Zinsen gefordert werden, nicht anzugeben, wenn die Post selbst die erste Vorzeigung des Wechsels bewirkt.

Hat der Auftraggeber selbst den Wechsel indessen schon früher vorgezeigt, so hat er auf dem Postprotestformular weiter zu bemerken: „nebst 6 % Verzugszinsen vom . . . . . . ab".

Wenn der Auftraggeber die Einziehung der Zinsen verlangt, wird der Wechsel nur gegen Bezahlung der Wechselsumme und der Zinsen ausgehändigt; zahlt der Bezogene in diesem Falle auch nur die Zinsen nicht, so wird wegen des nicht bezahlten Betrages Protest mangels Zahlung erhoben.

Wenn der Gläubiger selbst angibt, von welchem Tage er die Zinsen verlangt, wird er darauf achten müssen, daß er nur den Tag angibt, von dem an der Wechselschuldner die Zinsen wirklich schuldet.

Andernfalls läuft er Gefahr, daß der Wechselschuldner die zu viel geforderten Zinsen nicht bezahlt, und deshalb, wenn der Wechsel zu Unrecht protestiert wird, dies auf seine Gefahr und Kosten geht.

Dabei ist weiter ausdrücklich zu bemerken, daß die Erhöhung der Wechselsumme um 6% jährliche Zinsen für 6 Monate bei Auslandswechseln eine Erhöhung der Wechselsumme darstellt, welche auch vom Bezogenen ohne Rücksicht auf die Vorzeigung des Wechsels zu bezahlen ist.

Diese Erhöhung der Wechselsumme muß also ohnehin von der Post miteingezogen werden; einer besonderen Bestimmung hierüber bedurfte es nicht.

Ist aber bezüglich eines Wechsels der Protest infolge kriegerischer Ereignisse und höherer Gewalt nicht möglich, so schuldet der Bezogene die Zinsen erst von dem Tage der Vorzeigung ab. In diesem Falle können also die Zinsen auch von der Post erst vom Tage der ersten Vorzeigung an miteingezogen werden.

Aussteller und Indossanten haften allerdings, wie schon in Ziff. 10 bemerkt, wenn der Wechsel mangels Zahlung protestiert wird, alsdann für die Zinsen vom Verfalltage ab; sie können die im Regreßwege von ihnen bezahlten Zinsen alsdann auch vom Akzeptanten verlangen.

12. Ist ein Wechsel, dessen Vorzeigung infolge kriegerischer Ereignisse unmöglich geworden ist, zahlungshalber angenommen werden, so wird der Gläubiger als berechtigt zu erachten sein, gegen Rückgabe des Wechsels die Bezahlung der Forderung zu verlangen, für welche er den Wechsel angenommen hat, obwohl in der Annahme des Wechsels im allgemeinen eine Stundung bis zur Fälligkeit des Wechsels liegt. Der Gläubiger, welcher mit dem regelmäßigen Eingang des Wechsels rechnen konnte, ist nicht verpflichtet, zu warten, bis die Vorzeigung des Wechsels nach Wegfall des Hindernisses möglich geworden ist.

Gewährt der Wechselgläubiger dagegen die Fristverlängerung auf Grund der allgemeinen Bestimmungen über die Fristverlängerung um 30 bzw. 150 Tage, bzw. 5 Monate, wozu er nicht verpflichtet ist, so wird er auch den Eingang nach Ablauf der Frist abzuwarten haben, bevor er die Forderung, für welche er den Wechsel entgegengenommen hat, geltend machen kann.

X. Abschnitt:

Zahlungsmittel.

Gesetzliche Zahlungsmittel sind die Goldmünzen.

Die übrigen Zahlungsmittel, welche vom Gläubiger angenommen werden müssen, sind seit dem Reichsgesetz vom 1. Juni 1909 Nickel- und Kupfermünzen bis zum Betrage von 1 Mark, Silbermünzen bis zum Betrage von 20 Mark, sowie die Noten der Reichsbank in jedem Betrage.

Durch das Reichsgesetz betreffend die Reichskassenscheine und die Banknoten vom 4. August 1914 (RGBl. Nr. 53 S. 347), welches als vorübergehendes Gesetz gedacht ist, sind bis auf weiteres auch die Reichskassenscheine gesetzliches Zahlungsmittel, so daß dieselben von dem Gläubiger mangels der Folgen des Gläubigerverzuges in Zahlung genommen werden müssen.

Bezüglich der neu ausgegebenen Darlehenskassenscheine, welche bei allen Reichskassen sowie bei allen öffentlichen Kassen in sämtlichen Bundesstaaten nach ihrem vollen Nennwert in Zahlung genommen werden, besteht dagegen nach § 2 des Reichsdarlehenkassengesetzes vom 4. August 1914 ein Zwang zur Annahme im Privatverkehr nicht (RGBl. Nr. 53 S. 340 ff.).

Die sog. Goldklausel, d. h. die vertragsmäßige Bestimmung, wonach der Schuldner seiner Zahlungspflicht nur durch Zahlung in Gold genügen kann, und welche hauptsächlich bei der Rückzahlung von Hypothekenschulden vorkommt, wird durch diese gesetzliche Bestimmung an sich nicht berührt.

Es ist aber nach § 1 des Reichsgesetzes betr. die Änderung des Münzgesetzes vom 4. August 1914 (RGBl. Nr. 53 S. 326) die Reichsbank bis auf weiteres nicht verpflichtet, Silber-, Nickel- und Kupfermünzen in Goldmünzen umzutauschen, kann dafür vielmehr Reichskassenscheine und Reichsbanknoten verabfolgen; desgleichen sind nach den Bestimmungen des bereits erwähnten Reichsgesetzes betr. die Reichskassenscheine und Banknoten vom 4. August 1914 bis auf weiteres die Reichshauptkasse zur Einlösung der Reichskassenscheine und die Reichsbank zur Einlösung der Reichsbanknoten nicht verpflichtet; ebenso sind nach diesen Bestimmungen die Privatnotenbanken der einzelnen Bundesstaaten bis auf weiteres berechtigt, zur Einlösung ihrer Noten Reichsbanknoten zu verwenden.

Obwohl nach § 279 BGB. der Schuldner den Mangel an Zahlungsmitteln für die Regel zu vertreten hat, ist anzunehmen, daß sich der Gläubiger auf die Goldklausel während des Kriegszustandes nicht berufen kann, sondern statt Gold auch Reichsbanknoten und Reichskassenscheine anzunehmen hat.

Denn nachdem während des Kriegszustandes weder von der Reichsbank noch den Privatnotenbanken nach gesetzlicher Vorschrift Gold zu erhalten ist, das Gold während des Kriegszustandes vielmehr zur Befriedigung der Bedürfnisse des Reiches zu dienen hat, tritt hier nunmehr eine nachträgliche Unmöglichkeit in der Beschaffung von Goldmünzen ein, welche den Schuldner nach § 275 BGB. in Verbindung mit §§ 157, 242 daselbst von der Leistung in Gold entbindet und zur Leistung in den genannten Noten an Stelle von Gold ermächtigt.

Durch Bekanntmachung des Bundesrates vom 28. September 1914, welche am gleichen Tage in Kraft getreten ist (RGBl. Nr. 81 S. 417), hat nun der Bundesrat überdies ausdrücklich bestimmt, daß vor dem 31. Juli 1914 getroffene Vereinbarungen, nach denen eine Zahlung in Gold zu erfolgen hat, bis auf weiteres, d. h. bis zu einer etwaigen Aufhebung der Verordnung durch den Reichskanzler nicht verbindlich sind.

Vereinbarungen der Goldklausel nach diesem Zeitpunkt werden als wirksam zu erachten sein und zwar deshalb, weil der Schuldner auch für die nachfolgende Unmöglichkeit, also für Zufall die Haftung wirksam übernehmen kann.

Vereinbart der Schuldner also die Goldklausel erst zu einem Zeitpunkt, in welchem der Kriegszustand bereits eingetreten ist, so trägt er die Gefahr.

XI. Abschnitt:

Verjährung.

Die Verjährungsfrage wurde bereits bei den einschlägigen Vorschriften insoweit behandelt, als die Verjährungsfrage durch die kriegsrechtlichen Vorschriften beeinflußt worden ist.

Es wird hiezu wegen Anwendung von § 202 BGB. über die Hemmung der Verjährung auf die Ausführungen bei der allgemeinen Verlängerung der Fristen des Wechsel- und Scheckrechts, der Verlängerung dieser Fristen infolge kriegerischer Ereignisse, der Hinausschiebung der Geltendmachung von Auslandsforderungen, der Hinausschiebung der Fälligkeit von im Ausland ausgestellten Wechseln und der gerichtlichen Bewilligung einer Zahlungsfrist Bezug genommen (siehe VII. Abschnitt A Ziff. 21 und 27, VIII. Abschnitt A Ziff. 17, B Ziff. 10, C Ziff. 6, IX. Abschnitt I Ziff. 4 und II Ziff. 7).

Im allgemeinen ist zu bemerken, daß nach § 203 und § 205 BGB. die Verjährung gehemmt ist, solange der Berechtigte durch Stillstand der Rechtspflege innerhalb der letzten sechs Monate der Verjährungsfrist an der Rechtsverfolgung verhindert ist, oder wenn eine solche Verhinderung in anderer Weise durch höhere Gewalt herbeigeführt wird.

Wenn also der Berechtigte durch Stillstand der Rechtspflege, welche nach § 245 ZPO. insbesondere durch Kriegszustand herbeigeführt werden kann, oder infolge Verhinderung in anderer Weise durch höhere Gewalt, also z. B. durch Gefangennahme in Feindesland oder durch Einrückung zum Heere an der Rechtsverfolgung gehindert ist, so wird dadurch die Verjährung gehemmt, jedoch nur dann, wenn diese Verhinderung innerhalb der letzten sechs Monate der Verjährungszeit eingetreten ist.

Bezüglich der Fristen, auf welche die Hemmung der Verjährung Anwendung findet, wird auf die früheren Ausführungen im VI. Abschnitt A, I Ziff. 3, C Ziff. 4 und 8, D, E Ziff. 4 und F Bezug genommen.

Es ist weiter darauf hinzuweisen, daß, wenn der Berechtigte durch Stillstand der Rechtspflege oder durch höhere Gewalt an dem Weiterbetrieb des Prozesses gehindert wird, der nach § 211 BGB. eintretende Fortgang der Verjährung nicht eintritt.

Die Verjährung bleibt vielmehr, auch wenn der Prozeß dadurch, daß er nicht betrieben wird, in Stillstand gerät, solange unterbrochen, als das Hindernis dauert, weil in diesem Falle der Stillstand im Prozeßbetrieb nicht von dem Willen des Berechtigten abhängt.

Nach Wegfall des Hindernisses muß allerdings der Prozeß weiter betrieben werden, da von diesem Zeitpunkt ab die Verjährungsfrist wieder zu laufen beginnt.

Ist die Rechtsverfolgung oder der Weiterbetrieb eines Prozesses usw. nur gegen einen Mitschuldner nicht möglich, so tritt gemäß § 425 BGB. die Hemmung oder Unterbrechung der Verjährung auch nur in der Richtung gegen diesen Mitschuldner ein.

Liegt allerdings ein Gesamtschuldverhältnis vor, welches die Rechtsverfolgung gegen alle Schuldner hindert, so tritt die Hemmung und Unterbrechung der Verjährung gegen alle ein.

Zu den allgemeinen Vorschriften des bürgerlichen Gesetzbuches über die Verjährung kommt aber nunmehr noch die Bestimmung in § 8 des Reichsgesetzes, betr. den Schutz der infolge des Krieges an der Wahrnehmung ihrer Rechte behinderten Personen vom 4. August 1914 (RGBl. Nr. 53 S. 328 ff.).

Nach dieser gesetzlichen Bestimmung ist die Verjährung weiter gehemmt zugunsten der Kriegsteilnehmer und ihrer Gegner.

Diese sämtlichen Verjährungsbestimmungen finden auch bei den Forderungen Anwendung, für welche nach den bereits im VIII. und IX. Abschnitt behandelten kriegsrechtlichen Bestimmungen die allgemeine Fristverlängerung bei Forderungen des Wechsel- und Scheckrechts, die Verlängerung der Fristen infolge kriegerischer Ereignisse, die Hinausschiebung der Geltendmachung von Auslandsforderungen, sowie die Hinausschiebung der Fälligkeit von im Ausland ausgestellten Wechseln gelten.

Wenn nach diesen Bestimmungen das Ende der Verjährungsfrist eintreten würde, so kann deshalb die Verjährungsfrist nochmals auf Grund der allgemeinen Verjährungsbestimmungen des Bürgerlichen Gesetzbuches und der Bestimmung in § 8 des vorerwähnten Reichsgesetzes gehemmt werden.

Das gleiche kann eintreten bei den Fristen, welche im VI. Abschnitt A I Ziff. 3, C Ziff. 4 und 8, D, E Ziff. 4 und F genannt sind, da die in § 8 dieses Reichsgesetzes bestimmte Hemmung der Verjährung auch für die Ausschlußfristen gilt, auf welche die Vorschriften des § 203 BGB. Anwendung finden.

Auch diese Ausschlußfristen werden deshalb, wenn zu denselben die Voraussetzungen in § 8 dieses Reichsgesetzes hinzutreten, unter den in demselben bestimmten Voraussetzungen weiter gehemmt.

Das Nähere über die Vorschrift in § 8 dieses Reichsgesetzes wird im II. Teil, III. Abschnitt B V erörtert werden.

Durch Verordnung des Bundesrates vom 22. Dezember 1914, welche am gleichen Tage in Kraft getreten ist (RGBl. Nr. 118, S. 543), ist aber weiter allgemein bestimmt, daß die in den §§ 196, 197 BGB. bezeichneten Ansprüche, die noch nicht verjährt sind, nicht vor dem Schluß des Jahres 1915 verjähren.

Die Bestimmung bezieht sich also nur auf die kurzfristigen in diesen Bestimmungen bezeichneten Forderungen, soweit dieselben noch nicht verjährt sind, jedoch gemäß § 201 BGB. mit dem Schluß des Jahres 1914 verjähren würden.

Bezüglich anderer Forderungen bleibt es bei den allgemeinen Verjährungsbestimmungen und bei den durch den Kriegszustand eingetretenen Abänderungen der Verjährung, wie sie bereits für die Bewilligung der Zahlungsfrist, für die ausländischen Forderungen und Wechselforderungen, sowie für die Wechselforderungen bei der Unmöglichkeit der Vornahme der zur Erhaltung des Wechselrechts erforderlichen Handlungen infolge kriegerischer Ereignisse oder bei der allgemeinen Erstreckung der Fristen erörtert wurden (s. VII. Abschnitt A Ziff. 27, VIII. Abschnitt A Ziff. 17, B Ziff. 10 und C Ziff. 6, IX. Abschnitt I Ziff. 4 und II Ziff. 7).

Durch die Bundesratsverordnung vom 22. Dezember 1914 ist jedoch nur bestimmt, daß die kurzfristigen Forderungen nach §§ 196, 197 BGB., welche Ende des Jahres 1914 verjähren würden, jedenfalls nicht vor dem Ablauf des Jahres 1915 verjähren.

Tritt die Verjährung derselben in einem späteren Zeitpunkt ein, z. B. weil wegen Bewilligung einer Zahlungsfrist oder wegen Kriegsteilnehmereigenschaft einer Partei die Verjährung gehemmt ist, oder weil die Verjährung wegen späterer Fälligkeit des Anspruches überhaupt nicht mit dem Ende des Entstehungsjahres begonnen hat (§ 201 BGB.), oder weil die Verjährung unterbrochen war und die neue Verjährung deshalb erst später enden würde (§ 217 BGB.), so wird an der erst nach dem Ablauf des Jahres 1915 eintretenden Verjährung nichts geändert.

XII. Abschnitt:

Internationales Privatrecht.

Die Regeln des internationalen Privatrechtes werden abgesehen von Vergeltungsmaßregeln durch den Kriegszustand nicht berührt.

Solche Vergeltungsmaßregeln sind abgesehen von den im VIII. Abschnitt C erörterten Verordnungen des Bundesrates betreffend das Zahlungsverbot gegenüber England, Frankreich und Rußland bisher nicht ergangen.

Jedoch gewinnen die Regeln des internationalen Privatrechtes auch im derzeitigen Kriegszustand erhöhte Bedeutung mit Rücksicht auf die Moratorien, Fristbewilligungen, Fristerstreckungen usw., welche in den verschiedenen Ländern erlassen wurden.

Was die in Deutschland selbst erlassenen diesbezüglichen Vorschriften anlangt, so wurde schon bei den Erläuterungen zu denselben bemerkt, daß die Bewilligung einer Zahlungsfrist und die Bewilligung der Beseitigung einer Rechtsverwirkung auch einem in Deutschland wohnhaften Ausländer zuteil werden kann und unabhängig davon, ob der Schuldner nach dem für das Rechtsverhältnis an sich zur Anwendung kommenden ausländischen Rechte den Anspruch auf Bewilligung einer Zahlungsfrist hat.

Ob die in Deutschland erlassenen diesbezüglichen Vorschriften einem im Ausland wohnhaften deutschen Schuldner im Ausland zuteil werden, hängt von der Gesetzgebung des betreffenden ausländischen Staates ab.

Zu prüfen ist die Frage, ob und inwieweit Moratorien, welche im Ausland erlassen sind, in Deutschland angewendet werden können.

Der Meinung, welche in der JW. 1914 S. 900 ff. vertreten wird, daß deshalb, weil man in Deutschland ein allgemeines Moratorium nicht erlassen habe, ausländische Moratorien dem Zweck eines deutschen Gesetzes widerstreben und deshalb gemäß Art. 30 EG. BGB. nicht angewendet werden dürfen, ist nicht beizutreten.

Ein Verstoß gegen den Zweck eines deutschen Gesetzes ist nur dann anzunehmen, wenn der Unterschied zwischen den staatspolitischen und sozialen Anschauungen ein so erheblicher ist, daß die Anwendung des ausländischen Rechts direkt die Grundlagen des deutschen Staats- oder Wirtschaftslebens angreifen würde.

Davon kann keine Rede sein; die Frage, ob ein allgemeines Moratorium zu erlassen sei oder nicht, ist mehr oder weniger eine Zweckmäßigkeitsfrage; auch in Deutschland haben sich gewichtige Stimmen für die Einführung eines solchen erhoben. Von einer den grundsätzlichen Anschauungen des deutschen Rechts entgegenstehenden Abweichung kann also nicht gesprochen werden, wenn ein ausländischer Staat es für zweckmäßig findet, ein allgemeines Moratorium einzuführen.

Die gegenteilige Meinung würde auch zu unlösbaren Konsequenzen führen.

Es müßte dann auch angenommen werden, daß, wenn ein ausländischer Staat kein allgemeines Moratorium, aber z. B. die Zulässigkeit einer viermonatlichen Zahlungsfrist einführt, dies auch den deutschen Gesetzen widersprechen würde, welche nur eine solche von drei Monaten für zweckmäßig gehalten haben, obwohl es sich doch hier nicht um grundsätzliche Verschiedenheiten, sondern nur um die Notwendigkeit der Hinausschiebung von Zahlungsverbindlichkeiten während des Krieges handelt, wobei man über die Ausgestaltung im einzelnen sehr wohl verschiedener Meinung sein kann, ohne daß deshalb ein deutsches Gesetz, welches im einzelnen anderer Meinung ist, absolute Ausschließungskraft beanspruchen könnte.

Zur Ausschließung der Anwendung eines ausländischen Gesetzes genügt ja überhaupt nicht einmal, daß dasselbe im allgemeinen dem Zwecke eines deutschen Gesetzes zuwiderläuft, sondern nur, daß es im konkreten Fall einer vom Deutschen Reich als absolut maßgebend aufgestellten Vorschrift entgegentritt.

Aus dem genannten Gesichtspunkt kann also die Anwendung eines ausländischen Moratoriums im Inlande nicht abgelehnt werden.

Die Frage ist vielmehr von dem Gesichtspunkt aus zu lösen, welches Rechtsverhältnis für die in Frage stehende Verbindlichkeit maßgebend ist.

Maßgebend ist in erster Linie das Recht, welches nach dem Vertragswillen für die Verbindlichkeit in Anwendung kommen soll.

Fehlt es an einer solchen Vertragsbestimmung, so kommt nach der nunmehr im Deutschen Reich herrschenden Meinung nicht der Erfüllungsort, sondern in erster Linie der Wohnsitz des Schuldners in Frage.

Mit dieser im allgemeinen schon herrschenden Rechtsanschauung stimmt auch der Zweck der Moratorien überein, welche als vorübergehende Maßregeln gedacht sind und den Bedürfnissen des einzelnen Landes angepaßt sein sollen.

Aus diesem Gesichtspunkt wird anzunehmen sein, daß die in den einzelnen Ländern erlassenen Moratorien dem Territorialprinzip unterstehen und grundsätzlich nur zugunsten von Schuldnern wirken, welche in dem betreffenden Lande in Anspruch genommen werden.

Auf ein im Ausland erlassenes Moratorium kann sich also im allgemeinen ein in Deutschland wohnhafter Schuldner nicht berufen, und zwar auch dann nicht, wenn der im Ausland wohnhafte Gläubiger im gleichen Fall im Auslande die Erfüllung der Verpflichtung des Schuldners noch nicht erlangen könnte.

Ebenso kann ein im Ausland wohnhafter Schuldner nicht die im Deutschen Reich geltenden Bestimmungen über Zahlungsfristen für sich in Anspruch nehmen.

Eine Ausnahme von diesen Grundsätzen ist jedoch dann anzunehmen, wenn durch ein im Ausland erlassenes Moratorium die Erfüllung einer Verpflichtung hinausgeschoben wird, von deren Fälligkeit die Verpflichtung des im Deutschen Reich in Anspruch genommenen Schuldners abhängt.

Dies ist insbesondere dann der Fall, wenn im Inland ein Bürge oder ein Pfandschuldner für eine Schuld des Hauptschuldners oder persönlichen Schuldners in Anspruch genommen wird, und die Schuld des Hauptschuldners oder persönlichen Schuldners durch ein ausländisches Moratorium hinausgeschoben ist.

Es ist in diesem Falle zu untersuchen, ob das ausländische Moratorium in Wirklichkeit einer Stundung gleichkommt, oder nur den Aufschub der Vollstreckung gegen den im gegebenen Falle in Frage stehenden Schuldner bezweckt.

Liegt eine wirkliche Stundung vor, so kann im Inlande, wenn die Voraussetzung der Geltendmachung gegen den im Inland wohnhaften Schuldner die Fälligkeit der im Auslande gestundeten Schuld ist, die Beachtung dieser Moratoriumsvorschriften ebensowenig abgelehnt werden, als ein Bürge in Deutschland verurteilt werden kann, wenn aus einem anderen Grund die im Ausland zu erfüllende Verbindlichkeit des Hauptschuldners noch nicht fällig ist.

Sind hiernach die Voraussetzungen der Fälligkeit der Schuld im übrigen gegeben, so kann trotz der ausländischen Bestimmungen der in Deutschland in Anspruch genommene Schuldner Zahlungsfrist nur nach den deutschen Vorschriften verlangen.

In der Mehrzahl der Fälle ist ja allerdings der in Deutschland wohnhafte Schuldner durch die Bundesratsbekanntmachungen über die Geltendmachung der Ansprüche von Personen, welche im Ausland ihren Wohnsitz haben, und die Geltendmachung von Auslandswechseln vorerst wenigstens gegen die Geltendmachung vermögensrechtlicher Ansprüche nach Maßgabe dieser Bekanntmachungen geschützt, wie bei der Erläuterung dieser Bekanntmachungen im VIII. Abschnitt im einzelnen ausgeführt wurde.

Wenn nun ein im Ausland ergangenes Moratorium im allgemeinen für das Deutsche Reich keine Beachtung verdienen kann, so ist dies besonders dann der Fall, wenn das ausländische Moratorium im konkreten Fall dem Zwecke der deutschen Vorschriften zuwiderlaufen würde.

Wenn z. B. durch ein ausländisches Moratorium die Verpflichtung zur Lieferung von Waren aufgehoben oder aufgeschoben werden sollte, so kann hiedurch ein im Deutschen Reich wohnhafter Berechtigter in seinen Rechten nicht verletzt werden, auch wenn für die Verpflichtung des Schuldners an sich das ausländische Recht zur Anwendung zu kommen hätte.

Abgesehen von diesen Gesichtspunkten ist jedoch der Nationalität des Gläubigers oder Schuldners keine weitere Bedeutung beizumessen; denn der Richter kann nicht an Stelle des Gesetzgebers Vergeltungsmaßregeln ausüben.

Bezüglich der zur Ausübung oder Erhaltung des Wechsel- und Scheckrechts vorgeschriebenen Fristen ist folgendes zu bemerken:

Soweit diese Fristen durch die im IX. Abschnitt schon erörterten deutschrechtlichen Vorschriften, sei es allgemein, sei es für den Fall der Unmöglichkeit der Wahrung derselben infolge kriegerischer Ereignisse oder höherer Gewalt hinausgeschoben sind, haben dieselben die Bedeutung, daß nach Maßgabe ihrer näheren Bestimmungen das Wechsel- oder Scheckrecht gegenüber inländischen Wechselschuldnern erhalten bleibt.

Ob das gleiche auch gegenüber dem ausländischen Wechselschuldner der Fall ist, bemißt sich darnach, ob die Gesetzgebung des ausländischen Staates den deutschrechtlichen Vorschriften über die Fristerstreckung Beachtung schenkt, sei es, daß auch nach den ausländischen Vorschriften die Unmöglichkeit der Einhaltung der Frist infolge kriegerischer Ereignisse oder höherer Gewalt von der Notwendigkeit der Einhaltung der Fristen allgemein oder für einen bestimmten Zeitraum befreit, sei es, daß nach den ausländischen Vorschriften einem in Deutschland erlassenen Moratorium allgemein die Wirkung zuerkannt wird, daß während dessen Dauer die zur Erhaltung des Wechsel- oder Scheckrechts vorgeschriebenen Handlungen nicht vorgenommen werden müssen.

Das gleiche gilt von den deutschrechtlichen Vorschriften, wonach die Fälligkeit der im Auslande vor dem 31. Juli 1914 ausgestellten und im Inlande zahlbaren Wechsel hinausgeschoben ist, falls dieselben gegen einen im Auslande wohnhaften mitverpflichteten Wechselschuldner geltend gemacht werden sollen.

Umgekehrt vermögen im Ausland erlassene Moratorien nach deutschem Recht von der Notwendigkeit eines Protestes nicht zu befreien, soweit der Protest nach den Bestimmungen der Wechselordnung zur Erhaltung des Regreßrechts gegenüber dem im Deutschen Reich wohnhaften Ausländer und Vormann erforderlich ist.

Denn nur über die Form des im Ausland aufzunehmenden Protestes entscheidet das ausländische Recht, über die Notwendigkeit seiner Vornahme jedoch das Recht desjenigen, gegen welchen der Regreß genommen werden soll.

Auch das ausländische Moratorium ändert nicht den Verfalltag.

Wenn also auch nach dem ausländischen Recht bezüglich Wechsel oder Schecks ein Moratorium erlassen oder die Fristen zur Erhaltung des Wechsel- und Scheckrechts verlängert sind, ist zur Erhaltung des Wechsel- und Scheckrechts gegenüber in Deutschland wohnhaften Ausstellern und Vormännern die rechtzeitige Protesterhebung bei Verfall des Wechsels erforderlich, soweit nicht nach den deutschen Vorschriften selbst die zur Erhaltung des Wechsel- und Scheckrechts erforderlichen Fristen für den Fall kriegerischer Ereignisse oder höherer Gewalt oder im allgemeinen erstreckt sind.

XIII. Abschnitt:

Höchstpreise.

Es wurde bereits im VI. Abschnitt II Ziff. 3 ausgeführt, daß nach dem Reichsgesetz betreffend die Höchstpreise vom 4. August 1914 Verträge, welche n a c h Inkrafttreten von Höchstpreisen abgeschlossen werden, nichtig sind; es wurde dortselbst auch der weitere Einfluß solcher Höchstpreise auf die Verpflichtung zur Lieferung erörtert.

Hier sind noch die übrigen für das Privatrecht in Betracht kommenden bezüglichen Vorschriften zu behandeln.

Nach diesem Reichsgesetz vom 4. August 1914 in der nunmehrigen Fassung vom 17. Dezember 1914 (RGBl. Nr. 114 S. 513 ff.), welches als vorübergehendes Gesetz gedacht ist und durch Bestimmung des Bundesrates wieder außer Kraft gesetzt werden kann, kann das Eigentum an Gegenständen, für die Höchstpreise festgesetzt sind, mit Ausnahme der einem Landwirt zur Fortführung seiner Wirtschaft erforderlichen Vorräte, durch Anordnung der zuständigen Behörde einer von ihr bezeichneten Person auf deren Antrag übertragen werden.

Das Eigentum geht in diesem Falle über, sobald die Anordnung dem Besitzer zugeht.

Es handelt sich also um einen Übergang des Eigentums ähnlich wie bei der adiudicatio und der Zwangsversteigerung infolge des Zuschlages.

Der den Übergang des Eigentums bezweckenden Anordnung kann eine Aufforderung der zuständigen Behörde zur Überlassung der Gegenstände vorausgehen.

Der von der Anordnung Betroffene ist verpflichtet, die Gegenstände bis zum Ablauf einer von der Behörde in der Anordnung zu bestimmenden Frist zu verwahren.

Die Aufforderung zur Überlassung ist ein Veräußerungsverbot im Sinne der §§ 135, 136 BGB.

Es ist ihr aber die weitergehende Wirkung beigelegt, daß Verfügungen über die von ihr betroffenen Gegenstände sowie Verfügungen durch Zwangsvollstreckung oder Arrestvollziehung schlechthin nichtig sind, wie Rechtsgeschäfte, die gegen ein gesetzliches Verbot verstoßen (§ 134 BGB.).

Es finden also auch die Vorschriften des Bürgerlichen Gesetzbuches zugunsten derjenigen, welche Rechte von einem Nichtberechtigten herleiten, keine Anwendung, d. h. der Erwerb solcher von der behördlichen Anordnung betroffener Gegenstände ist auch durch den guten Glauben des Erwerbers nicht geschützt.

Bei Getreide kann die Anordnung auch getroffen werden, bevor dasselbe ausgedroschen ist.

Das Veräußerungsverbot und damit die Unzulässigkeit der Pfändung erstrecken sich in diesem Falle auch auf die Früchte auf dem Halm.

Das Eigentum geht in diesem Falle auf die von der Behörde bezeichnete Person über, sobald das Getreide ausgedroschen ist.

Bezieht sich die Anordnung auf Erzeugnisse eines Grundstückes, so werden diese von der Haftung für Hypotheken, Grundschulden und Rentenschulden frei, soweit sie nicht vor der Aufforderung zur Überlassung zugunsten des Gläubigers in Beschlag genommen sind (§ 1121 BGB.), was sowohl durch Pfändung als durch Beschlagnahme des Grundstückes durch Zwangsverwaltung geschehen kann.

Die Bestimmung in § 1121 Abs. 2 BGB. ist nicht für anwendbar erklärt.

Es kommt also nur darauf an, ob zur Zeit der Aufforderung zur Überlassung der Gegenstände dieselben bereits zugunsten des Gläubigers in Beschlag genommen worden sind.

Nur in letzterem Fall hat der Gläubiger der Hypothek, Grundschuld oder Rentenschuld das Recht, der Überlassung an den Erwerber zu widersprechen.

Sollte in diesem Fall der Erwerber den Kaufpreis schon bezahlt haben, so hat er nach § 812 BGB. den Anspruch auf Herausgabe nach den Regeln der ungerechtfertigten Bereicherung, sofern nicht der Erwerber die Unmöglichkeit des Eigentumsüberganges gekannt hat (§ 815 BGB.).

Wenn sich ein Besitzer von Gegenständen, für die Höchstpreise festgesetzt sind, des Verkaufes derselben zu diesen Preisen weigert, so kann die zuständige Behörde im öffentlichen Interesse die Gegenstände selbst übernehmen und auf Rechnung und Kosten des Besitzers, soweit sie nicht für seinen eigenen Bedarf nötig sind, verkaufen.

Es handelt sich hiebei um einen für den Besitzer in dessen Namen und für dessen Rechnung vorzunehmenden zwangsweisen Verkauf.

Das Eigentum an den Gegenständen geht deshalb nicht auf die Behörde bzw. auf die von der Behörde vertretene Person des öffentlichen Rechts (Fiskus, Gemeinde usw.) über; die Behörde verkauft vielmehr die Gegenstände namens des Besitzers, welchem auch der Anspuch auf den zu bezahlenden Kaufpreis gegenüber dem Erwerber zusteht.

Das Eigentum geht erst mit dem Verkaufe und der Übergabe der Gegenstände durch die Behörde an den Erwerber über.

Es wird in diesem Falle anzunehmen sein, daß die Gegenstände von der Haftung für Hypotheken, Grundschulden und Rentenschulden mit dem Verkaufe selbst frei werden.

Der Aufforderung zum Verkaufe der Gegenstände kommt in diesem Falle nicht die Wirkung des gesetzlichen Veräußerungsverbotes zu, da sie ja gerade bezweckt, den Verkäufer zum freiwilligen Verkauf der Gegenstände zu veranlassen.

Zubehör und Bestandteile eines Grundstückes sind in dem Gesetze nicht genannt.

Diese können von der zuständigen Behörde weder einer anderen Person übertragen noch auf Rechnung des Besitzers verkauft werden.

In allen Fällen, in welchen die zuständige Behörde die Gegenstände einer anderen Person zu Eigentum überträgt oder selbst für Rechnung des Besitzers verkauft, erfolgt die Übertragung bzw. der Verkauf zu den festgesetzten Höchstpreisen nach den Bestimmungen in § 2 Abs. 4 und § 5 des Gesetzes.

Die Forderung des Besitzers der Gegenstände auf den Übernahmspreis gegenüber derjenigen Person, auf welche das Eigentum durch die zuständige Behörde übertragen ist oder an welche die zuständige Behörde die Gegenstände verkauft hat, kann nach den gewöhnlichen Vorschriften im Wege der Zwangsvollstreckung gepfändet werden.

Bezüglich der Verpflichtung zur Überlassung von Pferden, Fahrzeugen und Geschirren an den Militärfiskus s. II. Teil II. Abschnitt Ziff. 7.

II. Teil.

Formelles Recht.

Für die im I. Teil erörterten kriegsrechtlichen Gesetze wurde das bei Anwendung derselben zu beachtende Verfahren jeweils gleichzeitig behandelt.

Es sind noch diejenigen Vorschriften des Verfahrens zu betrachten, welche für den Kriegszustand im allgemeinen gelten oder durch besondere lediglich auf das Verfahren sich beziehende Notgesetze geschaffen sind.

I. Abschnitt:

Geschäftsaufsicht.

In erster Linie kommt in Betracht die auf Grund § 3 des Gesetzes über die Ermächtigung des Bundesrates zu wirtschaftlichen Maßnahmen vom 4. August 1914 erlassene Bundesratsbekanntmachung vom 8. August 1914, RGBl. Nr. 57 S. 363 ff., betreffend die Anordnung einer Geschäftsaufsicht zur Abwendung des Konkursverfahrens.

Nach § 1 dieser Verordnung kann derjenige, der infolge des Krieges zahlungsunfähig geworden ist, bei dem für die Eröffnung des Konkursverfahrens zuständigen Gericht die Anordnung einer Geschäftsaufsicht zur Abwendung des Konkursverfahrens beantragen; nach § 3 ist dem Antrag stattzugeben, wenn die Behebung der Zahlungsunfähigkeit nach dem Kriege in Aussicht genommen werden kann.

Dieses Gesetz ist nur als vorübergehendes Notgesetz für die Dauer des Kriegszustandes gedacht.

Es kann aber insbesondere in Verbindung mit der Verordnung über die gerichtliche Bewilligung von Zahlungsfristen die Vorstufe für spätere gesetzgeberische Maßnahmen werden, welche entsprechend den schon längst zutage getretenen Bestrebungen auf Einführung gerichtlicher Moratorien und insbesondere des gerichtlichen Präventivakkords ohne die Nachteile des nur im Konkursverfahren möglichen Zwangsvergleiches abzielen.

Das Verfahren bezweckt, den Schuldner, welcher infolge des Krieges zahlungsunfähig geworden ist, und dessen Zahlungsunfähigkeit nur als eine vorübergehende erscheint, vor den nachteiligen Folgen der Zwangsvollstreckung und der Eröffnung des Konkursverfahrens zu schützen. Damit aber auch das Interesse der Gläubiger geschützt wird, wird der Schuldner in bezug auf seine Geschäfts- und Lebensführung während der Dauer des Verfahrens unter die Aufsicht einer Aufsichtsperson gestellt.

1. Antragsberechtigt ist jede natürliche oder juristische Person, selbstverständlich auch solche Personenvereinigungen, welche ohne natürliche oder juristische Person zu sein, eine Personenvereinigung darstellen, welcher

vom Gesetz die Befugnis beigelegt ist, unter ihrem Namen Träger von Rechten und Verbindlichkeiten zu sein, also offene Handelsgesellschaften und Kommanditgesellschaften.

Für diese Rechtssubjekte sowie für geschäftsunfähige oder in der Geschäftsfähigkeit beschränkte Personen sind die gesetzlichen Vertreter antragsberechtigt.

Über Gesellschaften des bürgerlichen Rechts oder Vereine, welche keine Rechtspersönlichkeit besitzen, kann Geschäftsaufsicht nicht eröffnet werden.

Ebensowenig kann solche in einem einheitlichen Verfahren über verschiedene einzelne Personen eröffnet werden; dies ist schon mit Rücksicht auf die Verschiedenheit der Vermögensbestandteile, Rechte und Verbindlichkeiten nicht möglich.

Befinden sich solche Personen in einer Gesellschaft oder sonstigen Gemeinschaft, so kann nur über jede derselben die Geschäftsaufsicht eröffnet werden.

Soweit notwendig, ist die Auseinandersetzung unter denselben nach den gewöhnlichen Regeln über Auseinandersetzung einer Gemeinschaft zu bewirken.

Soweit Auseinandersetzung nicht stattzufinden hat und die Interessen nicht im Widerstreit stehen, kann für die verschiedenen Verfahren eine Aufsichtsperson bestellt werden.

Antragsberechtigt ist auch der Private, welcher kein Geschäft betreibt.

Antragsberechtigt ist auch der Kriegsteilnehmer, welcher durch das im III. Abschnitt B zu behandelnde Reichsgesetz vom 4. August 1914, betreffend den Schutz der infolge des Krieges an der Wahrnehmung ihrer Rechte behinderten Personen noch weiter geschützt ist.

Über einen Nachlaß ist eine Geschäftsaufsicht nicht zulässig.

Antragsberechtigt ist auch der Ausländer, selbst der Angehörige eines feindlichen Staates; doch wird selbstverständlich zwecks Abwendung der Schädigung inländischer Gläubiger einem solchen die Geschäftsaufsicht nur dann zu bewilligen sein, wenn er zufolge behördlicher Duldung im Inlande wohnen oder sein Geschäft ausüben darf.

Ein Gläubiger ist nicht antragsberechtigt.

2. Voraussetzung der Anordnung der Geschäftsaufsicht ist, daß die Zahlungsunfähigkeit infolge des Krieges eingetreten ist und die Behebung derselben nach Beendigung des Krieges in Aussicht genommen werden kann.

Bei einem zahlungsunfähigen Privaten wird die Frage der Möglichkeit der Behebung der Zahlungsunfähigkeit nach Beendigung des Krieges wohl nur dann vorliegen, wenn er sein Vermögen in Unternehmungen angelegt hat, welche während des Krieges nicht realisierbar sind, wenn seine Einnahmen aus Zinsen, Dividenden usw. wesentliche Einbußen während des Krieges erleiden usw.

Die Gerichte werden bei der Würdigung der Voraussetzungen nicht allzu ängstlich verfahren dürfen, wenn die Maßregel erhebliche praktische Bedeutung erlangen soll.

Denn Personen, welche dem Typus der Verordnung vollkommen entsprechen, werden selten sein.

In vielen Fällen wird sich nicht mit Bestimmtheit sagen lassen, ob die Zahlungsunfähigkeit wirklich erst infolge des Krieges eingetreten ist.

Meistens wird durch den Kriegszustand der vorher schon zahlungsschwache Schuldner ergriffen werden.

Es lassen sich aber immerhin zahlreiche Verhältnisse denken, in welchen der Kriegszustand zur Zahlungsunfähigkeit geführt hat.

Es wird dies insbesondere in solchen Geschäftszweigen eintreten, welche Luxusartikel herstellen und vertreiben.

In solchen Artikeln bleiben bei Beginn des Krieges Bestellungen vollständig aus.

Die Schuldner solcher Geschäfte, welche sich selbst wieder mit dem Verkauf solcher Artikel befassen, leiden in ihrem Absatz und können ihren Verbindlichkeiten nicht mehr nachkommen.

Durch das Ausbleiben von neuen Bestellungen und Zahlungen für bereits gelieferte Waren kann ein Geschäft selbst zahlungsunfähig werden, auch wenn es vor Ausbruch des Krieges durchaus zahlungsfähig war.

Dagegen darf die Geschäftsaufsicht nicht angeordnet werden für Personen, welche schon vor Ausbruch des Krieges zahlungsunfähig waren, oder welche zwar erst während des Krieges zahlungsunfähig geworden sind, aber nicht infolge des Krieges selbst, sondern z. B. infolge von verfehlten Spekulationen.

Überschuldung ist aber nicht notwendig gleichbedeutend mit Zahlungsunfähigkeit.

Es kann z. B. ein Schuldner trotz Überschuldung nicht zahlungsunfähig gewesen sein, insbesondere dann, wenn er ohne Ausbruch des Krieges Unterstützung dritter Personen zwecks Erfüllung seiner Verpflichtungen zu erwarten gehabt hätte.

Ob der Schuldner schon vor dem Kriege zahlungsunfähig war, wird sich insbesondere daraus ergeben, ob er Forderungen, welche bereits vor dem Krieg fällig waren, schon vor Ausbruch desselben nicht mehr befriedigt hat.

Die Geschäftsaufsicht soll insbesondere nicht solchen Personen bewilligt werden, welche durch anfechtbare Rechtsgeschäfte, Sicherungsübereignungen usw. Vermögensverschiebungen zum Nachteil ihrer Gläubiger vorgenommen haben.

Denn da, wie noch zu erörtern sein wird, anfechtbare Rechtshandlungen während der Geschäftsaufsicht nicht angefochten werden können, die Fristen zur Anfechtung solcher Rechtshandlungen aber durch die Geschäftsaufsicht andererseits nicht erstreckt werden, auch das Vorgehen einzelner Gläubiger während der Geschäftsaufsicht unzulässig ist, kann durch die Anordnung derselben den Gläubigern schwerer Schaden zugefügt werden.

Der Schuldner ist infolgedessen auch verpflichtet, bei der Stellung des Antrages anzugeben, ob und über welche Vermögensgegenstände er durch derartige Handlungen verfügt hat.

Ist aber ein Schuldner vor Ausbruch des Krieges zahlungsfähig wenn auch zahlungsschwach gewesen, so kann die Geschäftsaufsicht über sein Vermögen angeordnet werden, wenn die Zahlungsunfähigkeit doch erst infolge des Krieges ausbrach.

Von dem Gedanken der Vorschrift ausgehend, welche nur von demjenigen Schuldner die Eröffnung des Konkursverfahrens abwenden will, welcher infolge des Krieges zahlungsunfähig geworden ist, und bei welchem es sich infolgedessen auch nur um eine vorübergehende Zahlungsunfähigkeit handelt, kann die Geschäftsaufsicht solchen Personen nicht bewilligt werden, welche sich nicht im Zustande vorübergehender Zahlungsunfähigkeit, sondern in dem der dauernden Überschuldung befinden.

3. Die Geschäftsaufsicht darf ferner nur dann bewilligt werden, wenn die Behebung der Zahlungsunfähigkeit nach Beendigung des Krieges in Aussicht genommen werden kann.

Auch diese Voraussetzung wird sich im einzelnen Fall nicht leicht beantworten lassen.

Zu verneinen ist die Frage im allgemeinen im Falle der Überschuldung, weil es sich hier in der Regel um dauernde Zahlungsunfähigkeit handelt, es müßte denn z. B. sein, daß der Schuldner nach Beendigung des Krieges Geldmittel von dritter Seite zur Erfüllung seiner Verpflichtung zu erwarten hat.

Hauptsächlich wird es sich um die Feststellung handeln, ob der vom Schuldner betriebene Geschäftszweig nach Beendigung des Krieges neuerlich aufblühen wird.

Eine wesentliche Rolle wird der Umstand spielen, ob die Geschäftsspesen und die Lebenshaltung des Schuldners während des Krieges auch bei längerer Dauer desselben verhältnismäßig so geringfügige Mittel erfordern, daß dieselben mit den während des Krieges aus den Außenständen zu erwartenden Eingängen und aus der während des Krieges fortzusetzenden persönlichen Erwerbstätigkeit des Schuldners ohne besondere Spesen für Hilfspersonen beschafft werden können, oder daß sich durch Beschaffung von Geldmitteln infolge Verpfändung von Waren oder Außenständen die erforderlichen Mittel beschaffen lassen, ohne daß dadurch das Vermögen des Schuldners erheblich gemindert wird.

Ist die Last für die Geschäftsspesen oder die Unterhaltung des Schuldners eine so große, daß auch bei Belebung des Geschäftsganges nach dem Kriege die Einbuße an geschäftlichen Mitteln nicht mehr auszugleichen ist, so kann die Geschäftsaufsicht nicht bewilligt werden.

Eine wesentliche Rolle wird dabei der Umstand spielen, ob der Schuldner durch langfristige Miet- oder Dienstverträge gebunden ist.

Denn da diese von der Aufsichtsperson nicht wie von dem Konkursverwalter mit der gesetzlichen Kündigungsfrist vorzeitig aufgelöst werden können, können sie eine solche Belastung darstellen, daß sie nicht bloß die Behebung der Zahlungsunfähigkeit nach Beendigung des Krieges ausschließen, sondern daß sogar zur Herbeiführung der vorzeitigen Kündigung die Konkurseröffnung angezeigt erscheint.

Ist die Zahlungsunfähigkeit eines Schuldners im wesentlichen dadurch veranlaßt, daß er von seinen eigenen Kunden keine Zahlungen mehr erhält, so wird auch zu prüfen sein, ob die Lage dieser Kunden selbst eine derartige ist, daß dieselben nach Beendigung des Krieges ihren Zahlungsverpflichtungen wieder nachkommen können.

4. Der Schuldner hat, damit die Voraussetzungen der Zulässigkeit der Geschäftsaufsicht geprüft werden können, gemäß § 2 der Bekanntmachung mit dem Antrag eine Übersicht seines Vermögensstandes in Form der Gegenüberstellung der einzeln aufzuführenden Aktiven und Passiven, und soferne er Kaufmann ist, auch die letzte Bilanz einzureichen.

Aus den vom Schuldner vorgelegten Schriftstücken wird insbesondere festzustellen sein, ob die Zahlungsunfähigkeit des Schuldners nicht bereits vor dem Krieg und ohne Beziehung auf denselben bestand, ob ferner die Lage desselben eine derartige ist, daß ihre Behebung nach Beendigung des Krieges in Aussicht genommen werden kann.

Ebenso wird zur Feststellung der Frage, ob die Zahlungsunfähigkeit infolge des Krieges eingetreten ist, bei Kaufleuten der Vergleich der letzten Bilanz mit der für die Zeit der Antragstellung aufzumachenden Zusammenstellung der Aktiven und Passiven dienen, wobei selbstverständlich in erster Linie zu prüfen ist, ob nicht etwa der Schuldner seine Aktiven zu hoch berechnet hat, um hiedurch eine Überschuldung zu verdecken.

Es wird dabei auch zu berücksichtigen sein, ob der Schuldner nicht etwa schon vor Ausbruch des Krieges von seinem Anfangskapital so viel verloren hatte, daß anzunehmen ist, daß die Zahlungsunfähigkeit nicht erst nach dem Kriege eingetreten ist.

Hat der Schuldner allerdings kostspielige Einrichtungen zu treffen gehabt, schwere Versuche gemacht, welche erst allmählich ihre Wirkung für das Geschäft äußern können, so wird auch dies bei der Prüfung der Frage der Lebensfähigkeit seines Geschäftes zu erwägen sein.

Es wird dabei auch die Höhe seines Umsatzes und seines Reingewinnes sowie zu beachten sein, ob der Schuldner längere Zeit schon sein Geschäft geführt hat oder schon nach kurzer Zeit in Zahlungsschwierigkeiten geraten ist.

Es wird auch bei der Frage, ob die Behebung der Zahlungsunfähigkeit nach Beendigung des Krieges in Aussicht genommen werden kann, im wesentlichen darauf ankommen, daß nicht etwa schon erhebliche Vollstreckungen oder freiwillige Pfandbestellungen und Sicherungsübereignungen vorliegen, welche die Aufhebung der Zahlungsunfähigkeit verhindern. Dies ist insbesondere dann zu erwägen, wenn der Schuldner seine Außenstände, vielleicht auch sogar seine zukünftigen Außenstände abgetreten hat.

Denn hiedurch können die Gläubiger um so mehr geschädigt werden, als die Aufsichtsperson entgegen den Befugnissen des Konkursverwalters nicht anfechten kann, auch der Gläubiger nicht während der Dauer der Geschäftsaufsicht.

Dazu kommt, daß die Anordnung der Geschäftsaufsicht auf die aussonderungs- und absonderungsberechtigten Gläubiger keinen Einfluß hat.

Der Schuldner darf deshalb solche für die Entscheidung maßgebende Verhältnisse bei Antragstellung nicht verschweigen.

Ferner kann die Geschäftsaufsicht dann zwecklos sein, wenn durch Versteigerung der Pfandobjekte oder des schuldnerischen Fabrikanwesens sein Vermögen doch nicht zu erhalten ist.

Handelt es sich allerdings um Vermögensobjekte, deren Versteigerung die Behebung der Zahlungsunfähigkeit nicht hindert, so kann die Geschäftsaufsicht zulässig erscheinen.

Es wird auch zu erwägen sein, ob durch Anordnung der Geschäftsaufsicht im Gegensatz zum Konkursverfahren die vorhandenen Aktiven nach dem Kriege besser zu verwerten sind, also z. B. Patente, deren Verwertung im Auslande gerade durch den Kriegszustand gehindert wurde.

5. Gemäß § 4 der Bekanntmachung finden die Vorschriften in § 75 KO. Anwendung.

Das Gericht kann also vor der Verbescheidung des Antrages das persönliche Erscheinen des Schuldners anordnen, sowie zur Aufklärung aller das Verfahren betreffenden Verhältnisse die erforderlichen Ermittlungen insbesondere die Vernehmung von Zeugen und Sachverständigen anordnen, diese sogar eidlich vernehmen, da nach § 4 der Bekanntmachung auch die Bestimmungen in § 72 KO. für anwendbar erklärt sind, auch die Vorschriften der Zivilprozeßordnung entsprechende Anwendung zu finden haben.

Die hiefür erforderlichen Auslagen sind als Barauslagen des Verfahrens vom Schuldner zu tragen; wie noch bei Erörterung der Kostenfrage zu behandeln sein wird, kann für dieselben vom Gerichte Vorschuß verlangt werden (s. Ziff. 44).

Zur Prüfung der Voraussetzungen der Anordnung der Geschäftsaufsicht, also insbesondere der Frage, ob die Zahlungsunfähigkeit des Schuldners infolge des Krieges eingetreten ist und ob ihre Behebung nach Beendigung desselben in Aussicht genommen werden kann, ist in München ein Ausschuß gebildet, der in nicht von vornherein klarliegenden Fällen auf Ersuchen des Amtsgerichts die erforderlichen Ermittlungen durch Einvernahme des Schuldners, Besichtigung seiner Geschäftsräumlichkeiten, Einsichtnahme seiner Bücher usw. vornimmt und dem Gerichte eine gutachtliche Äußerung erstattet.

Der Ausschuß kann auch Vertrauensmänner zu diesem Zwecke bestellen und Auskunftspersonen vernehmen, welche freiwillig vor ihm erscheinen, aber selbstverständlich nicht Zeugen oder Sachverständige zum Erscheinen zwingen oder eidlich vernehmen.

Das Gericht ist auch selbstverständlich an sein Gutachten nicht gebunden, sondern entscheidet nach der Bekanntmachung über den Antrag des Schuldners nach eigenem Ermessen.

6. Ist hiernach der Schuldner infolge des Krieges zahlungsunfähig geworden und ist die Behebung der Zahlungsunfähigkeit nach Beendigung des Krieges in Aussicht zu nehmen, so muß dem Antrage auf Anordnung der Geschäftsaufsicht stattgegeben werden.

Liegt eine dieser Voraussetzungen nicht vor, so darf dagegen dem Antrage nicht stattgegeben werden.

Eine Ablehnung des Antrages aus dem Grunde, daß eine den Kosten des Verfahrens entsprechende Masse nicht vorhanden sei, kann nicht stattfinden.

Für das Verfahren selbst sind ohnehin Gerichtskosten nicht zu bezahlen, wie noch in Ziff. 44 erörtert werden wird.

Es können also nur die Kosten der Aufsichtsperson in Frage kommen.

Auch wegen Mangels deren Deckung kann die Abweisung des Antrages nicht erfolgen.

Wohl aber kann der Mangel einer genügenden baren Masse aus dem Grunde zur Abweisung des Antrages führen, weil infolgedessen möglicherweise die nötigen Mittel auch zu einer weiteren Geschäftsführung und zur bescheidenen Lebensführung des Schuldners nicht vorhanden sind, das Verfahren also seinen Zweck nicht erreichen könnte.

7. Nach § 1 der Verordnung ist das für die Anordnung der Geschäftsaufsicht zuständige Gericht das Amtsgericht, welches für die Eröffnung des Konkursverfahrens zuständig wäre, also gemäß § 71 KO. das Amtsgericht, bei welchem der Schuldner seine gewerbliche Niederlassung oder in Ermangelung einer solchen seinen allgemeinen Gerichtsstand hat (§§ 13—17 ZPO.).

Hat der Schuldner im Deutschen Reiche eine gewerbliche Niederlassung, so kann er also die Geschäftsaufsicht stets beantragen.

Hat er eine gewerbliche Niederlassung im Deutschen Reiche nicht, und hat er auch im Deutschen Reich keinen allgemeinen Gerichtsstand, so kann er die Geschäftsaufsicht nicht beantragen.

Hat er weder im Ausland noch im Inland einen Wohnsitz, so kann er gemäß § 16 ZPO. die Geschäftsaufsicht beantragen, wenn er im Deutschen Reiche einen Aufenthaltsort oder früher einen Wohnsitz gehabt hat; doch erstreckt sich die Geschäftsaufsicht alsdann nur über das im Inlande vorhandene Vermögen.

8. Für den Antrag besteht kein Anwaltszwang; er kann auch zu Protokoll des Gerichtsschreibers erfolgen.

Nach § 2 der Verordnung hat der Schuldner mit dem Antrag außer der schon genannten Übersicht seines Vermögensstandes und der letzten Bilanz ein Verzeichnis der Gläubiger unter Angabe ihrer Adressen einzureichen.

Eine Aufführung der einzelnen Forderungen der Gläubiger ist nicht erforderlich, da die Vorschrift nur dem Zwecke der Benachrichtigung der Gläubiger dient.

Da die Verordnung selbst einen Unterschied bezüglich der Gläubiger, welche in das Verzeichnis aufgenommen werden müssen, nicht macht, hat der Schuldner in das Verzeichnis auch diejenigen Gläubiger aufzunehmen, welche nach § 9 der Verordnung von dem Verfahren nicht betroffen werden.

Das Vermögen ist selbstverständlich für die Zeit der Stellung des Antrages aufzustellen.

Da nach der Bestimmung der Verordnung die Aktiven und Passiven einzeln aufzuführen sind, ist für dieselben sowohl der Schuldgrund als der Betrag ausgeschieden nach den einzelnen Vermögensbestandteilen anzugeben.

Auch Vermögensgegenstände, bezüglich welcher ein Aussonderungs- oder Absonderungsrecht besteht, welches nach § 9 der Verordnung durch die Geschäftsaufsicht nicht berührt wird, sind anzugeben, da die Verordnung eine diese ausscheidende Bestimmung nicht trifft. Es wird aber selbstverständlich zur Klarstellung der Sache erforderlich sein, daß der Schuldner in der Vermögensaufstellung bemerkt, daß die Gegenstände dem Aussonderungs- oder Absonderungsrecht unterliegen.

Damit ferner geprüft werden kann, ob der Schuldner nicht etwa überschuldet ist, müssen die Aktiva nach ihrem wirklichen Werte angegeben werden; es muß also insbesondere bei Aufnahme von Waren oder Einrichtungsgegenständen nach dem Fakturenwert angegeben werden, ob und welche Abschreibung auf dieselben zu machen ist; bei Forderungen ist, wenn dieselben nach dem Nennwert aufgenommen werden, anzugeben, mit welchem Werte dieselben als einbringlich zu erachten sind.

Ist der Schuldner Kaufmann, so hat er auch die letzte Bilanz vorzulegen, d. h. die Bilanz, welche er bei dem dem Antrag vorausgehenden letzten Jahres- oder sonstigen Abschluß gemacht hat. Eine Zwischenbilanz für die Zeit der Antragstellung selbst braucht er nicht herzustellen; diese wird vielmehr durch die miteinzureichende Übersicht des Vermögensstandes, welche für den Zeitpunkt der Antragstellung zu erfolgen hat, ersetzt.

9. Für die Frage, auf welche zur Zeit der Antragstellung vorhandenen Aktiven sich die Übersichten zu erstrecken haben, werden die Bestimmungen in § 1 und § 2 KO. entsprechend anzuwenden sein.

Denn wenn auch die Geschäftsaufsicht nicht die Verteilung des Vermögens des Gemeinschuldners unter seine Gläubiger bezweckt, handelt es sich doch bei der Geschäftsaufsicht darum, Verfügungen des Schuldners zum Nachteil seiner Gläubiger hintanzuhalten.

Es kommt deshalb auch hier zunächst das Vermögen in Betracht, welches im Falle der Eröffnung des Konkursverfahrens, dessen Abwendung die Geschäftsaufsicht bezweckt, zur Befriedigung der Gläubiger zu dienen hätte.

Der Schuldner hat also sein ganzes, zur Zeit der Antragstellung ihm gehöriges der Zwangsvollstreckung unterliegendes Vermögen aufzuzeichnen.

Das Vermögen, das der Schuldner nach Anordnung der Geschäftsaufsicht erwirbt, sei es durch Erbschaft, Schenkung oder eigene Erwerbstätigkeit oder aus anderen Gründen, unterliegt ebenfalls der Aufsicht.

Denn der der Konkursordnung eigentümliche Begriff des konkursgebundenen (bei der Eröffnung des Verfahrens vorhandenen) und des konkursfreien (nach Eröffnung erworbenen) Vermögens ist der Geschäftsaufsicht fremd, da der Endzweck derselben ja nicht die Verteilung des Vermögens unter die Gläubiger, sondern die Aufsicht über das Geschäft und die Lebensführung des Schuldners zwecks Erhaltung seines Vermögens ist.

Der künftige Erwerb des Schuldners spielt auch insofern eine erhebliche Rolle, als der Schuldner nach § 8 der Verordnung aus dem vorhandenen Vermögen diejenigen Mittel erhält, welche zu seiner und seiner Familie Lebensführung erforderlich sind. Erwirbt er also nach Anordnung der Geschäftsaufsicht durch anderweitige Erwerbstätigkeit Mittel, oder steht ihm an dem Vermögen seiner Ehefrau oder seiner Kinder die Nutznießung zu, so braucht er um so weniger Mittel zur Lebensführung.

10. Beantragt der Ehemann über sein Vermögen die Geschäftsaufsicht, so gehört beim Güterstand der allgemeinen Gütergemeinschaft, der Errungenschaftsgemeinschaft und der Fahrnisgemeinschaft auch das Gesamtgut hinzu (BGB. §§ 1443, 1459, 1519, 1530, 1549).

Bei dem gesetzlichen Güterstand der Verwaltung und Nutznießung gehört das dem Ehemann am eingebrachten Gut der Ehefrau zustehende Recht der Nutznießung nicht zu diesem Vermögen; nur die bei Anordnung der Geschäftsaufsicht bereits angefallenen Früchte gehören zu dem Vermögen des Ehemannes, soweit sie nicht zur Erfüllung der dem Ehemann obliegenden Unterhaltspflicht notwendig sind.

Das gleiche gilt für das dem Ehemann oder auch der Ehefrau bei Eröffnung der Geschäftsaufsicht über diese zustehende Nutznießungsrecht am Vermögen der Kinder, sofern dasselbe nicht überhaupt freies Vermögen des Kindes ist (ZPO. §§ 861, 862).

Bezüglich der dem Schuldner nach Anordnung der Geschäftsaufsicht anfallenden Nutzungen wurde bereits bemerkt, daß dieselben insofern in Betracht kommen, als sie dem Schuldner nach Maßgabe ihres Umfanges das Recht entziehen, aus dem der Geschäftsaufsicht unterliegenden Vermögen weitere Mittel zu seiner und seiner Familie Lebenshaltung zu beanspruchen.

Beim Güterstand der Gütertrennung versteht es sich von selbst, daß bei Anordnung der Geschäftsaufsicht nur das Vermögen des Ehegatten in Betracht kommt, bezüglich dessen die Geschäftsaufsicht angeordnet wird.

Wird die Geschäftsaufsicht nur über die Ehefrau angeordnet, so kommt beim Güterstand der allgemeinen Gütergemeinschaft als Vermögen das

Vorbehaltsgut (BGB. § 1440), bei dem Güterstand der Errungenschaftsgemeinschaft und der Fahrnisgemeinschaft das eingebrachte Gut und das Vorbehaltsgut in Frage (BGB. §§ 1520, 1526, 1550).

Beim gesetzlichen Güterstand ist der Mann nicht verpflichtet, bei Anordnung der Geschäftsaufsicht über das Vermögen seiner Ehefrau Handlungen vornehmen zu lassen, welche sein gesetzliches Nutznießungsrecht entgegen den Bestimmungen in BGB. §§ 1412—1414 beeinträchtigen.

Praktisch wichtig wird der Fall der Eröffnung der Geschäftsaufsicht bei einer Handelsfrau sein.

Hier erstreckt sich die Anordnung der Geschäftsaufsicht ohne Rücksicht auf das Nutznießungsrecht des Ehemannes auf deren ganzes Vermögen (BGB. §§ 1405, 1411, 1414).

Dies gilt auch für den vertragsmäßigen Güterstand der allgemeinen Gütergemeinschaft, Errungenschaftsgemeinschaft und Fahrnisgemeinschaft (BGB. §§ 1452, 1519, 1549).

Bemerkt sei, daß die Anordnung der Geschäftsaufsicht über das Gesamtgut einer fortgesetzten Gütergemeinschaft als solches nicht zulässig ist; § 236 KO. ist nicht anwendbar.

Doch ist natürlich bei fortgesetzter Gütergemeinschaft die Anordnung der Geschäftsaufsicht über den überlebenden Ehegatten zulässig, in welchem Falle das Gesamtgut zu dem der Geschäftsaufsicht unterliegenden Vermögen gehört.

Für die Anordnung der Geschäftsaufsicht über ein der elterlichen Gewalt unterstehendes Kind gilt nichts Besonderes, da dessen Vermögen dem freien Zugriff der Gläubiger für seine Verbindlichkeiten unterliegt (BGB. § 1659); dies wird besonders praktisch werden, wenn über ein der elterlichen Gewalt unterliegendes Kind, welches selbständig ein Erwerbsgeschäft betreibt, Geschäftsaufsicht angeordnet wird.

Inwieweit durch Anordnung der Geschäftsaufsicht dem Schuldner jedoch für die Zukunft die Nutznießung entzogen wird oder die Aufhebung einer Gütergemeinschaft eintreten kann, wird später erörtert werden; s. Ziff. 46.

Über das Vermögen mehrerer Personen ist, wie schon bemerkt, gesonderte Geschäftsaufsicht anzuordnen.

Es kann also auch nicht über das Vermögen von Ehegatten ein Verfahren angeordnet werden.

Es würde dies mit Rücksicht darauf, daß die Gläubiger in beiden Verfahren verschieden sein können, zu Unmöglichkeiten in der Durchführung des Verfahrens führen können.

11. Wird Geschäftsaufsicht angeordnet, so ist der Beschluß dem Schuldner zuzustellen, da nach § 4 der Verordnung § 72 KO. für anwendbar erklärt ist, wonach die Bestimmungen der Zivilprozeßordnung entsprechende Anwendung finden.

Hiernach sind nicht verkündete Beschlüsse des Gerichts von Amts wegen zuzustellen (ZPO. § 329 Abs. 3 und KO. § 73 Abs. 2). Die Wirksamkeit des Beschlusses beginnt jedoch schon mit dem Zeitpunkt der Erlassung, um so mehr als der Beschluß des Gerichts nach § 10 der Verordnung nicht angefochten werden kann.

Den Gläubigern ist die Anordnung der Geschäftsaufsicht und die Person der Aufsichtsperson formlos mitzuteilen; Zustellung ist hier nicht vorgeschrieben.

Den Gläubigern, welche nach § 9 der Verordnung von dem Verfahren nicht betroffen werden, braucht deshalb die Geschäftsaufsicht auch nicht mitgeteilt zu werden; die Mitteilung ist aber zulässig und unter Umständen zweckmäßig.

Eine öffentliche Bekanntmachung findet nicht statt.

Da die Anordnung der Geschäftsaufsicht eine Beschränkung in der Verwaltung des Vermögens des Schuldners nicht mit sich bringt, wird auch die Anordnung der Geschäftsaufsicht in das Handelsregister und in das Grundbuch nicht eingetragen.

Die Schuldner werden aus dem gleichen Grunde nicht verständigt.

12. Wird dem Antrag stattgegeben, so bestellt das Gericht eine oder mehrere Personen zur Beaufsichtigung der Geschäftsführung des Schuldners (§ 4 der Verordnung).

Als Aufsichtspersonen können rechtskundige Personen (Rechtsanwälte) oder andere Personen bestellt werden.

Das Gericht wird zwecks Vermeidung der Schädigung eines Schuldners nicht einen Konkurrenten desselben aufstellen; es wird aber bei schwierigeren Betrieben erforderlich sein, wenigstens eine Aufsichtsperson zu bestellen, welche im Geschäftszweig des Schuldners erfahren ist.

Beteiligte Personen, insbesondere Gläubiger, werden als Aufsichtspersonen nicht aufzustellen sein.

Bei rechtlich schwierigen Verwaltungen wird eine rechtskundige Person aufzustellen sein.

Aus der Verantwortlichkeit der Aufsichtsperson gegenüber allen Beteiligten folgt ihre Pflicht zur Verschwiegenheit, auf welche sie ebenso wie auf ihre übrigen Pflichten vom Amtsgericht zweckmäßig hinzuweisen sein wird.

Mehrere Personen werden nur dann zu ernennen sein, wenn es sich um eine besonders umfangreiche oder verwickelte Geschäftsführung handelt; im Regelfall wird eine Aufsichtsperson aufzustellen sein.

Für den Fall, daß mehrere Aufsichtspersonen ernannt werden, ist deren Zuständigkeit durch die Verordnung nicht bestimmt.

§ 79 KO. ist nicht für anwendbar erklärt.

Das Gericht wird zweckmäßig bei der Aufstellung mehrerer Aufsichtspersonen deren Geschäftsführungsbefugnis abzugrenzen haben; dies muß als zulässig erachtet werden, nachdem die Anwendbarkeit des in § 79 KO. niedergelegten Grundsatzes auch nicht ausgeschlossen ist.

Andernfalls führen dieselben die Geschäftsaufsicht gemeinschaftlich.

Da nach § 6 der Verordnung in Verbindung mit § 83 KO. die Aufsichtsperson unter der Aufsicht des Gerichtes steht, wird dieses die Befugnis haben, bei Meinungsverschiedenheiten unter den Aufsichtspersonen die erforderliche Anordnung zu treffen.

Die Geschäftsaufsicht zu übernehmen, ist niemand verpflichtet.

Ist aber das Amt übernommen, so wird anzunehmen sein, daß die Aufsichtsperson zwar Antrag auf Enthebung an das Amtsgericht stellen, ohne Enthebung dasselbe aber nicht eigenmächtig niederlegen kann (Jaeger, Kommentar zur Konkursordnung, 3. und 4. Aufl., Anm. 8 zu § 78 und 6 zu § 84).

Bei Verhinderung der Aufsichtsperson, z. B. durch Einberufung zum Heeresdienst, ist eine andere zu bestellen.

13. Die Bestellung eines Gläubigerausschusses, sowie Versammlungen der Gläubiger finden nicht statt.

14. Gemäß § 6 der Verordnung in Verbindung mit § 81 Abs. 2 KO. ist der Aufsichtsperson eine urkundliche Bescheinigung ihrer Ernennung zu erteilen, welche bei Beendigung des Amtes dem Gerichte zurückzureichen ist.

Die rechtliche Natur der Stellung der Aufsichtsperson selbst ist nicht zweifelsfrei.

Nach §§ 6, 7 und 8 der Verordnung, welche die Bestimmungen in §§ 82, 83, 84 Abs. 1 Satz 1 und Abs. 2 KO. für anwendbar erklären, hat die Aufsichtsperson die Geschäftsführung des Schuldners zu unterstützen und zu überwachen.

Sie kann zu diesem Zwecke die erforderlichen Maßnahmen treffen, insbesondere die Geschäftsführung ganz oder teilweise einer anderen Person übertragen. Bei Widerspruch des Schuldners hat das Gericht das Erforderliche zu veranlassen.

Der Schuldner ist verpflichtet, der Aufsichtsperson Einsicht in seine Geschäftsbücher und sonstigen Aufzeichnungen zu gewähren und Auskunft über den Stand seines Vermögens und über seine Geschäfte zu geben.

Der Schuldner soll ohne Zustimmung der Aufsichtsperson weder unentgeltliche Verfügungen oder Verfügungen über Grundstücke und Rechte an Grundstücken vornehmen, noch Ansprüche befriedigen oder sicherstellen, noch auch andere als solche Verbindlichkeiten eingehen, die zur Fortführung des Geschäfts oder zu einer bescheidenen Lebensführung des Schuldners und seiner Familie erforderlich sind.

Umfang und Reihenfolge der Befriedigung der Gläubiger bestimmen die Aufsichtspersonen nach billigem Ermessen; im Streitfall entscheidet das Gericht.

Es fragt sich hiernach zunächst, welche rechtliche Stellung die Aufsichtsperson einnimmt.

Beim Konkursverwalter bestehen bekanntlich über seine rechtliche Stellung weitgehende Meinungsverschiedenheiten.

Er soll je nachdem Vertreter der Gläubiger, Vertreter des Schuldners oder Vertreter der Masse sein.

Nach §§ 6, 117 KO. verliert der Gemeinschuldner die Befugnis der Verwaltung und Verfügung über sein zur Konkursmasse gehöriges Vermögen, welche Befugnisse auf den Konkursverwalter übergehen.

Diese weitgehende Stellung kommt der Aufsichtsperson nicht zu.

Die Aufsichtsperson ist weder gesetzlicher Vertreter des Schuldners noch Vertreter der Gläubiger.

Sie hat die Geschäftsführung des Schuldners zum Zwecke der Sicherstellung der Gläubiger gegen nachteilige Handlungen desselben nur zu unterstützen und zu überwachen.

Geschäftsführung ist hier in weitestem Sinne zu verstehen, nicht etwa bloß in dem Sinne einer kaufmännischen Geschäftsführung, sondern auch wie beim Privaten, in dem Sinne der Vornahme aller Handlungen, welche die Vermögensverwaltung mit sich bringt.

Zur Errichtung eines Inventars oder einer Bilanz ist die Aufsichtsperson nicht verpflichtet; es kann dies aber aus Zweckmäßigkeitsgründen notwendig sein, soweit die vom Schuldner eingereichten Vermögensübersichten nicht genügen, um einen geordneten Überblick über die Geschäftsführung des Schuldners zu ermöglichen.

Die Befugnis der Verwaltung seines Vermögens und die Verfügung über dasselbe behält der Schuldner selbst.

Sofern er Kaufmann ist, bleibt er solcher auch nach Anordnung der Geschäftsaufsicht.

Die Aufsichtsperson ist auch nicht etwa berechtigt, das Geschäft des Schuldners ohne dessen Zustimmung zu schließen.

Insbesondere bleibt der Schuldner auch in allen Rechtsstreitigkeiten, welche sich auf sein Vermögen beziehen, selbst die Partei; er kann in solchen Rechtsstreitigkeiten von der Aufsichtsperson kraft einer gesetzlichen Befugnis derselben nicht vertreten werden, woraus folgt, daß der Schuldner in solchen Prozessen auch nicht Zeuge sein kann und Parteieide selbst leisten muß.

Die Aufsichtsperson kann sich einem solchen Verfahren nicht einmal als Nebenintervenient anschließen, da sie kein eigenes rechtliches Interesse als dritte Person an dem Ausgang des Rechtsstreites hat.

Auch als Beistand kann sie nicht gegen den Willen des Schuldners auftreten, da nach § 90 ZPO. sich die Partei des Beistandes selbst bedienen muß.

Für die Aufsichtsperson gelten auch nicht die Bestimmungen des Bürgerlichen Gesetzbuches über Auftrag und Geschäftsbesorgung.

Auch die Bestimmungen des Bürgerlichen Gesetzbuches über die Pflegschaft finden keine unmittelbare Anwendung; gleichwohl ist die Stellung der Aufsichtsperson der eines Pflegers ähnlich.

Die Aufsichtsperson ist eine behördlich eingesetzte Person, welche zum Zwecke der Wahrung der Rechte der Gläubiger die Geschäftsführung des Schuldners zu unterstützen und zu überwachen hat, welche also weder Vertreter des Schuldners noch Vertreter der Gläubiger, und ebensowenig Vertreter der Masse ist.

Die Aufsichtsperson erhält zur Legitimation dritten Personen und Behörden gegenüber für die Dauer ihres Amtes eine urkundliche Bescheinigung über ihre Bestallung, sie steht unter der Aufsicht des Gerichts, welches nach Anhörung derselben bei Pflichtverletzung derselben Ordnungsstrafen bis zu 200 Mark festsetzen kann.

Eine Leistung einer Sicherheit kann ihr nicht auferlegt werden.

Die Aufsichtsperson ist ferner für die Erfüllung der ihr obliegenden Pflichten allen Beteiligten, d. h. also sowohl dem Schuldner wie den Gläubigern gegenüber verantwortlich.

Eine solche Verantwortlichkeit kann sich aber auch gegenüber dritten Personen ergeben, insbesondere gegenüber solchen Personen, mit welchen während der Dauer der Geschäftsaufsicht neue Rechtsgeschäfte abgeschlossen werden.

Diese Bestimmungen ergeben sich aus § 6 der VO. in Verbindung mit den dortselbst für anwendbar erklärten Bestimmungen in § 81 Abs. 2, 82, 83 und 84 Abs. 1 Satz 1 und Abs. 2 KO.

Sind mehrere Aufsichtspersonen vorhanden, und ist die Überwachung der Geschäftsführung des Schuldners zwischen ihnen nicht geteilt worden, so haften sie gemäß § 840 BGB. für die Verletzung ihrer Pflichten als Gesamtschuldner.

Daraus, daß die Aufsichtsperson den Schuldner in seiner Geschäftsführung unterstützen und überwachen muß, folgt zunächst die Verpflichtung des Schuldners, ihr Einsicht in seine Geschäftsbücher und sonstigen Aufzeichnungen zu gewähren und Auskunft über den Stand seines Vermögens und über seine Geschäfte zu geben.

Aus der weiteren Bestimmung, wonach der Schuldner ohne Zustimmung der Aufsichtsperson weder unentgeltliche Verfügungen oder Verfügungen über Grundstücke und Rechte an Grundstücken vornehmen, noch Ansprüche befriedigen oder sicher stellen noch auch andere als solche Verbindlichkeiten eingehen soll, die zur Führung des Geschäftes oder zu einer bescheidenen Lebensführung des Schuldners und seiner Familie erforderlich sind, folgt weiter, daß der Schuldner an sich die Verwaltung seines Vermögens behält.

Nun hat aber die Aufsichtsperson das Recht, zu dem Zwecke der Unterstützung und Überwachung der Geschäftsführung des Schuldners die erforderlichen Maßnahmen zu treffen; sie kann zu diesem Zwecke die Geschäftsführung ganz oder teilweise einer anderen Person auch gegen Entgelt übertragen und bei Widerspruch des Schuldners an das Gericht den Antrag stellen, das Erforderliche zu veranlassen.

Diese andere Person handelt alsdann wie ein Bevollmächtigter, bei kaufmännischen Betrieben als Handlungsbevollmächtigter.

Dagegen kann die Aufsichtsperson keinen Prokuristen bestellen.

Wenn die Aufsichtsperson die Geschäftsführung ganz oder teilweise einer anderen Person übertragen hat, wird sie auch das Recht haben, die Geschäftsführung selbst zu übernehmen.

Im Falle des Widerspruchs des Schuldners hat also das Gericht zunächst darüber zu entscheiden, ob es notwendig oder zweckdienlich ist, dem Schuldner die persönliche Geschäftsführung zu entziehen.

Allein auch in diesem Falle ist die Aufsichtsperson nicht gesetzlicher Vertreter des Schuldners.

Sie führt in diesem Falle die Geschäfte ebenso wie ein von ihr aufgestellter Geschäftsführer nicht als gesetzlicher Vertreter des Schuldners, sondern wie ein Bevollmächtigter.

Damit sind indessen nicht alle Schwierigkeiten beseitigt.

Denn wenn auch die Handlungen der Aufsichtsperson den Schuldner verpflichten, wie die eines anderen Vertreters auch, so fragt es sich doch, wie weit die Aufsichtsperson zur Vertretung des Schuldners berechtigt ist, insbesondere wie weit sie zur Vertretung bei Gericht und bei Vornahme von Rechtsgeschäften befugt ist, welche eine förmliche Vollmacht erfordern.

Zweifellos ist, daß die Aufsichtsperson innerhalb ihrer Geschäftsführungsbefugnis Rechtsgeschäfte für den Schuldner vornehmen, Zahlungen in Empfang nehmen und alle diejenigen Rechtshandlungen vornehmen kann, welche der gewöhnliche Geschäftsbetrieb mit sich bringt.

Da die Aufsichtsperson aber auch dann, wenn dem Schuldner die Geschäftsführung entzogen ist, nicht gesetzlicher Vertreter desselben ist, kann sie nicht Rechtshandlungen vornehmen, welche nur der gesetzliche Vertreter vornehmen kann.

Sie kann also nicht Wechselverpflichtungen für den Schuldner eingehen, nicht Grundstücke für denselben kaufen oder verkaufen, oder über Rechte an Grundstücken verfügen, nicht für den Schuldner bei Gericht auftreten.

Sie kann solche Rechtsgeschäfte, welche ohne besondere Vollmacht nur der gesetzliche Vertreter eingehen kann, nicht vornehmen.

Die mangelnde Zustimmung des Schuldners kann auch nicht durch das Gericht ersetzt werden, da die Fälle, in welchem das Gericht als Vormundschaftsgericht eine Willenserklärung des Schuldners ersetzen kann, im Bürgerlichen Gesetzbuch im einzelnen bestimmt sind.

Verweigert der Schuldner in Notfällen seine Zustimmung, so bleibt als letztes Mittel nur die Aufhebung der Geschäftsaufsicht übrig (§ 10 der VO.).

Die Aufsichtsperson hat also wohl die Pflichten und die Verantwortlichkeit, aber nicht die Befugnisse wie ein Konkursverwalter.

15. Auch dann, wenn dem Schuldner die Geschäftsführung belassen ist, hat er sich den Maßnahmen der Aufsichtsperson zu fügen.

Er soll ohne Zustimmung der Aufsichtsperson insbesondere folgende Geschäfte nicht vornehmen:

a) unentgeltliche Verfügungen, das sind Schenkungen im Sinne von §§ 516 ff. BGB., also Rechtsgeschäfte, welche ohne eine gleichwertige Gegenleistung vorgenommen werden; daß der Schuldner, wenn Geschäftsaufsicht angeordnet ist, keine Aussteuer und Ausstattung geben kann, versteht sich von selbst;

b) Verfügungen über Grundstücke und Rechte an Grundstücken.

   Rechte an Grundstücken sind Erbbaurechte, Dienstbarkeiten, Vorkaufsrechte und Reallasten, aber auch Hypotheken, Grundschulden und Rentenschulden, da die Ausnahmebestimmung in § 1821 Abs. 2 BGB. für die letztgenannten drei Rechte in der Verordnung nicht genannt ist;

c) Erfüllung oder Sicherstellung von Ansprüchen irgendwelcher Art.

   Er soll also weder Gläubiger befriedigen oder sicher stellen, deren Forderungen bereits zur Zeit der Anordnung der Geschäftsaufsicht bestanden haben, noch solche, welche von dem Verfahren nicht betroffen werden;

d) Geschäfte, welche zur Fortführung des Geschäftes oder zu einer bescheidenen Lebensführung seiner Person und der seiner Familie nicht erforderlich sind.

Er soll also ohne Zustimmung der Aufsichtsperson nur solche Geschäfte vornehmen, welche der gewöhnliche Geschäftsbetrieb als durchaus notwendig mit sich bringt oder welche sich aus der Führung eines einfachen Haushaltes also der Beschaffung der notwendigsten Bedürfnisse für denselben ergeben.

Nimmt der Schuldner solche Rechtsgeschäfte trotzdem vor, so sind dieselben, da er über sein Vermögen die Verwaltung behält, gleichwohl rechtswirksam.

Seine Rechtsgeschäfte sind aber auch dann wirksam, wenn die Aufsichtsperson die Geschäftsführung entweder selbst in die Hand genommen hat oder ganz oder teilweise einem Beauftragten übertragen hat.

Dabei ist jedoch im allgemeinen folgendes zu bemerken:

Nimmt der Schuldner ein Rechtsgeschäft vor, obwohl ihm die Geschäftsführungsbefugnis entzogen ist, oder nimmt er ein Rechtsgeschäft vor, welches er, auch wenn ihm die Geschäftsführung belassen ist, ohne Zustimmung der Aufsichtsperson nicht vornehmen soll, so kann dasselbe wegen Verstoßes gegen die guten Sitten nach § 138 BGB. unwirksam sei.

Die Kenntnis des Dritten, mit welchem das Rechtsgeschäft vorgenommen wird, macht das Geschäft aber an sich noch nicht unwirksam; es muß der Fall der Kollusion vorliegen.

Dies ist nur dann der Fall, wenn der Schuldner absichtlich zum Nachteil der Gläubiger handelt, und der Dritte bei der Verwirklichung dieser Absicht wissentlich mitwirkt.

Außerdem kann ein solches Rechtsgeschäft nach den allgemeinen Bestimmungen über die Anfechtbarkeit von Rechtshandlungen des Schuldners innerhalb des Konkursverfahrens anfechtbar sein unter der Voraussetzung, daß auch gegenüber dem begünstigten Gläubiger die Voraussetzungen der Anfechtbarkeit gegeben sind.

Nur können die einzelnen Gläubiger, wie noch in Ziff. 29 zu erörtern sein wird, diese Anfechtbarkeit während der Dauer der Geschäftsaufsicht nicht geltend machen, soweit sie vom Verfahren betroffen werden.

Die vom Verfahren nicht betroffenen Gläubiger können auch während der Dauer der Geschäftsaufsicht anfechten und zwar auch Rechtshandlungen, welche der Schuldner vor Anordnung derselben vorgenommen hat.

Dabei ist aber zu bemerken, daß von dem Verfahren nur solche Ansprüche nicht betroffen werden, welche auf Rechtshandlungen des Schuldners beruhen, die dieser nach Anordnung der Geschäftsaufsicht mit Zustimmung der Aufsichtsperson vorgenommen hat oder ohne solche Zustimmung vornehmen durfte (§ 9 Ziff. 1 der Verordnung).

Soweit also solche Rechtsgeschäfte, welche der Schuldner ohne die erforderliche Zustimmung der Aufsichtsperson vorgenommen hat, auch an sich rechtswirksam sind, werden sie durch das Verfahren betroffen, können also während der Dauer des Verfahrens durch Arrest und Zwangsvollstreckung nicht geltend gemacht werden.

Der Aufsichtsperson steht dagegen ein Anfechtungsrecht weder bezüglich der vor noch während des Verfahrens vom Schuldner vorgenommenen Rechtsgeschäfte zu; sie kann auch nicht über das Vermögen des Schuldners die Eröffnung des Konkursverfahrens beantragen.

16. Widerspricht der Schuldner einer auf die Geschäftsführung bezüglichen Maßnahme der Aufsichtsperson, so hat das Gericht das Erforderliche anzuordnen, und zwar selbstverständlich nicht durch Urteil, sondern durch Beschluß.

Der Fall, daß der Schuldner der Aufsichtsperson die Masse nicht herausgibt, kann in dieser Gestalt nicht in Frage kommen, nachdem die Aufsichtsperson entgegen dem Konkursverwalter nicht in den Besitz oder die Verwaltung der Masse tritt, der Schuldner vielmehr im Besitze der Masse verbleibt.

Der Schuldner kann deshalb von der Aufsichtsperson auch nicht zum Offenbarungseid geladen werden.

Allein der Schuldner kann Maßnahmen treffen, welche die Aufsichtstätigkeit der Aufsichtsperson hindern, oder er kann sich in die Geschäftsführung einmischen, obwohl dieselbe von der Aufsichtsperson selbst ausgeübt oder einer dritten Person übertragen wird.

Er kann auch durch Verschweigung oder Vorenthaltung von Vermögensstücken die Tätigkeit der Aufsichtsperson vereiteln.

Das Gericht wird zunächst dem Schuldner mündlich oder schriftlich die entsprechende Belehrung und Verwarnung erteilen.

Welche Maßregeln das Gericht im übrigen anordnen kann, ist in der Verordnung nicht bestimmt; die Bestimmungen der Konkursordnung sind nicht ausdrücklich für anwendbar erklärt.

Da das Gericht aber nach der Verordnung in seinen Maßnahmen nicht beschränkt ist, wird es, wenn der Schuldner sein Vermögen schädigende

Maßnahmen trifft, demselben die Geschäftsführung entziehen, ein Veräußerungsverbot erlassen, eventuell im Grundbuch einen Sperrvermerk eintragen lassen.

Rechtshandlungen, welche der Schuldner entgegen einem solchen Veräußerungsverbote unternimmt, haben dann die Wirkung nach §§ 135, 136 BGB.

Zu diesen Maßnahmen wird das Gericht befugt sein, denn sie dienen unmittelbar zur Durchführung der Übertragung der Geschäftsführung auf eine andere Person als den Schuldner.

Dagegen ist das Gericht zu indirekten Zwangsmaßregeln, insbesondere zur Anordnung der Haft gegen den Schuldner nicht befugt, ebenso nicht zur Anordnung einer Postsperre, da § 101 und § 121 KO. nicht für anwendbar erklärt sind.

Das letzte Mittel ist nach § 10 der Verordnung die Aufhebung des Verfahrens d. h. der Geschäftsaufsicht überhaupt, wodurch dem Schuldner die Wohltaten derselben verloren gehen.

17. Wenn der Schuldner einen Teil seines Vermögens oder sein ganzes Vermögen vor Anordnung der Geschäftsaufsicht einem Treuhänder oder einer Treuhandgesellschaft zwecks außergerichtlicher Verwaltung und Verteilung unter seine Gläubiger übereignet hat, wird, obwohl die Bestimmung in § 117 KO. nicht unmittelbar anwendbar ist, der Treuhänder das Vermögen zurückzugeben haben.

Denn auch die Anordnung der Geschäftsaufsicht bezweckt eine die Tätigkeit eines Treuhänders ausschließende unter gerichtlicher Aufsicht vor sich gehende Überwachung der Verwaltung des schuldnerischen Vermögens und die Befriedigung der Gläubiger durch die Aufsichtsperson.

Gibt der Treuhänder das Vermögen nicht heraus, und verweigert der Schuldner seine Mitwirkung zur Anrufung gerichtlicher Hilfe, so wird nichts übrig bleiben, als die Aufhebung des Verfahrens.

18. Das Geschäft des Schuldners ist insoweit weiter zu führen, als es den eingeschränkten Verhältnissen und Mitteln entspricht.

Da das Vermögen dem Schuldner aber auch seinen Gläubigern erhalten werden soll, werden nur die notwendigen Geschäfte, welche mit den vorhandenen Mitteln gefahrlos abgewickelt werden können, einzugehen sein.

Auf bereits bestehende Rechtsverhältnisse hat die Geschäftsaufsicht keinen Einfluß.

Es müssen also gegenseitige Verträge, welche von dem Schuldner und von dem anderen Teil nicht oder noch nicht vollständig erfüllt sind, erfüllt werden.

Bei Miet- oder Dienstverhältnissen besteht kein vorzeitiges Kündigungsrecht.

Ein von dem Schuldner erteilter Auftrag oder ein auf Geschäftsbesorgung gerichteter Dienst- oder Werkvertrag (z. B. eine Prokura, ein Agenturverhältnis) erlöschen nicht durch die Anordnung der Geschäftsaufsicht, da diese ja dem Schuldner nicht die Verwaltung seines Vermögens entzieht.

Die Anordnung der Geschäftsaufsicht kann aber gleichwohl nach den allgemeinen Bestimmungen über gegenseitige Verträge auf die Erfüllung derselben den Einfluß haben, wie bereits im I. Teil erörtert ist.

Es kann z. B. der zur Vorausleistung Verpflichtete gemäß § 321 BGB. die ihm obliegende Leistung (die Lieferung einer Ware) bis zur Bewirkung einer Sicherheit verweigern, wenn nach Abschluß des Vertrages die Anordnung der Geschäftsaufsicht eingetreten ist, weil durch die Anordnung derselben im allgemeinen eine die Gegenleistung gefährdende wesentliche Verschlechterung der Vermögensverhältnisse des Schuldners erkennbar wird.

Bei der Eingehung neuer Geschäfte darf, wenn sie auf Kredit erfolgen (also die Bestellung einer Ware gegen Zahlungsziel, Aufnahme von Darlehen usw.) dem Dritten die Anordnung einer Geschäftsaufsicht nicht verschwiegen werden, weil dieses Merkmal für die Kreditwürdigkeit von Bedeutung ist.

Bei Verschweigung würde nicht bloß der neue Gläubiger das Recht der Anfechtung wegen Irrtums über wesentliche Eigenschaften oder wegen arglistiger Täuschung nach §§ 119, 123 BGB. haben, sondern es würde die persönliche Verantwortlichkeit der Aufsichtsperson eintreten.

Wenn auch eine Pflicht, seine Vermögensverhältnisse zu offenbaren, im allgemeinen nicht besteht, muß eine solche Pflicht doch dann angenommen werden, wenn der Schuldner unter Geschäftsaufsicht steht, also zahlungsunfähig ist. Die Aufsichtsperson, welche insbesondere nicht ermessen kann, ob ihr nicht durch die Aufhebung des Verfahrens die Möglichkeit der weiteren Überwachung des Geschäftsbetriebes des Schuldners entzogen wird, wird deshalb schon aus diesem Grunde bei Abschluß neuerlicher Kreditgeschäfte das Bestehen der Geschäftsaufsicht nicht verschweigen dürfen.

Die Aufsichtsperson ist für die Überwachung der Rechtsgeschäfte des Schuldners und für die eigene Vornahme derselben oder die Vornahme durch den aufgestellten Geschäftsführer auch den übrigen Beteiligten, also den Gläubigern des Schuldners verantwortlich.

19. Auf die dem Schuldner zustehenden Vermögensrechte hat die Anordnung der Geschäftsaufsicht an sich keinen Einfluß.

Außenstände des Schuldners sind deshalb gegebenenfalls im Wege der Klage und Vollstreckung einzuziehen, rückständige Stammeinlagen sind bei einer Gesellschaft mit beschränkter Haftung einzufordern usw.

Über Schuldner des Schuldners ist nötigenfalls Konkurseröffnung zu beantragen.

Nur kann diese Rechte nicht die Aufsichtsperson selbständig als gesetzlicher Vertreter ausüben, wie schon ausgeführt wurde (s. Ziff. 14).

20. Die eigentliche Wirkung der Anordnung der Geschäftsaufsicht besteht nach § 5 der Verordnung darin, daß während der Dauer der Geschäftsaufsicht das Konkursverfahren über das Vermögen des Schuldners nicht eröffnet werden darf, und daß Arreste und Zwangsvollstreckungen in das Vermögen des Schuldners nur zugunsten der Gläubiger stattfinden, welche nach § 9 der Verordnung vom Verfahren nicht betroffen werden.

Zunächst ist zu bemerken, daß anhängige Prozesse durch die Anordnung der Geschäftsaufsicht nicht unterbrochen werden.

Es kann sogar ein vom Verfahren betroffener Gläubiger auch nach der Anordnung der Geschäftsaufsicht Klage stellen und Urteil erwirken.

Es ist auch in diesem Falle der Schuldner in die Prozeßkosten zu verurteilen; denn durch Nichtbezahlung gibt der Schuldner Anlaß zur Klagestellung, auch wenn er während des Verfahrens die Schuld selbst nicht zu bezahlen braucht.

Die Kostenpflicht trifft in diesem Falle den Schuldner, nachdem der Gläubiger durch das Verfahren an der Klagestellung nicht gehindert ist.

Zur Ermöglichung der Unterbrechung der Verjährung muß der Gläubiger sogar Klage stellen, da die Anmeldung der Forderung gegenüber der Aufsichtsperson nicht wie die Anmeldung des Anspruchs im Konkursverfahren (BGB. § 209) die Verjährung unterbricht.

Abgesehen von dem Rechte der Klage werden von der Geschäftsaufsicht alle Gläubiger betroffen, insbesondere auch z. B. Wechselgläubiger.

Als selbstverständlich sei bemerkt, daß die Anordnung der Geschäftsaufsicht ebensowenig als die Eröffnung des Konkursverfahrens ein Grund ist, um einen zur Erhaltung des Regreßrechts aus dem Wechsel oder Scheck erforderlichen Protest zu unterlassen.

Für die Unterhaltsansprüche gilt die beschränkende Vorschrift nach § 3 Abs. 2 KO. nicht.

Dagegen genießen sie auch kein Vorrecht, werden vielmehr ebenfalls vom Verfahren betroffen.

Doch ist zu bemerken, wie in Ziff. 32 erörtert werden wird, daß nach § 8 VO. die vorhandenen Mittel zur bescheidenen Lebensführung des Schuldners und seiner Familie mitzuverwenden sind.

21. Von dem Verfahren werden nach § 9 der Verordnung folgende Gläubiger nicht betroffen:

a) Die Gläubiger, deren Ansprüche auf Rechtshandlungen des Schuldners beruhen, die dieser nach der Anordnung der Geschäftsaufsicht mit Zustimmung der Aufsichtsperson vorgenommen hat oder ohne solche Zustimmung vornehmen durfte;
b) die Gläubiger, denen nach § 43 KO. im Falle des Konkurses ein Anspruch auf Aussonderung zusteht;
c) die Gläubiger, soweit sie im Falle des Konkurses abgesonderte Befriedigung beanspruchen können;
d) die in § 61 Ziff. 1 und 2 KO. bezeichneten Gläubiger wegen der dort angegebenen Forderungen, auch soweit sie nach der Anordnung der Geschäftsaufsicht fällig werden.

Aus dieser Regelung ergibt sich, daß die Geschäftsaufsicht den Schuldner im wesentlichen gegen den Zugriff solcher Gläubiger schützen soll, welche eine zur Zeit der Anordnung der Geschäftsaufsicht bereits begründete Forderung gegen denselben haben, wobei jedoch diejenigen Gläubiger von dem Verfahren nicht betroffen werden, welche als Aussonderungs- oder Absonderungsberechtigte an dem Verfahren ebensowenig teilnehmen, wie die gleichen Gläubiger am Konkursverfahren (KO. §§ 4, 43).

Das Konkursverfahren jedoch kann während der Dauer der Geschäftsaufsicht auch auf Antrag solcher Gläubiger nicht eröffnet werden, welche durch das Verfahren nicht betroffen werden.

22. Ist ein Konkursverfahren bereits anhängig, so ist die Anordnung der Geschäftsaufsicht unzulässig.

Während nach § 5 der Verordnung Voraussetzung der Unzulässigkeit von Arresten und Zwangsvollstreckungen das Vorliegen einer vom Verfahren betroffenen Forderung ist, ist die Eröffnung des Konkursverfahrens während der Dauer der Geschäftsaufsicht überhaupt, also auch auf Antrag von solchen Gläubigern für unzulässig erklärt, welche eine vom Verfahren nicht betroffene Forderung haben.

Ist ein Konkurseröffnungsantrag gestellt, und wird, bevor über denselben vom Konkursgerichte entschieden ist, die Anordnung einer Geschäftsaufsicht beantragt, so ist die Verbescheidung des Antrages auf Konkurseröffnung auszusetzen, bis über den Antrag auf Anordnung der Geschäftsaufsicht entschieden ist.

Es folgt dies daraus, daß der Zweck der Geschäftsaufsicht die Abwendung des Konkursverfahrens ist.

Wird dem Antrag auf Anordnung der Geschäftsaufsicht stattgegeben, so ist der Antrag auf Konkurseröffnung zurückzuweisen.

Dagegen ist nicht in der gleichen Weise zu verfahren, wenn gegen den Schuldner ein Antrag auf Erlassung eines Arrestes oder einer Zwangsvollstreckungshandlung vorliegt.

Denn während nach § 1 der Verordnung Zweck der Anordnung der Geschäftsaufsicht die Abwendung des Konkursverfahrens ist, hat die Unzulässigkeit der Erlassung eines Arrestes oder des Vollzuges der Zwangsvollstreckung nach § 5 der Verordnung die bereits erfolgte Anordnung der Geschäftsaufsicht zur Voraussetzung.

Es kann sich also das Vollstreckungsgericht oder der Vollstreckungsbeamte nicht weigern, eine Zwangsvollstreckungshandlung deshalb vorzunehmen, weil der Schuldner bereits die Anordnung der Geschäftsaufsicht beantragt habe.

Insbesondere ist zu bemerken, daß die nachträgliche Anordnung der Geschäftsaufsicht auch kein Grund ist, einen bereits erlassenen und vollzogenen Arrestbeschluß gemäß § 927 ZPO. wegen veränderter Umstände nachträglich wieder aufzuheben.

Ist die Geschäftsaufsicht angeordnet, so können während der Dauer derselben für die vom Verfahren betroffenen Gläubiger Arreste und Zwangsvollstreckung nicht stattfinden.

Die Anordnung einer einstweiligen Verfügung nach §§ 935, 940 ZPO. wird also durch die Anordnung der Geschäftsaufsicht nicht ausgeschlossen; soweit aber die einstweilige Verfügung auf Zahlung einer Geldforderung geht, wie z. B. bei Unterhaltsforderungen, oder auf Einräumung einer Sicherungshypothek, wie im Falle des § 648 BGB., kann während der Dauer der Geschäftsaufsicht die Zwangsvollstreckung nicht stattfinden, soweit der Berechtigte zu den vom Verfahren betroffenen Gläubigern gehört.

Im übrigen ist bezüglich der Unzulässigkeit der Erlassung von Arresten und Zwangsvollstreckungen während der Dauer der Geschäftsaufsicht zu bemerken, daß die Gläubiger, welche im Falle des Konkurses absonderungs- oder aussonderungsberechtigt sind, wie bereits in Ziff. 21 bemerkt, vom Verfahren nicht betroffen werden.

23. Soweit Aussonderungsrechte in Frage kommen, werden diese vom Verfahren nicht betroffen.

Der Kreis der aussonderungsberechtigten Personen wird in Ziff. 30b erörtert werden.

Hier handelt es sich um die Frage, welche Vollstreckungsmaßregeln zulässig sind, soweit es sich um solche aussonderungsberechtigte Gläubiger handelt.

Für diese kommen insbesondere die Vorschriften in §§ 883—886 ZPO. über die Vollstreckung zur Erwirkung der Herausgabe von Sachen in Anwendung, insbesondere also z. B. die Ansprüche des Vermieters auf Rückgabe der Mietsache nach Beendigung des Mietverhältnisses.

Diese Vollstreckungsmaßregeln sind auch zulässig bezüglich des Vermögens, welches der Schuldner erst nach Anordnung der Geschäftsaufsicht erwirbt, und zwar aus den gleichen Gründen, wie unten für die absonderungsberechtigten Gläubiger erörtert werden wird.

24. Bezüglich der absonderungsberechtigten Gläubiger kommt es darauf an, ob dieselben bereits vor Anordnung der Geschäftsaufsicht ein Absonderungsrecht erworben haben.

Hat ein solcher Gläubiger ein solches Absonderungsrecht erworben, so wird dasselbe vom Verfahren nicht betroffen; hat er dasselbe vor Anordnung der Geschäftsaufsicht noch nicht erworben gehabt, so kann ein Arrest oder eine Vollstreckung während der Dauer der Geschäftsaufsicht für ihn nicht vorgenommen werden.

Das nähere über den Kreis der vom Verfahren nicht betroffenen absonderungsberechtigten Gläubiger wird in Ziff. 30c behandelt werden.

Hier ist die Frage zu erörtern, wann einem Gläubiger bereits vor Anordnung der Geschäftsaufsicht ein Absonderungsrecht zusteht, welches alsdann vom Verfahren nicht betroffen wird, und bezüglich dessen Arrest und Zwangsvollstreckung zulässig sind.

Eine der Vorschrift in § 108 KO. analoge Vorschrift, wonach der Beschluß über die Anordnung der Geschäftsaufsicht die Stunde der Anordnung anzugeben hat, widrigenfalls die Mittagsstunde als Zeitpunkt der Erlassung des Beschlusses gilt, ist nicht getroffen.

Es kommt also im gegebenen Falle auf den Beweis an, ob ein Absonderungsrecht bereits vor der Erlassung des Beschlusses erworben wurde oder nicht.

Mangels einer gesetzlichen Vermutung hat der Schuldner, welcher die Aufhebung des Absonderungsrechts anstrebt, zu beweisen, daß dasselbe erst nach Anordnung der Geschäftsaufsicht erlangt wurde.

Hat ein Gläubiger vor Anordnung der Geschäftsaufsicht ein Pfandrecht an einer beweglichen Sache oder einem Rechte, insbesondere einer Forderung, oder ein einem Pfandrecht gleichstehendes Zurückbehaltungsrecht erworben, oder hat er an einer unbeweglichen Sache ein Recht der abgesonderten Befriedigung vor Anordnung der Geschäftsaufsicht erworben, so kann er dieses Recht auch während der Dauer der Geschäftsaufsicht nach den hiefür geltenden Bestimmungen geltend machen.

Es kann also der Vermieter die seinem Pfandrecht unterliegenden Gegenstände zurückhalten und nach den Vorschriften über den Pfandverkauf oder im Wege der Zwangsvollstreckung zur Verwertung bringen, ebenso wie ein anderer Gläubiger, welcher ein vertragsmäßiges oder gesetzliches Pfandrecht hat.

Der Pfandgläubiger einer verpfändeten Forderung kann die ihm verpfändete Forderung nach Eintritt der Fälligkeit seiner eigenen Forderung einziehen.

Bezüglich der unbeweglichen Gegenstände, an welchen der Gläubiger vor Anordnung der Geschäftsaufsicht bereits Hypothek besitzt, kann Zwangsversteigerung oder Zwangsverwaltung beantragt werden; der Hypothekgläubiger kann aber auch, da sich gemäß § 1123 BGB. die Hypothek auf die Miet- und Pachtzinsforderungen erstreckt, diese Forderungen auch auf dem Wege der Forderungspfändung mit Beschlag belegen.

Für Vollstreckungspfandrechte gilt folgendes:

Ist eine bewegliche Sache bereits vor Anordnung der Geschäftsaufsicht gepfändet worden, so ist auch nachher ihre Versteigerung zulässig.

Geld, welches vor Anordnung der Geschäftsaufsicht gepfändet wurde, ist dem Gläubiger abzuliefern.

Ist für den Gläubiger vor Anordnung der Geschäftsaufsicht eine Forderung gepfändet und überwiesen, und der Pfändungsbeschluß dem Drittschuldner noch vor Anordnung der Geschäftsaufsicht zugestellt worden, so kann er dieselbe einziehen, ebenso wenn die Forderung bereits vorher an Zahlungs Statt überwiesen wurde.

Es ist auch, da die Pfändung der Forderung mit der Zustellung des Pfändungsbeschlusses an den Drittschuldner erfolgt, wenn diese Zustellung schon vor Anordnung der Geschäftsaufsicht erfolgte, die nachträgliche Überweisung der gepfändeten Forderung zur Einziehung oder an Zahlungs Statt zulässig.

Hat aber der Gläubiger vor Anordnung der Geschäftsaufsicht nur eine Pfändungsbenachrichtigung nach § 845 ZPO. zustellen lassen, so kann, da die endgültige Pfändung in diesem Fall erst durch die Zustellung des Pfändungsbeschlusses an den Drittschuldner erfolgt, dieser nach Anordnung der Geschäftsaufsicht nicht mehr zugestellt werden.

Ein etwaiges gerichtliches Verteilungsverfahren nimmt seinen Fortgang.

Dagegen ist der Gläubiger nicht berechtigt, während der Dauer der Geschäftsaufsicht einen schon vor Anordnung derselben zum Vollzuge gegebenen Haftbefehl zur Erzwingung der Leistung des Offenbarungseides weiter vollziehen zu lassen; denn der Vollzug des Haftbefehls ist nicht selbst Vollstreckungsmaßregel, sondern nur Hilfsmaßnahme der Vollstreckung.

Wenn sich also auch der Schuldner zur Zeit der Anordnung der Geschäftsaufsicht bereits in Haft befindet, ist derselbe nach Anordnung der Geschäftsaufsicht von Amts wegen aus derselben zu entlassen.

Ist ein Arrestbeschluß vor Anordnung der Geschäftsaufsicht erlassen aber nicht vollzogen worden, so ist sein Vollzug nach Anordnung der Geschäftsaufsicht nicht mehr zulässig.

Ist aber ein Arrestbeschluß vor der Anordnung der Geschäftsaufsicht und vor Zustellung an den Schuldner bereits vollzogen worden, so kann die nach § 929 Abs. 3 ZPO. nachträglich zulässige Zustellung an den Schuldner auch nach Anordnung der Geschäftsaufsicht erfolgen, weil die Wirkung des Vollzuges des Arrestbeschlusses, sofern nur die Zustellung an den Schuldner rechtzeitig nachfolgt, bereits mit dem Vollzug selbst eintritt.

Ist der Schuldner gemäß §§ 894, 895 ZPO. durch rechtskräftiges oder vorläufig vollstreckbares Urteil vor Anordnung der Geschäftsaufsicht zur Abgabe einer Willenserklärung also z. B. zur Bestellung einer Hypothek verurteilt, so ersetzt das Urteil die Abgabe seiner Erklärung.

Hat also der Gläubiger in solchen Fällen vor Anordnung der Geschäftsaufsicht Antrag auf Eintragung beim Grundbuchamt gestellt, so ist nach § 878 BGB. die Eintragung auch noch nach Anordnung der Geschäftsaufsicht zulässig.

Das gleiche gilt, wenn der Gläubiger einstweilige Verfügung auf Einräumung einer Sicherheitshypothek z. B. im Falle des § 648 für den Unternehmer eines Bauwerkes oder eines Teiles desselben erwirkt und Eintragungsantrag gestellt hat; denn die einschränkende Bestimmung in § 14 Abs. 2 KO. ist nicht anwendbar.

25. Soweit Gläubiger in Frage kommen, welche vom Verfahren betroffen werden, also solche Gläubiger, welche weder aussonderungs- noch

absonderungsberechtigt sind, finden keine Vollstreckungsmaßregeln statt, also auch nicht die Vollstreckungsmaßregeln zur Erwirkung von Handlungen oder Unterlassungen.

Diejenigen Vollstreckungsmaßregeln jedoch, welche sich auf Handlungen des Schuldners beziehen, welche nur von demselben selbst vorgenommen oder unterlassen werden können, finden auch während der Dauer des Verfahrens statt.

Denn die Anordnung der Geschäftsaufsicht bezweckt nur eine gleichheitliche Behandlung der Gläubiger; bei solchen rein persönlichen Handlungen und Unterlassungen des Schuldners handelt es sich aber nicht um solche Forderungen.

Dagegen kann eine Zwangsvollstreckung, welche nicht bereits bei Anordnung der Geschäftsaufsicht erfolgt ist, nach Anordnung derselben für einen vom Verfahren betroffenen Gläubiger nicht mehr erfolgen.

Dies ist von Amts wegen zu beachten.

Es kann also das mit der Vollstreckung befaßte Gericht keine Vollstreckungshandlung mehr vornehmen, das Grundbuchamt darf eine Sicherungshypothek nach §§ 866, 867 ZPO. nicht mehr eintragen, der Gerichtsvollzieher muß die Pfändung ablehnen usw.

26. Zwangsvollstreckungen und Arreste sind für die vom Verfahren betroffenen Gläubiger während der Dauer der Geschäftsaufsicht auch in das Vermögen unzulässig, welches der Schuldner erst während der Dauer der Geschäftsaufsicht erwirbt.

27. Ist eine Vollstreckungsmaßregel hiernach zu Unrecht vorgenommen worden, oder hebt der Gläubiger eine Pfändungsbenachrichtigung nach Anordnung der Geschäftsaufsicht nicht auf, so kann der Schuldner die Aufhebung auf dem Wege des § 766 ZPO. beim Amtsgericht als Vollstreckungsgericht nach den hiefür bestehenden gesetzlichen Bestimmungen mit dem zulässigen Rechtsmittel der sofortigen Beschwerde beantragen; auf Vorlage der Entscheidung des Vollstreckungsgerichts ist die Zwangsvollstreckungsmaßregel gemäß § 775 Ziff. 1 und § 776 ZPO. aufzuheben.

28. Hat der Schuldner vor der Anordnung der Geschäftsaufsicht die Eintragung einer Hypothek, Grundschuld oder Rentenschuld bewilligt, so wird diese Bewilligung durch die Anordnung der Geschäftsaufsicht überhaupt nicht unwirksam, da ja die Anordnung der Geschäftsaufsicht entgegen der Eröffnung des Konkursverfahrens dem Schuldner die Befugnis zur Verwaltung seines Vermögens nicht entzieht.

Es kann der Schuldner auch während der Dauer der Geschäftsaufsicht rechtsgeschäftliche Pfandrechte oder Hypotheken usw. bestellen, soweit er nicht etwa, wie oben Ziff. 16 ausgeführt, durch Veräußerungsverbote oder Sperrvermerke gehindert ist, auch wenn er solche Rechtsgeschäfte nicht vornehmen soll.

29. Einer besonderen Betrachtung bedarf die Frage, inwieweit während der Dauer der Geschäftsaufsicht Anfechtungsrechte von Gläubigern, welche durch das Verfahren betroffen werden, in bezug auf die Rechtshandlungen des Schuldners vor Anordnung der Geschäftsaufsicht geltend gemacht werden können.

Die Anfechtungsklage ist Hilfsklage der Vollstreckung; § 7 des Gesetzes, betreffend die Anfechtung von Rechtshandlungen eines Schuldners außerhalb des Konkursverfahrens bedeutet nichts anderes, als die Zulassung der Vollstreckung in die vom Schuldner anfechtbarerweise aufgegebenen Vermögensstücke.

Da nach § 5 der Verordnung Zwangsvollstreckung in das Vermögen des Schuldners während der Geschäftsaufsicht nicht stattfindet, ist die Anfechtung nach den Bestimmungen des Anfechtungsgesetzes für solche Gläubiger, welche vom Verfahren betroffen werden, für unzulässig zu erachten und zwar demgemäß auch für solche Rechtshandlungen, welche der Schuldner schon vor Anordnung der Geschäftsaufsicht vorgenommen hat.

Daß Rechtshandlungen des Schuldners, welche er während der Dauer des Verfahrens vornimmt, von Gläubigern, welche durch das Verfahren betroffen werden, während dessen Dauer nicht angefochten werden können, wurde schon in Ziff. 15 ausgeführt.

Nun fehlt für die Geschäftsaufsicht die Bestimmung in § 13 AnfG., welche nicht anwendbar ist, da die Aufsichtsperson nicht wie der Konkursverwalter in die Anfechtungsrechte eintritt.

Es wird anzunehmen sein, daß das Verfahren über den Anfechtungsanspruch während der Dauer der Geschäftsaufsicht unterbrochen wird und nach Aufhebung der Geschäftsaufsicht, wenn alsdann nicht etwa Konkurseröffnung erfolgt, von dem Gläubiger wieder aufgenommen werden kann.

Da der eigentliche Begriff des konkursgebundenen (im Zeitpunkt der Konkurseröffnung vorhandenen) gegenüber dem konkursfreien (später erworbenen) Vermögen des Schuldners für das Verfahren auf Geschäftsaufsicht nicht in Frage kommt, ist die Anfechtung seitens eines vom Verfahren betroffenen Gläubigers während der Dauer des Verfahrens auch bezüglich desjenigen Vermögens ausgeschlossen, welches der Schuldner erst nach der Anordnung der Geschäftsaufsicht erwirbt.

Diejenigen Gläubiger aber, welche vom Verfahren nicht betroffen werden, zu deren Gunsten also auch Zwangsvollstreckungen während der Dauer des Verfahrens zulässig sind, können dagegen benachteiligende Rechtshandlungen des Schuldners oder der Aufsichtsperson auch während der Dauer des Verfahrens verfolgen, selbstverständlich aber nur durch Klage beim Prozeßgericht, nicht etwa durch Anrufung des Aufsichtsgerichtes.

30. Zugunsten von Gläubigern, welche vom Verfahren nicht betroffen werden, finden dagegen Arreste und Zwangsvollstreckungen auch während der Dauer der Geschäftsaufsicht unbeschränkt statt.

Bezüglich dieser vom Verfahren nicht betroffenen Gläubiger der in Ziff. 21 bezeichneten vier Arten ist nun folgendes zu bemerken:

a) Die Gläubiger, deren Ansprüche auf Rechtshandlungen des Schuldners beruhen, die dieser nach der Anordnung der Geschäftsaufsicht mit Zustimmung der Aufsichtsperson vorgenommen hat oder ohne solche Zustimmung vornehmen durfte. Dazu gehören zweifellos auch die Gläubiger, deren Ansprüche auf Rechtshandlungen beruhen, welche die Aufsichtsperson oder eine andere Person vorgenommen hat, wenn die Geschäftsführung dem Schuldner entzogen ist und von der Aufsichtsperson oder in deren Auftrag von einer dritten Person ausgeführt wird.

   Dabei ist aber zu bemerken, daß, wenn die Geschäftsaufsicht später aufgehoben und Konkursverfahren eröffnet wird, die aus den Handlungen des Schuldners und der Aufsichtsperson oder seiner Beauftragten sich ergebenden Forderungen im späteren Konkursverfahren keine Masseschulden sind.

Eine dem § 224 KO. analoge Vorschrift fehlt.

Zu den Gläubigern, deren Ansprüche auf Rechtshandlungen des Schuldners beruhen, gehören an sich auch die Gläubiger, welche Ansprüche aus Rechtshandlungen des Schuldners haben, die dieser ohne die erforderliche Zustimmung der Aufsichtsperson vorgenommen hat, sofern nicht ein gerichtliches Veräußerungsverbot vorliegt, welches innerhalb der Grenzen der §§ 135, 136 BGB. Unwirksamkeit des Rechtsgeschäftes mit sich bringt.

Denn soweit nicht ein solches gerichtliches Veräußerungsverbot an den Schuldner ergangen ist, sind, wie in Ziff. 15 ausgeführt, seine Rechtshandlungen im allgemeinen gültig, auch soweit er sie ohne Zustimmung der Aufsichtsperson nicht vornehmen soll; nur sind sie, wie schon dort ausgeführt, Forderungen, welche vom Verfahren betroffen werden, für welche also Arreste und Zwangsvollstreckungen während des Verfahrens nicht stattfinden.

Die Ansprüche der Gläubiger sind im wesentlichen diejenigen Ansprüche, welche im Konkursverfahren Masseschulden im Sinne von § 59 Ziff. 1 und 2 KO. sind.

Dabei ist aber zu bemerken, daß entgegen der Vorschrift in § 59 Ziff. 2 KO. Forderungen aus gegenseitigen Verträgen, welche schon vor der Anordnung der Geschäftsaufsicht vom Schuldner selbst abgeschlossen wurden, gemäß § 9 Ziff. 1 der Verordnung keinen Vorzug genießen, sondern zu den vom Verfahren betroffenen Ansprüchen gehören, für welche also während der Dauer des Verfahrens Arreste und Zwangsvollstreckungen nicht zulässig sind.

Ob und inwieweit solche gegenseitige Verträge, soweit sie noch nicht erfüllt sind, allerdings von dem anderen Teil erfüllt werden müssen, wurde schon in Ziff. 18 erörtert.

Soweit Gläubiger zu den in § 9 Ziff. 1 der VO. genannten gehören, werden sie vom Verfahren nicht betroffen, können also ihre Ansprüche auch während der Dauer des Verfahrens durch Arrest und Zwangsvollstreckung geltend machen.

Dies gilt insbesondere auch für Ansprüche und Verbindlichkeiten, welche die Aufsichtsperson zahlungshalber oder an Zahlungs Statt für vor Anordnung der Geschäftsaufsicht bestehende Verbindlichkeiten des Schuldners übernimmt, also insbesondere für Prolongationswechsel, welche der Schuldner mit Zustimmung der Aufsichtsperson gegeben hat (s. I. Teil, VII. Abschnitt A Ziff. 6).

Zu bemerken ist, daß an den allgemeinen Bestimmungen über die Zulässigkeit der Aufrechnung durch die Anordnung der Geschäftsaufsicht nichts geändert wird.

Die Bestimmungen der Konkursordnung über die Beschränkung von Aufrechnungen zwischen Forderungen, welche vor und nach Eröffnung des Verfahrens entstehen, finden also keine Anwendung.

b) Die Gläubiger, denen nach § 43 KO. im Falle des Konkurses ein Anspruch auf Aussonderung zusteht, sei es auf Grund eines dinglichen oder eines persönlichen Rechts:

Es sind dies in erster Linie die Eigentümer einer im Vermögen des Schuldners befindlichen Sache, oder diejenigen, welchen ein Recht oder eine Forderung abgetreten ist.

Dagegen hat der Käufer einer Ware, welchem dieselbe noch nicht übergeben ist, nur einen persönlichen Anspruch auf Verschaffung der Sache, aber kein Eigentum an derselben, also auch kein Aussonderungsrecht.

Umgekehrt hat der Verkäufer, welcher sich an der verkauften Sache das Eigentumsrecht vorbehalten hat, gegenüber dem Schuldner das Recht auf Aussonderung.

Einen Anspruch auf Aussonderung hat der Vermieter oder Verpächter, der Verleiher, der Hinterleger oder derjenige, welcher eine Sache dem Schuldner in Verwahrung oder zur Lagerung übergeben hat.

Es gehört hieher insbesondere der Anspruch desjenigen, welcher bei einem Bankgeschäfte Wertpapiere in geschlossenem oder offenem Sonderdepot hinterlegt hat, oder der Miteigentumsanspruch desjenigen, welcher solche Wertpapiere in ein Sammeldepot mit den Wertpapieren anderer Hinterleger gegeben hat.

Einen Anspruch auf Aussonderung haben der Mieter und Pächter in bezug auf die Einrichtung, mit welcher sie die gemietete oder gepachtete Sache versehen haben (BGB. §§ 547, 581), ferner derjenige, welcher in Ausübung des Rechts an einem fremden Grundstücke ein Gebäude oder Werk mit demselben verbunden hat (BGB. § 95), der Auftraggeber gegenüber dem Beauftragten auf Herausgabe des aus der Geschäftsbesorgung Erlangten (BGB. §§ 667, 675), soweit das Erlangte nicht in barem Geld besteht, in welchem Falle lediglich eine Geldforderung besteht.

Aussonderungsberechtigt ist hiernach insbesondere der mittelbare Besitzer gegenüber dem Schuldner als unmittelbarem Besitzer.

Ist der Schuldner mittelbarer Besitzer, weil er den ihm überlassenen Gegenstand selbst einem anderen überlassen hat, so kann der Berechtigte von dem Schuldner die Aussonderung dessen Anspruchs gegen den unmittelbaren Besitzer verlangen.

Gemäß § 392 HGB. hat der Kommittent ein Aussonderungsrecht bezüglich der Forderungen, welche der Kommissionär aus den für den Kommittenten abgeschlossenen Geschäften erworben hat.

Der Kommittent hat also insbesondere Anspruch auf Abtretung der Forderungen, welche der Kommissionär auf Lieferung der von ihm für den Kommittenten eingekauften Waren hat, sowie auf Abtretung der Forderungen, welche er aus den für den Kommittenten verkauften Waren hat usw.

Hat der Schuldner als Kommissionär die ihm von dem Kommittenten übergebenen Waren noch nicht abgeführt, so steht der Anspruch auf Herausgabe derselben dem Kommittenten als Eigentümer zu.

Bei sonstigen mittelbaren Stellvertretern kommt es für den Aussonderungsanspruch darauf an, ob der Schuldner in dieser Eigenschaft einen Gegenstand für den von ihm mittelbar Vertretenen erworben hat, was bei der Übergabe eines Gegenstandes insbesondere dann der Fall sein kann, wenn es für den Übergebenden gleichgültig ist, an wen er das Eigentum überträgt, und der Schuldner als mittelbarer Vertreter Eigentum für den von ihm Vertretenen erwerben wollte.

Dagegen besteht bei der Geschäftsaufsicht das in § 44 KO. bestimmte sog. Verfolgungsrecht des Verkäufers oder Einkaufskommissionärs nicht, da dieses Recht mit der dem Konkursverfahren eigentümlichen Einwirkung auf die Vertragspflichten bei gegenseitigen Verträgen und dem Umstand zusammenhängt, daß möglicherweise der Verkäufer bei der Einkaufskommission auf die Konkursquote beschränkt wird, was bei der Geschäftsaufsicht nicht zutrifft.

Für die Aussonderungsansprüche der Ehefrau besteht ferner nicht die beschränkende Vorschrift des § 45 KO., wonach dieselbe ihr gehörige oder während der Ehe erworbene Gegenstände nur dann aussondern kann, wenn sie beweist, daß sie nicht mit Mitteln des Schuldners erworben sind.

Denn auch diese Beschränkung hängt mit der eigentümlichen Natur des Konkursverfahrens zusammen, welches alle Mittel des Gemeinschuldners zur Verteilung unter seine Gläubiger bringen will.

Die Bestimmung in § 1362 BGB., wonach bis zum Beweis des Gegenteiles bezüglich der im Besitze der Ehegatten befindlichen Sachen mit Ausnahme der zum persönlichen Gebrauch der Frau bestimmten Sachen das Eigentum des Ehemannes vermutet wird, gilt dagegen auch bei der Geschäftsaufsicht sowohl über das Vermögen des Mannes als über das der Frau.

Daß bei der Geschäftsaufsicht über das Vermögen des Mannes beim Güterstand der allgemeinen Gütergemeinschaft, der Errungenschaftsgemeinschaft oder der Fahrnisgemeinschaft das Gesamtgut überhaupt der Geschäftsaufsicht unterliegt, wurde schon in Ziff. 10 erwähnt.

Für Gegenstände, bezüglich welcher das Aussonderungsrecht hätte beansprucht werden können, besteht nicht das in § 46 KO. bestimmte Recht auf Abtretung der noch ausstehenden Gegenleistung.

Denn auch dieser Grundsatz hängt mit der dem Konkursverfahren eigentümlichen andernfalls stattfindenden Einschränkung des Anspruchs des Berechtigten auf die Konkursquote zusammen.

Einer besonderen Betrachtung bedarf noch der Fall der fiduziarischen Übereignung.

Diese bewirkt zwar im Verhältnis nach außen volles Recht an der Sache oder dem Rechte; im Verhältnis zwischen den Vertragsteilen selbst soll jedoch der übereignete Gegenstand oder das übereignete Recht dem Übereignenden verbleiben.

Ist also ein Gegenstand oder ein Recht nur fiduziarisch übereignet, so hat der Berechtigte den Aussonderungsanspruch bei der Eröffnung der Geschäftsaufsicht über das Vermögen des Treuhänders.

Dies gilt insbesondere z. B. bei einer Forderung, welche nur zur Einziehung abgetreten wird, oder bei einem Wechsel, welcher zum gleichen Zwecke nach Art. 17 WO. zum Inkasso giriert ist.

Es wird aber das Aussonderungsrecht auch dann gegeben sein, wenn der Wechsel formell mit einem Vollgiro versehen ist, in Wirklichkeit aber doch nur ein Inkassoverhältnis beabsichtigt war, oder wenn der Wechsel nur übergeben war, um von dem Schuldner für den Gläubiger zum Diskont gegeben zu werden, solange der Wechsel noch beim Schuldner vorhanden ist.

Der umgekehrte Fall, daß der Schuldner, über dessen Vermögen Geschäftsaufsicht eröffnet ist, Gegenstände oder sein ganzes Vermögen fiduziarisch übereignet hat, ist schon in Ziff. 17 erörtert worden.

Die Zwangsmaßregeln, welche bezüglich der Geltendmachung von Aussonderungsrechten dem Berechtigten zustehen, wurden bereits in Ziff. 23 erörtert.

c) Die Gläubiger, soweit sie im Falle des Konkurses abgesonderte Befriedigung beanspruchen können:

Es sind dies die in §§ 47, 48, 49, 51 und 52 KO. genannten Gläubiger, also im wesentlichen diejenigen Gläubiger, welche an einer unbeweglichen Sache eine Hypothek, Grundschuld oder Rentenschuld haben, oder welche an einer beweglichen Sache oder einer Forderung ein rechtsgeschäftliches oder gesetzliches Pfandrecht oder kaufmännisches Zurückbehaltungsrecht haben.

Dabei ist jedoch zu bemerken, daß die Bestimmung in § 49 Ziff. 2 KO. auf das Verfahren der Geschäftsaufsicht nicht anwendbar ist.

Ohne weiteres ist dies insoweit klar, als die Aufsichtsperson ein länger dauerndes Miet- oder Pachtverhältnis entgegen der Befugnis des Konkursverwalters überhaupt nicht mit der gesetzlichen Frist kündigen kann.

Die Bestimmung ist aber auch insoweit, als der Anspruch auf Miet- oder Pachtzins für eine frühere Zeit als das letzte Jahr vor der Eröffnung des Verfahrens besteht, als nicht anwendbar zu erachten.

Denn in die Ansprüche der Gläubiger wird durch die Anordnung der Geschäftsaufsicht überhaupt nicht eingegriffen.

Es sollen nur für die vom Verfahren betroffenen Gläubiger Arreste und Zwangsvollstreckungen während der Dauer der Geschäftsaufsicht nicht stattfinden.

Da also der Vermieter und der Verpächter ihr Absonderungsrecht unbeschränkt behalten, so können sie auch für den ganzen Umfang desselben diese Rechte unbeschränkt geltend machen, und zwar sowohl durch den Pfandverkauf nach §§ 1233 ff. BGB., als durch Vollstreckung.

Die Bestimmung in § 9 Ziff. 3 der VO., wonach vom Verfahren die Gläubiger nicht betroffen werden, „soweit" sie im Falle des Konkurses abgesonderte Befriedigung beanspruchen können, kann deshalb nur besagen, daß Absonderungsrechte, soweit das Absonderungsrecht besteht, unbeschränkt geltend gemacht werden können.

Es würde sich andernfalls das praktisch undurchführbare Ergebnis zeigen, daß der Vermieter seine Mietzinsforderung auch für eine frühere Zeit als das letzte Jahr vor der Anordnung der Geschäftsaufsicht zwar durch Pfandverkauf geltend machen könnte, nicht aber durch Vollstreckung.

Der Vermieter kann deshalb gemäß §§ 560 und 561 BGB. der Entfernung der seinem Pfandrecht unterliegenden Sachen widersprechen und die Sachen beim Auszug zurückhalten, soweit die Entfernung nicht dem regelmäßigen Geschäftsbetrieb des Mieters oder den gewöhnlichen Lebensverhältnissen entsprechend erfolgt, oder soweit nicht die zurückbeibenden Sachen zu seiner Sicherung offenbar ausreichen.

Soweit das Absonderungsrecht die Forderung des Gläubigers aber nicht deckt, ist der Gläubiger mit seiner Ausfallsforderung vom Verfahren betroffen, steht also insoweit den übrigen vom Verfahren betroffenen Gläubigern gleich.

Die Sonderbestimmung in § 50 KO. betreffend die Ersatzpflicht wegen Ermöglichung eines unzulässigen Absonderungsrechts durch einen Auslandsgläubiger ist nicht anwendbar.

Da jedoch für die Geltendmachung aller vermögensrechtlichen Ansprüche im Verfahren auf Geschäftsaufsicht die allgemeinen Bestimmungen selbstverständlich gelten, kann ein Auslandsgläubiger unter den im I. Teil Abschnitt VIII erörterten Voraussetzungen seine Ansprüche im Verfahren auf Geschäftsaufsicht ohnehin bis 31. Januar 1915 nicht geltend machen.

Die Zwangsmaßregeln, welche dem Absonderungsberechtigten bezüglich der Geltendmachung seiner Rechte zustehen, wurden bereits in Ziff. 24 erörtert.

d) Die im § 61 Ziff. 1 und 2 KO. bezeichneten Gläubiger wegen der dort angegebenen Forderungen, gleichgültig ob dieselben vor oder nach der Anordnung der Geschäftsaufsicht fällig werden:

Es sind dies also die Lohnforderungen und die öffentlichen Abgaben, soweit sie für das letzte Jahr vor Anordnung der Geschäftsaufsicht rückständig bzw. im letzten Jahr fällig geworden sind.

Die Ausdrucksweise „auch soweit sie nach der Anordnung der Geschäftsaufsicht fällig werden", ist unzutreffend.

Da vom Verfahren vielmehr gerade diejenigen Gläubiger betroffen werden, welche einen bereits zur Zeit des Verfahrens begründeten Anspruch gegen den Schuldner haben, dagegen die Gläubiger nicht betroffen werden sollen, deren Ansprüche auf Rechtshandlungen des Schuldners nach der Anordnung der Geschäftsaufsicht beruhen, müßte es richtig heißen: die Gläubiger wegen der dort angegebenen Forderungen, „auch soweit dieselben im Umfang des § 61 Ziff. 1 und 2 KO. vor der Anordnung der Geschäftsaufsicht fällig geworden sind."

Was insbesondere die Lohnforderungen anlangt, so fallen darunter auch solche Forderungen, welche nur für vorübergehende Dienstleistungen entstehen; ein dauerndes Anstellungsverhältnis ist nicht Voraussetzung.

Ob der Handlungsagent das Vorrecht nach § 61 Ziff. 1 KO. genießt, ist eine neuerlich sehr bestrittene Frage geworden; da derselbe aber immerhin selbständiger Kaufmann ist, wird ihm das Vorrecht zu versagen sein.

Ebenso ist es eine bestrittene Frage, ob die Vorstände von juristischen Personen des Handelsrechts, also die Vorstandsmitglieder der Aktiengesellschaften und Kommanditgesellschaften auf Aktien und die Geschäftsführer der Gesellschaft mit beschränkter Haftung das Vorrecht genießen. Handlungsgehilfen sind sie nicht, da sie die Stellung der Prinzipale vertreten, allein sie stehen immerhin in einem Dienstverhältnis zur Leitung des Erwerbsgeschäftes der schuldnerischen Gesellschaft.

Für die eingehende Erörterung dieser Streitfragen wird auf die Kommentare zur Konkursordnung Bezug genommen.

Die Aufsichtsratsmitglieder solcher Gesellschaften genießen das Vorrecht jedenfalls nicht.

Soweit das Vorrecht besteht, besteht es für die rückständigen Lohnforderungen für das letzte Jahr vor Anordnung der Geschäftsaufsicht, d. h. für diejenigen Forderungen, welche das Entgelt für die Dienste bilden, welche während dieses Zeitraumes geleistet wurden.

Soweit das Vorrecht besteht, besteht es für die Forderungen in Lohn- und Dienstbezügen in weitestem Umfang, also nicht bloß für den festen Gehaltsbezug, sondern auch für Sachbezüge, Gewinnanteile und Gratifikationen, soweit sie Bestandteile der Vergütung bilden, Provisionen, Reisespesen usw.

Für Auslagen, welche der Dienstverpflichtete gemacht hat, sowie für Sicherheiten (Dienstkautionen), welche er dem Schuldner als Geschäftsherrn gestellt hat, besteht dagegen das Vorrecht nicht.

Zu den Forderungen, welche nach § 9 Ziff. 4 der VO. geltend gemacht werden können, gehören übrigens schon nach § 9 Ziff. 1 auch die Forderungen derjenigen Personen, welche nach § 6 der VO. von der Aufsichtsperson zur Geschäftsführung aufgestellt sind. Diese haben auch im etwaigen späteren Konkursverfahren das Vorrecht nach § 61 Ziff. 1 KO.

Die vorstehend unter Ziff. a bis d bezeichneten Gläubiger werden also für ihre daselbst bezeichneten Forderungen, Aussonderungs- und Absonderungsrechte vom Verfahren nicht betroffen, d. h. sie können für diese Forderungen und Ansprüche auch während des Verfahrens Zwangsvollstreckungen und Arreste erwirken.

Das Verfahren hiebei richtet sich selbstverständlich durchwegs nach den Bestimmungen der Zivilprozeßordnung über die Voraussetzungen und den Vollzug der Zwangsvollstreckung und des Arrestes.

Das Konkursverfahren können aber auch die vom Verfahren nicht betroffenen Gläubiger während dessen Dauer nicht beantragen.

Die vom Verfahren nicht betroffenen Gläubiger müssen ihre Ansprüche gegen den Schuldner selbst geltend machen, da, wie schon in Ziff. 14 ausgeführt, die Aufsichtsperson nicht gesetzlicher Vertreter des Schuldners ist.

Die Aufsichtsperson kann auch die Zwangsverwaltung oder Zwangsversteigerung eines unbeweglichen Gegenstandes oder die Verwertung eines mit einem Pfandrechte belasteten beweglichen Gegenstandes nicht betreiben.

Die allgemeinen Bestimmungen über die Beschränkung der Geltendmachungen von Ansprüchen und Forderungen finden aber selbstverständlich auch auf die vom Verfahren nicht betroffenen Gläubiger Anwendung.

Nach den schon im I. Teil VIII. Abschnitt behandelten Vorschriften kann also z. B. auch ein vom Verfahren der Geschäftsaufsicht nicht betroffener Auslandsgläubiger seine vor dem 31. Juli 1914 entstandenen vermögensrechtlichen Ansprüche insbesondere auf Aussonderung und Absonderung nicht vor dem 31. Januar 1915 geltend machen.

31. Wichtiger ist aber die weitere Frage, daß gegenüber absonderungsberechtigten Gläubigern, deren Forderungen vor dem 31. Juli 1914 entstanden sind, nach der Bundesratsbekanntmachung vom 7. August 1914 auch dem unter Geschäftsaufsicht stehenden Schuldner eine Zahlungsfrist bewilligt werden kann, und daß bei Vorhandensein der Voraussetzungen der Bundesratsbekanntmachung vom 18. August 1914 bei der nicht rechtzeitigen Befriedigung solcher Forderungen auch die Beseitigung der Rechtsverwirkung bewilligt werden kann.

Rechtsverwirkungen werden aber durch die Anordnung der Geschäftsaufsicht selbst, welche ja auf die Rechtsverhältnisse an sich keinen Einfluß hat, nicht berührt.

Es kann also z. B. der Vermieter außerordentlich kündigen, wenn die Miete vom Schuldner nicht rechtzeitig bezahlt wurde.

32. Was nun die Befriedigung der einzelnen Gläubiger und der Lebenshaltung des Schuldners betrifft, so bestimmt § 8 der VO., daß die vorhandenen Mittel, soweit sie nicht zur Fortführung des Geschäftes und zu

einer bescheidenen Lebensführung des Schuldners und seiner Familie erforderlich sind, zur Befriedigung der Gläubiger zu verwenden sind, wobei Umfang und Reihenfolge der Befriedigung die Aufsichtsperson nach billigem Ermessen bestimmt, und im Streitfall auch hier das Gericht zu entscheiden hat. Die Entscheidung ist, da auch hier innere Verwaltungshandlungen in Frage stehen, durch Beschluß nicht etwa durch Urteil zu treffen.

Bezüglich der vom Verfahren nicht betroffenen Gläubiger bestimmt die Verordnung überhaupt nicht, in welcher Reihenfolge dieselben unter sich und mit den vorbezeichneten Ansprüchen zu befriedigen sind.

Da nun vor Befriedigung der nach § 9 Ziff. 2 und 3 der VO. nicht betroffenen aussonderungs- und absonderungsberechtigten Gläubiger eine Masse nicht vorhanden ist, sind diese Ansprüche, soweit sie geltend gemacht werden, zunächst zu befriedigen, ebenso wie im Konkursverfahren die Aussonderung und Absonderung sich unabhängig von demselben und vor Befriedigung der anderen Gläubiger vollzieht.

Zu den nach § 9 Ziff. 1 und 4 der VO. bezeichneten vom Verfahren ebenfalls nicht betroffenen Gläubiger ist zunächst zu bemerken, daß die Gehaltsansprüche einer mit der Geschäftsführung von der Aufsichtsperson beauftragten dritten Person sowohl unter § 8 der VO. als Kosten der Fortführung des Geschäftes wie unter § 9 Ziff. 4 der VO. in Verbindung mit § 61 Ziff. 1 KO. fallen.

Es ist ferner zu bemerken, daß nach § 6 Abs. 3 der VO. die Aufsichtsperson gegen den Schuldner den Anspruch auf Erstattung angemessener barer Auslagen und auf Vergütung für ihre Geschäftsführung hat, wobei die Festsetzung der Auslagen und die Vergütung durch Gerichtsbeschluß erfolgt.

Diese Auslagen sind in sinngemäßer Anwendung der Bestimmungen der Konkursordnung als Massekosten zu bezeichnen.

Unter sinngemäßer Anwendung der Bestimmungen des Konkursverfahrens, welche auf dem gleichen Gedanken wie die Verordnung über die Anordnung der Geschäftsaufsicht beruhen, werden also abgesehen von den zunächst wegzufertigenden aussonderungs- und absonderungsberechtigten Gläubigern die zur Verfügung stehenden Mittel in folgender Weise zu verwenden sein:

Zunächst werden die Ansprüche zu befriedigen sein, welche auf Rechtshandlungen beruhen, welche nach Anordnung der Geschäftsaufsicht von der Aufsichtsperson oder dem von derselben beauftragten Geschäftsführer oder von dem Schuldner vorgenommen werden, welche dieser mit Zustimmung der Aufsichtsperson vorgenommen hat oder ohne solche Zustimmung vornehmen durfte.

Ansprüche aus Rechtshandlungen des Schuldners, welche dieser ohne die erforderliche Zustimmung der Aufsichtsperson vorgenommen hat, fallen, wie schon in Ziff. 15 hervorgehoben, auch dann, wenn sie an sich wirksam sind, nicht unter die vom Verfahren nicht betroffenen Gläubiger, können also auch keine bevorrechtigte Befriedigung beanspruchen.

Zu befriedigen sind also die Ansprüche, welche aus der Fortführung des Geschäftes oder des Haushaltes des Schuldners entstanden sind, also insbesondere der Kaufpreis für neu angeschaffte Rohprodukte oder Waren, die nach der Anordnung der Geschäftsaufsicht fällig werdende Mietschuld des Schuldners usw., auch die Forderungen der Angestellten des Schuldners, soweit die Forderungen für die Dienstleistungen während der Dauer der

Geschäftsaufsicht erwachsen, insbesondere also das Entgelt für die Dienstleistung des von der Aufsichtsperson aufgestellten Geschäftsführers.

Alsdann werden die Auslagen der Aufsichtsperson selbst und die Mittel zu decken sein, welche zur bescheidenen Lebensführung des Schuldners und seiner Familie erforderlich sind.

Weiter werden die Forderungen der Angestellten des Schuldners zu befriedigen sein, soweit sie für die Zeit vor Anordnung der Geschäftsaufsicht rückständig sind, alsdann die in § 61 Ziff. 2 bezeichneten öffentlich-rechtlichen Forderungen.

Sind alsdann noch verfügbare Mittel vorhanden, so sind dieselben zur Befriedigung der übrigen Gläubiger zu verwenden, welche vom Verfahren an sich betroffen werden. In dieser Hinsicht wird die Aufsichtsperson zweckmäßig ebenso wie im Konkursverfahren eine gleichmäßige verhältnismäßige Befriedigung vornehmen, wenn auch nach § 8 der VO. Umfang und Reihenfolge der Befriedigung von der Aufsichtsperson nach billigem Ermessen zu bestimmen sind.

Da den Gläubigern die Anordnung der Geschäftsaufsicht und die Aufsichtsperson mitzuteilen sind, werden die Gläubiger, obwohl Forderungsanmeldungen im Verfahren nicht vorgeschrieben sind, ihre Forderungen zweckmäßig bei der Aufsichtsperson anmelden.

Es ist hiezu ganz besonders zu betonen, daß die Aufsichtsperson, wie schon in Ziff. 14 ausgeführt, allen Beteiligten für die Erfüllung der ihr obliegenden Pflichten verantwortlich ist.

Sie macht sich also persönlich schadensersatzpflichtig, wenn sie ohne zwingenden Grund einen vom Verfahren nicht betroffenen Gläubiger vor anderen begünstigt.

Diese Rechtsfolge tritt ein, wenn sie ohne solche Gründe bezüglich der Befriedigung der übrigen Ansprüche, also der Verwendung der Mittel zur Fortführung des Geschäftes und Erhaltung der bescheidenen Lebensführung des Schuldners, sowie der vom Verfahren nicht betroffenen Gläubiger von der gebotenen Reihenfolge abweicht.

Die Aufsichtsperson wird also insbesondere, um nicht einzelnen Gläubigern die Möglichkeit einer Geltendmachung der Forderung im Verfahren der Geschäftsaufsicht vor anderen Gläubigern einzuräumen, nicht für Verbindlichkeiten des Schuldners, welche bereits vor Anordnung der Geschäftsaufsicht bestanden, andere Verbindlichkeiten übernehmen, insbesondere nicht Prolongationswechsel geben dürfen (s. oben Ziff. 30a).

33. In Streitfällen entscheidet das Gericht.

Ein solcher Streit kann zwischen dem Schuldner und der Aufsichtsperson über die Höhe der dem Schuldner zur bescheidenen Lebensführung zu überlassenden Mittel eintreten, über deren Höhe zunächst die Aufsichtsperson entscheidet.

Es kann aber auch ein Gläubiger eine Beschlußfassung des Gerichts anregen, was sich aus dem Rechte der Aufsicht des Gerichtes über die Aufsichtsperson ergibt.

Ein Streit kann auch über den Umfang und die Reihenfolge der Befriedigung der Gläubiger zwischen dem Schuldner, der Aufsichtsperson und dem Beteiligten oder anderen Gläubigern sich ergeben.

Ein Rechtsstreit darüber, ob und in welcher Höhe eine gläubigerische Forderung besteht, kann jedoch selbstverständlich niemals vom Aufsichtsgerichte, sondern nur vom Prozeßgerichte entschieden werden.

34. Wenn die Aufsichtsperson einen Gläubiger vor anderen in anfechtbarer Weise begünstigt, so fragt es sich, ob deshalb abgesehen von der persönlichen Haftbarkeit der Aufsichtsperson bei Vorliegen der hiezu erforderlichen übrigen Voraussetzungen nach Aufhebung der Geschäftsaufsicht deren Rechtshandlungen innerhalb oder außerhalb eines Konkursverfahrens angefochten werden können.

Diese Frage dürfte zu bejahen sein.

Wenn der Schuldner eine solche benachteiligende Handlung mit Zustimmung der Aufsichtsperson vornimmt, ist die Möglichkeit der späteren Anfechtung ohne weiteres gegeben.

Allein auch wenn die Aufsichtsperson eine solche benachteiligende Handlung ohne Mitwirkung des Schuldners vornimmt, ist die Frage der Möglichkeit der späteren Anfechtung zu bejahen, vorausgesetzt natürlich, daß auch in der Person des begünstigten Gläubigers die Voraussetzungen der Anfechtung gegeben sind.

Denn wenn die Aufsichtsperson auch nicht gesetzlicher Vertreter des Schuldners ist, so handelt sie doch als sein Bevollmächtigter, so daß ihre Handlungen als solche des Schuldners selbst zu gelten haben.

Es ist aber auch hier zu bemerken, daß eine Anfechtung seitens einzelner Gläubiger, soweit sie vom Verfahren betroffen werden, aus den schon in Ziff. 29 entwickelten Gründen während der Dauer des Verfahrens nicht stattfinden kann, wogegen die vom Verfahren nicht betroffenen Gläubiger auch während dessen Dauer anfechten können.

35. Das Gericht kann selbstverständlich eine Aufsichtsperson, welche sich solcher Handlungen schuldig macht, oder sonst zur Geschäftführung unfähig erweist, auf Antrag oder von Amts wegen entlassen.

§ 84 Abs. 1 Satz 2 KO. ist zwar nicht für anwendbar erklärt; es muß aber aus allgemeinen Erwägungen angenommen werden, daß eine untreue oder unfähige Aufsichtsperson nicht in ihrem Amte belassen werden kann.

36. Wie schon in Ziff. 32 bemerkt, hat die Aufsichtsperson gegen den Schuldner Anspruch auf Erstattung angemessener Barauslagen und auf Vergütung für ihre Geschäftsführung. Die Festsetzung der Auslagen und der Vergütung erfolgt vorbehaltlich zulässiger Vereinbarung durch das Gericht und zwar ebenfalls durch Beschluß.

Da die Anordnung der Geschäftsaufsicht nicht die Verteilung des Vermögens des Schuldners, sondern seine Erhaltung bezweckt, und überdies die Tätigkeit der Aufsichtsperson im allgemeinen nur eine überwachende ist, wird die Vergütung entgegen der des Konkursverwalters in mäßigen Grenzen zu halten und nicht schlechthin nach dem Vermögen des Schuldners zu bemessen sein; es wird dieses jedoch immerhin mit in Betracht gezogen werden müssen; in erster Linie wird der Umfang und die Verantwortung der Aufsichtsperson in Betracht zu ziehen sein.

Die Auslagen können schon während des Verfahrens jeweils festgesetzt und ausbezahlt werden; die Festsetzung der Vergütung wird erst bei Beendigung des Amtes der Aufsichtsperson zu erfolgen haben.

Schuldner der Auslagen und der Vergütung ist der Schuldner, der infolgedessen nach Aufhebung des Verfahrens für dieselben persönlich haftet. Massekosten oder bevorrechtigte Forderungen sind dieselben jedoch in einem späteren Konkursverfahren nicht.

Soweit dieselben nicht während des Verfahrens von der Aufsichtsperson entnommen werden, ist die Aufsichtsperson gegenüber dem Schuldner auf Grund des dieselben festsetzenden Gerichtsbeschlusses auf den Weg der Klage verwiesen.

Denn da die Entscheidung des Gerichts durch Beschwerde nicht anfechtbar ist, ist die Zwangsvollstreckung nach § 794 Ziff. 3 ZPO. aus derselben ausgeschlossen.

37. Bezüglich Aufhebung des Verfahrens bestimmt § 10 der VO., daß das Gericht das Verfahren aufheben kann, wenn der Schuldner seinen Verpflichtungen zuwiderhandelt, oder wenn sonst wichtige Gründe vorliegen.

Solche wichtige Gründe liegen jedenfalls nicht in Unfähigkeit oder Unredlichkeit der Aufsichtsperson, wenn dieselbe nicht mit Willen des Schuldners handelt.

In diesem Falle ist nur die Aufsichtsperson ihres Amtes zu entheben; der Beschluß ist ihr und dem Schuldner zuzustellen.

Nimmt die Aufsichtsperson nach ihrer Enthebung noch Geschäfte für den Schuldner vor, bevor ihr die Aufhebung bekannt geworden ist, so werden zu ihren Gunsten § 674 und § 130 BGB. zur Anwendung zu kommen haben.

Nimmt die Aufsichtsperson nach Kenntnisnahme von ihrer Enthebung noch für den Schuldner Geschäfte vor, so kommen nach § 677 BGB. die Vorschriften über die Geschäftsführung ohne Auftrag zur Anwendung.

Das Dienstverhältnis des von der Aufsichtsperson nach § 6 der VO. aufgestellten Geschäftsführers erlischt mit der Befugnis der Aufsichtsperson selbst, selbstverständlich vorbehaltlich einer mit dem Geschäftsführer etwa vereinbarten Kündigungsfrist und vorbehaltlich der Beibehaltung des Geschäftsführers durch die nachfolgende Aufsichtsperson oder durch den Schuldner selbst.

Als wichtiger Grund für die Aufhebung des Verfahrens selbst ist von der Verordnung hervorgehoben, daß der Schuldner seinen Verpflichtungen zuwiderhandelt, also sich beharrlich den Weisungen der Aufsichtsperson widersetzt, derselben die erforderlichen Aufschlüsse nicht erteilt, Vermögensstücke verheimlicht oder vorenthält, bei Klagestellungen gegen dritte Personen (Treuhänder), welche sich im Besitze von Vermögensstücken befinden, mitzuwirken sich weigert, in die ihm entzogene Geschäftsführung sich einmischt, nachteilige Handlungen in bezug auf sein Vermögen vornimmt, einzelne Gläubiger vor anderen bevorzugt, eine unbescheidene Lebenshaltung führt usw.

Denn die Anordnung der Geschäftsaufsicht hat neben dem Interesse der Erhaltung des Vermögens des Schuldners auch das Interesse der Gläubiger im Auge zu behalten.

Ergibt sich dessen Gefährdung insbesondere durch Bevorzugung einzelner Gläubiger, so ist das Verfahren aufzuheben, damit die Gläubiger in der Anfechtung nicht länger gehindert sind.

Das Verfahren ist ferner aufzuheben, wenn sich durch die Geschäftsführung ergibt, daß die Voraussetzungen desselben nicht gegeben waren, daß also der Schuldner nicht erst durch den Krieg zahlungsunfähig geworden ist, oder daß die Behebung der Zahlungsunfähigkeit nach Beendigung des Krieges nicht mehr in Aussicht genommen werden kann, insbesondere weil sich die Geschäftsführung nicht als gewinnbringend erwiesen hat oder gar Verluste durch dieselbe entstehen.

Insbesondere wird das Gericht das Verfahren dann aufzuheben haben, wenn sich ergibt, daß der Schuldner zwecks Herbeiführung der Anordnung wesentliche Tatsachen verschwiegen oder falsch dargestellt hat, wenn er also insbesondere vorhandene Pfändungen, Forderungsabtretungen, Sicherungsübereignungen verschwiegen hat.

Das Verfahren wird auch dann aufzuheben sein, wenn mangels der erforderlichen Mittel die Weiterführung des Geschäfts unmöglich ist, der Zweck des Verfahrens also nicht mehr erreicht werden kann, obwohl eine Einstellung des Verfahrens aus dem Grunde, daß eine zur Deckung der Kosten genügende Masse nicht vorhanden ist, an sich nicht erfolgen kann.

Wenn der Schuldner selbst den Antrag auf Aufhebung der Geschäftsaufsicht stellt, muß demselben stattgegeben werden, da die Anordnung überhaupt nur auf Antrag des Schuldners erfolgen kann.

Der Antrag kann aber auch von der Aufsichtsperson, Gläubigern oder sonstigen Beteiligten gestellt werden. Das Gericht muß das Verfahren auch von Amts wegen aufheben, wenn wichtige Gründe hiezu vorliegen.

Dazu ist ausdrücklich zu bemerken, daß mit Rücksicht auf die Verantwortlichkeit der Aufsichtsperson gegenüber allen Beteiligten dieselbe den Gläubigern schadensersatzpflichtig ist, wenn sie gegen das Interesse der Gläubiger nicht rechtzeitig die Aufhebung des Verfahrens beantragt.

38. Wann das Verfahren bei regelmäßigem Verlauf der Dinge aufzuheben ist, bestimmt die Verordnung nicht.

Das Verfahren wird insbesondere dann aufzuheben sein, wenn die Zahlungsunfähigkeit des Schuldners behoben und damit der Zweck des Verfahrens erreicht ist.

Dagegen ist der äußerste Endtermin in der Verordnung nicht bestimmt.

Da jedoch die Anordnung der Geschäftsaufsicht den Schuldner nur über die Fährlichkeiten während des Kriegszustandes hinweghelfen soll, wird das Verfahren längstens bei Beendigung des Kriegszustandes aufzuheben sein.

Es wird hiezu § 11 des im III. Abschnitt B zu behandelnden Gesetzes, betr. den Schutz der infolge des Krieges an der Wahrnehmung ihrer Rechte behinderten Personen vom 4. August 1914 sinngemäß anzuwenden sein, wonach der Zeitpunkt, mit welchem der Kriegszustand als beendigt anzusehen ist, durch kaiserliche Verordnung bestimmt wird.

In diesem Zeitpunkt wird das Verfahren aufzuheben sein.

Sollten sich alsdann gleichwohl Härten für den Schuldner ergeben, welcher nicht schon mit der Beendigung des Krieges selbst wieder zahlungsfähig sein wird, so muß dies mit in Kauf genommen werden, solange eine gegenteilige Bestimmung gesetzlich nicht getroffen ist.

39. Die Aufhebung des Verfahrens wird mit der Erlassung des Beschlusses wirksam.

Derselbe ist dem Schuldner und der Aufsichtsperson zuzustellen.

Nimmt die Aufsichtsperson nach Aufhebung des Verfahrens noch Rechtsgeschäfte vor, so kommen in ihrem Verhältnis zum Schuldner die schon in Ziff. 37 entwickelten Grundsätze zur Anwendung, welche auch gelten, wenn die Aufsichtsperson ohne Aufhebung des Verfahrens vom Amte enthoben wird.

Da der Aufhebungsbeschluß nicht öffentlich bekannt gemacht wird, ist es als ein Mangel zu bezeichnen, daß derselbe den Gläubigern nicht wenigstens formlos bekannt gegeben werden muß, so daß dieselben möglicherweise erst verspätet von der Aufhebung erfahren. Es wird deshalb zweckmäßig sein, den Gläubigern die Aufhebung des Verfahrens auch ohne besondere Vorschrift formlos mitzuteilen.

40. Mit der Aufhebung des Verfahrens hören alle Wirkungen desselben auf.

Die sämtlichen Gläubiger erhalten wiederum das Recht, gegen den Schuldner das Konkursverfahren zu beantragen.

Die von dem Verfahren betroffenen Gläubiger können wiederum Arrest und Zwangsvollstreckung gegen den Schuldner beantragen.

Da ihnen jedoch durch die Geschäftsaufsicht die Zahlungsunfähigkeit des Schuldners bekannt geworden ist, werden, wenn nach Aufhebung des Verfahrens gegen den Schuldner der Konkurs eröffnet wird, ihre in der Zwischenzeit etwa vorgenommenen Sicherungshandlungen bei Vorliegen der übrigen Voraussetzungen anfechtbar sein.

41. Ein Zwangsvergleich findet nicht statt.

Dagegen steht natürlich nichts im Wege, daß der Schuldner auch während der Geschäftsaufsicht mit seinen Gläubigern ein außergerichtliches Arrangement trifft.

42. Für das Verfahren ist im allgemeinen zu bemerken, daß nach § 4 der VO. in Verbindung mit § 72 und § 73 Abs. 1 und 2 KO. die Bestimmungen der Zivilprozeßordnung Anwendung finden, die Entscheidungen des Gerichts ohne vorgängige mündliche Verhandlung erfolgen, und die Zustellungen von Amts wegen geschehen (wobei wiederholt bemerkt sei, daß öffentliche Bekanntmachungen im Verfahren der Geschäftsaufsicht nicht stattfinden und der Anordnungsbeschluß mit Benennung der Aufsichtsperson den Gläubigern nur formlos mitgeteilt zu werden braucht; s. Ziff. 11).

Da jedoch nach § 11 der VO. die Entscheidungen des Gerichts nicht anfechtbar sind, werden abgesehen von der Notwendigkeit der Zustellung der wenigen Beschlüsse an den Schuldner und die Aufsichtsperson kaum Bestimmungen der Zivilprozeßordnung in Anwendung zu kommen haben.

43. Sämtliche Entscheidungen des Gerichts sind der Anfechtung entzogen.

Sie brauchen infolgedessen auch nicht begründet zu werden.

Daß sämtliche Beschlüsse nicht angefochten werden können, kann als große Härte erscheinen.

Denn schon die Anordnung und die Aufhebung der Geschäftsaufsicht können den Schuldner und die Gläubiger schwer schädigen und erfordern ein viel weiteres richterliches Ermessen und haben viel schwierigere wirtschaftliche Fragen zu lösen, als die nach festen Regeln gehende und von leichter festzustellenden Voraussetzungen abhängige Entscheidung über die Eröffnung des Konkursverfahrens.

Die Entscheidung des Gerichts über die Anordnung der Geschäftsaufsicht kann, um so mehr als die Gläubiger vorher nicht gehört werden, für dieselben zu großen Härten führen und erheblich in deren Rechte eingreifen.

Es sind aber auch die Entscheidungen des Gerichts unanfechtbar, welche bei Streitigkeiten zwischen der Aufsichtsperson, dem Schuldner und Gläubigern in bezug auf die Maßnahmen der Geschäftsführung, die Höhe der dem Schuldner für seine Lebensführung zu bewilligenden Mittel, den Umfang und die Reihenfolge der Befriedigung der Gläubiger ergehen, desgleichen die Entscheidungen des Gerichts über die Festsetzung von Ordnungsstrafen gegen die Aufsichtsperson und Entlassung derselben, über die Festsetzung deren Auslagen und Vergütung.

Wenn auch das Verfahren das Bestreben möglichster Einfachheit zeigt, so ist es doch bedenklich, daß solch schwerwiegende Entscheidungen unter keinen Umständen anfechtbar sind.

44. Abgesehen von der Vergütung der Aufsichtsperson bestimmt § 12 der VO., daß für das Verfahren selbst Gerichtsgebühren nicht erhoben werden.

Für die Auslagen finden die Vorschriften des V. und VI. Abschnittes des Gerichtskostengesetzes entsprechende Anwendung, wobei jedoch Pauschsätze nicht erhoben werden.

Es werden also nur Schreibgebühren und sonstige Barauslagen nach § 79 und § 80 GKG. erhoben. Schuldner derselben ist nach § 86 und § 89 daselbst der Schuldner als Antragsteller, welcher auch nach § 84 für die entstehenden Schreibgebühren und Barauslagen einen zur Deckung derselben hinreichenden Vorschuß zu erlegen hat; endgültig fällig werden dieselben nach § 93 daselbst mit der Beendigung des Verfahrens.

45. Über die Anwaltskosten ist in der Verordnung nichts bestimmt.

Nach § 89 RAGebO. sind in diesem Falle unter entsprechender Anwendung der Bestimmungen derselben die Gebühren zu bemessen.

Der Anwalt, welcher den Schuldner bei der Stellung des Antrages auf Anordnung der Geschäftsaufsicht vertritt, wird deshalb in sinngemäßer Anwendung von §§ 53, 54, 59 RAGebO. zwei Zehnteile und für die weitere Vertretung im Verfahren vier Zehnteile der Gebühr zu erhalten haben, welche sich nach dem Betrage des nach § 52 GKG. zu berechnenden Aktivvermögens des Schuldners ergibt.

Vertritt der Anwalt im Verfahren einen Gläubiger, so wird ihm gemäß §§ 55, 59 RAGebO. eine Gebühr von vier Zehnteilen zu bewilligen sein, welche sich aus dem Nennwert der Forderung des Gläubigers berechnet.

46. Im Anschlusse sind über das Wesen und die Wirkung der Geschäftsaufsicht noch einige weitere Fragen zu erörtern.

So glücklich der Gedanke der Geschäftsaufsicht an sich auch ist, so mißlich kann die Lage der vom Verfahren betroffenen Gläubiger werden, wenn die Geschäftsführung nachlässig erfolgt, oder wenn einzelne Gläubiger während der Dauer derselben bevorzugt werden.

Denn die vom Verfahren betroffenen Gläubiger können während der Dauer desselben Zwangsvollstreckung und Arrest nicht beantragen und auch keinen Anfechtungsprozeß führen.

Mißlich ist es auch, daß zwar der Schuldner, aber nicht ein Gläubiger antragsberechtigt ist, obwohl vielleicht der Gläubiger statt Klage und Vollstreckung und Antrag auf Konkurseröffnung sich selbst mit dem für den Schuldner weitaus milderen Antrag auf Anordnung der Geschäftsaufsicht begnügen würde.

Dadurch kann sich eine vollständige Schutzlosigkeit insbesondere dann ergeben, wenn der Schuldner ein Kriegsteilnehmer i. S. des Gesetzes vom 4. August 1914 betr. den Schutz der infolge des Krieges an der Wahrnehmung ihrer Rechte behinderten Personen ist, welches Gesetz im III. Abschnitt B behandelt werden wird.

Denn da gegen diese Personen während des Kriegszustandes keine Klagen gestellt und keine Arreste ausgebracht werden können, auch ein Konkursantrag gegen dieselben auf Antrag eines Gläubigers nicht gestellt werden kann, kann es sich ergeben, daß dem Gläubiger jedes Schutzmittel entzogen ist.

Dabei kann bei Kriegsteilnehmern der geschäftliche Betrieb durch Angestellte weiter geführt werden, ohne daß der Gläubiger irgendeine Handhabe besitzt, ihn schädigenden Handlungen von solchen Angestellten des Kriegsteilnehmers vorzubeugen (s. III. Abschnitt B I Ziff. 25).

Diesem Mißstand wäre aber dadurch abzuhelfen, daß auch der Gläubiger das Recht hat, Antrag auf Anordnung der Geschäftsaufsicht zu stellen.

Eine weitere mißliche Folge ist, daß durch die Anordnung der Geschäftsaufsicht die Anfechtungsfristen sowohl für die Anfechtung innerhalb wie außerhalb des Konkursverfahrens keine Verlängerung erfahren.

Wird nach Aufhebung der Geschäftsaufsicht das Konkursverfahren über das Vermögen des Schuldners eröffnet, so ergibt sich für die Anfechtung durch den Konkursverwalter folgender Rechtszustand:

In dem Antrag auf Anordnung der Geschäftsaufsicht liegt unter allen Umständen die Erklärung, daß der Schuldner zahlungsunfähig geworden ist, also seine Zahlungen einstellen muß; dies ergibt sich schon daraus, daß den Gläubigern des Schuldners die Anordnung der Geschäftsaufsicht, also die durch den Krieg hervorgerufene Zahlungsunfähigkeit bekannt gegeben werden muß.

Nach § 30 Ziff. 1 und 2 KO. sind also bei späterer Konkurseröffnung die dortselbst genannten Rechtsgeschäfte und Rechtshandlungen anfechtbar, wenn der begünstigte Gläubiger von der Anordnung der Geschäftsaufsicht durch das Gericht verständigt ist oder sonst von derselben erfahren hatte.

Die durch die Dauer der Geschäftsaufsicht erschwerte Möglichkeit des Beweises darf aber nicht übersehen werden.

Dabei können schon, wenn durch die Anordnung der Geschäftsaufsicht die Eröffnung des Konkursverfahrens sich verzögert, die in § 31 Ziff. 2, § 32, § 33 KO. bestimmten Anfechtungsfristen abgelaufen sein.

Wird nach Aufhebung der Geschäftsaufsicht das Konkursverfahren über das Vermögen des Schuldners nicht eröffnet, so ergibt sich die gleiche mißliche Folge für den anfechtenden einzelnen Gläubiger infolge des möglicherweise eingetretenen Ablaufes der Fristen nach § 3 Ziff. 2, 3 und 4, § 4, § 11 Abs. 4 und § 13 Abs. 4 AnfG.

Die in § 12 AnfG. bestimmte Frist wird nicht einmal mit Rücksicht auf die Anwendbarkeit von § 203 Abs. 2 BGB. während der Dauer der Geschäftsaufsicht gehemmt, da es sich bei der Verhinderung der Geltendmachung durch eine gesetzliche Vorschrift nicht um eine Verhinderung durch höhere Gewalt handelt.

Da, wie eben ausgeführt, in der Anordnung der Geschäftsaufsicht das Bekenntnis der Zahlungseinstellung liegt, so kann bezüglich eines vom Schuldner akzeptierten Wechsels gemäß Art. 29 WO. wegen Unsicherheit des Akzeptanten Sicherheitsregreß gefordert werden und zwar, da vom Schuldner als Akzeptanten selbst die Sicherheit während der Dauer der Geschäftsaufsicht nicht zu erlangen sein wird, von den Vormännern.

In den Fällen, in welchen dagegen an die K o n k u r s e r ö f f n u n g Folgen geknüpft sind, treten solche durch die Anordnung der Geschäftsaufsicht nicht ein.

Der unter Geschäftsaufsicht stehende Schuldner kann also als Vormund bestellt werden (BGB. § 1781 Ziff. 3).

Doch kann die Anordnung der Geschäftsaufsicht besonders bei großer Verantwortlichkeit in der Vermögensverwaltung ein Grund zur Entlassung des Vormundes sein (BGB. § 1886).

Die Anordnung der Geschäftsaufsicht hat die Auflösung einer Gesellschaft des bürgerlichen Rechts oder einer offenen Handelsgesellschaft nicht zur Folge (BGB. § 728, HGB. § 131 Ziff. 3 und 5).

Die Anordnung der Geschäftsaufsicht über den Hauptschuldner schließt zwar nach § 773 Ziff. 3 BGB. die Einrede der Vorausklage nicht aus; dagegen wird dieselbe durch § 773 Ziff. 4 daselbst ausgeschlossen, insoweit während der Dauer der Geschäftsaufsicht eine Zwangsvollstreckung in das Vermögen des Hauptschuldners ausgeschlossen ist, insbesondere also insoweit die Forderung des Gläubigers von dem Verfahren der Geschäftsaufsicht betroffen wird.

Der Bürge seinerseits hat gegen den Hauptschuldner, über welchen Geschäftsaufsicht angeordnet ist, gemäß § 775 Ziff. 1 und 3 das Recht auf Befreiung von der Bürgschaft.

Soweit seine Forderung durch das Verfahren der Geschäftsaufsicht selbst betroffen wird, kann er jedoch dieses Recht durch Arrest und Vollstreckung nicht zur Geltung bringen.

Beim gesetzlichen Güterstand endigt die Verwaltung und Nutznießung des Mannes nach § 1419 BGB. nicht mit der Anordnung der Geschäftsaufsicht; ebensowenig endigt die Errungenschaftsgemeinschaft mit der Anordnung der Geschäftsaufsicht über den Mann (BGB. § 1543).

Dagegen kann die Frau beim gesetzlichen Güterstand nach § 1418 Abs. 1 Ziff. 1 in Verbindung mit § 1391 BGB. bei Anordnung der Geschäftsaufsicht über den Mann auf Aufhebung der Verwaltung und Nutznießung klagen, wenn die Verhältnisse derartige sind, daß durch das Verhalten des Mannes die Rechte der Frau in einer das eingebrachte Gut erheblich gefährdenden Weise verletzt werden.

Durch die Anordnung der Geschäftsaufsicht wird allerdings die Besorgnis im allgemeinen für die Zukunft wegfallen. Dies kann nur nach Lage des einzelnen Falles bemessen werden.

Die Besorgnis der Gefährdung muß jedenfalls zur Zeit der Urteilserlassung bestehen.

Die Aufhebung der Verwaltung und Nutznießung tritt nach § 1418 Abs. 2 BGB. mit der Rechtskraft des Urteils ein.

Gemäß § 1422 BGB. kann die Frau die Herausgabe der Nutzungen abzüglich der für das eingebrachte Gut vom Mann bestrittenen Lasten schon von der Zeit der Erhebung der Klage auf Aufhebung der Verwaltung und Nutznießung verlangen.

Die Forderung der Frau ist, soweit es sich nicht etwa um Aussonderung handelt, eine vom Verfahren betroffene Forderung, denn sie beruht nicht auf Rechtshandlungen des Schuldners i. S. von § 9 Ziff. 1 der VO.

Beim Güterstand der allgemeinen Gütergemeinschaft, der Errungenschaftsgemeinschaft und der Fahrnisgemeinschaft kann sowohl für die Ehefrau als für den Ehemann bei Anordnung der Geschäftsaufsicht gemäß BGB. §§ 1468 Ziff. 5, 1469, 1542, 1549 die Klage auf Aufhebung der Gütergemeinschaft begründet sein.

Für die anteilsberechtigten Abkömmlinge kann die Klage auf Aufhebung der fortgesetzten allgemeinen Gütergemeinschaft aus dem Grunde der Anordnung der Geschäftsaufsicht nicht in Frage kommen.

Sie wäre nur möglich aus dem Gesichtspunkt der Verschwendung (BGB. § 1495 Ziff. 5); in diesem Falle kann aber die Geschäftsaufsicht nicht angeordnet werden, weil dann nicht Eintritt der Zahlungsunfähigkeit infolge des Krieges vorliegt.

Wird der Klage auf Aufhebung des ehelichen Güterstandes stattgegeben, so wirkt dies an sich nur für die Zukunft von der Rechtskraft des Urteils an (BGB. § 1470).

Der klagende Ehegatte kann deshalb, falls die Rechtskraft des Urteils während der Dauer der Geschäftsaufsicht eintritt, die Auseinandersetzung nur von diesem Zeitpunkt ab nach Begleichung der bis dahin bestehenden Gesamtgutsverbindlichkeiten verlangen.

Die Auseinandersetzung kann die Ehefrau auch während der Dauer der Geschäftsaufsicht verlangen, soweit es sich um einen Aussonderungsanspruch im Sinne von § 9 Ziff. 2 der VO. handelt.

Im Falle der Aufhebung einer ehelichen Gütergemeinschaft durch Urteil kann gemäß § 1479 der Ehegatte, welcher dieselbe erwirkt hat, nach seiner Wahl verlangen, daß die Auseinandersetzung so erfolgt, wie wenn der Anspruch auf Auseinandersetzung mit der Aufhebung der Klage auf Aufhebung der Gütergemeinschaft rechtshängig gewesen wäre.

In diesem Falle steigert sich die an sich nur nach § 1456 BGB. begründete Haftung des Ehemannes von dem genannten Zeitpunkt ab bis zur Haftung nach § 1359 BGB.; auch tritt von diesem Zeitpunkt ab kein neuerliches Gesamtgut mehr ein, vorbehaltlich lediglich der Bestimmung in § 1413 Abs. 1 BGB.

Das dem unter Aufsicht gestellten Ehegatten zufallende Vermögen verbleibt unter der Geschäftsaufsicht.

Soweit durch einstweilige Verfügung etwa dem unter Geschäftsaufsicht gestellten Ehegatten die Verwaltung und Nutznießung des eingebrachten Gutes oder des Gesamtgutes entzogen worden sein sollte, können während der Dauer der Geschäftsaufsicht der unter Aufsicht gestellte Ehegatte und die Aufsichtsperson nur diejenigen Rechtshandlungen vornehmen, welche durch die einstweilige Verfügung nicht eingeschränkt sind.

Die bereits bestehenden Rechte der Gesamtgutsgläubiger können natürlich durch die Auseinandersetzung des Gesamtgutes nicht beeinträchtigt werden.

Da aber der Zweck der Geschäftsaufsicht nicht die Verteilung des Vermögens des Schuldners unter seine Gläubiger ist, findet § 2 Abs. 1 Satz 2 der KO., wonach eine Auseinandersetzung des den Gläubigern haftenden Gesamtgutes zwischen den Ehegatten nicht stattfindet, auf das Verfahren der Geschäftsaufsicht keine Anwendung.

Der dem unter Aufsicht gestellten Ehegatten zufallende Anteil am Gesamtgut verbleibt unter Geschäftsaufsicht.

Auch die Vermögensverwaltung des Vaters oder der Mutter am Vermögen des Kindes endigt nicht mit der Anordnung der Geschäftsaufsicht (BGB. §§ 1647, 1686).

Dagegen kann der Vormundschaftsrichter bei Anordnung der Geschäftsaufsicht über Vater oder Mutter gemäß §§ 1667, 1668 BGB. die erforderlichen Maßregeln treffen und nötigenfalls nach § 1670 BGB. die Vermögensverwaltung entziehen; der Mutter kann nach § 1687 Ziff. 3 für die Vermögensverwaltung in diesem Fall ein Beistand bestellt werden.

II. Abschnitt:

Prozessuale Bestimmungen im allgemeinen.

Es wurde bereits in der Einleitung zum II. Teil hervorgehoben, daß diejenigen prozessualen Bestimmungen, welche die Durchführung der während des gegenwärtigen Kriegszustandes erlassenen Gesetze und Verordnungen des materiellen Rechts oder die durch den Kriegszustand ohne weiteres bedingten Einwirkungen auf das materielle Recht bezwecken, bereits bei der Erörterung dieser Bestimmungen mitbehandelt wurden.

Soweit es sich also um die prozessuale Durchführung der Verordnungen über die Bewilligung von gerichtlichen Zahlungsfristen, die Beseitigung der Rechtsverwirkung von Rechtsfolgen infolge nicht oder nicht rechtzeitiger Zahlung, über die Hinausschiebung der Fälligkeit von Auslandswechseln und die Fälligkeit von Auslandsforderungen handelt, wurden die dazu gehörigen prozessualen Bestimmungen bereits bei Gelegenheit dieser gesetzlichen Bestimmungen behandelt.

Es bleiben deshalb noch die übrigen prozessualen Vorschriften zu erörtern.

Diese Bestimmungen gliedern sich selbst wieder in zwei Gruppen, das sind diejenigen prozeßrechtlichen Bestimmungen, welche allgemein gelten und nur für den derzeitigen Kriegszustand besondere Bedeutung gewinnen, und diejenigen Bestimmungen, welche für den derzeitigen Kriegszustand besonders erlassen sind.

Zunächst ist zu bemerken, daß ein eigentliches nach § 24 EG. ZPO. zulässiges prozessuales Vergeltungsrecht bisher gegen einen ausländischen Staat nicht erlassen wurde, falls man nicht die Verordnungen gegenüber England, Frankreich und Rußland auch als prozessuale Bestimmungen auffassen will.

Die Bestimmungen des Haager Abkommens über das internationale Privatrecht vom 12. Juni 1902 auf dem Gebiete des Ehescheidungsrechts, sowie das Haager Abkommen über den Zivilprozeß vom 17. Juli 1905 sind aber durch den Kriegszustand ohne weiteres außer Wirksamkeit gegenüber den sämtlichen feindlichen Staaten getreten (a. M. für die Pariser Union vom 20. März 1883 RG. in DJZ. 1914 S. 1385).

Es unterbleiben also insbesondere die Befreiung der feindlichen Ausländer von der Sicherheitsleistung für die Prozeßkosten nach Art. 17 ff. und die Zulassung derselben zum Armenrecht nach Art. 20 ff.

Die prozeßhindernde Einrede der mangelnden Sicherheit für die Prozeßkosten kann nach § 274 Abs. 3 ZPO. auch nachträglich geltend gemacht werden, da der Beklagte sie vor Ausbruch des Kriegszustandes nicht geltend machen konnte.

Da vermögensrechtliche Ansprüche von Auslandspersonen zurzeit ohnehin nicht geltend gemacht werden können, wird diese Frage nicht sehr praktisch werden können.

Von den allgemein geltenden Bestimmungen werden diejenigen, welche auf die Fortführung von Prozessen oder Vollstreckungen sich beziehen, im Zusammenhang mit den für den derzeitigen Kriegszustand erlassenen besonderen diesbezüglichen Bestimmungen erörtert werden.

Von den übrigen allgemein geltenden Bestimmungen sind die folgenden besonders hervorzuheben:

1. Bezüglich der Art der Sicherheitsleistung für alle Fälle, in welchen Sicherheit vom Ausländer oder Inländer zu leisten ist, wird auf die Erörterungen im I. Teil VI. Abschnitt C Bezug genommen, woselbst ausgeführt ist, daß die Bestellung der Sicherheit mit Rücksicht darauf, daß Wertpapiere zurzeit einen Kurswert nicht haben, Schwierigkeiten unterliegen kann, wenn mit solchen Wertpapieren Sicherheit geleistet werden soll.

Es wird sich deshalb empfehlen, daß die Gerichte ausdrücklich aussprechen, inwieweit mit solchen den Vorschriften nach § 234 Abs. 1 und 3 BGB. entsprechenden Wertpapieren Sicherheit geleistet werden kann (s. nunmehr Nachtrag).

2. Daß bei einer Verurteilung zu künftig fällig werdenden wiederkehrenden Leistungen im Kriegsfall und dadurch bedingter wesentlicher Veränderung der für die Verurteilung maßgebenden Verhältnisse eine Änderung des Urteils von dem Verurteilten nach § 323 ZPO. verlangt werden kann, sowie daß nach § 324 ZPO. unter den gleichen Voraussetzungen Sicherheitsleistung oder Erhöhung der Sicherheitsleistung von dem Berechtigten verlangt werden kann, wurde bereits im I. Teil VI. Abschnitt C Ziff. 5 und E Ziff. 2 erörtert.

Es mag hier noch darauf Bezug genommen werden, daß diese Bestimmungen auf die vergleichsweise Regelung keine Anwendung finden.

3. Die Versteigerung gepfändeter Sachen ist mit Rücksicht darauf, daß während des Kriegszustandes angemessene Gebote bei Zwangsversteigerungen nicht erzielt zu werden pflegen, durch Bekanntmachung des Bundesrates über das Mindestgebot bei der Versteigerung gepfändeter Sachen vom 8. Oktober 1914, welche nach § 5 derselben am 16. Oktober 1914 in Kraft getreten ist und bis zu einer abweichenden Bestimmung des Reichskanzlers bestehen bleibt, wie folgt geordnet (RGBl. Nr. 85 S. 427 ff.):

Nach § 1 der VO. ist bestimmt, daß bei einer nach den Bestimmungen der Zivilprozeßordnung stattfindenden Zwangsvollstreckung in körperliche Sachen der gewöhnliche Verkaufswert derselben vor der Versteigerung durch den Gerichtsvollzieher zu schätzen ist, eventuell bei Pfändung von Früchten auf dem Halm oder bei landwirtschaftlichen Gegenständen nach § 811 Ziff. 4 ZPO. durch einen Sachverständigen, sofern die Zuziehung eines solchen nach § 833 ZPO. in diesem Fall erforderlich ist.

Die Vorschrift findet nur bei der Zwangsvollstreckung in körperliche Sachen, also nicht in Forderungen, Rechte usw. statt.

Handelt es sich um gepfändete Wertpapiere, bei denen die Versteigerung nach § 821 ZPO. stattfindet, so hat der Gerichtsvollzieher, wenn dieselben einen Börsen- oder Marktpreis nicht haben, durch einen kaufmännischen Sachverständigen die Schätzung vornehmen zu lassen; bei der Schätzung solcher Wertpapiere, die in der letzten Woche vor dem 31. Juli 1914 noch einen Börsen- oder Marktpreis hatten, darf der gewöhnliche Verkaufswert nicht unter dem letzten in dieser Woche amtlich notierten Markt- oder Börsenpreis festgestellt werden; maßgebend muß natürlich dieser Börsen- oder Marktpreis am Orte der Versteigerung sein.

In allen Fällen kann der Gerichtsvollzieher, auch wenn die Schätzung durch einen Sachverständigen hiernach nicht vorgeschrieben ist, einen solchen mit der Schätzung beauftragen.

Für Kostbarkeiten bewendet es bei der ohnehin in § 814 ZPO. vorgeschriebenen Abschätzung durch einen Sachverständigen.

Die Schätzung soll tunlichst bei der Pfändung erfolgen, und der Schätzungswert in das Pfändungsprotokoll aufgenommen werden.

Ist dies nicht möglich, weil der Gerichtsvollzieher die Schätzung nicht selbst vornehmen und erst nachträglich einen Sachverständigen zuziehen kann, so ist dies baldmöglichst nachzuholen.

Wenn der Gerichtsvollzieher einen Sachverständigen zur Schätzung nicht zuzieht, kann nach der Verordnung auf Antrag des Gläubigers oder des Schuldners das Vollstreckungsgericht in jedem Fall die Schätzung durch einen Sachverständigen anordnen.

Nach den Bestimmungen der Zivilprozeßordnung besteht bezüglich der Pfändung beweglicher Gegenstände nur die Bestimmung (ZPO. § 812), daß Haushaltungsgegenstände nicht gepfändet werden sollen, wenn ohne weiteres ersichtlich ist, daß durch deren Verwertung nur ein Erlös erzielt werden würde, welcher zu dem Werte außer allem Verhältnis steht.

Im übrigen ist bezüglich gepfändeter beweglicher Gegenstände die zwangsweise Versteigerung auch unter derem Werte nicht eingeschränkt.

Es besteht in dieser Hinsicht nur die Bestimmung nach § 820 ZPO., daß Gold- und Silbersachen nicht unterm Gold- und Silberwert zugeschlagen werden dürfen, und daß, wenn ein diesen Wert erreichendes Gebot nicht abgegeben wird, der Gerichtsvollzieher den Verkauf aus freier Hand zu dem den Gold- und Silberwert erreichenden Preis bewirken darf.

Es besteht ferner die Bestimmung nach § 821 ZPO., wonach gepfändete Wertpapiere, wenn sie einen Börsen- oder Marktpreis haben, vom Gerichtsvollzieher aus freier Hand zum Tageskurse zu verkaufen und, wenn sie einen solchen Preis nicht haben, nach den allgemeinen Bestimmungen zu versteigern sind.

Hier greift nun zur Abwendung von wirtschaftlichen Schädigungen von Schuldnern, gegen welche während des Kriegszustandes Zwangsversteigerungen beweglicher Gegenstände oder Wertpapiere stattfinden sollen, die obige Verordnung des Bundesrates ein, indem sie bestimmt, daß bei der Versteigerung der gepfändeten Sachen der Zuschlag nur auf ein Mindestgebot erteilt werden darf, das mindestens die Hälfte des gewöhnlichen Verkaufswertes ausmacht.

Die Bestimmung in § 820 ZPO., wonach Gold- und Silbersachen nicht unter dem Gold- und Silberwert zugeschlagen oder verkauft werden dürfen, ist dabei ausdrücklich aufrecht erhalten.

Die Bundesratsverordnung bestimmt weiter, daß bei der zwangsweisen Versteigerung von Wertpapieren, die von den für den Kriegsfall auf Grund des Reichsdarlehenskassengesetzes vom 4. August 1914 errichteten Darlehenskassen beliehen werden, das Mindestgebot nicht hinter dem Betrage zurückbleiben darf, zu dem die Darlehenskassen Wertpapiere dieser Art belehnen.

Zum Schutz der Schuldner ist ferner bestimmt, daß bei der Versteigerung nicht bloß das Mindestgebot, sondern auch der gewöhnliche Verkaufswert bekannt zu geben ist.

Wird der Zuschlag nicht erteilt, weil ein das Mindestgebot erreichendes Gebot nicht abgegeben ist, so bleibt das Pfandrecht des Gläubigers bestehen.

Der Gläubiger kann auch jederzeit die Anberaumung eines neuen Versteigerungstermins beantragen; es kann aber nicht etwa in dem neuen Versteigerungstermin die Versteigerung nunmehr zu jedem Gebot stattfinden, sondern auch für diesen neuen Versteigerungstermin bleiben die obigen Bestimmungen bestehen.

Der Gläubiger kann aber auch gemäß § 825 ZPO. beim Vollstreckungsgericht die Verwertung der gepfändeten Sachen in anderer Weise oder an einem anderen Orte oder durch eine andere Person als den Gerichtsvollzieher beantragen.

Auch in diesem Falle darf jedoch die Veräußerung der gepfändeten Gegenstände oder Wertpapiere nicht unter dem Mindestgebot erfolgen.

Nicht erwähnt ist in der Bundesratsverordnung der Fall, wie es zu halten ist, wenn eine Sache der Gefahr einer erheblichen Wertsverringerung ausgesetzt ist oder ihre Aufbewahrung unverhältnismäßige Kosten verursacht (ZPO. § 816).

In § 5 des im III. Abschnitt B noch zu erörternden Kriegsschutzgesetzes ist dieses Falles Erwähnung getan.

Es muß angenommen werden, daß die Bestimmung in § 816 ZPO. unberührt bleibt, und daß, wenn eine Sache zur Vermeidung einer Wertsverringerung oder zur Ersparung unverhältnismäßiger Kosten versteigert werden muß, das Mindestgebot nicht erreicht zu werden braucht, weil andernfalls der dem Schuldner zu gewährende Schutz sich in das Gegenteil verwandeln würde.

Die Bestimmung, wonach Zwangsversteigerungen von beweglichen Gegenständen nicht unterm Mindestgebot erfolgen dürfen, besteht auch im Falle des Konkursverfahrens, sofern es sich um die Versteigerung einer nach den Bestimmungen der Zivilprozeßordnung gepfändeten Sache handelt.

Wenn jedoch der Konkursverwalter nach § 127 KO. die Verwertung einer beweglichen Sache betreibt, an welcher einem Gläubiger ein Vertragspfandrecht oder ein diesem gleichstehendes Recht zusteht, so findet die Verordnung nur Anwendung, wenn es sich um nach den Vorschriften der ZPO. gepfändete Sachen handelt.

Denn auf den eigentlichen Pfandverkauf von Gegenständen, an welchen ein vertragsmäßiges oder gesetzliches Pfandrecht besteht, welches nicht Pfändungspfandrecht ist (BGB. §§ 1233 ff.), bezieht sich die Vorschrift des Bundesrates über die Erreichung des Mindestgebotes nicht.

Ist eine Versteigerung gepfändeter Sachen, auf welche sich die Verordnung bezieht, entgegen deren Vorschriften unter dem Mindestgebot erfolgt, so bleibt dieselbe gleichwohl wirksam.

Allerdings gehört zu einer rechtswirksamen Versteigerung, daß die wesentlichen Erfordernisse der Pfändung und Versteigerung vorliegen.

Verstöße in bezug auf Zeit und Ort der Versteigerung machen dieselbe jedoch nicht unwirksam.

Nur die Bestimmungen in §§ 814, 817 ZPO. sind wesentliche Erfordernisse in dem Sinne, daß deren Verletzung den Eigentumsübergang bei der Versteigerung ausschließt (Gaupp-Stein a. a. O. Bem. II Ziff. 2 zu § 803, Bem. I und III zu § 814, Bem. I zu § 816, Bem. IV zu § 817).

Die Vorschriften in § 772 ZPO. und § 135 BGB. beziehen sich aber nur auf die Rechte dritter Personen, nicht auf Rechte des Schuldners (Staudinger a. a. O. Bem. 6 zu § 135).

Der Versteigerungsbeamte, welcher die Versteigerung entgegen den Bestimmungen der Verordnung vorgenommen hat, ist aber dem Schuldner schadensersatzpflichtig, da er gegen eine den Schutz desselben bezweckende gesetzliche Vorschrift verstoßen hat (BGB. § 823).

Soweit auch den Gläubiger ein Mitverschulden trifft, ist derselbe ebenfalls schadensersatzpflichtig.

Im übrigen bleiben für die Pfändung und Versteigerung beweglicher Gegenstände alle übrigen Bestimmungen der Zivilprozeßordnung in Kraft.

Hervorzuheben ist jedoch, daß, da nach § 803 ZPO. die Pfändung nicht weiter ausgedehnt werden darf, als zur Befriedigung des Gläubigers erforderlich ist, schon bei der Pfändung auf das Mindestgebot Rücksicht zu nehmen, also die Pfändung nicht weiter auszudehnen ist, als bei Zugrundelegung dieses Mindestgebots zur Befriedigung des Gläubigers erforderlich ist.

Es bleiben insbesondere die Bestimmungen der Zivilprozeßordnung in §§ 816, 817, 824 über die Bestimmung des Versteigerungstermins, die Bekanntmachung desselben, die Art der Vornahme der Versteigerung, insbesondere der Früchte auf dem Halm in Kraft.

Die Bestimmungen des Bundesrates gelten für alle Zwangsversteigerungen beweglicher Gegenstände, soweit solche während des Kriegszustandes überhaupt zulässig sind, soweit sie also nicht gegen Kriegsteilnehmer auf Grund der später noch für diese geltenden besonderen Schutzbestimmungen überhaupt einzustellen sind.

Sie gelten also z. B. auch für Versteigerungen gegen Ausländer.

Die Bestimmungen gelten ferner vom 16. Oktober 1914 ab für alle Zwangsversteigerungen beweglicher Gegenstände, auch wenn die Pfändung selbst bereits vor diesem Tage stattgefunden hat; denn sie bezwecken, vom 16. Oktober 1914 ab einen Schutz gegen wirtschaftliche Schädigung des Schuldners durch die Versteigerung gepfändeter Sachen zu schaffen, haben also mit der Frage nichts zu tun, wann die Pfändung selbst vorgenommen wurde.

Ungenau ist lediglich der Ausdruck der Verordnung in § 1, wonach der gewöhnliche Verkaufswert der gepfändeten Sachen vor der Versteigerung zu schätzen ist, „soweit eine Zwangsvollstreckung in körperliche Sachen stattfindet"; es sollte deutlicher heißen „soweit eine Zwangsversteigerung körperlicher Sachen stattfindet".

3 a. Durch Verordnung des Bundesrats vom 10. Dezember 1914, welche am gleichen Tage in Kraft getreten ist (RGBl. Nr. 109 S. 499), ist für die Versteigerung unbeweglicher Gegenstände folgende Bestimmung getroffen:

„Ergibt sich bei der Zwangsversteigerung eines Gegenstandes des unbeweglichen Vermögens nach Schluß der Versteigerung, daß ein Anspruch, der ein Recht auf Befriedigung aus dem Gegenstande gemäß § 10 Nr. 2 oder Nr. 4 des Gesetzes über die Zwangsversteigerung und die Zwangsverwaltung (RGBl. 1898 S. 713) gewährt, durch das Meistgebot nicht gedeckt wird, so kann, wenn dieser Anspruch innerhalb der ersten zwei Dritteile des zur Berechnung des Reichsstempels für den Zuschlagsbeschluß festzusetzenden Wertes des Gegenstandes steht, auf Antrag des Berechtigten der Zuschlag versagt werden, sofern nicht der betreibende Gläubiger glaubhaft macht, daß ihm die Versagung des Zuschlages einen unverhältnismäßigen Nachteil bringt. Wird der Zuschlag versagt, so ist zugleich von Amts wegen ein neuer Versteigerungstermin zu bestimmen."

Die Bestimmung gilt also für alle anhängigen Zwangsversteigerungsverfahren in unbewegliches Vermögen, sofern die Versteigerung noch nicht geschlossen ist (§ 74 ZwVG.).

Ist die Versteigerung bereits geschlossen und neuerlicher Termin zur Verkündung des Zuschlagsbeschlusses bestimmt (§ 87 ZwVG.), so kann der Antrag seitens des Berechtigten nicht mehr gestellt werden.

Wird der Zuschlag versagt, so steht gemäß § 97 ZwVG. dem betreibenden Gläubiger und dem Bieter die sofortige Beschwerde zu.

Wird der Zuschlag entgegen dem Antrage des Berechtigten erteilt, so wird demselben nach § 97 in Verbindung mit § 83 Ziff. 6 ZwVG. die sofortige Beschwerde gegen den Zuschlag zu gewähren sein.

Denn trotz des Wortes „kann" hat er beim Vorliegen der Voraussetzungen ein Recht auf Versagung des Zuschlages.

Mit Ablauf der Frist zur Einlegung der sofortigen Beschwerde ist allerdings die Sache erledigt.

Dagegen wird anzunehmen sein, daß bei Versagung des Zuschlages in dem neuen Versteigerungstermin der Zuschlag auf Grund des Rechtes des gleichen Berechtigten nicht mehr versagt werden kann.

Die Verordnung bestimmt weiter, daß bei Versagung des Zuschlages für den Versteigerungstermin Gebühren und Auslagen nicht erhoben werden dürfen.

Soweit gemäß § 13 EG. ZwVG. durch Landesgesetz, wie in Bayern, die Versteigerung selbst anderen Beamten, z. B. Notaren übertragen ist, können deshalb auch diese Beamten, soweit landesgesetzlich für die Abhaltung des Versteigerungstermins selbst Gebühren bestimmt sind, solche nicht beanspruchen.

Auslagen, welche aber für die Festsetzung des fruchtlosen Versteigerungstermins selbst bereits vor Abhaltung desselben erwachsen sind, also insbesondere die Auslagen für die Zustellung und Veröffentlichung des Versteigerungstermins, werden durch die Vorschrift nicht berührt.

4. Es wurde ferner bereits im I. Teil, VIII. Abschnitt A Ziff. 13 hervorgehoben, daß an der Anerkennung eines ausländischen Urteils nach § 328 ZPO. und der Vollstreckung aus demselben sowie aus einem ausländischen Schiedsspruch nach §§ 722, 723 und § 1042 ZPO. durch den Kriegszustand an sich keine Änderung eingetreten ist, soweit nicht nach den dortselbst schon erörterten Bekanntmachungen des Bundesrats vom 7. August 1914 über die Beschränkung und Geltendmachung von Auslandsforderungen und insbesondere über englische, französische und russische Forderungen vom 30. September, 22. Oktober und 19. November 1914 die Geltendmachung solcher Forderungen überhaupt zeitlich beschränkt ist. Die Vereinbarung der Zuständigkeit eines Schiedsgerichts oder ordentlichen Gerichts eines feindlichen Staates tritt jedoch außer Kraft.

5. Die Geltendmachung von Forderungen gegenüber ausländischen Schuldnern ist an sich durch den Kriegszustand nicht beschränkt.

Nur kann die Geltendmachung, wenn die Zustellung im Ausland zu erfolgen hat, praktisch erheblichen Schwierigkeiten begegnen, wenn die Zustellung im Ausland nicht ausführbar ist.

Allerdings kann in solchen Fällen, auch wenn der Aufenthalt des ausländischen Schuldners bekannt ist, die Zustellung aber besonders im feindlichen Auslande tatsächlich nicht möglich ist, gemäß § 202 Abs. 2 ZPO. die öffentliche Zustellung erfolgen.

Es wird insbesondere die Bestimmung der Zivilprozeßordnung in § 917 Abs. 2, wonach die Notwendigkeit der Vollstreckung im Auslande als Arrestgrund besonders hervorgehoben ist, für den Kriegszustand besondere Bedeutung in der Verfolgung von Rechtsansprüchen gegenüber Ausländern gewinnen.

6. Gemäß § 850 Abs. 1 Ziff. 5 und 6 ZPO. sind der Sold der Unteroffiziere und der Soldaten, sowie das Diensteinkommen der Militärpersonen welche zu einem mobilen Truppenteil oder zur Besatzung eines in den Dienst gestellten Kriegsfahrzeuges gehören, überhaupt unpfändbar.

Es ist dabei insbesondere darauf hinzuweisen, daß die Bestimmung in § 850 Abs. 1 Ziff. 8 und Abs. 2 ZPO., wonach das Diensteinkommen der Offiziere, Militärärzte und Deckoffiziere zu dem dritten Teil des Mehrbetrages über 1500 Mark jährlich pfändbar ist, während des Kriegszustandes nicht Platz greift, sondern daß vielmehr nach der schon erwähnten Bestimmung in § 850 Abs. 1 Ziff. 6 das Diensteinkommen aller Militärpersonen, welche zu einem mobilen Truppenteil oder zur Besatzung eines in Dienst gestellten Kraftfahrzeuges gehören, der Pfändung vollständig entzogen ist.

Der Kreis der unter diese Begriffsbestimmung fallenden Personen wird bei der Erläuterung des Reichsgesetzes vom 4. August 1914 betreffend den Schutz der infolge des Krieges an der Wahrnehmung ihrer Rechte behinderten Personen erörtert werden (III. Abschnitt B I Ziff. 1—6).

Nach dem Reichsgesetz betreffend die Unterstützung von Familien in den Dienst eingetretener Mannschaften vom 28. Februar 1888 in Verbindung mit dem zur Abänderung desselben ergangenen Reichsgesetze vom 4. August 1914 erhalten die Familien der in dem Gesetze des Näheren bezeichneten zum Heere eingerückten Mannschaften Unterstützung.

Dieser Anspruch ist als höchst persönlicher nach § 399 BGB. in Verbindung mit § 851 ZPO. als unpfändbar zu erachten.

Nach dem Reichsgesetz vom 24. Juli 1914 sind unpfändbar die Aufwandsentschädigungen, die auf Grund der Bekanntmachung des Reichskanzlers vom 26. März 1914 den Familien gewährt werden, deren Söhne im Reichsheer, in der Marine oder bei der Schutztruppe stehen.

Nach dem Reichsgesetz über die Pensionierung der Offiziere vom 31. Mai 1906 § 37 und dem Reichsgesetz über die Versorgung der militärischen Unterklassen § 40 und § 63 sind die Verstümmelungszulagen, die Kriegszulagen, und die Alterszulagen der Pfändung entzogen.

Nach § 19 des Reichsgesetzes vom 17. Juni 1887 betreffend die Fürsorge für die Witwen und Waisen von Angehörigen des Heeres und der Marine sind die Witwen- und Waisengelder der Hinterbliebenen der Offiziere der Pfändung entzogen; das gleiche ist nach § 9 des Reichsgesetzes vom 13. Juni 1895 betreffend die Fürsorge für Witwen und Waisen der Militärpersonen vom Feldwebel abwärts der Fall. Zu letzteren gehören auch die Feldwebelleutnants und Offizierstellvertreter.

Nach § 20 des Reichsgesetzes vom 31. Mai 1901 betreffend die Versorgung der Kriegsinvaliden und der Kriegshinterbliebenen sind die nach diesem Gesetz gewährten Zuschüsse der Pfändung entzogen.

Nach § 3 des Reichsgesetzes vom 2. Juni 1878 ist die Ehrenzulage der Inhaber des eisernen Kreuzes der Pfändung entzogen.

Bezüglich der Behörden, welche den Reichsmilitärfiskus als Drittschuldner zu vertreten haben, ist auf Gaupp-Stein a. a. O. Bem. II Ziff. 2 zu § 18 und Bem. III Ziff. 1 zu § 829 zu verweisen.

Bezüglich der Behörden, welche den Militärfiskus der Bundesstaaten zu vertreten haben, die in dieser Hinsicht selbständig in Betracht kommen, ist auf die Bekanntmachung des bayerischen Justizministeriums, JMBl. 20, 210 ff. für Bayern, Sachsen und Württemberg zu verweisen.

7. Einer besonderen Betrachtung bedarf der durch den Eintritt des Kriegszustandes praktisch gewordene Fall der Abtretung, Verpfändung und Pfändung der Forderung, welche dem Eigentümer von Pferden, Fahrzeugen oder Geschirren für die Überlassung derselben gegen den Militärfiskus zusteht.

Nach §§ 23, 25 des Reichsgesetzes über die Kriegsleistungen vom 13. Juni 1873 sind die Besitzer von Pferden und Fahrzeugen verpflichtet, dieselben zur Benützung für Kriegszwecke der Militärverwaltung gegen Ersatz deren Wertes zur Verfügung zu stellen; die Vergütung ist nach § 2 Abs. 2 dieses Gesetzes aus Reichsmitteln zu gewähren.

Für die Lastkraftfahrzeuge, für welche Subventionen bezahlt werden, ist überdies durch Verfügung des K. preußischen Kriegsministeriums vom 28. März 1913 und des K. bayerischen Kriegsministeriums vom 19. Juni 1903 noch besonders bestimmt, daß dieselben im Falle der Mobilmachung soweit erforderlich von der Heeresverwaltung nach den Bestimmungen des Kriegsleistungsgesetzes käuflich übernommen werden.

Nach § 26 Abs. 3 KriegsleistungsG. kann der festgestellte Wert aller übernommenen Gegenstände in bar vergütet werden.

Für den Vergütungsanspruch wird jedoch in der Regel nach festgestellter Schätzung gemäß § 20 Abs. 2 des Gesetzes ein Anerkenntnis auf den Namen des Vergütungsberechtigten ausgefertigt, welches nach § 21 des Gesetzes nach Maßgabe der verfügbaren Mittel gegen Rückgabe des Anerkenntnisses an dessen Inhaber eingelöst wird, wobei die zahlende Kasse zur Prüfung der Legitimation des Inhabers berechtigt, aber nicht verpflichtet ist.

Es liegt also ein sog. hinkendes Inhaberpapier im Sinne von § 808 BGB. vor.

Es ist also ein Namenpapier mit Legitimation für jeden Inhaber desselben, nicht selbständiger Träger der Forderung.

Die Verpfändung und Abtretung eines solchen Anerkenntnisses müßte deshalb an sich durch Verpfändung oder Abtretung der Forderung erfolgen, wobei der Gläubiger der Forderung gemäß § 402 BGB. verpflichtet wäre, dem neuen Gläubiger das Anerkenntnis als Beweismittel auszuliefern, und wobei nach § 1280 BGB. zur Wirksamkeit einer Verpfändung die Mitteilung des bisherigen Gläubigers an den Fiskus erforderlich wäre.

Die zwangsweise Pfändung einer solchen Forderung auf Grund ausgestellten Anerkenntnisses müßte sich nach § 829 ZPO. durch Pfändung und Überweisung des Anspruchs vollziehen, wobei der Pfandgläubiger nach § 836 Abs. 3 ZPO. die Herausgabe des Anerkenntnisses ebenfalls im Wege der Zwangsvollstreckung auf Grund des Vollstreckungstitels und Überweisungsbeschlusses erwirken könnte.

Der Bundesrat hat nun durch Verordnungen vom 12. und 24. August 1914 (RGBl. S. 370 und 384) bestimmt, daß, wenn über eine Forderung für Überlassung eines Pferdes oder eines Fahrzeuges (also z. B. auch eines Automobils) oder eines Geschirres ein Anerkenntnis ausgestellt ist, für den Inhaber die Vermutung der Empfangsvollmacht gilt, und zur Übertragung der Forderung außer dem Abtretungsvertrage die Übergabe der Urkunde erforderlich ist.

Die Urkunde ist also, obwohl sie nicht Träger der Forderung ist, auf Grund dieser positiven gesetzlichen Bestimmung ähnlich der Urkunde über ein Inhaberpapier allerdings in unvollkommener Weise als Träger der Forderung erklärt.

Die Abtretung oder Verpfändung der Forderung ist also nur wirksam, wenn zum Abtretungs- oder Verpfändungsvertrage die Übergabe der Urkunde hinzutritt.

Befindet sich die Urkunde im Besitze eines Dritten, so wird die Übergabe gemäß § 931 BGB. durch Abtretung des Anspruches auf Herausgabe derselben ersetzt.

Bei mehrfachen Abtretungen ist also diejenige Abtretung gültig, bei welcher die beiden Voraussetzungen erfüllt sind.

Andererseits ist zur Verpfändung der Forderung die Benachrichtigung des Fiskus seitens des bisherigen Gläubigers gemäß § 1280 BGB. nunmehr nicht erforderlich, da dieselbe nur dann erforderlich ist, wenn es sich um die Verpfändung einer Forderung handelt, zu deren Übertragung der Abtretungsvertrag genügt. Da aber der Abtretungsvertrag nicht als genügend erklärt ist, sondern zur Abtretung noch die Übergabe der Urkunde hinzukommen muß, ist die Anzeige der Verpfändung durch den bisherigen Gläubiger an den Fiskus zur Wirksamkeit der Pfändung nicht erforderlich; erforderlich ist nur der Verpfändungsvertrag in Verbindung mit der Übergabe der Urkunde.

Da aber nach den Bestimmungen des Kriegsleistungsgesetzes die Vergütung auch bar bezahlt werden kann, und über die Forderung auf Bezahlung der Vergütung ein Anerkenntnis nicht ausgestellt werden muß, ergibt sich weiter, daß, wenn eine Forderung, bevor ein Anerkenntnis ausgestellt ist, von dem bisherigen Gläubiger abgetreten oder unter Benachrichtigung des Fiskus durch den bisherigen Gläubiger verpfändet wird, die Abtretung und Verpfändung wirksam ist. Das Anerkenntnis darf in diesem Falle nach erfolgter Abtretung und Verpfändung nicht mehr an den bisherigen Gläubiger ausgehändigt werden, wobei selbstverständlich, solange der Fiskus von der erfolgten Abtretung nicht verständigt ist, derselbe gemäß § 407 BGB. die Urkunde dem bisherigen Gläubiger aushändigen kann.

In Verfolgung des erwähnten Grundsatzes hat der Bundesrat in der Bekanntmachung vom 12. August 1914 weiter bestimmt, daß zur Pfändung einer solchen Forderung außer dem Pfändungsbeschluß die Übergabe der Urkunde an den Gläubiger erforderlich ist.

Es ist weiter bestimmt, daß wenn die Herausgabe im Wege der Zwangsvollstreckung erwirkt wird, sie als erfolgt gilt, wenn der Gerichtsvollzieher die Urkunde zum Zwecke der Ablieferung an den Gläubiger wegnimmt. Es ist endlich bestimmt, daß, wenn der Pfändungsbeschluß vor der Übergabe der Urkunde dem Drittschuldner zugestellt wird, die Pfändung diesem gegenüber mit der Zustellung als bewirkt gilt.

Auch hier ist zunächst zu bemerken, daß auch vor Ausstellung des Anerkenntnisses die Forderung gepfändet und überwiesen werden kann, und daß auch der Gläubiger gemäß § 845 ZPO. die bevorstehende Pfändung durch Pfändungsbenachrichtigung ankündigen kann.

In diesem Falle ist die Pfändung mit der Zustellung des Pfändungsbeschlusses an den Fiskus erfolgt; der Fiskus darf in diesem Falle gegebenenfalls schon von der Zustellung der Pfändungsbenachrichtigung ab die Urkunde an den bisherigen Gläubiger nicht mehr aushändigen.

Ist jedoch das Anerkenntnis dem Besitzer der überlassenen Gegenstände bereits ausgehändigt, so ist zur Pfändung der Forderung außer dem Pfändungsbeschluß die Übergabe der Urkunde an den Gläubiger erforderlich.

Die Bestimmung des Bundesrates unterscheidet sich jedoch von der Bestimmung in § 831 ZPO. über die Pfändung der Forderungen aus Wechseln und anderen indossablen Papieren dadurch, daß, während diese Papiere als wirkliche Träger der Forderung gepfändet und alsdann die Forderungen dem Pfandgläubiger zur Einziehung überwiesen werden müssen, zur Pfändung der Forderung an den Fiskus der Pfändungsbeschluß erforderlich ist.

Die Erwirkung und Zustellung des Pfändungsbeschlusses ist aber nach der ausdrücklichen Bestimmung des Bundesrates schon vor der Übergabe der Urkunde zulässig, und soll dann die Pfändung mit der Zustellung des Pfändungsbeschlusses als bewirkt gelten.

In Konsequenz dieses Grundsatzes muß der Gläubiger alsdann auch hier das Recht der Vorpfändung durch Pfändungsbenachrichtigung nach § 845 ZPO. haben.

Die zwangsweise Wegnahme des Anerkenntnisses selbst kann auch hier der Gläubiger auf Grund des Vollstreckungstitels nach § 836 Abs. 3 ZPO. bewirken.

Wird diese Übergabe im Wege der Zwangsvollstreckung erwirkt, so gilt die Zwangsvollstreckung als erfolgt, wenn der Gerichtsvollzieher die Urkunde zum Zwecke der Ablieferung an den Gläubiger dem Schuldner wegnimmt.

Hieraus ergeben sich also folgende Schlußfolgerungen:

Ist der Pfandgläubiger bereits im Besitze des Anerkenntnisses, so wird die Pfändung dadurch bewirkt, daß der Gläubiger den Pfändungs- und Überweisungsbeschluß erwirkt und dem Fiskus als Drittschuldner zustellen läßt.

Läßt der Pfandgläubiger das Anerkenntnis auf Grund des Vollstreckungstitels dem Schuldner im Wege der Zwangsvollstreckung wegnehmen, so muß er nachträglich den Pfändungs- und Überweisungsbeschluß erwirken und dem Fiskus als Drittschuldner zustellen lassen; sein Pfandrecht beginnt jedoch in diesem Falle bereits mit der Wegnahme des Anerkenntnisses durch den Gerichtsvollzieher.

Wird aber der Pfändungsbeschluß vor der Übergabe des Anerkenntnisses dem Fiskus als Drittschuldner zugestellt, so ist trotz der Bestimmung der Bundesratsbekanntmachung, daß die Pfändung mit der Zustellung als bewirkt gelten soll, die Pfändung von der Bedingung der nachfolgenden Übergabe der Urkunde an den Gläubiger, sei es durch freiwillige Aushändigung oder durch Wegnahme im Wege der Zwangsvollstreckung, abhängig.

Dies muß die Folge haben, daß wenn ein anderer Gläubiger, welcher im Besitze der Urkunde selbst ist, den von ihm erwirkten Pfändungsbeschluß n a c h dem Pfändungsbeschluß des nicht im Besitze der Urkunde sich befindenden Gläubigers zustellen läßt, oder wenn ein anderer Gläubiger nach der Zustellung des Pfändungsbeschlusses des sich nicht im Besitze der Urkunde befindenden Gläubigers die Urkunde selbst dem Schuldner im Wege der Zwangsvollstreckung wegnehmen läßt, sein Pfandrecht als das wirksame erscheint, weil der Gläubiger, welcher den Pfändungsbeschluß früher hat zustellen lassen, die zur rechtswirksamen Pfändung erforderliche Übergabe der Urkunde nicht zu beschaffen in der Lage ist.

Befindet sich nicht der Schuldner, sondern ein Dritter im Besitze der Urkunde, so muß der Gläubiger auf Grund des Pfändungs- und Überweisungsbeschlusses gegen den Dritten auf Herausgabe der Urkunde Klage stellen.

Ob die Klage begründet ist, hängt natürlich davon ab, ob nicht der Dritte selbst durch Abtretung oder Verpfändung der Forderung seitens des bisherigen Gläubigers ein besseres Recht an der Forderung hat.

Zu dieser Frage ist zu bemerken, daß, wenn das Anerkenntnis dem Besitzer der Sache ausgestellt ist, während Eigentümer ein anderer ist, der wirkliche Berechtigte gegen den Inhaber des Anerkenntnisses das Recht auf Herausgabe und, falls dasselbe schon eingelöst ist, den Anspruch aus ungerechtfertigter Bereicherung geltend machend kann (BGB. §§ 281, 812, 816).

Hat ein Gläubiger den Anspruch auf die Forderung aus dem Anerkenntnis gegenüber dem Besitzer der überlassenen Sache gepfändet, so ist der Eigentümer zum Widerspruch berechtigt.

Das Recht des Widerspruchs hat auch derjenige, welcher ein obligatorisches Recht auf Aushändigung der Sache seitens des Besitzers hat, z. B. der Hinterleger, Vermieter usw.

Wer aber nur ein obligatorisches Recht auf Übertragung des Eigentums hat, also z. B. der Käufer, welcher eine dem Fiskus überlassene Sache vorher gekauft hatte, hat kein Recht des Widerspruchs.

Auch derjenige, welchem eine Sache nur fiduziarisch übertragen ist, kann das Widerspruchsrecht haben; wem aber die Forderung nur zum Inkasso übertragen ist, kann gegen die Pfändung derselben keinen Widerspruch erheben (Gaupp-Stein a. a. O., Bem. II zu § 771).

Handelt es sich um die Konkurrenz eines Pfandgläubigers mit einem Dritten, welchem die Forderung auf Überlassung des Gegenstandes abgetreten oder verpfändet wurde, so kommt es darauf an, welches Recht nach den vorstehenden Erörterungen wirksam oder früher wirksam geworden ist.

Für die Fälle, in denen ein Anerkenntnis noch nicht ausgestellt war und nicht mehr ausgestellt wird, bereitet diese Frage keine Schwierigkeit.

Hat nun aber der Fiskus die Urkunde über das Anerkenntnis dem Besitzer nach einer Abtretung oder Verpfändung ausgehändigt, obwohl die Aushändigung nicht mehr hätte stattfinden dürfen, und wird die Forderung einem anderen Gläubiger unter Aushändigung des Anerkenntnisses abgetreten oder verpfändet oder von einem anderen Gläubiger unter Wegnahme des Anerkenntnisses gepfändet, so geht dessen Recht dem Rechte des früheren Gläubigers vor, welchem die Forderung abgetreten oder verpfändet oder für welchen die Forderung gepfändet wurde, bevor das Anerkenntnis ausgestellt war.

Nur macht sich der Fiskus dem früheren Gläubiger, nach dessen Verpfändung, Abtretung oder Pfändung er das Anerkenntnis nicht mehr hätte ausstellen dürfen, schadensersatzpflichtig.

Es ist der Fall ähnlich wie der Fall, daß ein Gläubiger den Anspruch auf Herausgabe einer beweglichen Sache gegenüber einem dritten Besitzer gepfändet hat, und dieser dritte Besitzer trotzdem die Sache zum Vollzug der körperlichen Pfändung einem anderen Gläubiger später herausgibt.

Einer besonderen Betrachtung bedarf noch die Frage, wer als Drittschuldner in Betracht zu kommen hat.

Gemäß § 2 Abs. 2 des Gesetzes über die Kriegsleistungen vom 13. Juni 1873 ist Drittschuldner nicht etwa der Fiskus des Landes, in welchem die Aushebung der Pferde, Wagen und Geschirre erfolgt, sondern stets der Reichsmilitärfiskus.

Gemäß § 20 Abs. 3 und § 33 Abs. 1 dieses Gesetzes bestimmt der Bundesrat diejenigen Behörden, von welchen die Anerkenntnisse auszustellen sind.

Das Verzeichnis dieser Behörden ist enthalten in der mit Zustimmung des Bundesrates ergangenen Kaiserlichen Verordnung vom 1. April 1876 in der nunmehr geltenden Änderung nach der Bekanntmachung des Reichskanzlers vom 24. Juli 1894.

Die Behörden, welche hiernach die Anerkenntnisse auszustellen haben, sind diejenigen, welche den Reichsfiskus als Drittschuldner im einzelnen Fall zu vertreten haben, und an welche deshalb der Pfändungsbeschluß zuzustellen ist.

Die Behörden, bei welchen nach § 20 KriegsleistungsG. die zu erhebenden Vergütungsansprüche nur anzumelden sind, und welche nach § 33 des Gesetzes die Vergütungen festzustellen oder über etwaige Beschwerden gegen diese Feststellung zu entscheiden haben, sind nicht die Behörden, welche als Vertreter des Fiskus als Drittschuldner in Betracht zu kommen haben; als diese Behörden können lediglich diejenigen in Betracht kommen, welche das Anerkenntnis auszustellen, d. h. die Schuld und die Verpflichtung zur Zahlung anzuerkennen haben.

Für Bayern sind diese die Kreisregierungen, Kammern der Finanzen; die Auszahlung erfolgt durch die Rentämter (in München durch das K. Stadtrentamt München I).

Da jedoch in einzelnen Bundesstaaten die diesen Behörden unterstellten Bezirke gewöhnlich in einzelne Aushebungsbezirke geteilt werden, mag es sich empfehlen, den Pfändungsbeschluß auch den Vorständen dieser einzelnen Aushebungsbezirke zuzustellen, welche zur Entgegennahme der Anmeldung der Vergütungsansprüche zuständig sind. In Bayern sind dies die Distriktsverwaltungsbehörden, also die Bezirksämter bzw. die Stadtmagistrate der unmittelbaren Städte, wobei der Vorstand des Bezirksamtes oder sein Stellvertreter und der Bürgermeister der unmittelbaren Stadt oder sein Vertreter als Zivilvorsitzende tätig sind.

Bemerkt sei, daß im Vorstehenden nur das Verfahren der Zwangsvollstreckung, soweit auf den Kriegszustand im allgemeinen bezüglich, behandelt ist.

Ob die Zwangsvollstreckung überhaupt zulässig ist, bemißt sich selbstverständlich darnach, ob nicht etwa dem Schuldner nach den derzeitigen kriegsrechtlichen Vorschriften eine Zahlungsfrist bewilligt ist usw., und ob nicht etwa gegen denselben als Kriegsteilnehmer nach den im III. Abschnitt noch zu erörternden Vorschriften eine Zwangsvollstreckung überhaupt nicht oder nur in beschränktem Umfang zulässig ist.

III. Abschnitt:

Prozeß und Vollstreckung gegen Kriegsteilnehmer.

A. Allgemeine Bestimmungen.

Für die Durchführung von Prozessen und Vollstreckungen kommen für den derzeitigen Kriegszustand auf Grund der allgemeinen, sowie auf Grund der für den derzeitigen Kriegszustand geschaffenen besonderen Bestimmungen nachfolgende Vorschriften in Betracht:

1. An den Bestimmungen über die örtliche Zuständigkeit des Rechtsstreites tritt durch den Kriegszustand eine Änderung nicht ein.

Für Militärpersonen, d. h. für Personen des Berufs-Soldatenstandes jeden Ranges, sowie für die einen militärischen Rang bekleidenden Militärbeamten bleibt es also beim allgemeinen Gerichtsstand des Garnisonsortes nach §§ 13, 14 ZPO.

Für Militärpersonen, welche wegen ihrer Minderjährigkeit einen selbständigen Wohnsitz nicht begründen können und nur zur Erfüllung der Wehrpflicht dienen, bleibt ferner der Gerichtsstand des Garnisonsortes als Aufenthaltsortes für die Klagen gegen dieselben wegen vermögensrechtlicher Ansprüche nach § 20 ZPO. bestehen.

2. Es verbleibt ferner bei der Bestimmung in § 57 ZPO., wonach einer solchen letztgenannten prozeßunfähigen Militärperson vom Vorsitzenden des Prozeßgerichtes ein besonderer Prozeßvertreter auf Antrag des Klägers bestellt werden kann, wobei diese Bestellung auch dann zulässig ist, wenn keine Gefahr auf Verzug obwaltet, und wenn die prozeßunfähige Militärperson zwar einen gesetzlichen Vertreter hat, derselbe aber nicht an dem Garnisonsorte selbst wohnt.

Diese Bestellung ist aber nur zulässig, wenn die prozeßunfähige Militärperson am Garnisonsort verklagt werden soll.

3. Für die Fälle der durch den Kriegszustand geschaffenen Behinderung gilt folgendes:

a) Es kann sich handeln um eine durch den Krieg geschaffene Behinderung des Gerichtes (justitium).

Hört infolge des Krieges die Tätigkeit des Gerichtes auf, so wird für die Dauer dieses Zustandes nach § 245 ZPO. das Verfahren unterbrochen.

In diesem Fall kann nicht etwa gemäß § 36 Ziff. 1 ZPO. die Bestimmung eines anderen Gerichtes durch das im Instanzenzug übergeordnete Gericht erfolgen; denn diese Bestimmung bezieht sich nur auf die Verhinderung des an sich zuständigen Gerichtes in einem einzelnen Falle, nicht aber auf die Verhinderung des Gerichtes durch die infolge des Kriegszustandes erzwungene völlige Einstellung seiner Tätigkeit.

Die Unterbrechung des Verfahrens hat die Wirkung, daß der Lauf jeder Frist aufhört, und Handlungen des Gerichts, welche in diesem Fall überhaupt nicht in Betracht kommen werden, und Handlungen der Parteien während der Dauer der Unterbrechung nicht vorgenommen werden können (ZPO. § 249).

Die Aufnahme des hiernach unterbrochenen Verfahrens erfolgt nach Beendigung der Unterbrechung durch Zustellung eines Schriftsatzes, bzw. im amtsgerichtlichen Verfahren nunmehr durch Antrag auf neue Terminsbestimmung (ZPO. §§ 250, 497).

Nach §§ 65—68 des Reichsgesetzes betr. die Erwerbs- und Wirtschaftsgenossenschaften muß die Aufkündigung eines Genossen durch diesen oder einen Gläubiger desselben, der Austritt des Genossen und dessen Ausschließung in die Liste des zu deren Führung zuständigen Amtsgerichtes eingetragen werden.

Durch Verordnung des Bundesrates vom 17. Dezember 1914, welche am 18. ds. Mts. in Kraft getreten ist (RGBl. Nr. 114 S. 518), ist nun bestimmt, daß wenn bei diesem Gerichte infolge des Krieges ein auch nur vorübergehendes justitium eingetreten ist, das Ausscheiden auch ohne Eintragung mit dem Schluß des Geschäftsjahres als erfolgt gilt.

Die Verpflichtung des Genossenschaftsvorstandes nach § 69 des Gesetzes zur Anmeldung der Aufkündigung, des Austrittes oder der Ausschließung zur gerichtlichen Liste wird durch diese Bestimmung nicht berührt; konnte der Vorstand dieser Verpflichtung nicht rechtzeitig nachkommen, so hat er das Ausscheiden einstweilen in dem Genossenschaftsverzeichnis zu vermerken und unverzüglich nach Wegfall des Hindernisses die Eintragung zur Liste nachzuholen.

Zu diesen Bestimmungen ist zu bemerken, daß das Ausscheiden des Genossen zum Schluß des betreffenden Geschäftsjahres nur durch die bezeichnete Verhinderung nicht berührt werden soll; die Aufkündigung, der Austritt und die Ausschließung selbst müssen natürlich rechtzeitig bis zu dem statutarisch und gesetzlich vorgeschriebenen Zeitpunkt erfolgt sein.

Nach § 125 Abs. 2 des Gesetzes sind bei Genossenschaften mit unbeschränkter Haftpflicht im Falle der Eröffnung des Konkursverfahrens über die Genossenschaft die in den letzten zwei Jahren vor der Eröffnung des Konkursverfahrens aus der Genossenschaft ausgeschiedenen Genossen wegen der bis zum Zeitpunkt ihres Ausscheidens von der Genossenschaft eingegangenen Verbindlichkeiten solidarisch den Konkursgläubigern für den im Konkurs erlittenen Ausfall haftbar.

Im Falle des Todes eines Genossen gilt dieser nach § 77 des Gesetzes mit dem Schluß des Geschäftsjahres, in welchem der Tod erfolgte, als ausgeschieden.

Ist nun der Tod des Genossen erst nach diesem Zeitpunkt eingetragen worden, so erstreckt sich nach § 125 Abs. 2 des Gesetzes der Anspruch der Konkursgläubiger auf den Ausfall im Falle des Todes eines Genossen gegen den Erben auch auf die Verbindlichkeiten, welche die Genossenschaft bis zum Tage der Eintragung des Todes einging.

Durch die Verordnung des Bundesrates vom 17. Dezember 1914 ist nun weiter bestimmt, daß, falls der Tod eines Genossen infolge der Behinderung des Gerichtes durch den Krieg nicht rechtzeitig eingetragen wurde, diese Haftung des Erben für die bis zum Tage der Eintragung von der Genossenschaft eingegangenen Verbindlichkeiten keine Anwendung finden soll.

Die Haftung des Erben beschränkt sich also unter dieser Voraussetzung auf die Verbindlichkeiten der Genossenschaft, welche bis zum Abschluß des Geschäftsjahres entstanden sind, in welchem der Genosse verstorben ist.

b) Neben der Verhinderung des Gerichtes kann eine Verhinderung der Parteien, der Prozeßvertreter oder der gesetzlichen Vertreter derselben vorliegen.

Hiebei kann es sich wieder um eine örtliche oder vollständige Verhinderung derselben handeln.

Örtliche Verhinderung liegt dann vor, wenn eine Partei sich an einem Orte aufhält, welcher durch den Krieg unmittelbar und durch eine infolge des Krieges hervorgerufene obrigkeitliche Anordnung von dem Verkehr mit dem Prozeßgericht abgeschnitten ist.

In diesem Falle kann das Gericht, und zwar auch dann, wenn die Partei durch einen Prozeßbevollmächtigten vertreten ist, auf Antrag oder von Amts wegen nach § 247 ZPO. die Aussetzung des Verfahrens bis zur Beseitigung des Hindernisses anordnen.

Auch in diesem Falle erfolgt die Aufnahme des unterbrochenen Verfahrens in der gleichen Weise wie bei der Verhinderung des Gerichts selbst.

Dem Falle, daß die Partei selbst von dem Verkehr mit dem Prozeßgericht abgeschnitten ist, wird der Fall gleich zu stellen sein, daß die sämtlichen gesetzlichen Vertreter einer prozeßunfähigen Partei oder die zur Vertretung derselben erforderliche Anzahl von gesetzlichen Vertretern von dem Verkehr mit dem Prozeßgericht abgeschnitten sind.

Dasselbe muß für den Fall gelten, daß bei einer offenen Handelsgesellschaft oder Kommanditgesellschaft die sämtlichen vertretungsberechtigten Gesellschafter oder die zur Vertretung erforderliche Zahl derselben von dem Verkehr mit dem Prozeßgericht abgeschnitten sind.

Die Aussetzung des Verfahrens kann in diesem Falle auf Antrag oder von Amts wegen auch dann erfolgen, wenn die von dem Verkehr mit dem Prozeßgericht abgeschnittene Partei eine ausländische Staatsangehörigkeit, ja selbst die Staatsangehörigkeit eines feindlichen ausländischen Staates besitzt.

Es kann in solchen Fällen auch eine nur zeitweise Verhinderung vorliegen, welche zwar nicht die Aussetzung des Verfahrens veranlaßt, aber für einzelne Prozeßhandlungen in Betracht kommt.

Wenn nämlich eine Partei infolge ihrer Abschneidung von dem Verkehr mit dem Prozeßgericht einen Termin versäumt oder die Verlegung eines Termins beantragt, kann sie nicht in die dadurch verursachten Kosten verurteilt werden (ZPO. § 95); ist eine Partei durch eine zeitweise Abschneidung von dem Verkehr mit dem Prozeßgericht an der Wahrnehmung eines Beweiserhebungstermins gehindert worden, so kann dieselbe nach Maßgabe der Bestimmung in § 367 ZPO. die nachträgliche Beweisaufnahme oder Vervollständigung derselben beantragen.

Hat die Partei eine Notfrist oder die Revisionsbegründungsfrist versäumt, so ist in solchen Fällen die Wiedereinsetzung in den vorigen Stand gemäß § 233 ZPO. zu erteilen.

Das Gericht kann auch in solchen Fällen von der Befugnis des § 337 ZPO. Gebrauch machen, wonach gegen eine solche Person kein Versäumnisurteil zu erlassen, sondern neuerlicher Termin mit wiederholter Ladung derselben zu bestimmen ist.

c) Neben dieser Verhinderung einer Partei durch Abschneidung des Verkehrs mit dem Prozeßgericht stehen die Fälle, in denen die Partei oder ihre gesetzlichen oder Prozeßvertreter sich selbst während des Krieges im Militärdienst befinden.

Eine Unterbrechung des Verfahrens tritt nicht ein, wenn der Anwalt einer Partei im Anwaltsprozeß zum Heeresdienste einberufen ist.

Denn hierin liegt nicht die Unfähigkeit zur weiteren Vertretung der Partei im Sinne von § 244 ZPO.

Fällt der Anwalt im Kriege, so ist der Fall der Unterbrechung allerdings ohne weiteres gegeben.

Für den Fall der Verzögerung in der Aufstellung eines neuen Anwalts schafft § 244 Abs. 2 ZPO. die erforderlichen Schutzmaßnahmen zugunsten der Gegenpartei.

Fällt ein sonstiger Prozeßvertreter weg, so wird das Verfahren überhaupt nicht unterbrochen.

Der vom Gerichte nach § 494 ZPO. bei der Beweissicherung für den unbekannten Gegner aufgestellte besondere Vertreter oder der bei einer Vollstreckungshandlung in einen Nachlaß dem unbekannten Erben nach § 779 ZPO. aufgestellte besondere Vertreter sind lediglich Prozeßvertreter.

Ihr Wegfall hat deshalb die Unterbrechung des Verfahrens nicht zur Folge, sondern macht nur gegebenenfalls die Aufstellung eines neuen Prozeßvertreters erforderlich.

d) Für die Fälle, in welchen eine Partei sich während des Krieges im Militärdienst befindet, bestimmt nun zunächst § 247 ZPO., daß das Prozeßgericht auf Antrag oder von Amts wegen die Aussetzung des Verfahrens bis nach Beendigung des militärischen Dienstverhältnisses anordnen kann.

Diese Bestimmung bezieht sich sowohl auf die Partei selbst als auf die gesetzlichen Vertreter einer Partei. Das Gericht kann also die Aussetzung des Verfahrens auch dann anordnen, wenn der oder die sämtlichen gesetzlichen Vertreter einer juristischen Person, z. B. einer Aktiengesellschaft oder einer Gesellschaft mit beschränkter Haftung, oder diejenige Zahl gesetzlicher Vertreter, welche zur Vertretung befugt sind, sich während des Krieges im Militärdienst befinden. Sie findet auch Anwendung, wenn die sämtlichen vertretungsberechtigten Gesellschafter einer offenen Handelsgesellschaft oder einer Kommanditgesellschaft oder die zur Vertretung derselben erforderliche Zahl sich zu Kriegszeiten im Militärdienst befinden.

Ist in solchen Fällen Gesamtvertretung bestimmt, so kann die Aussetzung angeordnet werden, wenn diejenige Zahl von gesetzlichen Vertretern, welche zur Vertretung vorhanden sein müssen, sich im Militärdienst befindet.

Die Aussetzung wird vom Gerichte insbesondere dann anzuordnen sein, wenn eine Partei oder mehrere Streitgenossen oder ein gesetzlicher Vertreter oder mehrere gesetzliche Vertreter nach §§ 472, 474, 476 ZPO. einen Eid zu leisten haben, und die Abnahme des Eides mit Rücksicht auf die Abwesenheit der Parteien im Militärdienst weder am Gerichtssitz noch im Wege der Rechtshilfe zu ermöglichen ist.

Die Folge in § 465 ZPO. kann in diesem Falle nicht ausgesprochen werden.

Es kann aber auch nach § 356 ZPO. Frist bestimmt werden, innerhalb welcher die Leistung des Eides ermöglicht werden muß; die Frist wird aber entsprechend reichlich zu bemessen sein.

Für die Fälle der Streitgenossenschaft s. insbesondere auch noch die Ausführungen zu B I Ziff. 18.

Fällt der oder fallen die gesetzlichen Vertreter im Kriege, so können nach § 471 ZPO. beide Parteien in bezug auf die Beweisführung wiederum die vor Zuschiebung des Eides ihnen zustehenden Rechte ausüben.

Einer Aktiengesellschaft oder Gesellschaft mit beschränkter Haftung kann, wie schon im I. Teil IV. Abschnitt Ziff. 1 ausgeführt wurde, in dringenden Fällen für die Zeit bis zur Hebung des Mangels auf Antrag eines Beteiligten von dem Amtsgerichte des Sitzes der Gesellschaft in analoger Anwendung von § 29 BGB. ein Vorstandsmitglied bestellt werden; denn auch dann, wenn die Vorstandsmitglieder sich im Kriegsdienst befinden, „fehlen" sie im Sinne dieser Gesetzbestimmung.

Für offene Handelsgesellschaften und Kommanditgesellschaften ist dagegen § 29 BGB. nicht anwendbar.

Denn ein vertretungsberechtigter Gesellschafter kann nur durch Gesellschaftsvertrag nicht aber durch gerichtliche Anordnung bestellt werden.

Ebenso ist es nicht zulässig, daß einer nicht prozeßfähigen, also einer minderjährigen Person auch im Falle der Gefahr auf Verzug ein Prozeßvertreter nach § 57 ZPO. vom Prozeßgericht im Falle der Verhinderung des gesetzlichen Vertreters durch Kriegsdienst beigegeben wird. Denn während diese Bestellung eines besonderen Prozeßvertreters bei einer minderjährigen Militärperson zulässig ist, sofern nur der gesetzliche Vertreter nicht am Garnisonsort wohnt, an welchem dieselbe verklagt werden soll, ist Voraussetzung der Bestellung für eine sonstige prozeßunfähige Partei, daß dieselbe überhaupt keinen gesetzlichen Vertreter hat; s. jedoch B. Kriegsschutzgesetz I Ziff. 10 und 11.

4. In allen Fällen, in denen eine Partei zu Kriegszeiten im Militärdienste sich befindet, kann also das Prozeßgericht auf Antrag oder von Amts wegen nach § 247 ZPO. die Aussetzung des Verfahrens anordnen.

Für diese in das Ermessen des Prozeßgerichtes gestellte Aussetzung ist jedoch nicht notwendig, daß sich der Truppenteil, bei welchem sich die Partei oder deren gesetzlicher Vertreter befindet, im Zustande der Mobilmachung befindet; die Bestimmung findet vielmehr schon dann Anwendung, wenn sich die Partei oder deren gesetzlicher Vertreter während des Kriegszustandes überhaupt im Militärdienst befinden.

Ein Militärdienst muß aber vorliegen; befindet sich eine Partei ohne ein solches Dienstverhältnis freiwillig bei einer Truppenabteilung, z. B. als Korrespondent einer Zeitung, so kann die Aussetzung des Verfahrens nicht angeordnet werden.

Die Bestimmung findet auch dann Anwendung, wenn die Partei, welche oder deren gesetzlicher Vertreter sich zu Kriegszeiten im Militärdienst befindet, ein ausländische Staatsangehörigkeit, sogar die Staatsangehörigkeit eines feindlichen ausländischen Staates besitzt.

Das Gericht wird nur in einem solchen Falle von der in sein Ermessen gestellten Befugnis der Anordnung der Aussetzung einen vorsichtigen Gebrauch zu machen haben.

Für alle erörterten Fälle kann das Prozeßgericht statt der Aussetzung des Verfahrens sich natürlich auch mit dem geringeren Mittel der Verlegung von Terminen nach § 228 ZPO. und der Erstreckung von Fristen im Rahmen des § 224 ZPO. begnügen.

5. Wenn der gesetzliche Vertreter einer Partei stirbt, also insbesondere wenn er im Kriege fällt, wird gemäß § 241 ZPO. das Verfahren unterbrochen, bis der neue gesetzliche Vertreter von seiner Bestellung der Gegenpartei Anzeige macht.

Wird die Aufnahme des Rechtsstreites in diesem Falle verzögert, so kann gemäß § 57 ZPO. der prozeßunfähigen Partei bei Gefahr auf Verzug auf Antrag der Gegenpartei bis zum Eintritt des neuen gesetzlichen Vertreters ein besonderer Prozeßvertreter bestellt werden.

Es kann sich aber auch die Gegenpartei an das Amtsgericht der freiwilligen Gerichtsbarkeit mit dem Antrag auf Bestellung eines neuen gesetzlichen Vertreters wenden.

Wenn im Laufe eines Rechtsstreites der oder die sämtlichen oder wenigstens die zur Vertretung einer juristischen Person oder einer offenen Handelsgesellschaft oder Kommanditgesellschaft erforderlichen gesetzlichen Vertreter sterben, also im Kriege fallen, so wird das Verfahren ebenfalls gemäß § 241 ZPO. unterbrochen, bis der neue gesetzliche Vertreter von seiner Bestellung der Gegenpartei Anzeige macht.

Fand in diesen Fällen des Wegfalles des gesetzlichen Vertreters einer natürlichen oder juristischen Person eine Vertretung durch einen Prozeßbevollmächtigten statt, so tritt eine Unterbrechung des Verfahrens nach § 246 Abs. 1 ZPO. nur auf Antrag des Prozeßbevollmächtigten der Partei ein, deren gesetzliche Vertreter weggefallen sind.

Wenn die Aufstellung eines neuen gesetzlichen Vertreters verzögert wird, kann auch in diesem Falle nur bei einer juristischen Person die Aufstellung eines Vertreters durch das zuständige Amtsgericht nach § 29 BGB. beantragt werden.

Durch das Kriegsschutzgesetz ist jedoch bei offenen Handelsgesellschaften und Kommanditgesellschaften die Aufstellung eines besonderen Prozeßvertreters in gewissen Fällen möglich (s. unten B I Ziff. 11).

6. In allen Fällen, in welchen nach den Bestimmungen der Zivilprozeßordnung das Verfahren unterbrochen wird oder vom Gerichte auf Antrag oder von Amts wegen ausgesetzt werden kann, tritt diese Folge ein, solange das Verfahren noch nicht rechtskräftig erledigt ist.

Die Unterbrechung oder Aussetzung tritt nicht bloß im eigentlichen Prozeßverfahren ein, sondern auch im Verfahren auf Beschwerde, im Streitwert- und Kostenfestsetzungsverfahren, im gerichtlichen Mahnverfahren und insbesondere im Verfahren auf Arreste und einstweilige Verfügungen.

Nur für das Vollstreckungsverfahren tritt eine Unterbrechung oder Aussetzung nach den Bestimmungen in §§ 239 ff. ZPO. nicht ein (Gaupp-Stein, a. a. O., Vorbem. VI vor § 704).

Ob die Schiedsrichter bei dem Schiedsverfahren dasselbe aussetzen wollen, ist, da die Bestimmungen der Zivilprozeßordnung auf dieses Verfahren keine Anwendung finden, an sich in ihr Ermessen gestellt.

Nur würde der Schiedsspruch der Aufhebung unterliegen, wenn der Partei mit Rücksicht auf ihre Abwesenheit im Kriegsdienst nicht das rechtliche Gehör gewährt war, oder wenn sie durch Wegfall ihres gesetzlichen Vertreters nicht mehr ordnungsmäßig vertreten war (ZPO. § 1041 Ziff. 3 und 4).

7. Das Gesuch um Aussetzung des Verfahrens kann nach § 248 ZPO. auch vor dem Gerichtsschreiber zu Protokoll erklärt werden.

Gegen die Entscheidung, durch welche die Aussetzung des Verfahrens angeordnet oder die Unterbrechung desselben für festgestellt erachtet wird, steht dem Gegner die einfache Beschwerde zu; gegen die Entscheidung, durch welche das Gericht die Aussetzung des Verfahrens zurückgewiesen oder den Eintritt der Unterbrechung verneint hat, steht der Partei selbst die sofortige Beschwerde zu (ZPO. § 252), soweit es sich nicht um eine Entscheidung des Oberlandesgerichtes handelt, gegen welche nach § 567 ZPO. die Beschwerde überhaupt ausgeschlossen ist.

Die Aufnahme des unterbrochenen Verfahrens erfolgt nach Wegfall des Unterbrechungsgrundes in allen Fällen gemäß § 250 ZPO. durch Zustellung eines Schriftsatzes, im amtsgerichtlichen Prozeß durch Antrag auf Bestimmung eines Termins zur mündlichen Verhandlung, welcher alsdann von Amts wegen zuzustellen ist.

Alle diese allgemeinen Bestimmungen der ZPO. gelten gemäß § 26 des Gesetzes über die Gewerbegerichte und § 16 des Gesetzes über die Kaufmannsgerichte auch für das Verfahren vor diesen Gerichten.

Nach diesen bisher erörterten Bestimmungen ist also die Aussetzung des Verfahrens, wenn sich eine Partei zu Kriegszeiten im Militärdienst, wenn auch nicht bei einem mobilen Truppenteil befindet, in das Ermessen des Gerichts gestellt.

B. Kriegsschutzgesetz.

Durch das Reichsgesetz, betreffend den Schutz der infolge des Krieges an Wahrnehmung ihrer Rechte behinderten Personen, vom 4. August 1914 (RGBl. Nr. 53 S. 328 ff.) ist nun für den gegenwärtigen Kriegsstand vom Tage der Verkündung des Gesetzes (4. August 1914) bis zu dem Tage, mit welchem nach kaiserlicher Verordnung der Kriegszustand als beendigt anzusehen ist (§§ 1, 11, 12 des Gesetzes) weiter durch § 2 des Gesetzes folgendes bestimmt:

I.

„In bürgerlichen Rechtsstreitigkeiten, welche bei den ordentlichen Gerichten anhängig sind oder anhängig werden, wird das Verfahren unterbrochen:

1. wenn eine Partei vermöge ihres Dienstverhältnisses, Amtes oder Berufs zu den mobilen oder gegen den Feind verwendeten Teilen der Land- oder Seemacht oder zu der Besatzung einer armierten oder in der Armierung begriffenen Festung gehört;
2. wenn eine Partei dienstlich aus Anlaß der Kriegsführung des Reichs sich im Ausland aufhält;
3. wenn eine Partei als Kriegsgefangener oder Geisel sich in der Gewalt des Feindes befindet.

Die vorstehende Bestimmung findet auch Anwendung auf die bürgerlichen Rechtsstreitigkeiten, welche bei den auf Grund des Gewerbegerichtsgesetzes (Reichs-Gesetzbl. 1901 S. 353) zur Entscheidung gewerblicher Streitigkeiten berufenen Gerichten und den auf Grund des Gesetzes vom 6. Juli 1914 (Reichs-Gesetzbl. S. 266) errichteten Kaufmannsgerichten anhängig sind oder anhängig werden.“

Nach § 10 des Gesetzes finden die Bestimmungen desselben, soweit sie die Unterbrechung und Aussetzung des Verfahrens betreffen, mangels anderweitiger Bestimmungen durch das Landesrecht auch auf die bürgerlichen Rechtsstreitigkeiten Anwendung, welche bei den nach § 14 GVG. zugelassenen Sondergerichten anhängig sind oder anhängig werden.

Durch § 9 Abs. 1 des Gesetzes ist der Kreis der geschützten Personen auf diejenigen natürlichen und prozeßunfähigen Personen ausgedehnt, welche durch eine in § 2 bezeichnete Person gesetzlich vertreten werden.

Durch diese gesetzlichen Bestimmungen ist also eine Ergänzung der allgemeinen Bestimmungen der Zivilprozeßordnung nach doppelter Richtung erfolgt:

Es ist der Kreis der geschützten Personen erweitert, und es tritt die durch § 247 ZPO. in das Ermessen des Gerichtes gestellte Aussetzung des Verfahrens als gesetzliche Folge des Schutzes ohne weiteres ein.

1. Der erweiterte Schutz des Gesetzes bezieht sich jedoch nur auf die in § 2 Ziff. 1—3 genannten Personen.

Die Definition der Angehörigen der bewaffneten Macht nach § 2 Ziff. 1 des Gesetzes weicht im Wortlaut von der in § 15 BGB. ab.

Der Grund liegt wohl darin, daß § 15 BGB. sich auch auf Angehörige einer fremden bewaffneten Macht bezieht, während der Schutz des Gesetzes sich offensichtlich nur auf Reichsangehörige bezieht.

Es ist dies zwar in § 2 Ziff. 1 nicht ausdrücklich ausgesprochen, ergibt sich aber für die Angehörigen einer bewaffneten Macht daraus, daß § 2 Ziff. 1 von „der" Land- und Seemacht, nicht von „einer" Land- und Seemacht spricht.

Da das Gesetz sich hiernach, soweit es sich um Angehörige der bewaffneten Macht handelt, nur auf die Reichsangehörigen bezieht, kann dasselbe auch nicht auf die Angehörigen der bewaffneten Macht von befreundeten und neutralen Staaten angewendet werden (unrichtig Beschluß des Landgerichtes Berlin I, abgedruckt in der JW. 1914 S. 846).

Die Richtigkeit der hier vorgetragenen Ansicht ergibt sich nunmehr zweifelsfrei aus der Bekanntmachung des Bundesrates vom 22. Oktober 1914 (RGBl. Nr. 91 S. 450), wonach der Schutz des Gesetzes unter den allgemeinen Voraussetzungen desselben auch auf die Angehörigen der österreichischen Land- und Seemacht und der zur Besatzung einer österreichischen Festung gehörigen Personen sowie auf diejenigen Personen ausdrücklich erstreckt ist, welche aus Anlaß der Kriegsführung Österreich-Ungarns sich dienstlich im Auslande aufhalten.

Trotz der engen Fassung dieser Bekanntmachung wird anzunehmen sein, daß der Schutz des Gesetzes sich auch auf diejenigen österreich-ungarischen Staatsangehörigen beziehen soll, welche sich als Kriegsgefangene oder Geiseln in der Gewalt des Feindes befinden, da für diese Bestimmung, wie noch in Ziffer 6 ausgeführt werden wird, die Angehörigkeit zur deutschen Land- oder Seemacht ohnehin gleichgültig ist.

Ob eine Person vermöge ihres Dienstverhältnisses, Amtes oder Berufes zu den mobilen Teilen der Land- oder Seemacht gehört, bestimmt sich für Angehörige der österreich-ungarischen Land- oder Seemacht nach den für Österreich-Ungarn bestehenden gesetzlichen Vorschriften, welche die kriegsteilnehmende Partei nach § 293 ZPO. zu beweisen hat, sofern darüber ein Zweifel besteht.

Es muß aber auch genügen, daß für solche Personen die Bestimmungen in § 2 des Gesetzes zutreffen.

Ob sich eine Partei dienstlich aus Anlaß der Kriegsführung Österreich-Ungarns im Auslande befindet, bestimmt sich jedoch vom Standpunkt des deutschen Reichsgebietes aus, d. h. der Schutz des Gesetzes tritt für eine solche Person nicht ein, wenn sie sich aus Anlaß der Kriegsführung Österreich-Ungarns dienstlich in Deutschland befindet, obwohl sie vom Standpunkt Österreich-Ungarns aus sich in diesem Falle im Ausland befindet.

Die Ausdehnung des Schutzes tritt jedoch für alle hiernach in Betracht kommenden Personen erst mit dem Tage ein, in dem der Reichskanzler im Reichsgesetzblatt bekannt macht, daß durch die Gesetzgebung Österreich-Ungarns die Gegenseitigkeit verbürgt ist.

Die in Österreich-Ungarn über die Gegenseitigkeit ergangene Verordnung vom 27. November 1914 genügt allein noch nicht.

2. Nach § 2 Ziff. 1 des Gesetzes genügt es für die Anwendung desselben nun nicht, daß eine Person zur deutschen Land- oder Seemacht gehört; sie muß zu den mobilen Teilen gehören.

Zur Land- oder Seemacht gehören nach den militärischen Bestimmungen zunächst die sämtlichen aktiven Militärpersonen des Friedensstandes, also die Offiziere (mit Ausnahme der zur Disposition gestellten Offiziere), Ärzte, Militärbeamte, bereits ausgehobene Rekruten, sowie die Seeleute und Seesoldaten einschließlich des technischen Personals der Seeschiffe.

Bei Offizieren à la suite kommt es auf den einzelnen Fall an, ob sie zu den Personen der Land- oder Seemacht zu zählen sind oder nicht.

Die Gendarmerie gehört, obwohl militärisch organisiert, nicht zu den Militärpersonen.

Zu der Land- und Seemacht gehören ferner die Angehörigen des Beurlaubtenstandes, also die Offiziere, Ärzte, Beamte und Mannschaften der Reserve, der Land- und Seewehr, sowie die der Ersatzreserve der Land- und Seemacht angehörigen Personen, sowie die Personen des Landsturms, sobald der Landsturm aufgerufen ist.

Zur Land- und Seemacht gehören ferner die Zivilbeamten der Militärverwaltung und endlich die Kriegsfreiwilligen, soweit dieselben in die Land- oder Seemacht bereits eingestellt sind.

Auf diese Personen erstreckt sich jedoch das Gesetz nur insoweit, als sie zu den mobilen oder gegen den Feind verwendeten Teilen der Land- oder Seemacht oder zu der Besatzung einer armierten oder in der Armierung begriffenen Festung gehören.

Solange also die Personen der Land- oder Seemacht sich noch im immobilen Zustand befinden, erstreckt sich die Wirkung des Gesetzes nicht auf sie.

Zu den mobilen Truppen gehören nur die im Felde verwendeten Truppen einschließlich der bei denselben befindlichen Militärbeamten.

Die Ersatztruppenteile gehören, solange sie noch nicht zum Ersatz der Feldtruppen verwendet sind, nicht zum mobilen Heer; auch diejenigen Truppen, welche zur Bewachung der Kriegsgefangenen, der Festungen im Inlande dienen, sind nicht mobil.

Auch militärische Ämter im Inlande (Bekleidungsämter, Proviantämter usw.) sind nicht mobil.

Auch solche Personen, welche noch im Inlande sich in der militärischen Ausbildung befinden, sind nicht mobil, ebensowenig solche, welche im Inlande in militärischen Werkstätten verwendet werden.

Allerdings kann gerade gegen solche Personen von der Bestimmung in § 337 ZPO. Gebrauch gemacht werden, wonach Versäumnisurteil nicht zu erlassen, sondern neuer Termin mit wiederholter Ladung zu bestimmen ist.

Dagegen sind den mobilen Truppenteilen im Sinne der gesetzlichen Bestimmung außer den Feldtruppen und den zum Ersatz derselben bereits herangezogenen Ersatztruppen auch diejenigen Truppen insbesondere des Landsturms gleichgestellt, welche im feindlichen Lande zu Bewachungszwecken, zur Besatzung der Etappenstraßen usw. verwendet sind. Auch diese gehören zu den gegen den Feind verwendeten Teilen der bewaffneten Macht, da zu diesem Begriff nicht notwendig ist, daß die Truppe gegen den Feind in der Front verwendet wird.

Solange dagegen solche Truppen nur im eigenen Lande zu Bewachungszwecken verwendet werden, wird man nicht sagen können, daß hierin eine Verwendung gegen den Feind liegt.

Es wird auf den einzelnen Fall der Verwendung anzukommen haben.

Küstenschutztruppen werden als mobil zu gelten haben.

Nach der gesetzlichen Bestimmung wird auch diejenige Person von der gesetzlichen Vorschrift ergriffen, welche zur Besatzung einer armierten oder in der Armierung begriffenen Festung gehört, d. h. einer Festung, welche selbst sozusagen mobil gemacht, d. h. für den Kriegszustand vorbereitet wird.

Wer in einer derartigen Festung bloß zu Festungsarbeiten verwendet wird, gehört nicht zur Besatzung derselben.

3. Ob eine Person zu einer der vorgenannten Kategorien gehört, ist im einzelnen Fall festzustellen.

Zu einem mobilen Truppenteil gehört sie mit dem Mobilmachungstage, an welchem sie selbst beim Truppenteil einzutreten hatte.

Zu dem gegen den Feind verwendeten Truppenteil gehört sie mit dem Augenblick der bezüglichen Verwendung.

Zur Besatzung einer Festung gehören die Truppen von dem Zeitpunkt der Zugehörigkeit und des Beginnes der Armierung.

Der Zustand endigt im ersten Falle mit der Demobilisierung, im anderen Falle mit dem Aufhören der bezüglichen Verwendung; also z. B. durch vorzeitige Entlassung usw.

Vorübergehende Entlassung, z. B. im Falle einer Verwundung, hebt aber die Zugehörigkeit zum mobilen Truppenteil oder zur Festungsbesatzung nicht auf.

4. Damit eine Person zu einer der bezeichneten Kategorien gehört, ist es ferner notwendig, daß sie vermöge ihres Dienstverhältnisses, Amtes oder Berufes dazu gehört.

Es fallen also unter die Bestimmung zunächst die Personen des Soldatenstandes aller Grade, gleichviel ob sie nur in Erfüllung ihrer Wehrpflicht oder als Berufssoldaten oder Militärbeamte dienen.

Es fallen unter die Bestimmung aber auch diejenigen Personen, welche freiwillig in das Dienstverhältnis getreten sind, also insbesondere die in die mobile oder gegen den Feind verwendete bewaffnete Macht eingestellten oder zu einer Festungsbesatzung gehörigen Kriegsfreiwilligen; es gehören dazu aber auch diejenigen Personen, welche zur militärischen Macht auf Grund eines Privatdienstverhältnisses gehören, also Krankenpfleger oder Krankenpflegerinnen, Marketender usw.

Wer aber nicht in einem Dienstverhältnis zur bewaffneten Macht steht, sondern sich ohne Verpflichtung freiwillig beim Heere aufhält, fällt nicht unter die Bestimmung.

5. Zu den Personen, welche dienstlich aus Anlaß der Kriegsführung des Reichs sich im Auslande aufhalten, gehören öffentliche und Privatpersonen, welche und solange sie im öffentlichen Auftrage eine auf die Kriegsführung bezügliche Verrichtung vorzunehmen haben.

Es ist nicht notwendig, daß die Verrichtung der Dienste im feindlichen Auslande zu erfolgen hat; es kann unter diese Bestimmung auch ein Ausländer fallen, sofern er nur einen dienstlichen Auftrag des Reichs, eines Bundesstaates oder einer deutschen Behörde anläßlich der Kriegsführung des Reiches im Auslande auszuführen hat.

Wer also nicht im privaten Interesse, sondern im öffentlichen Auftrage im Auslande sich aus Anlaß der Kriegsführung dienstlich aufhält, also als Vertreter des Reichs gegenüber Behörden des Auslandes, als Verwaltungsbeamter einer eingenommenen Stadt, als Kaufmann zur Anbahnung von Handelsbeziehungen oder zum Einkauf von Waren, fällt unter die Bestimmung, solange der dienstliche Aufenthalt dauert.

6. Unter die Bestimmung fällt ferner derjenige, welcher sich als Kriegsgefangener oder Geisel in der Gewalt des Feindes befindet, und zwar solange diese Behinderung dauert.

Auch hier ist es nicht notwendig, daß die kriegsgefangene oder als Geisel in Feindeshand gefallene Partei die deutsche Reichsangehörigkeit besitzt; denn die Erwägung, daß nach § 2 Ziff. 1 des Gesetzes die Angehörigkeit zur Land- und Seemacht sich nur auf die deutsche bewaffnete Macht beziehen kann, trifft hier nicht zu.

Notwendig ist aber zur Anwendung des Gesetzes, daß eine Partei sich als Kriegsgefangener oder als Geisel bei einer dem Deutschen Reich feindlichen Macht befindet. Mit der Rückkehr aus der Gefangenschaft oder der Entlassung hört die Unterbrechung auf.

Alle diejenigen Personen, welche hiernach unter § 2 Ziff. 1—3 des Gesetzes fallen, werden in Zukunft entsprechend dem allgemeinen Sprachgebrauch der Einfachheit halber als Kriegsteilnehmer bezeichnet werden, obwohl dieser Ausdruck für die Personen nach § 2 Ziff. 2 nur in erweitertem Sinne und für Personen nach § 2 Ziff. 3 überhaupt nicht zutrifft.

7. Die Bestimmungen des Gesetzes beziehen sich nur auf den derzeitigen Kriegszustand und hören mit dessen Beendigung oder mit der früheren Beendigung des Kriegsteilnehmerverhältnisses auf.

Es kann aber sein, daß jemand nach Beendigung des Krieges noch zu einer Okkupationstruppe gehört oder sich als Kriegsgefangener oder Geisel in Feindesland befindet oder vermißt ist usw.

Für alle diese Fälle wird, wenn nicht späterhin noch besondere gesetzliche Bestimmungen erlassen werden sollten, nur durch Aufstellung eines Abwesenheitspflegers nach § 1911 BGB. Abhilfe geschaffen werden können, wenn nicht ohnehin eine anderweitige gesetzliche Vertretung besteht.

8. Die Bestimmung in § 2 des Gesetzes, wonach bürgerliche Rechtsstreitigkeiten unterbrochen werden, trifft auch auf solche Personen zu, welche kraft eines öffentlichen oder sonstigen Amtes als Partei in Frage kommen; es sind dies insbesondere der Konkursverwalter gemäß § 6 KO., der Testamentsvollstrecker gemäß § 2211 BGB., der Nachlaßverwalter gemäß § 1984 BGB., der Zwangsverwalter gemäß §§ 23, 148 des Gesetzes über die Zwangsversteigerung und Zwangsverwaltung, nicht aber die Aufsichtsperson bei Anordnung der Geschäftsaufsicht, da sie nicht gesetzlicher Vertreter des Schuldners ist (zu letzterem Punkt s. I. Abschnitt Ziff. 14).

Soweit dagegen ein Anspruch auch von dem Gemeinschuldner oder gegen denselben geltend gemacht werden kann (KO. §§ 10, 144 Abs. 2), oder soweit ein Anspruch von dem Erben oder gegen denselben geltend gemacht werden kann (BGB. §§ 2212, 2213), kommt die Verhinderung in der Person des Konkursverwalters oder Testamentsvollstreckers nicht in Betracht.

9. Nach § 9 des Gesetzes finden die Bestimmungen desselben über die Unterbrechung eines Verfahrens in bürgerlichen Rechtsstreitigkeiten aber auch dann Anwendung, wenn eine natürliche nicht prozeßfähige Partei durch einen Kriegsteilnehmer im Sinne des § 2 Ziff. 1—3 des Gesetzes vertreten wird, auch wenn die prozeßunfähige Partei selbst nicht Kriegsteilnehmer ist.

In Betracht kommen hiebei der Vater als gesetzlicher Vertreter seiner minderjährigen Kinder, der Vormund von minderjährigen Personen, welche nicht unter elterlicher Gewalt stehen, sowie der Vormund von entmündigten volljährigen Personen.

Dabei ist jedoch zu bemerken, daß, wenn der Vater eines minderjährigen Kindes zum Heeresdienste einberufen wird, gemäß § 1685 BGB. die elterliche Gewalt von der Mutter ausgeübt wird, solange die Ehe nicht geschieden ist, wobei, wenn das Vormundschaftsgericht die Unmöglichkeit der Ausübung der elterlichen Gewalt durch den Vater auf längere Zeit ausdrücklich feststellt, seine elterliche Gewalt ruht, was nach § 1685 BGB. wiederum die Ausübung derselben durch die Mutter bei nicht geschiedener Ehe zur Folge hat.

Wenn also die elterliche Gewalt hiernach durch die Mutter ausgeübt wird, tritt eine Unterbrechung des Verfahrens infolge Einberufung des Vaters zum Heere nicht ein.

Der der Mutter nach § 1687 BGB. bestellte Beistand hat die Mutter lediglich bei der Ausübung der elterlichen Gewalt zu unterstützen und zu überwachen; er ist deshalb nicht gesetzlicher Vertreter des Kindes; seine Verhinderung durch die Kriegsteilnehmereigenschaft kommt deshalb nicht in Betracht.

Der Pfleger, welcher für eine unter elterlicher Gewalt oder unter Vormundschaft stehende Person nach § 1909 BGB. bestellt ist, hat dagegen insoweit die gesetzliche Vertretung, so daß durch seine Kriegsteilnehmereigenschaft das Verfahren unterbrochen wird.

Das gleiche gilt für den Abwesenheitspfleger nach § 1911 BGB., den Pfleger der Leibesfrucht nach § 1912 BGB., den Pfleger eines unbekannten Beteiligten nach § 1913 BGB., den Nachlaßpfleger des noch unbekannten Erben nach § 1960 BGB., sowie den Vermögenspfleger nach § 1914 BGB.

Durch die Bestellung eines Pflegers nach § 1910 BGB. für einen gebrechlichen Volljährigen wird dagegen trotz der Bestimmung in § 53 ZPO. eine Aussetzung des Verfahrens, falls der Pfleger Kriegsteilnehmer ist, nicht herbeigeführt.

Denn durch eine solche Pflegschaft wird der Vertretene nicht prozeßunfähig, wenn er auch für den konkreten Rechtsstreit einer prozeßunfähigen Partei gleich steht; § 9 des Gesetzes setzt aber voraus, daß eine Partei an sich prozeßunfähig und deshalb auch durch einen gesetzlichen Vertreter vertreten ist.

Die Behinderung des gesetzlichen Vertreters einer an sich prozeßunfähigen Partei ist auch bedeutungslos für die Fälle nach §§ 112, 113 BGB.

Da der Minderjährige bei allgemeiner Ermächtigung seines gesetzlichen Vertreters beim selbständigen Betrieb eines Erwerbsgeschäftes für die aus demselben entstehenden Rechtsgeschäfte, sowie bei der Eingehung oder Aufhebung von Dienstverträgen für die daraus entstehenden Rechtsansprüche als unbeschränkt geschäftsfähig und demgemäß nach § 52 ZPO. als prozeßfähig gilt, wird er in solchen Prozessen durch den gesetzlichen Vertreter überhaupt nicht vertreten.

Ist der Ehemann Kriegsteilnehmer, so wird hiedurch sowohl beim gesetzlichen Güterstand als bei dem Güterstand der Gütergemeinschaft das Verfahren unterbrochen, da die Ehefrau auch in Fällen der Gefahr auf Verzug nach §§ 1401, 1450 BGB. nur berechtigt aber nicht verpflichtet ist, den Rechtsstreit im Namen des Mannes zu führen.

Nebenbei mögen auch noch folgende Fälle der gesetzlichen Vertretung erwähnt werden:

Der Vertreter, welcher nach § 14 des Reichsgesetzes vom 4. Dezember 1899 betreffend die gemeinsamen Rechte der Besitzer von Schuldverschreibungen bestellt ist, sowie der Vertreter, welcher nach §§ 1189, 1187 und 1270 BGB.

für die Hypothek- oder Pfandgläubiger aus Schuldverschreibungen auf den Inhaber oder aus Wechseln und sonstigen indossablen Papieren bestellt ist.

Sind mehrere gesetzliche Vertreter vorhanden, so kommt es darauf an, ob dieselben nur zusammen handeln können, oder ob jeder für sich allein zur Vertretung berechtigt oder jeder für einen besonderen Geschäftskreis bestimmt ist.

Bei Bestellung mehrerer Vormünder kommt es z. B. auf die Bestellung an (BGB. § 1797); bei verschiedenen Konkursverwaltern ist jeder für seinen Geschäftszweig selbständig (KO. § 79).

Wenn auch nach § 171 ZPO. die Zustellung an einen der gesetzlichen Vertreter erfolgen kann, so wird doch das Verfahren unterbrochen sein, wenn derjenige gesetzliche Vertreter der prozeßunfähigen Person, welcher im gegebenen Falle zur Vertretung gesetzlich befugt ist, oder wenn im Falle der notwendigen Gesamtvertretung auch nur einer der gesetzlichen Vertreter Kriegsteilnehmer ist.

Ist hiernach das Verfahren nicht unterbrochen, weil noch ein oder mehrere allein vertretungsberechtigte gesetzliche Vertreter vorhanden sind, so wird, wenn nach §§ 472, 474, 476 ZPO. der zugeschobene oder richterliche Eid von mehreren oder allen gesetzlichen Vertretern geleistet werden muß, das Verfahren unterbrochen sein, wenn einer der hiernach Schwurpflichtigen Kriegsteilnehmer ist.

Eine Unterbrechung des Verfahrens tritt aber gemäß § 241 ZPO. überhaupt nicht ein, wenn in der Zwischenzeit die Partei selbst prozeßfähig also z. B. volljährig geworden ist.

10. Sofern nun eine prozeßunfähige Person verklagt oder ein Rechtsstreit gegen sie fortgesetzt werden soll, deren gesetzlicher Vertreter Kriegsteilnehmer ist, könnte nach § 57 Abs. 1 ZPO. derselben ein besonderer Prozeßvertreter vom Vorsitzenden des Prozeßgerichts nicht bestellt werden, weil diese Bestimmung zur Voraussetzung hat, daß ein gesetzlicher Vertreter überhaupt nicht vorhanden ist, nicht bloß daß derselbe an der Wahrnehmung der Vertretung behindert ist.

Um nun von dem Gegner Schädigung abzuwenden, bestimmt § 9 Abs. 2 des Gesetzes, daß in einem solchen Falle bei Gefahr auf Verzug der Vorsitzende des Prozeßgerichts der prozeßunfähigen Partei einen besonderen Prozeßvertreter bestellen kann, wenn dieselbe verklagt oder der Rechtsstreit gegen sie fortgesetzt werden soll.

Antragsberechtigt ist der Kläger oder bei bereits anhängigen Prozessen auch der Widerkläger.

Aber auch wenn Gefahr auf Verzug ist, ist die Bestellung des besonderen Prozeßvertreters in das Ermessen des Vorsitzenden gestellt, welcher zu erwägen hat, ob die Umstände des Falles die Bestellung eines solchen Vertreters notwendig machen.

Gegen die Zurückweisung des Antrages steht dem Antragsteller gemäß § 567 ZPO. die Beschwerde zu.

Ist der Rechtsstreit bei der Bestellung des besonderen Vertreters bereits anhängig, so endigt mit der Bestellung desselben ohne weiteres die Unterbrechung des Verfahrens.

Dies ist besonders dann von Bedeutung, wenn während des Prozesses der gesetzliche Vertreter Kriegsteilnehmer wird.

Der besondere Vertreter kann auch, weil er gerade aufgestellt ist, um die Fortsetzung des Rechtsstreites zu ermöglichen, nicht die Aussetzung des Verfahrens beantragen, wie § 9 des Gesetzes weiterhin vorschreibt.

Die Bestimmung eines besonderen Vertreters wird auch dann als zulässig erscheinen müssen, wenn nicht alle gesetzlichen Vertreter Kriegsteilnehmer sind, aber mit Rücksicht auf die Gesamt-Vertretung bei Kriegsteilnehmereigenschaft eines oder mehrerer derselben die Unterbrechung des Verfahrens eintritt.

Ist die Bestellung eines besonderen Vertreters unterblieben, ist aber gegen die durch einen Kriegsteilnehmer gesetzlich vertretene Person gleichwohl Urteil ergangen, so kann gemäß § 579 Ziff. 4 ZPO. die Nichtigkeitsklage gegen das Urteil erhoben werden.

Die schon erläuterte Bestimmung in § 57 Abs. 2 ZPO., wonach einer nicht prozeßfähigen Militärperson zur Ermöglichung der Klagestellung gegen dieselbe beim Gerichte des Garnisonsortes ein Prozeßvertreter bestellt werden kann, wenn der gesetzliche Vertreter nicht Kriegsteilnehmer ist, sondern nur nicht an dem genannten Orte wohnt, hat eine andere Voraussetzung, bleibt aber selbstverständlich ebenfalls bestehen (s. A Ziff. 2).

11. Die Bestimmungen des Gesetzes über die Unterbrechung des Verfahrens finden gemäß § 9 für den Fall, daß die gesetzlichen Vertreter Kriegsteilnehmer sind, nur auf natürliche Personen Anwendung.

Für den Fall der Kriegsteilnehmereigenschaft der gesetzlichen Vertreter einer juristischen Person, insbesondere einer Aktiengesellschaft, Gesellschaft mit beschränkter Haftung, finden sie also nicht Anwendung; bei diesen kann nur die fakultative Aussetzung nach § 247 ZPO. angeordnet werden.

Dies ist auch dann nicht anders, wenn, was nicht ausgeschlossen, sich die sämtlichen Stammanteile oder Aktien einer Gesellschaft mit beschränkter Haftung oder einer Aktiengesellschaft in einer Hand vereinigen, tatsächlich also eine einzelne Person in Frage steht.

Der Versuch, die Schutzbestimmungen des Gesetzes auch auf juristische Personen, deren gesetzliche Vertreter im Felde stehen, anwenden zu wollen (JW. 1914 S. 961/962), scheitert an der klaren Bestimmung in § 9 des Gesetzes.

Denn § 9 besagt nicht, daß es bei natürlichen Personen nicht auf die Verhinderung dieser, sondern auf die Verhinderung des gesetzlichen Vertreters ankomme, sondern erstreckt die Schutzbestimmung in § 2, welche auf juristische Personen überhaupt nicht paßt, auf solche natürliche Personen, deren gesetzlicher Vertreter im Felde steht, da ohne diese Bestimmung eine Unterbrechung des Verfahrens gegen eine prozeßunfähige Person, deren gesetzlicher Vertreter Kriegsteilnehmer ist, überhaupt nicht eintreten würde.

Es fragt sich nur, ob die Bestimmung in § 9 auf offene Handelsgesellschaften oder Kommanditgesellschaften Anwendung findet.

Diese Gesellschaften sind keine juristischen Personen, sondern Vereinigungen von natürlichen Personen; die Gesellschaft ist aber nach § 124 HGB. selbständiger Träger von Rechten und Verbindlichkeiten und hat auch formale Parteifähigkeit (Gaupp-Stein a. a. O., Bem. I Ziff. 3 zu § 239, Bem. II Ziff. 4 zu § 50).

Deshalb bleiben aber doch die Gesellschafter in ihrer Zusammenfassung die Träger des Vermögens (Staub a. a. O., Bem. 8 zu § 105).

Die offene Handelsgesellschaft wird von jedem Gesellschafter gültig vertreten, bei Gesamtvertretung von den sämtlichen Vertretern, welche zusammen vertretungsberechtigt sind.

Durch Wegfall eines gesetzlichen Vertreters wird der Prozeß nicht unterbrochen, falls andere Vertretungsberechtigte vorhanden sind.

Eine Unterbrechung tritt nur dann ein, wenn durch den Fortfall kein vertretungsberechtigter Gesellschafter mehr vorhanden ist, oder wenn im Falle der Gesamtvertretung nach § 125 HGB. nicht mehr die genügende Anzahl von Gesamtvertretern vorhanden ist (Gaupp-Stein a. a. O., Bem. V A 10a zu § 51, Bem. I Ziff. 2 zu § 241; Staub a. a. O., Bem. 11 zu § 124).

Hiernach ist zu sagen, daß die offene Handelsgesellschaft und die Kommanditgesellschaft, wenn sie auch formale Parteifähigkeit haben, doch in Wahrheit nur die Vereinigung natürlicher Personen sind.

Durch die Kriegsteilnehmereigenschaft der Gesellschafter wird deshalb, wenn alle Gesellschafter Kriegsteilnehmer sind oder bei Gesamtvertretung der Gesellschafter die zur Vertretung erforderliche Anzahl nicht mehr vorhanden ist, das Verfahren nach § 2 des Gesetzes unterbrochen (a. M. Sieskind, Prozeßrechtlicher Schutz der Kriegszeit, S. 12 und S. 42, sowie ein Beschluß des Oberlandesgerichtes München vom 19. Oktober 1914).

Das hier vorgetragene Ergebnis wird schon dadurch gestützt, daß, während für juristische Personen bei Wegfall der gesetzlichen Vertreter andere gewählt und sogar nach § 29 BGB. im Notfalle bestellt werden können, bei offenen Handelsgesellschaften und Kommanditgesellschaften die Bestellung von Gesellschaftern begrifflich ausgeschlossen ist, da diese nur durch den Gesellschaftsvertrag bestellt werden können.

Zu weit geht aber der Beschluß des Oberlandesgerichtes Dresden (JW. 1914 S. 1045), welcher die Unterbrechung des Verfahrens auch dann annimmt, wenn nicht alle vertretungsberechtigten Gesellschafter Kriegsteilnehmer sind.

Der Umstand, daß also die Personenvereinigungen bei anderer Auslegung des Gesetzes schutzlos stehen würden, muß schon dazu führen, daß nach der Absicht des Gesetzes diese als natürliche Personen angesehen werden sollen.

Allerdings kann aus diesen Gründen denselben nach § 9 des Gesetzes ein besonderer Prozeßvertreter bestellt werden, wie schon für die natürlichen Personen ausgeführt wurde (s. Ziff. 10).

Allein damit verlieren sie nicht den durch Unterbrechung des Verfahrens für sie erforderlichen Schutz, da die Bestellung eines besonderen Prozeßvertreters nur auf Antrag der Gegenpartei erfolgen kann, wenn sie verklagt werden oder ein Rechtsstreit gegen sie fortgesetzt werden soll.

Dabei ist zu bemerken, daß ein Prokurist nicht gesetzlicher Vertreter ist, obgleich er zur Prozeßführung ermächtigt ist.

Seine Kriegsteilnehmereigenschaft ist deshalb an sich gleichgültig.

Sie kommt nur insofern in Betracht, als bei Gesamtvertretung mit einem persönlich haftenden Gesellschafter die Unterbrechung nicht eintritt, solange noch ein persönlich haftender Gesellschafter vorhanden ist, welcher zusammen mit einem ebenfalls noch vorhandenen Prokuristen zur Vertretung der Gesellschaft befugt ist.

Ebenso ist bezüglich anderer Personenvereinigungen zur gesamten Hand zu entscheiden.

Bei der Gesellschaft des bürgerlichen Rechts kommt es also darauf an, ob sämtliche nach § 714 zur Vertretung berechtigten Gesellschafter oder die zur Vertretung erforderliche Anzahl derselben Kriegsteilnehmer sind.

Ebenso ist es bei der Erbengemeinschaft (BGB. § 2038), sofern nicht ein Miterbe den Anspruch nach § 2039 BGB. geltend macht, in welchem Fall bezüglich der Aussetzung des Verfahrens nur seine Kriegsteilnehmereigenschaft in Betracht kommt.

Die Gemeinschaft (communio incidens) nach §§ 741 ff. BGB. beruht nicht auf dem Grundsatz der gesamten Hand; es tritt deshalb die Aussetzung nur bezüglich derjenigen Parteien ein, welche Kriegsteilnehmer sind.

Eine Aussetzung kann sich ergeben bei notwendiger Streitgenossenschaft (s. Ziff. 18).

Nicht rechtsfähige Vereine, welche zwar nicht klagen, aber nach § 50 ZPO. verklagt werden können, haben nach dieser gesetzlichen Bestimmung prozessual die Stellung eines rechtsfähigen Vereins.

Der Vorstand des Vereins gilt deshalb für den Prozeß als sein gesetzlicher Vertreter (Gaupp-Stein a. a. O., Bem. IV Ziff. 2 zu § 50).

Eine Unterbrechung tritt deshalb durch dessen Kriegsteilnehmereigenschaft nicht ein.

12. Für den Fall der Verhinderung einer Partei durch Militärdienst ist also zu bemerken, daß wenn eine Partei oder deren gesetzlicher Vertreter sich zu Kriegszeiten im Militärdienst befinden, gemäß § 247 ZPO. die Aussetzung des Verfahrens angeordnet werden kann, und zwar auch dann, wenn der Militärdienst bei einem nicht mobilen Truppenteil abgeleistet wird, wenn die Partei eine ausländische Staatsangehörigkeit besitzt und wenn die Partei, deren gesetzlicher Vertreter sich im Militärdienst befindet, eine juristische Person ist.

Gehört nun eine Partei zu den Kriegsteilnehmern nach § 2 des Gesetzes, oder ist der gesetzliche Vertreter der Partei ein solcher Kriegsteilnehmer, so ist das Verfahren ohne Weiteres unterbrochen.

Für juristische Personen dagegen kommt die Unterbrechung auch bei Kriegsteilnehmereigenschaft sämtlicher gesetzlicher Vertreter überhaupt nicht in Betracht.

13. Soweit hiernach eine Unterbrechung des Verfahrens eintritt, tritt dieselbe für alle bürgerlichen Rechtsstreitigkeiten ein, soweit dieselben bei den ordentlichen Gerichten, den Kaufmanns- und Gewerbegerichten und den landesgesetzlich zugelassenen Sondergerichten anhängig sind.

Dies kann insbesondere für Ansprüche aus dem kaufmännischen und gewerblichen Dienstvertrage für Angestellte zu großen Härten führen.

Die Unterbrechung tritt für diese Rechtsstreite ein, soweit dieselben noch nicht rechtskräftig beendigt sind.

Sie tritt ein nicht bloß für das eigentliche Prozeßverfahren, sondern auch für das Verfahren auf Beschwerde, das Streitwert- und Kostenfestsetzungsverfahren, das gerichtliche Mahnverfahren, sowie für das Verfahren auf Arrest und einstweilige Verfügung.

Was die Frage der Beweissicherung anlangt, so kann hiefür die Unterbrechung des Verfahrens dagegen nicht angenommen werden, da die Unterbrechung eine endgültige, nicht mehr rückgängig zu machende Schädigung des Gegners darstellen würde, falls das Beweismittel tatsächlich verloren gehen sollte, oder die Untersuchung eines Werkes oder einer Kaufsache nicht mehr stattfinden könnte.

Die Folge der Unterbrechung des Beweissicherungsverfahrens braucht deshalb nicht angenommen zu werden, weil dasselbe, wenn es auch während eines anhängigen Rechtsstreites beantragt werden kann, doch einen Rechtsstreit selbst nicht zur Voraussetzung hat, sondern auch zulässig ist, wenn ein solcher selbst überhaupt nicht anhängig ist.

War die Ladung des Kriegsteilnehmers zum Verfahren nicht möglich, so kann der Beweisführer die Beweiserhebungen nach § 493 ZPO. in einem späteren Rechtsstreit gleichwohl benützen.

Ein Vertreter kann dem Kriegsteilnehmer allerdings nach § 494 ZPO. nicht bestellt werden, weil diese Vorschrift voraussetzt, daß der künftige Gegner selbst unbekannt, nicht daß er bloß an der Wahrnehmung seiner Rechte verhindert ist.

Bezüglich des schiedsrichterlichen Verfahrens gilt das Gleiche, wie schon zu A Ziff. 6 für die Aussetzung des Verfahrens nach den allgemeinen Bestimmungen der Zivilprozeßordnung ausgeführt wurde.

Für das Vollstreckungsverfahren gelten noch in II zu erörternde besondere Grundsätze.

14. Soweit nun für bürgerliche Rechtsstreitigkeiten die Unterbrechung des Verfahrens eintritt, tritt sie ein, soweit das Verfahren anhängig ist oder erst anhängig wird.

Aus der letzteren Bestimmung folgt, daß das Gericht nicht die Terminsbestimmung auf die Klage hin ablehnen kann.

Der Termin müßte übrigens schon deshalb bestimmt werden, weil die Zivilprozeßordnung, wie schon im I. Teil VIII. Abschnitt A Ziff. 7 für die Klage von Auslandsgläubigern ausgeführt, die Ablehnung der Terminsbestimmung auf die Klage überhaupt nicht kennt (a. M. Sieskind a. a. O. S. 11).

Die Zustellung der Klage muß schon wegen der Wirkungen erfolgen können, welche in vielen Fällen an die Zustellung der Klage geknüpft sind, insbesondere wegen der Unterbrechung der Verjährung, der Verpflichtung zur Zahlung von Prozeßzinsen (BGB. § 291) usw. (JW. 1914 S. 805, 814 und 824; Zeitschrift für Recht 1914 S. 546).

Es kann auch z. B. Widerspruchsklage gegen den Kriegsteilnehmer notwendig werden, welcher eine einem Dritten gehörige Sache gepfändet hat.

Es kann in diesem Falle selbstverständlich auch die einstweilige Einstellung der Versteigerung verfügt werden.

Daß gegenüber einem Kriegsteilnehmer Willenserklärungen abgegeben und nötigenfalls auch zugestellt werden können (§ 132 BGB.) sei als selbstverständlich nebenbei erwähnt (z. B. Mahnungen, Kündigungen, Anfechtungserklärungen usw.).

Der Gläubiger, welcher gegen den Kriegsteilnehmer Klage stellt, kann deshalb, sofern die Klage begründet ist und nach Beendigung der Unterbrechung durchgeführt wird, nicht in die Prozeßkosten verurteilt werden.

15. Die Klage wird nach den gewöhnlichen Bestimmungen zugestellt, und zwar auch im Wege der Ersatzzustellung nach §§ 180 ff., ZPO., sofern durch die Einberufung zum Heere der Wohnsitz oder die gewerbliche Niederlassung nicht von dem Kriegsteilnehmer völlig aufgegeben sind.

Die Zustellung der Klage an einen Unteroffizier oder Gemeinen des aktiven Heeres oder der aktiven Marine kann auch nach § 172 ZPO. erfolgen.

Dabei ist zu bemerken, daß zum aktiven Heere nach § 38 RMilG. vom 2. Mai 1874 auch alle in Kriegszeiten zum Heere einberufenen oder freiwillig eingetretenen Mannschaften von dem Tage der Einberufung bzw. vom Zeitpunkt des freiwilligen Eintritts an gehören.

Doch wird, wenn die zum Heere eingerückte Person den Wohnsitz in der Heimat nicht aufgegeben hat, auch die Ersatzzustellung nach den gewöhnlichen Vorschriften als genügend erachtet werden müssen.

So auch JW. 1914 S. 908.

Diese Annahme muß schon deshalb als berechtigt angesehen werden, weil es andernfalls kaum möglich wäre, dem Kriegsteilnehmer auch wichtige Willenserklärungen, wie z. B. Mahnungen, Kündigungen, Anfechtungserklärungen usw. zuzustellen.

Die Zustellung kann auch nach § 173 ZPO. an die dortselbst genannten Bevollmächtigten erfolgen.

Der Zustellungsbeamte wird bei der Zustellung zweckmäßig zu bemerken haben, daß der Adressat zum Heere eingerückt sei.

Auf Offiziere oder Militärbeamte findet § 172 ZPO. überhaupt keine Anwendung; für diese gilt also ohne weiteres die Möglichkeit der Ersatzzustellung.

Gehört der Kriegsteilnehmer zu einem im Auslande befindlichen oder zu einem mobilen Truppenteil oder zur Besatzung eines in Dienst gestellten Kriegsfahrzeuges, so kann nach § 201 ZPO. die Zustellung auch in der dortselbst bezeichneten Weise erfolgen.

Möglicherweise kann sogar gemäß § 203 ZPO. öffentliche Zustellung erforderlich werden, insbesondere dann, wenn sich eine Person in der Gewalt des Feindes als Kriegsgefangener oder Geisel befindet.

Auf Militärangehörige fremder auch neutraler Staaten einschließlich der Staatsangehörigen von Österreich-Ungarn beziehen sich die Bestimmungen der Zivilprozeßordnung über die Zustellung an Militärpersonen überhaupt nicht. Diesen ist infolgedessen nach den gewöhnlichen Vorschriften zuzustellen.

16. Die Unterbrechung des Verfahrens muß von Amts wegen berücksichtigt werden.

Ergibt sich aus der Zustellung der Klage, daß es sich um einen Kriegsteilnehmer handelt, so kann das Gericht deshalb kein Versäumnisurteil erlassen; ein etwa erlassenes Versäumnisurteil kann nicht rechtskräftig werden, da während der Unterbrechung des Verfahrens nach § 249 ZPO. Handlungen des Gerichts oder der Gegenpartei wirksam nicht vorgenommen werden können, und der Lauf jeder Frist aufhört.

Wird ein Versäumnisurteil gegen den Kriegsteilnehmer erlassen und wird dasselbe später aufgehoben, so kann derselbe nach § 344 ZPO. nicht in die durch die Versäumnis veranlaßten Kosten verurteilt werden, weil das Versäumnisurteil, wenn das Verfahren unterbrochen war, nicht in gesetzlicher Weise ergangen ist, auch wenn dem Gerichte die Unterbrechung nicht bekannt war.

Da aber keine Vermutung dafür besteht, daß jemand Kriegsteilnehmer sei, ist auch die Unterbrechung des Verfahrens insolange nicht zu beachten, als das Gericht nicht die Kriegsteilnehmereigenschaft erfährt.

Beruft sich eine Partei auf ihr Verhältnis als Kriegsteilnehmer, so hat sie den Beweis hiefür zu führen; es braucht nicht der Gegner den negativen Beweis führen, daß eine Partei nicht Kriegsteilnehmer sei (JW. 1914 S. 853; a. M. bayer. JMBek., JMBl. S. 144).

Die hier vorgetragene Meinung ist auch in einem Beschluß des Oberlandesgerichtes München ausgesprochen.

Die Unrichtigkeit der gegenteiligen Meinung ergibt sich schon daraus, daß auch im Falle des Todes oder des Verlustes der Prozeßfähigkeit die Unterbrechung des Verfahrens nach §§ 239, 241 ZPO. eintritt.

Das Gericht müßte also, wenn die gegenteilige Meinung richtig wäre, in jedem Falle von der Gegenpartei den Nachweis zu verlangen haben, daß die Partei nicht etwa gestorben oder in Geisteskrankheit verfallen sei.

Da die Prozeßfähigkeit nach § 56 ZPO. überhaupt von Amts wegen zu prüfen ist, müßte das Gericht auch ohne Rücksicht auf die Frage der Unterbrechung in jedem Falle von der Gegenpartei den Nachweis verlangen, daß die Partei, gegen welche Versäumnisurteil erlassen werden soll, nicht etwa minderjährig oder geisteskrank sei.

Die Unmöglichkeit dieser Schlußfolgerungen liegt auf der Hand.

Daß die Gegenpartei nicht den Beweis zu führen hat, daß die andere Partei nicht Kriegsteilnehmer ist, ergibt sich aber durch Rückschluß aus dem Gegenteil auch aus der Bestimmung in § 4 Abs. 2 des Gesetzes, wonach, wenn die Kriegsteilnehmereigenschaft einmal feststeht und das Verfahren unterbrochen ist, bei Aufnahme desselben die aufnehmende Partei den Beweis der Wiederaufhebung der Kriegsteilnehmereigenschaft zu führen hat.

Das Gericht kann also nicht etwa nach § 335 Ziff. 1 ZPO. die Erlassung eines Versäumnisurteils ablehnen, wenn nicht bestimmte Anhaltspunkte dafür vorliegen, daß die nicht erschienene Partei Kriegsteilnehmer sei.

Ergeht gleichwohl ein Urteil gegen den Kriegsteilnehmer, so kann, da dasselbe während der Unterbrechung wirksam nicht zugestellt werden kann, der Schuldner gegen die Vollstreckung Einwendungen auch nach §§ 766, 775 ZPO. erheben.

Der Gläubiger, welcher ein solches Urteil vollstrecken läßt, macht sich nach § 717 ZPO. schadensersatzpflichtig.

Hat er das Urteil schuldhaft erwirkt, trotzdem ihm die Kriegsteilnehmereigenschaft des Schuldners bekannt war oder bekannt sein konnte, so ist er überdies für den aus der Vollstreckung eintretenden Schaden nach § 823 BGB. ersatzpflichtig.

Der Gerichtsschreiber, welcher auf Grund der formell in Ordnung befindlichen Zustellung des Urteils um die Erteilung der Bestätigung der Rechtskraft oder der Zwangsvollstreckungsklausel angegangen wird, darf nicht von Amts wegen den Beweis verlangen, daß der Beklagte nicht Kriegsteilnehmer, das Verfahren und damit der Fristenlauf also nicht unterbrochen gewesen sei.

Der Beweis der Kriegsteilnehmereigenschaft kann von der Partei oder deren Vertreter mit allen Beweismitteln geführt werden, insbesondere durch Vorlage amtlicher Bescheinigungen, welche insbesondere im Zusammenhalt mit Feldpostkarten des Kriegsteilnehmers den Beweis erbringen können, daß derselbe Kriegsteilnehmer im Sinne des § 2 des Gesetzes ist.

Das Gericht muß insbesondere, da die Unterbrechung des Verfahrens von Amts wegen zu würdigen ist, mit dem weiteren Verfahren inne halten, wenn auch nur durch Angehörige schriftlich dem Gerichte der Beweis der Kriegsteilnehmereigenschaft der Partei erbracht wird.

Das Gericht kann auch, wenn sich aus der Zustellung der Klage Anhaltspunkte für die Kriegsteilnehmereigenschaft ergeben, von Amts wegen Ermittlungen hierüber anstellen.

17. Durch die Unterbrechung der Verfahrens werden insbesondere auch Arreste und einstweilige Verfügungen betroffen.

Wird also ein solches Gesuch eingereicht, so ist das Verfahren sofort unterbrochen und ein Arrest kann nicht erlassen, mündliche Verhandlung über das Gesuch kann nicht angeordnet werden.

Da aber keine Vermutung dafür besteht, daß eine Person Kriegsteilnehmer ist, kann das Gericht auch in diesem Falle vom Antragsteller nicht eine Glaubhaftmachung für die negative Tatsache verlangen, daß der Arrestgegner nicht Kriegsteilnehmer sei.

Daß das Gericht dem Antrag nicht stattgeben kann, wenn ihm die Kriegsteilnehmereigenschaft des Arrestbeklagten bekannt ist, ist selbstverständlich.

Wird aber ein Arrestbefehl oder eine einstweilige Verfügung erlassen, während das Verfahren schon unterbrochen ist, so kann der Kriegsteilnehmer nach § 924 ZPO. Widerspruch erheben.

Der Gläubiger, welcher einen Arrest oder eine einstweilige Verfügung während des Kriegsteilnehmerverhältnisses ungerechtfertigt erwirkt, macht sich überdies nach § 945 ZPO. schadensersatzpflichtig.

Die Ersatzpflicht trifft den Gläubiger auch gemäß § 823 BGB., wie schon in Ziff. 16 ausgeführt.

Doch kann möglicherweise dem Kriegsteilnehmer nunmehr ein besonderer Vertreter auch zur Erwirkung eines Arrestbeschlusses gegen ihn aufgestellt werden (s. unten Ziff. 22 a).

Die Frage, ob und inwieweit ein vor Unterbrechung des Verfahrens erlassener Arrestbeschluß nach erfolgter Unterbrechung noch vollzogen werden kann, wird später bei der Frage der Zulässigkeit der Zwangsvollstreckung gegen Kriegsteilnehmer behandelt werden (II. Ziff. 3).

18. Nach § 2 des Gesetzes wird das Verfahren unterbrochen, wenn eine Partei zu den Kriegsteilnehmern gehört.

Ob die Partei Kläger oder Beklagter ist, ist gleichgültig.

Die Unterbrechung des Verfahrens tritt aber nur für und gegen diejenige Partei ein, welche zu den Kriegsteilnehmern gehört, bzw. für und gegen diejenige natürliche Person, welche durch einen Kriegsteilnehmer gesetzlich vertreten wird.

Daß diejenigen Personen, welche kraft ihres Amtes selbst als Partei erscheinen, als solche zu gelten haben, wurde bereits in Ziff. 8 erörtert.

Die Kriegsteilnehmereigenschaft eines Prozeßbeteiligten, welcher nicht Partei ist, hat auf den Prozeß keinen Einfluß.

Der Nebenintervenient ist abgesehen vom Falle nach § 69 ZPO. nicht Partei, seine Kriegsteilnehmereigenschaft ist deshalb ohne Bedeutung (für den Fall der Streitgenossenschaft siehe die nachfolgende Ausführung).

Das gleiche ist auch dann der Fall, wenn in einem Prozeß, welchen eine Partei kraft ihres Amtes führt, der Beteiligte selbst dem Prozeß als Nebenintervenient beigetreten ist.

Das heißt eine Unterbrechung des Verfahrens tritt nicht ein, wenn in dem Prozeß des Konkursverwalters der Gemeinschuldner, in dem Prozeß des Zwangsverwalters der Schuldner, in dem Prozeß des Nachlaßverwalters oder Testamentsvollstreckers der Erbe als Nebenintervenient beigetreten ist, und der Gemeinschuldner, der Schuldner, der Erbe selbst Kriegsteilnehmer sind.

Die Entscheidung des Oberlandesgerichts Breslau (JW. 1914 S. 1044), welche die Unterbrechung auch für den Fall der Kriegsteilnehmereigenschaft des Nebenintervenienten annimmt, ist deshalb unzutreffend.

Es geht überhaupt nicht an, die ohnehin sehr in die Rechte der Gläubiger eingreifenden Schutzbestimmungen nach dem vermeintlichen Zweck des Gesetzes ausdehnend auszulegen.

Handelt es sich um mehrere Streitgenossen, so wird das Verfahren nur rücksichtlich desjenigen Streitgenossen unterbrochen, welcher Kriegsteilnehmer ist.

In den seltenen Fällen der notwendigen Streitgenossenschaft nach § 62 ZPO. muß dagegen die Unterbrechung des Verfahrens rücksichtlich eines Kriegsteilnehmers auch die Anordnung der Aussetzung in der Richtung gegen die anderen Streitgenossen in analoger Anwendung von § 148 ZPO. zur Folge haben.

Schwierigkeiten können sich auch hier ergeben, wenn ein Eid gemäß §§ 472, 476 ZPO. von mehreren Streitgenossen geleistet werden soll, von welchen einer Kriegsteilnehmer ist.

In diesem Fall wird nichts übrig bleiben, als das Verfahren auch in der Richtung gegen die Streitgenossen auszusetzen, welche nicht Kriegsteilnehmer sind, oder gegen diese gemäß § 356 ZPO. eine reichlich zu bemessende Frist zu bestimmen, innerhalb welcher die Eidesleistung durch den Kriegsteilnehmer ermöglicht sein muß.

Ist die Ehefrau auf Zahlung und der Ehemann auf Duldung der Zwangsvollstreckung verklagt, und ist der Ehemann Kriegsteilnehmer, so wird das Verfahren nur in der Richtung gegen ihn unterbrochen.

Wie sich die Vollstreckung gestaltet, wenn in das Vermögen der Ehefrau vollstreckt werden soll, wird bei der Frage der Vollstreckung gegen Kriegsteilnehmer behandelt werden (II Ziff. 11).

19. Eine Hauptfrage ist, ob das Verfahren unterbrochen wird, gleichviel ob ein Kriegsteilnehmer als Kläger oder Beklagter beteiligt ist.

§ 2 des Gesetzes, wonach das Verfahren unterbrochen wird, wenn „eine Partei" zu den Kriegsteilnehmern gehört, scheint dafür zu sprechen, daß das Verfahren in jedem Falle unterbrochen wird.

Gleichwohl trifft diese Schlußfolgerung nicht zu.

Schon aus § 3 Ziff. 2 des Gesetzes, wonach das Verfahren auch gegen einen Kriegsteilnehmer nicht unterbrochen wird, wenn derselbe einen Prozeßbevollmächtigten oder einen zur Wahrnehmung seiner Rechte berufenen Vertreter hat, ergibt sich, daß die Unterbrechung nur zugunsten des Kriegsteilnehmers eintreten soll.

Das gleiche ergibt sich aus § 4 Ziff. 2 des Gesetzes, wonach der Kriegsteilnehmer jederzeit das Recht hat, auch vor Beendigung des Kriegszustandes das unterbrochene Verfahren aufzunehmen.

Das Gesetz bezeichnet sich auch ausdrücklich als Gesetz betr. den Schutz der infolge des Krieges an der Wahrnehmung ihrer Rechte behinderten Personen.

Es besteht also an sich nicht der mindeste Anlaß zu der Annahme, daß das Verfahren auch unterbrochen werden soll, wenn ein Kriegsteilnehmer selbst der Kläger ist oder wenn er den Schutz des Gesetzes nicht für sich in Anspruch nimmt.

Klagt also der Kriegsteilnehmer selbst, so wird das Verfahren überhaupt nicht unterbrochen; es bedarf also in diesem Falle auch nicht der Aufnahme des Verfahrens durch ihn.

Zweifellos kann dadurch für diejenigen Parteien, welche nicht Kriegsteilnehmer sind, eine Härte insofern eintreten, als sie gegen den Kriegsteilnehmer nicht klagen, sich aber von einem solchen verklagen lassen müssen.

Allein dies ist ohne entscheidende Bedeutung, weil die zum Schutze der Kriegsteilnehmer getroffenen Bestimmungen, wie überhaupt die während des Krieges getroffenen Bestimmungen über Bewilligung von Zahlungsfristen, Beseitigung der Rechtsverwirkung usw. erhebliche Härten für alle Gläubiger mit sich bringen können.

Die Argumentation von Stein, JW. 1914 S. 806, daß insbesondere bei einem von einem Kriegsteilnehmer erwirkten Arrestbeschluß der Antragsgegner, wenn nunmehr der Kriegsteilnehmer sich auf die Unterbrechung des Verfahrens berufe, nicht in der Lage sei, den Arrest durch Widerspruch zu beseitigen, schlägt nicht durch.

Sie ist sogar eine vom Gesetz bewußt in Kauf genommene Härte.

Denn nach § 3 Ziff. 1 des Gesetzes soll eine Unterbrechung des Verfahrens lediglich in dem Falle nicht eintreten, daß ein Kriegsteilnehmer gegen eine Gegenpartei einen persönlichen Sicherheitsarrest erwirkt hat, insoweit es sich um die Entscheidung über die Aufrechterhaltung des Arrestes handelt.

Damit ist vom Gesetz ausdrücklich ausgesprochen, daß selbst dann, wenn ein Kriegsteilnehmer einen anderen Arrest oder eine sonstige einstweilige Verfügung erwirkt hat, das Verfahren auf Aufhebung derselben gleichwohl unterbrochen wird.

Einen Unterschied zwischen Arrest und einstweiliger Verfügung zu machen, geht mit Rücksicht auf die Bestimmung in § 3 Ziff. 1 des Gesetzes nicht an.

Angesichts dieser Bestimmung kann deshalb auch aus der Erwirkung einer einstweiligen Verfügung durch den Kriegsteilnehmer nicht ein Verzicht auf das Recht zur Aussetzung bei Widerspruch des Gegners gefolgert werden (a. M. OLG. München, Rechtsprechung der OLG. 1915 S. 8 ff.).

Eine Unterbrechung des Verfahrens tritt also in allen Fällen nur dann ein, wenn es sich um ein Verfahren gegen einen Kriegsteilnehmer handelt, oder wenn der Kriegsteilnehmer als Antragsteller selbst sich auf die Aussetzung des Verfahrens beruft.

Es ist auch z. B. nicht der mindeste Grund ersichtlich, warum ein Kriegsteilnehmer, welcher eine Sache gepfändet hat, nicht den Widerspruchsprozeß gegen den angeblichen Eigentümer der Sache sollte durchführen können.

Auch kann man die Unterbrechung des Verfahrens nicht darauf abstellen, ob der Fortgang des Verfahrens zum Nachteil des Kriegsteilnehmers gereiche oder seinem Interesse oder seinem mutmaßlichen Willen widerspreche, wie es Glaser, JW. 1914 S. 906 versucht.

Dies würde zu einer willkürlichen Auslegung im einzelnen Fall führen, abgesehen davon, daß der Kriegsteilnehmer nur selbst bemessen kann, was seinen Interessen und seinem Willen entspricht.

Gegen Mißbrauch des Kriegsteilnehmers schützt nunmehr die Bundesratsverordnung vom 14. Januar 1915 (s. unten Ziff. 22a).

20. Wie bereits in Ziff. 19 bemerkt, tritt eine Unterbrechung des Verfahrens nach § 3 Ziff. 1 des Gesetzes nicht ein, wenn ein Kriegsteilnehmer einen persönlichen Sicherheitsarrest nach § 918 ZPO. erwirkt hat, soweit es sich um die Entscheidung über Aufrechthaltung oder Aufhebung des Arrestes handelt.

Diese Bestimmung ist im Interesse des Gegners des Kriegsteilnehmers deshalb getroffen, weil bei der einschneidenden Maßregel des persönlichen Sicherheitsarrestes die Frage der Aufhebung desselben nicht dadurch aufgehalten werden kann, daß während der Kriegsteilnehmereigenschaft des Antragstellers das Verfahren unterbrochen ist.

Der Weiterbetrieb des Verfahrens durch den Arrestbeklagten kann in diesem Falle auch dann erfolgen, wenn der Arrestkläger keinen Prozeßbevollmächtigten oder keinen zur Wahrnehmung seiner Rechte berufenen Vertreter hat; hat er einen solchen, so kann dieser auch nicht etwa die Aussetzung des Verfahrens beantragen.

Ist der persönliche Sicherheitsarrest von dem Kriegsteilnehmer noch nicht erwirkt, sondern erst beantragt, und beruft sich der Kriegsteilnehmer als Antragsteller nicht selbst auf die Unterbrechung des Verfahrens, so ist auf den Antrag ohne Rücksicht auf die Unterbrechung des Verfahrens zu entscheiden; wird auf Anordnung des Sicherheitsarrestes erkannt, so muß auch in diesem Falle dem Arrestbeklagten Widerspruch gegen den Arrestbeschluß offen stehen.

Wird gegen den Kriegsteilnehmer persönlicher Sicherheitsarrest beantragt, so ist das Verfahren nach § 2 des Gesetzes gegen denselben ohnehin unterbrochen.

Würde gegen ihn der persönliche Sicherheitsarrest verfügt, weil das Gericht von der Kriegsteilnehmerschaft des Arrestbeklagten keine Kenntnis hat, so hat derselbe die schon in Ziff. 17 erwähnten Rechte wie gegen jeden Arrestbeschluß überhaupt.

Die Frage, ob ein bereits vor Unterbrechung des Verfahrens angeordneter Sicherheitsarrest gegen den Kriegsteilnehmer nicht mehr vollzogen werden kann, wird bei der Erörterung der Frage der Zulässigkeit der Vollstreckung gegen Kriegsteilnehmer behandelt werden (II Ziff. 3).

21. Die Unterbrechung des Verfahrens tritt ferner nach § 3 Ziff. 2 des Gesetzes dann nicht ein, wenn der Kriegsteilnehmer durch einen Prozeßbevollmächtigten vertreten ist oder einen anderen zur Wahrnehmung seiner Rechte berufenen Vertreter hat; das Prozeßgericht muß jedoch auf Antrag des Vertreters die Aussetzung des Verfahrens anordnen.

In diesem Fall besteht zur Unterbrechung des Verfahrens, wenn die Aussetzung für den Kriegsteilnehmer nicht ausdrücklich beantragt wird, kein Anlaß.

Zunächst ist zu bemerken, daß diese Bestimmung auch für den amtsgerichtlichen Prozeß, nicht bloß für den Anwaltsprozeß gilt.

Rechtsstreitigkeiten, für welche ein Prozeßbevollmächtigter bestellt ist, werden also durch die Kriegsteilnehmereigenschaft der vertretenen Partei an sich nicht unterbrochen.

Da nach § 81 ZPO. die Prozeßvollmacht sich auch auf die Widerklage, die Wiederaufnahme des Verfahrens und die Zwangsvollstreckung bezieht, wird deshalb das Verfahren gegen einen durch einen Prozeßbevollmächtigten vertretenen Kriegsteilnehmer auch dann nicht unterbrochen, wenn er Kläger ist und nunmehr gegen ihn Widerklage gestellt werden soll.

Auch die Nichtigkeitsklage und Restitutionsklage nach § 578 ZPO. können gegen ihn angestellt werden.

Desgleichen können, da die Prozeßvollmacht sich auch auf die Zwangsvollstreckung bezieht, die Klage auf Erteilung der Vollstreckungsklausel (ZPO. § 731), die Vollstreckungsgegenklage (ZPO. § 767), die Widerspruchsklage wegen eines die Zwangsvollstreckung hindernden fremden Rechts (ZPO. § 771), die Klage wegen Beschränkung der Erben- und sonstigen Haftung (ZPO. §§ 785, 786), die Vorrechtsklage (ZPO. § 805), die Klage im Verteilungsverfahren (ZPO. § 878), die Klage auf die Leistung des Interesses nach fruchtloser sonstiger Vollstreckung (ZPO. § 893) gegen den durch einen Prozeßbevollmächtigten vertretenen Kriegsteilnehmer gestellt werden.

Die Unterbrechung tritt auch dann nicht ein, wenn der Kriegsteilnehmer einen anderen zur Wahrnehmung seiner Rechte berufenen Vertreter hat, in den vorstehenden Fällen also z. B. einen Vertreter, welcher zwar von ihm nicht Prozeßvollmacht, aber Vollmacht zur Vertretung in der Zwangsvollstreckungsinstanz hat.

Ein solcher anderer Vertreter ist aber in erster Linie der gesetzliche Vertreter, also der Vater oder die Mutter, sofern ihnen die elterliche Gewalt zusteht, und der Vormund.

Soweit diese Personen allerdings zur Vertretung der Partei nicht befugt sind, wie z. B. bei dem Minderjährigen in den Fällen von §§ 112, 113 BGB. kommen dieselben nicht in Betracht.

Ein zur Wahrnehmung der Rechte befugter Vertreter ist auch der Prokurist (HGB. § 49), nicht aber der Handlungsbevollmächtigte, wenn ihm die Befugnis zur Prozeßführung nicht ausdrücklich erteilt ist (HGB. § 54).

Die Ehefrau ist kein zur Wahrnehmung der Rechte berufener Vertreter, da sie in gewissen Fällen wohl berechtigt, aber nicht verpflichtet ist, einen Rechtsstreit für den Mann zu führen (BGB. §§ 1401, 1450, 1519, 1549) (s. auch I. Teil VI. Abschnitt E Ziff. 3).

Der für einen Rechtsanwalt allgemein bestellte Vertreter (Generalsubstitut) ist ebenfalls ein zur Wahrnehmung der Rechte berufener Vertreter.

Daß dagegen im Prozeß eines Anwaltes, der selbst als Kriegsteilnehmer Partei ist und noch keinen allgemein bestellten Vertreter hat, das Verfahren auch im Anwaltsprozeß trotz der Bestimmung in § 78 Abs. 3 ZPO. unterbrochen ist, ist selbstverständlich.

Denn diese Bestimmung besagt nichts Anderes, als daß der beim Prozeßgericht zugelassene Anwalt zu seiner Vertretung keines anderen Anwaltes bedarf; ist er selbst Kriegsteilnehmer, so ist er trotzdem ohne Vertreter, solange nicht ein anderer Vertreter für ihn bestellt ist.

Wenn der von dem Kriegsteilnehmer bestellte Prozeß- oder Zwangsvollstreckungsbevollmächtigte selbst Kriegsteilnehmer ist, tritt die Unterbrechung des Verfahrens gleichwohl nicht ein, da, wie schon zu A Ziff. 3 c hervorgehoben, die zeitweise Verhinderung des Prozeßbevollmächtigten dessen Unfähigkeit zur Vertretung nicht begründet.

Es können deshalb auch Ersatzzustellungen an ihn erfolgen.

In diesem Falle muß der Prozeßbevollmächtigte für Vertretung sorgen; Versäumnis seinerseits geht ebenso zu Lasten der Partei wie die Versäumnis eines Prozeßbevollmächtigten überhaupt.

Handelt es sich um einen anderen zur Wahrnehmung der Rechte berufenen Vertreter, so tritt durch dessen Kriegsteilnehmereigenschaft allerdings eine Unterbrechung des Verfahrens ein, z. B. also bei Kriegsteilnehmereigenschaft des Prokuristen.

Denn durch einen Prozeßbevollmächtigten ist die Partei „vertreten“, auch wenn dieser an der Vertretung verhindert ist, dagegen „hat“ sie keinen anderen zur Wahrnehmung ihrer Rechte berufenen Vertreter, wenn dieser selbst Kriegsteilnehmer ist (§ 3 Abs. 1 Ziff. 2 des Gesetzes).

Ist ein solcher anderer zur Wahrnehmung berufener Vertreter gesetzlicher Vertreter einer prozeßunfähigen natürlichen Person, so ist, wenn er selbst Kriegsteilnehmer ist, das Verfahren ohnehin nach § 9 des Gesetzes unterbrochen (s. oben Ziff. 9—11).

22. In allen Fällen, in denen ein Kriegsteilnehmer durch einen Prozeßbevollmächtigten vertreten ist oder einen anderen zur Wahrnehmung seiner Rechte berufenen Vertreter hat, hat jedoch der Vertreter gemäß § 3 Abs. 2 des Gesetzes das Recht, die Aussetzung des Verfahrens zu beantragen.

Dieses Recht hat insbesondere auch der gesetzliche Vertreter einer prozeßunfähigen Person, welche Kriegsteilnehmer ist.

Dem Antrag muß stattgegeben werden, auch wenn der Vertreter die entsprechende Information besitzt.

Wird der Vertreter erst nach dem Eintritt der Unterbrechung bestellt, so kann er zwar zur Aufnahme des Rechtsstreites geladen werden; er kann aber alsdann sofort wieder die Aussetzung des Verfahrens beantragen.

Solange die Aussetzung nicht beantragt wird, wird der Prozeß auch nicht unterbrochen.

Die Aussetzung kann jedoch auch nach Verkündung des Urteils beantragt werden.

Die Wirkungen der Aussetzung beginnen in diesem Falle mit der Verkündung bzw. Zustellung des Aussetzungsbeschlusses.

Ist also in einem solchen Falle die Frist zur Einlegung des Einspruches oder des Rechtsmittels gegen das Urteil bereits abgelaufen, so ist die Aussetzung unwirksam (Gaupp-Stein a. a. O., Bem. III und IV zu § 246).

Es ist ferner nochmals zu bemerken, daß in dem Falle der Erwirkung eines persönlichen Sicherheitsarrestes durch einen Kriegsteilnehmer dessen Vertreter nicht das Recht hat, die Aussetzung des Verfahrens über Aufrechthaltung oder Aufhebung des Arrestes zu beantragen.

Ferner ist nochmals darauf hinzuweisen, daß, wenn einer prozeßunfähigen Partei nach § 9 Abs. 2 des Gesetzes bei Gefahr auf Verzug ein besonderer Prozeßvertreter vom Vorsitzenden des Prozeßgerichtes beigegeben ist, dieser ebenfalls nicht Antrag auf Aussetzung des Verfahrens stellen kann, da er ja gerade zwecks Ermöglichung der Fortsetzung des Verfahrens aufgestellt wird.

Dagegen kann für eine Partei, welche Kriegsteilnehmer ist, ein Vertreter ohne Vollmacht nach § 89 ZPO. zur Prozeßführung nicht einstweilen zugelassen werden, weil das Verfahren überhaupt unterbrochen ist, sofern nicht ein Prozeßbevollmächtigter oder ein sonstiger zur Wahrnehmung der Rechte berufener Vertreter vorhanden ist.

22 a. Das nach § 3 Abs. 2 des Gesetzes bestehende unbeschränkte Recht des Prozeßbevollmächtigten oder anderen zur Wahrnehmung der Rechte des Kriegsteilnehmers berufenen Vertreters hat nun zu wesentlichen Härten geführt.

Das Gesetz ist dazu mißbraucht worden, daß Kriegsteilnehmer, die in günstigen wirtschaftlichen Verhältnissen leben, die Zahlung unbestrittener laufender Verbindlichkeiten, insbesondere Mietschulden mit Erfolg abgelehnt haben.

Insbesondere haben Ehefrauen der Kriegsteilnehmer oder Angestellte derselben die Geschäfte weiter geführt, die Außenstände eingezogen, die Verbindlichkeiten aber nicht erfüllt.

Es kann insbesondere vorkommen, daß ein Kriegsteilnehmer, welcher im Sinne des Gesetzes zu den mobilen Truppenteilen gehört, an der Prozeßführung dadurch aber in Wirklichkeit nicht gehindert ist, sich auf die gesetzlichen Bestimmungen beruft.

Aus diesen Gründen ist durch Bekanntmachung des Bundesrats vom 14. Januar 1915 (RGBl. Nr. 4 S. 17 ff.), welche am gleichen Tage in Kraft getreten ist, bestimmt worden, daß, wenn der Rechtsstreit einen vermögensrechtlichen Anspruch betrifft, das Prozeßgericht den Antrag auf Aussetzung ablehnen kann, wenn die Aussetzung nach den Umständen des Falles offenbar unbillig ist.

Das Prozeßgericht ist also nur berechtigt, den Antrag abzulehnen; es kann aber demselben nach seinem Ermessen vorbehaltlich des Beschwerderechts des Gegners stattgeben.

Das Recht des Prozeßgerichtes, den Antrag auf Aussetzung abzulehnen, bezieht sich nur auf vermögensrechtliche Streitigkeiten; in anderen Rechtsstreiten, also insbesondere in Statusprozessen, im Eheprozeß usw. kann die Aussetzung nicht abgelehnt werden.

Abgesehen hievon bezieht sich die Bestimmung auf alle vermögensrechtlichen Streitigkeiten, insbesondere also auch auf das Verfahren auf Arrest und einstweilige Verfügung.

Mit dieser Bestimmung ist jedoch Vorsorge nur dagegen getroffen, daß ein bereits bestellter Prozeßbevollmächtigter oder anderer Vertreter des Kriegsteilnehmers in Mißbrauch des Rechts auf Aussetzung den Antrag stellt.

Um aber in Fällen, bei denen der Kriegsteilnehmer selbst einen Prozeßbevollmächtigten oder anderen Vertreter nicht hat, die Möglichkeit der Führung des Rechtsstreites gegen ihn zu geben, hat die genannte Bundesratsverordnung vom 14. Januar weiter folgendes bestimmt:

„Einem Kriegsteilnehmer (§ 2 des Gesetzes vom 4. August 1914, RGBl. S. 328), der ohne Vertreter ist, kann der Vorsitzende des Prozeßgerichtes auf Antrag des Gegners einen geeigneten Vertreter bestellen, der die Rechte und Verpflichtungen des Kriegsteilnehmers im Rechtsstreit wahrzunehmen hat. Die Bestellung ist nur zulässig, wenn sie zur Verhütung offenbarer Unbilligkeiten erforderlich erscheint. Vor der Bestellung soll der Vorsitzende, soweit tunlich, Verwandte des Kriegsteilnehmers oder andere Personen hören, die mit dessen Verhältnissen vertraut sind.

Die Bestellung des Vertreters soll dem Kriegsteilnehmer unverzüglich mitgeteilt werden. Der Kriegsteilnehmer kann dem Vertreter die Vertretungsbefugnis entziehen, soweit er einen anderen Vertreter bestellt."

Diese Bestimmung enthält also eine Erweiterung der Bestimmung in § 57 ZPO. nach der Richtung, daß die Bestellung eines besonderen Prozeßvertreters auch für einen volljährigen Kriegsteilnehmer erfolgen kann.

Sie findet also nur Anwendung auf den prozeßfähigen Kriegsteilnehmer selbst.

Ist der Kriegsteilnehmer gesetzlicher Vertreter einer natürlichen Person oder einer Handelsgesellschaft, welche nicht juristische Person ist, so kommen die oben schon in Ziffer 10 und 11 dargestellten Grundsätze zur Anwendung.

Handelt es sich nun um einen prozeßfähigen Kriegsteilnehmer selbst, welcher keinen Vertreter, also keinen Prozeßbevollmächtigten oder sonstigen zur Wahrung seine Rechte berufenen Vertreter, z. B. einen Prokuristen hat, so kann der Vorsitzende des Prozeßgerichts einen geeigneten Prozeßvertreter bestellen.

Diese Bestimmung bezieht sich auf alle Rechtsstreite, auch solche nicht vermögensrechtlicher Natur.

Sie bezieht sich nicht bloß auf anhängig zu machende, sondern auch auf bereits anhängige Rechtsstreitigkeiten.

Sie bezieht sich ferner auf alle Arten des Verfahrens, mit Ausnahme des Zwangsvollstreckungsverfahrens, für welche die Bestimmungen über die Unterbrechung und Aussetzung des Verfahrens überhaupt nicht gelten; sie bezieht sich also auch auf Arreste und einstweilige Verfügungen, welche bereits beantragt und über welche das Verfahren unterbrochen oder ausgesetzt ist, oder welche erst beantragt werden sollen.

Die Erlassung des Arrestbeschlusses oder der einstweiligen Verfügung ist jedoch erst nach Aufstellung des besonderen Prozeßvertreters zulässig.

Berechtigt zum Antrag auf Bestellung eines Prozeßvertreters für den Kriegsteilnehmer ist der Gegner des Kriegsteilnehmers, aber nicht bloß derjenige, welcher gegen den Kriegsteilnehmer eine Klage oder einen sonstigen Antrag stellen will, sondern auch der Beklagte.

Das Recht, dem Kriegsteilnehmer nach den allgemeinen prozessualen Bestimmungen, bei Bewilligung des Armenrechts oder nach §§ 33 und 34 RAO. einen Vertreter zu bestellen, bleibt selbstverständlich unberührt.

Da aber die Bundesratsverordnung nur offenbare Unbilligkeiten verhüten will, ist die Bestellung eines besonderen Prozeßvertreters für den prozeßfähigen Kriegsteilnehmer nur zulässig, wenn sie zu deren Verhütung erforderlich erscheint.

Zwecks Prüfung dieser Voraussetzungen soll der Vorsitzende auch durch Anhörung von Verwandten des Kriegsteilnehmers oder anderen mit dessen Verhältnissen betrauten Personen die erforderlichen Ermittlungen pflegen.

Die Bestellung ist jedoch, auch wenn diese Ermittlungen unterlassen wurden, nicht ungültig.

Gegen den ablehnenden Bescheid des Vorsitzenden steht dem Antragsteller nach § 567 ZPO. die Beschwerde zu.

Dem Kriegsteilnehmer selbst steht gegen die Aufstellung des Vertreters jedoch ein Rechtsmittel nicht zu.

Insbesondere kann der aufgestellte Prozeßvertreter, obwohl die Bundesratsverordnung hierüber nichts bestimmt, auch den Antrag auf Aussetzung des Verfahrens nicht stellen, da er eben zu dem Zwecke der Ermöglichung der Durchführung des Rechtsstreites aufgestellt ist.

Dagegen wird wohl anzunehmen sein, daß der besondere Prozeßvertreter in nicht vermögensrechtlichen Streitigkeiten zum Antrag auf Aussetzung befugt erscheint.

Der Kriegsteilnehmer hat jedoch nach der ausdrücklichen Bestimmung der Verordnung, da ihm nicht ein Vertreter gegen seinen Willen aufgedrängt werden kann, das Recht, dem Vertreter die Vertretungsbefugnis zu entziehen.

Damit er dieses Recht ausüben kann, ist ihm dic Bestellung unverzüglich mitzuteilen.

Die Mitteilung kann formlos geschehen.

Auch wenn dieselbe unterbleibt oder wenn sie wegen Unerreichbarkeit des Kriegsteilnehmers untunlich ist, bleibt die Bestellung des besonderen Vertreters gültig.

Damit jedoch der Kriegsteilnehmer den Zweck der Aufstellung des besonderen Prozeßvertreters nicht vereiteln kann, kann er demselben die Vertretungsbefugnis nur entziehen, *soweit er einen anderen Vertreter bestellt*, dem dann ebenfalls der Antrag auf Aussetzung nicht zusteht.

Es wird also nicht bloß, wie in § 87 Abs. 1 ZPO. bestimmt, die Entziehung der Vertretungsbefugnis dem Gegner gegenüber erst mit der Bestellung eines anderen Vertreters wirksam, sondern der besondere Prozeßvertreter bleibt bis zur Bestellung eines anderen Vertreters durch den Kriegsteilnehmer wirklicher Prozeßvertreter mit allen sich aus der Vertretungsbefugnis ergebenden Rechten und Pflichten.

Derselbe hat auch alle nach §§ 81, 85 ZPO. dem Vertreter zustehenden Rechte.

Er wird sich natürlich im Verhältnis zum Kriegsteilnehmer nach dessen Weisungen oder bei Unerreichbarkeit desselben nach dessen mutmaßlichem Willen richten müssen.

Seine Stellung selbst entspricht der des § 57 ZPO.

Da dem Kriegsteilnehmer ein geeigneter Vertreter bestellt werden muß, ist demselben im Anwaltsprozeß ein Anwalt beizuordnen.

Im Parteiprozeß kann auch eine andere geeignete, also prozeßfähige Person aufgestellt werden (ZPO. § 79), auch ein Rechtskundiger, welcher die erste Justizprüfung bestanden hat (ZPO. § 116).

Der aufgestellte Anwalt wird nach den Bestimmungen der Rechtsanwaltsordnung zur Übernahme der Vertretung im Anwaltsprozeß für verpflichtet erachtet werden müssen.

Nach weiterer Bestimmung der Verordnung treffen die besonderen Kosten des vom Vorsitzenden des Prozeßgerichts bestellten besonderen Vertreters den Gegner des Kriegsteilnehmers auch im Falle seines Obsiegens im Rechtsstreit, was eine Ausnahme von § 91 ZPO. bedeutet.

Entzieht der Kriegsteilnehmer dem besonderen Vertreter die Vertretungsbefugnis und stellt dafür einen anderen Vertreter auf, so hat dagegen die Kosten dieses Ersatzvertreters der Kriegsteilnehmer zu tragen, wenn er im Rechtsstreit unterliegt.

Unter den besonderen Kosten werden insbesondere die Anwaltskosten des zur Vertretung aufgestellten Anwaltes auch im Anwaltsprozeß zu verstehen sein.

Die Bestimmung der Überbürdung dieser Kosten auf den Gegner des Kriegsteilnehmers ist wohl in der Erwägung getroffen, daß die Aufstellung eines solchen ohne den Willen des Kriegsteilnehmers im Interesse des Gegners desselben erfolgt.

Gleichwohl bedeutet sie in Fällen, in denen sich auch der Kriegsteilnehmer eines Anwalts bedienen müßte, besonders bei der Beitreibung unstreitiger Forderungen, eine große Härte für den Gegner des Kriegsteilnehmers. Es wird also ein Vertreter, durch den besondere Kosten erwachsen, nur im Notfalle aufzustellen sein.

Aus der Bestimmung folgt weiter, daß der einem Kriegsteilnehmer bestellte Vertreter, also insbesondere der Anwalt, den Anspruch auf Bezahlung seiner Kosten gegenüber dem Kriegsteilnehmer selbst nicht hat.

Dagegen wird in sinngemäßer Anwendung von § 124 ZPO. anzunehmen sein, daß der dem Kriegsteilnehmer bestellte Anwalt seine Kosten und Auslagen direkt von dem Gegner beitreiben kann, auf dessen Antrag er bestellt ist und der zur Tragung der Kosten verurteilt ist.

23. Soweit das Verfahren unterbrochen wird, bezieht sich dies nach § 2 des Gesetzes auf alle bürgerlichen Rechtsstreitigkeiten, also auf vermögensrechtliche und nicht vermögensrechtliche Streitigkeiten, auch wenn es sich um eine Feststellungsklage handelt.

Es werden also auch Ehescheidungsklagen, sowie alle Statusklagen von der Unterbrechung betroffen.

Von der Unterbrechung werden aber auch Räumungsklagen betroffen.

Auch die Einräumung einer Sicherungshypothek nach § 648 BGB. kann für den Unternehmer eines Bauwerkes oder eines Teiles desselben durch einstweilige Verfügung nicht mehr beantragt werden.

Auch der vor der Geburt eines unehelichen Kindes bestehende Anspruch auf Sicherstellung des Unterhaltes für die ersten drei Monate und für die

Entbindungskosten nach § 1716 BGB. kann nicht mehr durch einstweilige Verfügung angeordnet werden.

24. Die Zahlungsfrist und die Beseitigung der Rechtsverwirkung wegen nicht oder nicht rechtzeitiger Zahlung des Mietzinses, welche unter den Voraussetzungen der bezüglichen Verordnungen bewilligt werden können, haben mit der Kriegsteilnehmereigenschaft nichts zu tun.

Daß die Bewilligung der Geschäftsaufsicht den Vermieter an der Geltendmachung seiner Rechte auf Räumung einer Wohnung, wenn Zahlungsfrist oder Beseitigung der Rechtsverwirkung nicht bewilligt ist, nicht hindert, wurde bereits bei der Geschäftsaufsicht erörtert (I. Abschnitt, Ziff. 23 und 30).

In der Richtung gegen den Kriegsteilnehmer kann aber, weil das Verfahren unterbrochen ist, auf Räumung einer Wohnung auch dann nicht mit Erfolg geklagt werden, wenn ihm Zahlungsfrist oder Beseitigung der Rechtsverwirkung nicht bewilligt ist.

Wenn er selbst der Mieter ist, kann die Rückgabe der Wohnung auch nicht etwa durch Klage gegen seine Ehefrau oder seine sonstigen Familienangehörigen, welche in der von ihm gemieteten Wohnung sich befinden, erzwungen werden.

Dies läßt sich auch nicht durch Stellung der Klage aus dem Eigentum erreichen, wie in der JW. 1914 S. 948 und 949 darzulegen versucht wird.

Denn auch die Klage aus dem Eigentum müßte sich gegen den Ehemann richten, welcher Inhaber der Wohnung ist.

Die Ehefrau ist aber nicht unmittelbare Besitzerin, sondern nur Besitzdienerin (s. unten Ziff. IV).

Auch wenn die Ehefrau den Mietvertrag mitunterzeichnet hat, wird der Vermieter schon deshalb die Rückgabe der Wohnung nicht erzwingen können, weil hier ein Rechtsverhältnis in Frage steht, das gegen die sämtlichen Mieter nur einheitlich entschieden werden kann, abgesehen von der in den meisten Fällen erforderlichen und durch Klage gegen den Ehemann während dessen Kriegsteilnehmereigenschaft nicht erreichbaren Verurteilung desselben zur Duldung der Zwangsvollstreckung.

Schon mit Rücksicht auf § 1354 BGB., wonach der Mann die eheliche Wohnung zu bestimmen hat, ergibt sich die Unmöglichkeit der Durchführung der Räumung der Wohnung in der Richtung gegen die Ehefrau allein (a. M. OLG. Frankfurt, JW. 1915 S. 58/59).

Die der Ehefrau zustehende Schlüsselgewalt ändert hieran ebenfalls nichts, da, auch wenn die Ehefrau den Ehemann beim Mieten der Wohnung vertreten könnte, was sehr zweifelhaft ist, dies nichts mit der Räumungsklage zu tun hätte.

Auch wenn die Ehefrau während der Kriegsteilnehmereigenschaft des Ehemannes selbst eine neue Wohnung gemietet hat, ist beim gesetzlichen Güterstand das Duldungsurteil gegen den Ehemann erforderlich.

Einen Schutz gegen Mißbrauch gewährt nunmehr die Bundesratsverordnung vom 14. Januar 1914 (s. oben Ziff. 22 a).

Ist die Frau die alleinige Mieterin und betreibt dieselbe als Handelsfrau selbständig ein Handelsgeschäft oder lebt sie in Gütertrennung, so sind allerdings die Räumungsklage und die Vollstreckung überhaupt gegen sie allein möglich.

Wie es mit der Vollstreckung zu halten ist, wenn ein Urteil auf Räumung bereits vorliegt, wird bei der Frage der Zulässigkeit der Vollstreckung gegen den Kriegsteilnehmer zu II Ziff. 3 behandelt werden.

25. Wie sich gerade bei der Räumungsklage zeigt, schützt das Gesetz wohl den Kriegsteilnehmer, für welchen es wie ein Moratorium wirkt, unter Umständen aber ohne jede Rücksicht auf das ebenfalls schutzwürdige Interesse seiner Gläubiger.

Wie schon bei der Erörterung der Geschäftsaufsicht I. Abschnitt Ziff. 46 hervorgehoben wurde, kann, da der Gläubiger nicht einmal das Recht auf Antrag einer Geschäftsaufsicht hat, und wie noch später zu III zu erörtern sein wird, über den Kriegsteilnehmer auf Antrag eines Gläubigers auch das Konkursverfahren nicht eröffnet werden kann, der Gläubiger gegenüber einem Kriegsteilnehmer schutzlos sein.

Schädigende Handlungen seiner Bevollmächtigten oder Familienmitglieder können dazu die künftige Zwangsvollstreckung gefährden, ohne daß der Gläubiger gegen den Kriegsteilnehmer selbst, wie schon in Ziff. 17 hervorgehoben, einen Arrest oder eine einstweilige Verfügung beantragen kann.

Ein Arrest oder eine einstweilige Verfügung gegen diese anderen Personen selbst wird in den seltensten Fällen möglich sein; denn eine Forderung besteht gegen diese Personen selbst nicht, und die Voraussetzung einer einstweiligen Verfügung wird nicht gegeben sein, weil Vollstreckungsobjekte selbst nicht Streitgegenstand sind, und die einstweilige Verfügung im allgemeinen nicht zur Sicherung der Zwangsvollstreckung für eine Geldforderung verwendet werden kann.

Allerdings hat der Gläubiger unter Umständen gemäß §§ 813 ff. BGB. das Recht auf Schadensersatz gegen diese Personen; in der Mehrzahl der Fälle wird er aber dadurch tatsächlich nichts erreichen.

Gegen Mißbrauch schützt nunmehr in gewissem Umfang die Bundesratsbekanntmachung vom 14. Januar 1915 (s. oben Ziff. 22a).

Es kann eine Schädigung auch in anderen Beziehungen eintreten.

Nach § 10 Ziff. 4 des Gesetzes über die Zwangsversteigerung und Zwangsverwaltung haftet das Grundstück für die Zinsen aus den letzten zwei Jahren.

Soweit die Hypothekurkunde vollstreckbar ist, kann der Gläubiger allerdings das Zwangsvollstreckungsverfahren einleiten (s. unten II Ziff. 4).

Soweit aber die Hypothekurkunde nicht vollstreckbar ist, kann der Gläubiger, da er während der Kriegsteilnehmereigenschaft kein Urteil gegen den Schuldner erwirken kann, soweit nicht etwa für die Zinsen aus der Hypothek eine besondere Nebenhypothek bestellt ist, den Ablauf der zweijährigen Frist und damit den Verlust des Rechtes nach § 10 Ziff. 4 ZwVG. nicht abwenden, nachdem es sich hier weder um eine Ausschlußfrist noch um eine Verjährungsfrist handelt, welche durch den Kriegszustand gehemmt wären.

26. Wie schon in Ziff. 18 hervorgehoben wurde, hat die Verhinderung anderer Personen als der Parteien durch Kriegsteilnehmereigenschaft auf den Prozeß keinen Einfluß.

Auch Personen, welche Kriegsteilnehmer sind, können nach § 378 ZPO. als Zeugen geladen werden.

Es kann auch ihre Vernehmung nach § 375 ZPO. durch einen beauftragten oder ersuchten Richter erfolgen.

Befindet sich der Zeuge als Kriegsteilnehmer im feindlichen Ausland, so ist seine Vernehmung im Wege der Rechtshilfe nach §§ 362, 363 ZPO. unmöglich, sofern nicht im feindlichen Land deutsche Verwaltung bereits eingerichtet ist.

Ist die Vernehmung des Zeugen hiernach nicht ausführbar, so kann nach § 356 ZPO. der beweispflichtigen Partei eine Ausschlußfrist bestimmt werden, welche allerdings zwecks Abwendung unverschuldeter Schädigung reichlich zu bemessen sein wird.

Die Aussetzung des Verfahrens kann jedoch wegen der Kriegsteilnehmereigenschaft eines Zeugen nicht angeordnet werden.

Es kann deshalb auch nicht etwa eine Frist bestimmt werden, welche einer Aussetzung gleich kommen würde, also z. B. eine Frist bis zu einer bestimmten Zeit nach Beendigung des Krieges.

Die bevorstehende Einrückung eines Zeugen zum Kriegsdienste und die Möglichkeit seines Falles im Kriege können nach § 485 ZPO. zur Sicherung des Beweises führen.

27. Das Verfahren auf Grund der eingetretenen Unterbrechung richtet sich nach den allgemeinen Bestimmungen in §§ 239 ff. ZPO.

In denjenigen Fällen, in welchen nach § 2 des Gesetzes das Verfahren kraft Gesetzes unterbrochen ist, können sich immerhin Zweifelsfälle darüber ergeben, ob eine Partei zu den Kriegsteilnehmern im Sinne dieser Bestimmung gehört.

Hierüber muß das Gericht im Streitfalle durch Beschluß entscheiden, in welchem festgestellt wird, ob das Verfahren als unterbrochen zu erachten sei.

In dem Falle des § 3 Abs. 1 Ziff. 2 und Abs. 2 des Gesetzes tritt, wenn ein Kriegsteilnehmer durch einen Prozeßbevollmächtigten oder einen anderen zur Wahrnehmung seiner Rechte berufenen Vertreter vertreten ist, wie oben ausgeführt, eine Unterbrechung des Verfahrens an sich nicht ein, es kann jedoch auf Antrag des Vertreters die Aussetzung des Verfahrens angeordnet werden.

Dieses Gesuch kann nach § 248 ZPO. auch zu Protokoll des Gerichtsschreibers gestellt werden.

Auch hierüber hat das Gericht durch Beschluß zu befinden.

Gegen alle Entscheidungen des Prozeßgerichts, durch welche der Eintritt der kraft Gesetzes eintretenden Unterbrechung festgestellt oder verneint oder eine beantragte Aussetzung bewilligt oder abgelehnt wird, steht gemäß § 252 ZPO. das Rechtsmittel der Beschwerde zu.

Für den Gegner des Kriegsteilnehmers ist die Beschwerde die einfache Beschwerde, wenn die Unterbrechung des Verfahrens festgestellt oder die Aussetzung angeordnet wird; dem Kriegsteilnehmer steht, wenn die Unterbrechung des Verfahrens verneint oder die beantragte Aussetzung abgelehnt wird, die sofortige Beschwerde zu.

Soweit es sich um eine Entscheidung des Oberlandesgerichts handelt, ist natürlich die Beschwerde gemäß § 567 ZPO. überhaupt nicht zulässig.

28. Die Unterbrechung des Verfahrens beginnt, wie schon Eingangs erwähnt, während des Kriegszustandes von dem Zeitpunkt an, in welchem eine Partei oder der gesetzliche Vertreter einer natürlichen Person unter den in Ziff. 1—6 schon erörterten Voraussetzungen in das Kriegsteilnehmerverhältnis nach § 2 des Gesetzes tritt.

In einem Rechtsstreit, welcher bei Inkrafttreten des Gesetzes bereits anhängig war, tritt also die Unterbrechung mit dem Zeitpunkt ein, in welchem eine Partei oder der gesetzliche Vertreter einer natürlichen Person Kriegsteilnehmer ist oder wird; in den Rechtsstreitigkeiten, welche erst nach Inkrafttreten des Gesetzes anhängig werden, tritt die Unterbrechung mit der Rechtshängigkeit sofort ein, wenn eine Partei oder der gesetzliche Vertreter in diesem Zeitpunkt bereits Kriegsteilnehmer ist, andernfalls mit dem Zeitpunkt des Eintritts in das Kriegsteilnehmerverhältnis.

29. Die Unterbrechung des Verfahrens endigt mit der nachträglichen Bestellung eines Prozeßbevollmächtigten oder eines anderen zur Wahrnehmung der Rechte des Kriegsteilnehmers berufenen Vertreters.

Doch wurde schon oben hervorgehoben, daß auch in diesem Falle auf Antrag des Bevollmächtigten oder Vertreters sofort wieder die Aussetzung angeordnet werden kann (s. Ziff. 22).

30. Die Unterbrechung des Verfahrens oder die Aussetzung des Verfahrens, welche auf Antrag des Prozeßbevollmächtigten oder anderen Vertreters eines Kriegsteilnehmers angeordnet wurde, hört nach § 4 Ziff. 1 des Gesetzes im normalen Fall mit der Beendigung des Kriegszustandes auf, wobei, wie schon Eingangs erörtert, der Zeitpunkt, mit welchem der Kriegszustand als beendigt anzusehen ist, nach § 11 des Gesetzes durch kaiserliche Verordnung bestimmt wird.

Ist diese kaiserliche Verordnung seinerzeit ergangen, so kann jede Partei nach § 250 ZPO. das Verfahren durch Zustellung eines Schriftsatzes, im amtsgerichtlichen Verfahren durch Antrag auf neue Terminsbestimmung wieder aufnehmen.

Die Unterbrechung des Verfahrens oder die Aussetzung des Verfahrens, welche auf Antrag des Prozeßbevollmächtigten oder anderen Vertreters eines Kriegsteilnehmers angeordnet wurde, hört aber auch abgesehen von der Beendigung des Kriegszustandes dann auf, wenn der Kriegsteilnehmer oder im Falle der Vertretung einer natürlichen Person dessen gesetzlicher Vertreter aus dem Kriegsteilnehmerverhältnis nach § 2 des Gesetzes tritt.

Wann dies der Fall ist, wurde bereits oben in Ziff. 7 dargelegt.

Für diese Fälle ist nun nach § 4 Abs. 2 des Gesetzes ein besonderes Verfahren vorgeschrieben, um die Aufnahme desselben für die Gegenpartei zu ermöglichen.

Das Verfahren ist dem des § 239 ZPO. nachgebildet.

Wenn nämlich die Aufnahme des Rechtsstreits durch den Kriegsteilnehmer nicht bis zum Ablauf eines Monats seit der Beendigung des Kriegsteilnehmerverhältnisses erfolgt, so kann der Kriegsteilnehmer zur Aufnahme des Rechtsstreites und zugleich zur Verhandlung der Hauptsache geladen werden; im amtsgerichtlichen Verfahren erfolgt die Ladung selbstverständlich wie alle Ladungen von Amts wegen, nachdem Termin zur Verhandlung auf Antrag der Gegenpartei bestimmt ist.

Erscheint der Kriegsteilnehmer im Termin nicht, bzw. ist er im Termin im Anwaltsprozeß nicht anwaltschaftlich vertreten, so ist auf Antrag die Beendigung des Kriegsteilnehmerverhältnisses als zugestanden anzunehmen und zur Hauptsache zu verhandeln.

Daraus ergibt sich zunächst, daß im Schriftsatz, in welchem die Aufnahme des Rechtsstreites beantragt wird, die Behauptung enthalten sein muß, daß das Kriegsteilnehmerverhältnis seit mehr als einem Monat beendigt sei.

Das Gesetz schreibt aber ausdrücklich vor, daß der Gegner der Kriegsteilnehmerpartei glaubhaft zu machen habe, daß seit mehr als einem Monat das Kriegsteilnehmerverhältnis gelöst sei.

Diese Glaubhaftmachung, welche nach § 294 ZPO. durch alle Beweismittel mit Ausnahme der Eideszuschiebung, insbesondere also durch amtliche

Bestätigung erbracht werden kann, ist deshalb notwendig, weil durch die Unterbrechung oder Aussetzung des Verfahrens die Kriegsteilnehmereigenschaft feststeht, und nunmehr der den Rechtsstreit aufnehmenden Gegenpartei der Gegenbeweis obliegt, daß das Kriegsteilnehmerverhältnis wieder beendigt sei.

Erbringt der Gegner die Glaubhaftmachung, so ist die Beendigung des Kriegsteilnehmerverhältnisses als zugestanden anzunehmen und zur Hauptsache zu verhandeln, d. h. es ergeht gegen den ausgebliebenen Kriegsteilnehmer Versäumnisurteil zur Hauptsache, gegen welches derselbe, wenn er die Beendigung des Kriegsteilnehmerverhältnisses bestreitet, wie auch natürlich in der Sache selbst Einspruch einlegen kann.

Da das Gesetz jedoch nur zum Schutze des Kriegsteilnehmers geschaffen ist, die Unterbrechung des Verfahrens also demselben nicht wider seinen Willen aufgenötigt werden soll, kann der Kriegsteilnehmer nach § 4 Ziff. 2 des Gesetzes auch vor dem Zeitpunkt der Beendigung des Kriegszustandes jederzeit das Verfahren durch Zustellung eines Schriftsatzes, im amtsgerichtlichen Verfahren durch Antrag auf Terminsbestimmung aufnehmen.

Durch die bereits in Ziff. 22a erwähnte Verordnung des Bundesrats vom 14. Januar 1915 kann nun aber die Aussetzung des Verfahrens in vermögensrechtlichen Streitigkeiten abgelehnt werden, wenn die Aussetzung nach den Umständen des Falles offenbar unbillig ist.

Für die Fälle, in denen zur Zeit des Inkrafttretens dieser Verordnung wegen der bereits vorher eingetretenen Rechtshängigkeit das Verfahren jedoch auf Grund des Kriegsschutzgesetzes bereits unterbrochen oder ausgesetzt war, kann nach dieser Verordnung der Gegner des Kriegsteilnehmers denselben zur Aufnahme des Verfahrens und zugleich zur Verhandlung über die Hauptsache laden.

Die Ladung muß erfolgen zu Handen des Vertreters; wenn also nicht ohnehin bereits vom Kriegsteilnehmer selbst ein Vertreter bestellt war, muß nach der genannten Verordnung ein Vertreter vom Vorsitzenden bestellt werden.

Da aber die Unterbrechung oder Aussetzung des Verfahrens bloß dann nicht stattfinden soll, wenn dieselbe nach den Umständen des Verfahrens offenbar unbillig ist, ist der Kriegsteilnehmer zur Aufnahme des Verfahrens auch nur unter dieser Voraussetzung verpflichtet.

Die tatsächlichen Erklärungen, die diese Verpflichtung begründen, sind in dem Ladungsschriftsatz mitzuteilen.

Erscheint in dem Termin für den Kriegsteilnehmer niemand, so sind diese Behauptungen als zugestanden anzunehmen.

Soweit sie die Verpflichtung des Kriegsteilnehmers zur Aufnahme des Rechtsstreites begründen, gilt das Verfahren als aufgenommen und ist zur Hauptsache zu verhandeln, d. h. es ergeht gegen den ausgebliebenen Kriegsteilnehmer Versäumnisurteil zur Hauptsache, gegen welches derselbe natürlich Einspruch einlegen kann.

Der Einspruch kann sowohl mit der Behauptung begründet werden, daß die Voraussetzungen der Verpflichtung zur Aufnahme des Prozesses nicht vorliegen, und derselbe weiter auszusetzen sei, als selbstverständlich auch wegen sachlicher Einwendungen.

Wird auf Antrag der Gegenpartei des Kriegsteilnehmers das Verfahren nach diesen Bestimmungen wieder aufgenommen, so hören nach § 4 des Gesetzes die Wirkungen der Unterbrechung und Aussetzung des Verfahrens auch in diesem Falle auf.

Die Beendigung der Unterbrechung kann aber auch nach den allgemeinen Bestimmungen der Zivilprozeßordnung eintreten.

Sie tritt insbesondere dann ein, wenn die durch einen Kriegsteilnehmer vertretene prozeßunfähige Person in der Zwischenzeit die Prozeßfähigkeit, also insbesondere durch Erreichung der Volljährigkeit erlangt.

Die Beendigung der Unterbrechung tritt aber auch ein, wenn der gesetzliche Vertreter einer natürlichen Person in dem in Ziff. 9 schon erörterten Sinn oder der Kriegsteilnehmer, welcher selbst Partei ist, im Kriege fällt.

Fällt der gesetzliche Vertreter der prozeßunfähigen Partei, so wird zunächst allerdings das Verfahren nach § 241 ZPO. neuerdings unterbrochen, bis der neue gesetzliche Vertreter von seiner Bestellung dem Gerichte Mitteilung macht.

Wie es zu halten ist, wenn die Anzeige der Bestellung verzögert wird, wurde schon erörtert (s. A Ziff. 5).

Fällt der Kriegsteilnehmer, welcher selbst Partei ist, so tritt ebenfalls gemäß § 239 ZPO. zunächst eine neue Unterbrechung des Verfahrens ein.

Eine Unterbrechung tritt in diesem Falle zunächst auch dann ein, wenn für den Kriegsteilnehmer als gesetzlichen Vertreter oder für den Kriegsteilnehmer als Partei selbst von der Unterbrechung des Verfahrens kein Gebrauch gemacht worden war, sondern der Prozeßbevollmächtigte das Verfahren fortgesetzt hatte, aber nunmehr die Aussetzung beantragt, wozu im Falle des Todes der Partei auch der Gegner berechtigt ist (ZPO. § 246).

Wird aber die Aufnahme verzögert, so können die Rechtsnachfolger nach dieser gesetzlichen Bestimmung geladen werden.

Gemäß § 243 ZPO. kann in diesem Falle auch der Nachlaßpfleger oder Testamentsvollstrecker geladen werden.

31. In den Fällen, in welchen nach dem Gesetz die Unterbrechung des Verfahrens gegen einen Kriegsteilnehmer oder die Aussetzung des Verfahrens eintritt, bestimmt sich die Wirkung derselben nach den Bestimmungen der Zivilprozeßordnung.

Nach § 249 daselbst hat die Unterbrechung oder Aussetzung die Wirkung, daß der Lauf jeder Frist, sowohl der gesetzlichen Fristen einschließlich der Notfristen als der richterlichen Fristen aufhört, und nach Beendigung der Unterbrechung die volle Frist von neuem zu laufen beginnt, sowie daß die während der Unterbrechung oder Aussetzung von einer Partei vorgenommenen Prozeßhandlungen, soweit sie sich nicht auf die Geltendmachung der Unterbrechung oder Aussetzung selbst beziehen, der anderen Partei gegenüber ohne rechtliche Wirkung sind, wobei aber, wenn die Unterbrechung erst nach dem Schluß der mündlichen Verhandlung erfolgt, die Verkündung einer auf Grund dieser Verhandlung zu erlassenden Entscheidung nicht gehindert wird.

Jedoch braucht man den Begriff der Aussetzung nicht derartig zu überspannen, daß man selbst einen Vertagungsantrag des Kriegsteilnehmers für unzulässig erachtet.

Nachdem derselbe ohnehin jederzeit das Verfahren aufnehmen kann und sich auf die Aussetzung nicht zu berufen braucht (s. oben Ziff. 19), besteht kein Grund, statt der Aussetzung auf Antrag des Kriegsteilnehmers nicht das geringere Mittel der Vertagung zu wählen.

Selbstverständlich kann aber der Kriegsteilnehmer wegen dieser seiner Eigenschaft nicht Abweisung der Klage beantragen.

Zu bemerken ist ferner, daß während der Aussetzung des Verfahrens auch einstweilige Verfügungen in bezug auf den Streitgegenstand nach §§ 935 ff. ZPO. nicht zulässig sind, soweit nicht dem Kriegsteilnehmer ein besonderer Prozeßvertreter bestellt wird (s. oben Ziff. 22 a).

Zu bemerken ist, daß Handlungen des Gerichts, welche trotz der Unterbrechung vorgenommen werden, nicht schlechthin nichtig, sondern nur anfechtbar sind, ebenso daß Entscheidungen, welche während der Unterbrechung oder Aussetzung des Verfahrens nicht mehr hätten ergehen können, mit den zulässigen Rechtsmitteln oder sonstigen Rechtsbehelfen angefochten werden müssen, wobei aber wiederum zu bemerken ist, daß die Notfristen selbst während der Unterbrechung oder Aussetzung nicht laufen.

32. In allen Fällen, in welchen das Verfahren wieder aufgenommen werden will, erfolgt die Aufnahme gemäß § 250 ZPO. durch Zustellung eines Schriftsatzes, im amtsgerichtlichen Verfahren durch Antrag auf Bestimmung eines Termins zur mündlichen Verhandlung, welcher von Amts wegen zuzustellen ist.

Bezüglich der besonderen Fragen, wie hiebei zu verfahren ist, je nach der Prozeßlage, in welcher die Unterbrechung oder Aussetzung des Verfahrens eingetreten ist, wird auf die Bemerkungen der Kommentare zu § 239 ZPO. verwiesen.

33. Ob ein im Ausland anhängiges Verfahren gegen Kriegsteilnehmer unterbrochen wird, richtet sich natürlich zunächst nach den ausländischen Gesetzen.

Treffen jedoch auf die im Ausland verklagte deutsche Partei die Merkmale der Kriegsteilnehmereigenschaft nach den Vorschriften des Kriegsschutzgesetzes zu, so ist die Anerkennung eines im Ausland ergehenden Urteils gemäß § 328 Ziff. 4 ZPO. und Art. 30 EG. BGB. ausgeschlossen, nachdem das Kriegsschutzgesetz den absoluten Schutz für die Kriegsteilnehmer schaffen will.

Aus einem solchen Urteil kann deshalb gemäß §§ 722, 723 ZPO. auch nicht auf Vollstreckung geklagt werden.

Anders wäre es nur, wenn sich der Kriegsteilnehmer auf das ausländische Verfahren eingelassen oder dasselbe selbst aufgenommen haben sollte.

34. Die besonderen Folgen, welche sich an den Fall eines Kriegsteilnehmers knüpfen, bieten nichts Besonderes.

Nach § 471 ZPO. z. B. können, wenn der Kriegsteilnehmer schwurpflichtig war, die Parteien in Ansehung der Beweisführung alle Rechte wie vor Zuschiebung des Eides ausüben; in Ehesachen wird durch den Fall des Kriegsteilnehmers nach § 628 ZPO. die Hauptsache erledigt usw.

II.

Außer der Unterbrechung des Verfahrens durch die Kriegsteilnehmereigenschaft einer Partei ist aber dem Kriegsteilnehmer durch das Gesetz noch ein besonderer Vollstreckungsschutz gewährt.

Nach § 5 Abs. 1 des Gesetzes unterliegt nämlich die Zwangsvollstreckung gegen den Kriegsteilnehmer wegen privat- und öffentlich-rechtlicher Geldforderungen folgenden besonderen Beschränkungen:

1. die Versteigerung und die anderweitige Verwertung beweglicher körperlicher Sachen ist unzulässig.

   Die Vollstreckungsbehörde kann jedoch auf Antrag oder von Amts wegen anordnen, daß eine verbrauchbare Sache oder eine Sache, die der Gefahr einer beträchtlichen Wertsverringerung ausgesetzt ist oder deren Aufbewahrung unverhältnismäßige Kosten verursachen würde, versteigert und der Erlös hinterlegt oder zur Befriedigung des Gläubigers an diesen abgeführt werde.

Die Ablieferung von gepfändetem Gelde an den Gläubiger ist jedoch zulässig.

2. Die Versteigerung von Gegenständen, welche der Zwangsvollstreckung in das unbewegliche Vermögen unterliegen, ist unzulässig.

Hiezu ist folgendes zu bemerken:

1. Eine Vollstreckung gegen einen Kriegsteilnehmer kann überhaupt nur in Frage kommen, wenn bereits vor Beginn der Kriegsteilnehmereigenschaft ein Vollstreckungstitel vorliegt, oder wenn der Kriegsteilnehmer sich in einem gegen ihn schwebenden Verfahren auf die Unterbrechung des Verfahrens nicht berufen hat, oder wenn dem Kriegsteilnehmer ein besonderer Prozeßvertreter bestellt ist (s. oben Ziff. 22a).

Ein Arrest vor der Einrückung des Kriegsteilnehmers kann insbesondere gerade mit Rücksicht auf die dadurch eintretende Gefährdung des Gläubigers veranlaßt sein.

Arreste und einweilige Verfügungen, welche vor der Unterbrechung des Verfahrens erlassen worden sind, können also vollstreckt werden, insbesondere auch durch Pfändung einer Forderung durch das Arrestgericht als Vollstreckungsgericht nach § 930 Abs. 1 Satz 3 ZPO.

Ein gegen einen Kriegsteilnehmer erwirkter persönlicher Sicherheitsarrest kann jedoch gemäß §§ 933, 904 Ziff. 2, 905 Ziff. 2 ZPO. gegen eine Militärperson, welche zu einem mobilen Truppenteil oder zur Besatzung eines in Dienst gestellten Kriegsfahrzeuges gehört, während dieser Zeit nicht vollzogen werden, bzw. der bereits begonnene Haftbefehlsvollzug muß unterbrochen werden.

Allerdings kann die Zustellung des Vollstreckungstitels Schwierigkeiten begegnen.

Dieselbe ist nach den oben zu I Ziff. 15 erörterten Vorschriften zu bewirken.

2. Die Beschränkungen der Vollstreckung gelten nur zugunsten derjenigen Personen, welche im Sinne des Gesetzes als Kriegsteilnehmer zu erachten sind (§ 9 des Gesetzes).

Sie gelten natürlich auch nur für die Zeit, in welcher das Kriegsteilnehmerverhältnis nach den früher schon erörterten Grundsätzen dauert.

Nach der Fassung des Gesetzes gilt die Beschränkung auch nur, wenn sich die Vollstreckung gegen den Kriegsteilnehmer selbst richtet.

Die Beschränkung der Vollstreckung tritt also nicht ein, wenn es sich nur um eine durch den Kriegsteilnehmer vertretene Person handelt.

Die Beschränkung tritt ferner nicht ein, wenn Schuldner eine juristische Person oder eine offene Handelsgesellschaft oder Kommanditgesellschaft ist; denn diese Personenvereinigungen sind selbst nicht Kriegsteilnehmer.

Dagegen würde die Beschränkung der Vollstreckung eintreten, wenn auf Grund eines Urteils gegen persönlich haftende Gesellschafter in der Richtung gegen einen Kriegsteilnehmer persönlich vollstreckt werden würde.

Auch in denjenigen Fällen, in welchen eine Person Kraft ihres Amtes Partei ist, also als Konkursverwalter, Testamentsvollstrecker, Zwangsverwalter usw., werden die Beschränkungen nicht gelten.

Denn geschützt soll durch die Beschränkung der Zwangsvollstreckung lediglich der Kriegsteilnehmer selbst werden, nicht also der Kriegsteilnehmer, welcher nur Verwalter fremden Vermögens ist.

Dagegen ist in diesen Fällen, wenn der Verpflichtete selbst, also der Gemeinschuldner, der Erbe, der Schuldner, Kriegsteilnehmer sind, die Versteigerung unzulässig.

Bei mehreren Vollstreckungsschuldnern gilt die Beschränkung für den Kriegsteilnehmer; bei Versteigerungen oder Verwertung von gemeinschaftlichen Sachen kann deshalb auch in das Vermögen desjenigen Schuldners, welcher nicht Kriegsteilnehmer ist, die Vollstreckung nur mit den gesetzlichen Beschränkungen stattfinden.

Wie es in diesem Falle zu halten ist, wenn es sich um die Versteigerung einer zu einem ehelichen Gesamtgut gehörenden Sache handelt, wird in Ziff. 11 erörtert werden.

3. Die Zwangsvollstreckung gegen den Kriegsteilnehmer ist jedoch nicht unzulässig.

Es können also, wie schon in Ziff. 1 bemerkt, vor der Unterbrechung des Verfahrens erlassene Arreste und einstweilige Verfügungen vollstreckt werden.

Dabei ist zu bemerken, daß die Zustellung des Arrestbefehls oder der einstweiligen Verfügung nach § 929 Abs. 3 ZPO. nicht zum Erkenntnisverfahren, sondern zur Vollstreckung gehört.

Ist also der Arrestbefehl vor Unterbrechung des Verfahrens ergangen, oder konnte im Falle der Anordnung durch Urteil dessen Verkündung auf Grund einer vorher stattgefundenen mündlichen Verhandlung erfolgen (ZPO. § 249 Abs. 3), so kann die Zustellung und Vollstreckung auch nach Eintritt der Kriegsteilnehmereigenschaft erfolgen.

Denn das Erkenntnisverfahren schließt mit der Erlassung des Arrestbefehles oder der einstweiligen Verfügung ab; das weitere ist Vollstreckung, wobei nur die Besonderheit besteht, daß beim Arrest oder der einstweiligen Verfügung die Vollstreckung schon vor der Zustellung des Schuldtitels zulässig ist (a. M. Stein, JW. 1914 S. 806; sowie Landgericht Allenstein, ebenda S. 989).

Auch Arreste und einstweilige Verfügungen, welche während der Kriegsteilnehmereigenschaft mit Rücksicht auf die Bestellung eines besonderen Prozeßvertreters erlassen wurden (s. oben Ziff. 22a), können natürlich vollstreckt werden.

Die Vollstreckung selbst unterliegt nur den oben genannten Beschränkungen.

Es ist also zunächst nur die Zwangsvollstreckung wegen Geldforderungen beschränkt, sei es nun, daß es sich um privatrechtliche Forderungen oder um öffentlich-rechtliche Forderungen, wie Steuern, Umlagen usw. handelt.

Auch innerhalb dieser allgemeinen Beschränkung ist nur die Versteigerung von beweglichen oder unbeweglichen Gegenständen während des Kriegsteilnehmerverhältnisses unzulässig, d. h. es soll der Gläubiger ähnlich wie im Falle des Arrestes zunächst nur Sicherheit, nicht aber Befriedigung erhalten.

Zwangsvollstreckungen zur Erwirkung der Herausgabe von Sachen und zur Erwirkung von Handlungen und Unterlassungen können also unbeschränkt vorgenommen werden.

Ist also vor Unterbrechung des Verfahrens gegen den Kriegsteilnehmer ein Urteil auf Räumung einer Wohnung ergangen, so kann dasselbe gemäß § 885 ZPO. vollzogen werden.

Auch soweit Vollstreckung auf Geldforderung in Frage steht, ist aber nur die Versteigerung unzulässig, oder die derselben gleichgestellte anderweitige Verwertung, welche nach § 825 ZPO. vom Vollstreckungsgericht angeordnet werden kann.

Während also bei Personen, welche nicht Kriegsteilnehmer sind, während des Kriegszustandes nach den früher schon erörterten Bestimmungen die Versteigerung zulässig ist, aber nur dann, wenn das gesetzliche Mindestgebot erreicht wird, ist sie gegen Kriegsteilnehmer überhaupt unzulässig (s. II. Abschnitt Ziff. 3).

Bei verbrauchbaren Sachen im Sinne von § 92 BGB. oder bei einer beträchtlichen Wertsverringerung ausgesetzten oder mit unverhältnismäßigen Kosten aufzubewahrenden Sachen kann jedoch das Vollstreckungsgericht (bei öffentlich-rechtlichen Geldforderungen die zuständige Verwaltungsbehörde) auf Antrag sowohl des Gläubigers als des Kriegsteilnehmers oder von Amts wegen die Versteigerung anordnen.

Die weitere Bestimmung, daß im Falle der Versteigerung einer solchen Sache das Vollstreckungsgericht die Hinterlegung des Erlöses oder die Hinausgabe desselben an den Gläubiger anordnen kann, hat eigentlich keinen ersichtlichen Zweck.

Denn da im allgemeinen das Gesetz nur einen Schutz des Kriegsteilnehmers gegen vorzeitige Versteigerung bezweckt, der bei Aufhören des Kriegsteilnehmerverhältnisses vielleicht Zahlung leisten kann, und da die Pfändung von Bargeld und Ablieferung an den Gläubiger überhaupt nicht beschränkt ist, ist nicht ersichtlich, warum, wenn schon eine Versteigerung stattfindet, das Vollstreckungsgericht statt der Abführung des Erlöses an den Gläubiger die Hinterlegung desselben anordnen kann.

Hat entgegen den Bestimmungen des Gesetzes die Versteigerung beweglicher Sachen doch stattgefunden, so ist dieselbe aber nicht etwa nichtig in dem Sinne, daß durch den Zuschlag das Eigentum nicht übergehen würde.

Die Versteigerung bleibt vielmehr wirksam.

Es wird in dieser Beziehung auf die Ausführungen bezüglich der Versteigerung von beweglichen Sachen unter dem Mindestgebot II. Teil II. Abschnitt Ziff. 3 Bezug genommen.

Die allgemeinen Vollstreckungsprivilegien gelten natürlich auch für den Kriegsteilnehmer (s. II. Abschnitt Ziff. 6).

Es können also die nach § 811 ZPO. unpfändbaren beweglichen Gegenstände auch gegen den Kriegsteilnehmer nicht gepfändet werden.

Andererseits kann aber gemäß § 808 ZPO. mit Rücksicht auf die Abwesenheit des Kriegsteilnehmers zur Sicherung des Gläubigers die Einschaffung der Pfandstücke veranlaßt sein.

4. Bezüglich unbeweglicher Gegenstände ist lediglich die Einschränkung getroffen, daß die Versteigerung während des Kriegsteilnehmerverhältnisses nicht stattfinden darf.

Die Anordnung der Zwangsversteigerung ist also zulässig.

Bezüglich der Einstellung der Zwangsversteigerung selbst wird zunächst auf die Ausführungen im I. Teil VII. Abschnitt A Ziff. 23 über die Einstellung der Zwangsversteigerung in unbewegliches Vermögen bei Bewilligung einer Zahlungsfrist Bezug genommen.

Es kann also kein Versteigerungstermin bestimmt werden, ein bereits bestimmter ist abzusetzen.

Ist im Versteigerungstermin ein Gebot bereits abgegeben, so erlischt dasselbe.

Ist die Versteigerung schon geschlossen, so kann der Zuschlag gleichwohl nicht erteilt werden.

Wird der Zuschlag trotzdem erteilt, so kann derselbe mit der sofortigen Beschwerde angefochten werden.

Ist der Zuschlag aber rechtskräftig, so tritt eine Unterbrechung des Verteilungsverfahrens hier nicht ein, da die Einstellung der Zwangsvollstreckung überhaupt durch die Bestimmung in § 5 des Gesetzes nicht vorgeschrieben ist, sondern nur der Zwangsversteigerung selbst, und diese durch die Unterlassung des Verteilungsverfahrens doch nicht mehr rückgängig gemacht werden könnte.

Zwangsverwaltung in unbewegliches Vermögen und Eintragung einer Sicherheitshypothek ist ohne Beschränkung zulässig.

Allerdings kann die Anordnung der Zwangsversteigerung und Zwangsverwaltung insofern Schwierigkeiten unterliegen, als der Beschluß über die Anordnung selbst nach §§ 4 und 8 ZwVG. weder durch Aufgabe zur Post noch an einen vom Gericht aufzustellenden Zustellungsbevollmächtigten erfolgen kann.

Die Zustellung muß also nach den allgemeinen Bestimmungen möglicherweise öffentlich erfolgen (s. oben I Ziff. 15).

5. Da die Voraussetzungen der Zulässigkeit der Zwangsvollstreckung und die Vorschriften über den Vollzug derselben jederzeit von Amts wegen beachtet werden müssen, haben in diesem Falle ausnahmsweise der Gerichtsvollzieher und der Versteigerungsbeamte beim Zwangsversteigerungsverfahren in unbewegliche Gegenstände sich vor der Vornahme der Versteigerung darüber zu vergewissern, daß der Schuldner nicht Kriegsteilnehmer ist.

Andernfalls kann sich der Beamte nach § 839 BGB. schadensersatzpflichtig machen.

Auch der Gläubiger selbst, welcher die Versteigerung vornehmen läßt, kann nach § 823 BGB. schadensersatzpflichtig sein, weil es sich hier um den Verstoß gegen ein den Schutz des Schuldners bezweckendes Gesetz handelt.

Auch wenn der Kriegsteilnehmer mit der Versteigerung einverstanden ist, kann dieselbe nicht erfolgen, da eine Bestimmung, wie die über die Zulässigkeit der Aufnahme des unterbrochenen Rechtsstreites durch den Kriegsteilnehmer für die Versteigerung fehlt.

6. Die Beschränkungen der Versteigerung im Wege der Zwangsvollstreckung gelten auch für den Fall, daß bewegliche körperliche oder unbewegliche Gegenstände des Schuldners während seiner Kriegsteilnehmereigenschaft versteigert werden sollen, wenn es sich um die Versteigerung während eines Konkursverfahrens handelt.

Denn wenn auch hier die Versteigerung in der Richtung gegen den Konkursverwalter betrieben wird, handelt es sich doch um eine Versteigerung gegen den Schuldner.

7. Abgesehen von diesen Beschränkungen durch Unzulässigkeit der Versteigerung beweglicher körperlicher oder unbeweglicher Gegenstände ist jedoch die Zwangsvollstreckung gegen Kriegsteilnehmer nicht beschränkt, vorbehaltlich selbstverständlich der allgemeinen Pfändungsbeschränkungen, welche nach §§ 850 ff. ZPO. und auf Grund besonderer gesetzlicher Vorschriften die Pfändung von Forderungen oder sonstigen Ansprüchen ausschließen.

Es sind also insbesondere alle Vollstreckungsmaßregeln in unkörperliche Gegenstände des beweglichen Vermögens, in Forderungen, Gesellschaftsanteile, Patent- und sonstige Rechte unbeschränkt zulässig; auch die Überweisung und Verwertung dieser gepfändeten Forderungen und Rechte ist in keiner Weise beschränkt.

Es kann auch nicht etwa § 247 ZPO. angewendet und das Vollstreckungsverfahren als unterbrochen angesehen werden.

Denn auf das Vollstreckungsverfahren beziehen sich die Vorschriften der Zivilprozeßordnung über die Unterbrechung und Aussetzung des Verfahrens überhaupt nicht (Gaupp-Stein a. a. O. Vorbem. III vor § 239; Vorbem. VI vor § 704).

Zu beachten ist jedoch § 792 ZPO., wonach gegen eine dem aktiven Heere oder der aktiven Marine angehörende Militärperson die Zwangsvollstreckung erst beginnen darf, nachdem von derselben die vorgesetzte Militärbehörde Anzeige erhalten hat.

Wenn die Einhaltung dieser Vorschrift auch von Amts wegen zu prüfen ist, so darf dieselbe jedoch keinesfalls dazu führen, daß der Gerichtsvollzieher oder das Vollstreckungsgericht in jedem Fall einer Vollstreckung den Nachweis nach § 752 ZPO. verlangen (ebenso Beschluß des Landgerichts München I, JW. 1914 S. 1044).

Denn wie früher schon ausgeführt, besteht keine Vermutung dafür, daß ein Vollstreckungsschuldner Kriegsteilnehmer sei.

Die Vollstreckungsorgane haben deshalb die beantragten Vollstreckungsmaßregeln zu vollziehen, der Gerichtsvollzieher hat insbesondere Pfändung vorzunehmen, das Vollstreckungsgericht hat die beantragte Forderungspfändung zu beschließen, Termin zur Leistung des Offenbarungseides anzusetzen, bei Nichterscheinen des Schuldners Haftbefehl zu erlassen, ohne den Nachweis fordern zu können, daß der Vollstreckungsschuldner nicht Kriegsteilnehmer sei, oder daß die vorgesetzte Militärbehörde verständigt sei.

Den Nachweis, daß der Schuldner nicht Kriegsteilnehmer sei, kann der Vollstreckungsbeamte oder das Vollstreckungsgericht schon deshalb nicht fordern, weil, wie eben schon erwähnt, die allgemeinen Bestimmungen über die Unterbrechung des Verfahrens sich auf das Vollstreckungsverfahren überhaupt nicht beziehen, und auch nach der Bestimmung in § 5 des Gesetzes die Vollstreckung gegen Kriegsteilnehmer an sich in keiner Weise eingeschränkt ist.

Es muß also zur Erzwingung der Leistung des Offenbarungseides auch Haftbefehl gegen den Kriegsteilnehmer erlassen werden.

Trotz der absoluten Fassung der Bestimmung in § 752 ZPO. wird anzunehmen sein, daß dieselbe nur im Interesse der Aufrechterhaltung der Ordnung in militärischen Dienstgebäuden gegeben ist, und daß deshalb die Unterlassung der vorherigen Anzeige die Pfändung nicht ungültig macht, ebenso wie es auch für die Zustellung der Klage nach § 172 ZPO. anzunehmen ist (JW. 1914 S. 908).

Die Vollstreckung gegen Kriegsteilnehmer kann gemäß § 790 ZPO. auch in Kasernen und anderen militärischen Dienstgebäuden oder auf Kriegsfahrzeugen erfolgen; sie kann, obwohl dieser Fall praktisch nicht durchführbar sein wird, gemäß § 791 ZPO. gegen den Kriegsteilnehmer selbst im Felde betrieben werden.

Auch die Verhaftung zum Zwecke der Erzwingung der Leistung des Offenbarungseides ist nach § 912 ZPO. an sich zulässig; nur darf dieselbe gemäß § 904 Ziff. 2 ZPO. nicht vollzogen werden, wenn der Kriegsteilnehmer zu einem mobilen Truppenteil oder zur Besatzung eines in Dienst gestellten Kriegsfahrzeuges gehört, und sie muß im Falle der Einberufung hiezu gemäß § 905 Ziff. 2 ZPO., wenn die Vollstreckung vorher schon begonnen wurde, unterbrochen werden.

8. Handelt es sich nicht um eine Versteigerung im Wege der Zwangsvollstreckung, so unterliegt der Verkauf überhaupt keiner Beschränkung.

Dies ist insbesondere der Fall, wenn ein Pfandgläubiger den Pfandverkauf nicht auf Grund eines Vollstreckungstitels, sondern ohne einen solchen nach den Vorschriften über den Pfandverkauf betreibt.

Denn auch die öffentliche Versteigerung nach § 1235 BGB. ist keine Versteigerung im Wege der Zwangsvollstreckung.

Aus diesem Grunde und da die Zwangsvollstreckung gegen den Kriegsteilnehmer an sich überhaupt zulässig ist, kann auch für den Kriegsteilnehmer die Bewilligung einer gerichtlichen Zahlungsfrist und die Erwirkung der Beseitigung der Rechtsverwirkung nach den schon im I. Teil VII. Abschnitt behandelten diesbezüglichen Bekanntmachungen des Bundesrates von Bedeutung sein.

Daß diese Wohltaten nicht auch den Kriegsteilnehmern bewilligt werden könnten, ist, wie schon im I. Teil VII. Abschnitt A Ziff. 2 und B Ziff. 13 ausgeführt wurde, eine durchaus unrichtige Meinung. Gerade weil das Kriegsschutzgesetz kein Moratorium im Rechtssinne schafft, wenn es auch wie ein solches wirkt, ist unter den allgemeinen Voraussetzungen besonders die Bewilligung der Zahlungsfrist und die Beseitigung der Rechtsverwirkung für den Kriegsteilnehmer von erheblicher Bedeutung, der andernfalls schlechter gestellt wäre als die übrige Bevölkerung.

Zu diesen allgemeinen Wohltaten kommen die besonderen Bestimmungen des Schutzgesetzes noch hinzu.

9. Wenn der Kriegsteilnehmer fällt, kommen bezüglich der Vollstreckung in seinen Nachlaß die allgemeinen Bestimmungen zur Anwendung, wonach insbesondere gemäß § 779 ZPO. eine Zwangsvollstreckung, welche zur Zeit seines Todes bereits begonnen hatte, in seinen Nachlaß fortgesetzt wird.

Dies hat insbesondere die Wirkung, daß eine während der Kriegsteilnehmereigenschaft nach § 5 des Gesetzes aufgeschobene Versteigerung beweglicher körperlicher oder unbeweglicher Gegenstände nunmehr fortgesetzt werden kann.

10. Die Bestimmung in § 5 Abs. 1 des Gesetzes, wonach die Zwangsvollstreckung der Beschränkung unterliegt, daß bewegliche körperliche Sachen und unbewegliche Sachen nicht versteigert werden dürfen, gilt jedoch nur zugunsten des Kriegsteilnehmers selbst, wie § 9 Abs. 1 des Gesetzes ausdrücklich bestimmt.

Während also die Unterbrechung eines Verfahrens auch zugunsten solcher natürlicher Personen wirkt, welche durch einen Kriegsteilnehmer vertreten sind, unterliegt die Zwangsvollstreckung in das Vermögen solcher Personen grundsätzlich keiner Beschränkung.

Da auch die allgemeinen Vorschriften der Zivilprozeßordnung über die Unterbrechung oder Aussetzung eines Verfahrens auf die Zwangsvollstreckung nicht anwendbar sind, wie schon mehrfach z. B. in Ziff. 7 erwähnt wurde, nimmt das Zwangsvollstreckungsverfahren auch gegen solche Personen, welche durch einen Kriegsteilnehmer gesetzlich vertreten sind, seinen Fortgang.

Soweit in solchen Fällen bei einem minderjährigen Kinde nicht gemäß §§ 1665, 1677, 1685 BGB. die elterliche Gewalt von der Mutter ausgeübt wird, oder soweit es sich um einen von einem Kriegsteilnehmer als Vormund gesetzlich vertretenen Volljährigen handelt, hat das Vormundschaftsgericht gemäß § 1909 BGB. dem durch den Kriegsteilnehmer Vertretenen, wenn es zu Wahrung seiner Rechte in der Vollstreckung erforderlich ist, einen Pfleger zu bestellen.

11. Wenn nun auch die Zwangsvollstreckung durch die Unzulässigkeit der Vollstreckung von körperlichen beweglichen und unbeweglichen Sachen nur in der Richtung gegen Kriegsteilnehmer selbst eingeschränkt sein soll, so hat das Gesetz in § 5 Abs. 2 doch weiter bestimmt, daß durch eine solche Versteigerung auch nicht mittelbar in die Vermögensrechte des Kriegsteilnehmers eingegriffen werden soll.

Es ist deshalb nach diesen gesetzlichen Bestimmungen die Beschränkung der Zwangsversteigerung auch dann gegeben, wenn es sich um die Zwangsvollstreckung in das Vermögen der Ehefrau oder der Kinder des Kriegsteilnehmers handelt, insoweit dadurch die Vermögensrechte berührt werden, die dem Ehemann auf Grund des ehelichen Güterrechts oder den Eltern auf Grund der elterlichen Gewalt zustehen.

Soweit also das Nutznießungsrecht des Ehemannes oder der Eltern in Betracht kommt, ist die Versteigerung unzulässig.

Die Zwangsversteigerung von Gegenständen, welche zum Vermögen der Ehefrau bei Gütertrennung oder zum Vorbehaltsgut derselben beim gesetzlichen Güterstand, sowie bei dem Güterstand der allgemeinen Gütergemeinschaft, der Errungenschaftsgemeinschaft und der Fahrnisgemeinschaft (BGB. §§ 1365, 1426, 1440, 1441, 1526, 1549), oder zum freien Vermögen der Kinder gehören (BGB. § 1650), unterliegt also keiner Beschränkung.

Die Bestimmung kann unter Umständen auch zugunsten der Mutter in Betracht kommen, sofern derselben die elterliche Gewalt und damit die Nutznießung an dem Vermögen der Kinder zusteht.

Denn auch die Mutter kann, wie bei der Erörterung des Begriffes des Kriegsteilnehmers (I. Ziff. 4) bereits erörtert wurde, nach § 2 Ziff. 1 des Gesetzes z. B. als Krankenpflegerin Kriegsteilnehmerin sein, wenn sie sich in dieser Eigenschaft nicht bloß freiwillig, sondern auf Grund eines förmlichen Dienstverhältnisses bei der mobilen bewaffneten Macht befindet.

Ist die Frau zur Zahlung verurteilt, so kann, auch wenn der Ehemann zur Duldung der Vollstreckung verurteilt ist, die Versteigerung von Gegenständen, welche beim gesetzlichen Güterstand zum eingebrachten Gut der Ehefrau gehören, nicht stattfinden, so lange der Ehemann Kriegsteilnehmer ist.

Ist der Mann zur Duldung der Vollstreckung nicht verpflichtet, weil ein Fall nach §§ 1412—1414 BGB. vorliegt, so kann eine Vollstreckung in das eingebrachte Gut der Ehefrau ja überhaupt nicht stattfinden.

Die gleiche Beschränkung der Versteigerung tritt ein, soweit es sich um die Zwangsvollstreckung in das Vermögen des Kindes handelt, welches der Nutznießung der Eltern unterliegt, obwohl nach § 1659 BGB. der Gläubiger des Kindes ohne Rücksicht auf die elterliche Nutznießung Befriedigung aus dem Vermögen des Kindes verlangen kann, und gemäß § 746 ZPO. deshalb auch zur Vollstreckung in das der elterlichen Nutznießung unterliegende Vermögen des Kindes ein gegen das Kind ergangenes Urteil genügend ist.

Denn wenn auch der Ehemann gegen die Zwangsvollstreckung in das eingebrachte Gut der Ehefrau bei Verurteilung zur Duldung, und wenn auch die Eltern gegen die Zwangsvollstreckung in das ihrer elterlichen Nutznießung unterliegende Vermögen des Kindes Widerspruch nicht erheben können, werden, soweit es sich nicht um Vorbehaltsgut der Ehefrau oder um freies Vermögen der Kinder handelt, ihre Vermögensrechte berührt.

Infolgedessen können in diesem Falle der Ehemann bzw. die Eltern als Kriegsteilnehmer nicht der Vollstreckung selbst, wohl aber der Versteigerung während der Kriegsteilnehmereigenschaft widersprechen.

Das gleiche ist der Fall, wenn beim Güterstand der Errungenschafts- oder Fahrnisgemeinschaft Gegenstände versteigert werden sollen, welche zum eingebrachten Gut der Frau gehören.

Denn da diese Gegenstände für Rechnung des Gesamtgutes in der Weise verwaltet werden, daß die Nutzungen zum Gesamtgute gehören (BGB. §§ 1520—1525, 1549, 1550), werden durch die Vollstreckung in das eingebrachte Gut der Ehefrau bei diesem Güterstand die Vermögensrechte des Mannes ebenfalls berührt.

Handelt es sich um die Versteigerung von Gegenständen, welche bei der allgemeinen Gütergemeinschaft, der Errungenschafts- und Fahrnisgemeinschaft zum Gesamtgut gehören (BGB. §§ 1438, 1443, 1519, 1549), so ist die Versteigerung, wie in Ziff. 2 hervorgehoben wurde, solange der Mann Kriegsteilnehmer ist, schon gemäß § 5 Abs. 1 des Gesetzes unzulässig, weil hier vermöge des Miteigentums des Mannes am Gesamtgut sich die Vollstreckung unmittelbar gegen sein eigenes Vermögen richtet.

III.

Der dem Kriegsteilnehmer gewährte Schutz erstreckt sich ferner auch auf das Konkursverfahren.

§ 6 des Gesetzes bestimmt folgendes:

„Die Eröffnung des Konkursverfahrens über das Vermögen der im § 2 bezeichneten Personen ist nur auf deren Antrag zulässig.

Ist das Konkursverfahren über das Vermögen einer solchen Person eröffnet, so kann das Konkursgericht auf den Antrag des Gemeinschuldners die Aussetzung des Verfahrens anordnen.

Die Aussetzung hört auf:

1. mit der Beendigung des Kriegszustandes;
2. vor diesem Zeitpunkt mit einem die Fortsetzung des Verfahrens anordnenden Beschlusse des Gerichts. Der Beschluß erfolgt auf den Antrag des Gemeinschuldners oder nach Anhörung desselben auf den Antrag des Verwalters oder eines Konkursgläubigers. Die Fortsetzung des Verfahrens ist anzuordnen, wenn sie vom Gemeinschuldner oder nach Ablauf der im § 4 Abs. 2 festgesetzten Frist vom Verwalter oder von einem Konkursgläubiger beantragt wird.

Der die Aussetzung und der die Fortsetzung des Verfahrens anordnende Beschluß sowie der Grund der Anordnung sind öffentlich bekannt zu machen."

1. Zu dieser Bestimmung ist zunächst zu bemerken, daß sie sich nur auf den Kriegsteilnehmer selbst bezieht (§ 9 des Gesetzes).

Auf diejenigen natürlichen Personen, welche durch einen Kriegsteilnehmer gesetzlich vertreten sind, bezieht sie sich also nicht, d. h. auf das Konkursverfahren über das Vermögen dieser Personen ist die Kriegsteilnehmereigenschaft des gesetzlichen Vertreters ohne Einfluß.

Doch ist diesen Personen auch in diesem Fall, wie schon zu II Ziff. 10 für die Zwangsvollstreckung in deren Vermögen ausgeführt, ein Pfleger zu bestellen, wenn die elterliche Gewalt nicht mit Rücksicht auf die Verhinderung des Vaters durch dessen Kriegsteilnehmereigenschaft von der Mutter ausgeübt wird.

Auch der Umstand, daß dem Ehemann das Nutznießungsrecht an dem Vermögen der Ehefrau oder den Eltern dieses Recht an dem Vermögen der Kinder zusteht, hat auf die Zulässigkeit und den Fortgang des Konkursverfahrens gegen die Ehefrau und gegen die Kinder keinen Einfluß.

Die Rechte des Ehemannes am konkursfreien Vermögen der Ehefrau, welcher bereits bei der Geschäftsaufsicht über das Vermögen der Ehefrau gedacht wurde, werden natürlich nicht berührt.

Auf offene Handelsgesellschaften und Kommanditgesellschaften bezieht sich die Vorschrift nach der ausdrücklichen Bestimmung in § 9 des Gesetzes ebenfalls nicht, noch viel weniger natürlich auf juristische Personen, welche den Schutz des Gesetzes überhaupt nicht genießen.

In der Richtung gegen alle diese Gesellschaften kann also das Konkursverfahren eröffnet und fortgesetzt werden, auch wenn deren Gesellschafter oder gesetzliche Vertreter Kriegsteilnehmer sind.

Die Verhinderung des Konkursverwalters durch seine Kriegsteilnehmereigenschaft ist selbstverständlich auf den Gang des Verfahrens ohne Einfluß. Gegebenenfalls ist neben ihm oder an seiner Stelle ein anderer Verwalter zu bestellen.

2. Wenn zur Zeit des Inkrafttretens des Gesetzes ein Konkursverfahren über das Vermögen eines Kriegsteilnehmers eröffnet werden soll, kann dies nur auf Antrag des Kriegsteilnehmers selbst geschehen; während der Kriegsteilnehmereigenschaft kann somit auf Antrag eines Gläubigers das Verfahren nicht eröffnet werden.

Insbesondere kann dem Kriegsteilnehmer zum Zwecke der Ermöglichung der Eröffnung des Konkursverfahrens nicht ein besonderer Prozeßvertreter bestellt werden, da die Verordnung des Bundesrates vom 14. Januar 1915 (s. oben Ziff. 22a) sich nicht auf das Konkursverfahren bezieht.

Mit dem Zeitpunkt, in welchem der Kriegszustand nach § 11 des Gesetzes als beendigt anzusehen ist, oder mit dem Zeitpunkt, in welchem die Kriegsteilnehmereigenschaft des Schuldners vorher endgültig aufhört, ist die Konkurseröffnung wiederum zulässig.

Daß durch die Unmöglichkeit des Antrages auf Konkurseröffnung der Gläubiger, welcher auch eine bürgerliche Rechtsstreitigkeit gegen den Kriegsteilnehmer nicht weiter führen und gegen denselben auch keinen Arrest beantragen kann, schutzlos werden kann, wurde schon zu I Ziff. 25 ausgeführt.

Ist ein Konkursverfahren gegen den Gemeinschuldner bereits anhängig und wird derselbe nach Eröffnung desselben Kriegsteilnehmer, so kann das Konkursgericht auf den Antrag des Gemeinschuldners die Aussetzung des Verfahrens anordnen.

Die Aussetzung des Verfahrens kann aber auf Antrag des Gemeinschuldners auch dann erfolgen, wenn das Konkursverfahren über das Vermögen des Gemeinschuldners auf seinen Antrag zu einer Zeit eröffnet worden war, zu welcher er bereits Kriegsteilnehmer war.

Während also die Eröffnung des Konkursverfahrens über das Vermögen des Kriegsteilnehmers ohne dessen Antrag überhaupt unzulässig ist, ist die Aussetzung des bereits eröffneten Verfahrens in das Ermessen des Konkursgerichts gestellt.

Würde entgegen der Bestimmung des Gesetzes über das Vermögen eines Kriegsteilnehmers ein Konkursverfahren ohne dessen Antrag eröffnet, so hätte der Schuldner gegen den Eröffnungsbeschluß die sofortige Beschwerde gemäß §§ 73, 109 KO.

Beantragt ein Gläubiger die Konkurseröffnung, und weist das Gericht den Antrag wegen Kriegsteilnehmereigenschaft des Schuldners ab, so steht nach den gleichen Bestimmungen dem Gläubiger die sofortige Beschwerde zu, falls er die Voraussetzungen der Kriegsteilnehmereigenschaft des Gemeinschuldners bestreitet.

Da die Bestimmung den Schuldner nur gegen eine Eröffnung des Konkursverfahrens wider seinen Willen schützen soll, wird trotz der engen Fassung des Abs. 1 anzunehmen sein, daß, wenn zwar ein Gläubiger den Konkurseröffnungsantrag stellt, der Schuldner aber bei dem Gehör nach § 105 Abs. 2 der KO. dem Antrag nicht entgegentritt, der Konkurs gleichwohl eröffnet werden muß.

Wird ein bereits anhängiges Konkursverfahren auf Antrag des Schuldners ausgesetzt, so ist der die Aussetzung verfügende Beschluß in der Weise öffentlich bekannt zu machen, wie dies in der Konkursordnung vorgeschrieben ist; dabei ist bekannt zu machen, daß die Aussetzung auf der Kriegsteilnehmereigenschaft des Schuldners beruht.

3. Welche Wirkungen die Aussetzung des Verfahrens hat, bestimmt das Gesetz nicht.

Die Bestimmungen in § 249 ZPO. über die Wirkungen der Aussetzung eines Prozeßverfahrens, welche auf das Konkursverfahren an sich überhaupt nicht anwendbar sind, sind für das Konkursverfahren jedenfalls nicht ausreichend.

Die Konkursordnung selbst kennt nur die Untersagung gewisser einschneidender Rechtshandlungen des Konkursverwalters (KO. §§ 130, 135) und die Aussetzung einer Abschlagsverteilung (KO. § 160).

Es kann also nur aus dem Gesichtspunkte, daß durch die Aussetzung des Konkursverfahrens für den an der Wahrnehmung seiner Interessen verhinderten Kriegsteilnehmer Härten vermieden werden sollen, die Wirkung der Aussetzung des Verfahrens ermessen werden.

Da das Verfahren nicht aufgehoben wird, verbleibt es an Stelle der Verwaltungs- und Verfügungsbefugnis des Gemeinschuldners bei der des Konkursverwalters, dessen Funktion an sich bestehen bleibt. Dieses letztere ergibt sich unzweifelhaft aus der Bestimmmung in § 6 Abs. 3 Ziff. 2, woselbst die weitere Existenz des Verwalters vorausgesetzt wird, wie sich auch daraus ergibt, daß die Rückgabe der Bestallungsurkunde für die Zeit der Aussetzung nicht angeordnet ist.

Die Wirkungen des Konkursverfahrens selbst bleiben also bestehen, insbesondere also auch die Wirkung, daß während des Konkursverfahrens die Konkursgläubiger Befriedigung nur nach Maßgabe des Konkursverfahrens verlangen, also auch gemäß § 14 KO. nicht in das sonstige Vermögen des Gemeinschuldners vollstrecken können.

Alles andere ist zweifelhaft.

Durch die Aussetzung des Verfahrens wird der Konkursverwalter in seiner Tätigkeit gehemmt; der Gemeinschuldner erlangt aber gleichwohl nicht die Befugnis der eigenen Verwaltung und Verwertung seines Vermögens, die er bei seiner Verhinderung durch die Kriegsteilnehmereigenschaft ohnehin nur durch einen Vertreter ausüben könnte.

Die gegenteilige Annahme würde tatsächlich zum Schaden aller Konkursgläubiger nicht der Aussetzung, sondern der Aufhebung des Verfahrens gleichkommen.

Die Konsequenz der Aufhebung eines bereits anhängigen Verfahrens hat aber das Gesetz aus der Anordnung der Unzulässigkeit der Neueröffnung eines solchen nicht gezogen.

Es wird also die Annahme übrig bleiben, daß der Konkursverwalter nur solche Rechtshandlungen vornehmen kann, welche nicht auf die Verwertung und Verteilung des Vermögens des Gemeinschuldners, sondern auf dessen Erhaltung abzielen; diese Annahme wird wohl dem Gedanken des Gesetzes gerecht werden.

Jedoch sind auch damit weder die praktischen Schwierigkeiten beseitigt, noch die auftauchenden Rechtsfragen gelöst.

Es wird im einzelnen folgendes zu gelten haben:

Ist der Beschluß über die Eröffnung des Konkursverfahrens auch noch nicht öffentlich bekannt gemacht und den Gläubigern und Schuldnern noch nicht zugestellt, so wird die Bekanntmachung und Zustellung nach § 111 KO. gleichwohl zu erfolgen haben, schon deshalb, weil andernfalls die nach § 6 des Gesetzes vorgeschriebene Veröffentlichung des Aussetzungsbeschlusses unverständlich wäre.

Ebenso wird die Mitteilung des Eröffnungsbeschlusses an die im § 112 KO. bezeichneten Behörden und ebenso die Eintragung desselben in das Grundbuch nach § 113 daselbst zu erfolgen haben, da die Verfügungsgewalt des Gemeinschuldners durch die Aussetzung des Verfahrens nicht wieder eintritt.

Aus dem gleichen Grunde wird an der Verpflichtung der Schuldner zur Leistung an den Konkursverwalter nach § 118 KO. nichts geändert sein.

Eine nach § 121 KO. angeordnete Postsperre wird das Gericht nach dieser Bestimmung ohnehin nach seinem Ermessen aufzuheben haben.

Der Verwalter wird auch verpflichtet sein, nach §§ 123, 124 KO. Inventur und Bilanz zu erstellen.

Die Ladung zum Offenbarungseid nach § 125 KO. wird dagegen, auch wenn sie während der Kriegsteilnehmereigenschaft des Gemeinschuldners praktisch durchführbar sein sollte, als unzuläßig zu erachten sein.

Der Konkursverwalter wird ferner als befugt und sogar als verpflichtet zu erachten sein, das Geschäft des Gemeinschuldners soweit als möglich weiter zu führen und jedenfalls nicht zu schließen oder im ganzen weiter zu veräußern.

Dagegen wird er dem Zwecke der gesetzlichen Vorschrift entsprechend nicht für befugt zu erachten sein, in einer über den regelmäßigen Geschäftsbetrieb hinausgehenden Weise Vermögensstücke des Gemeinschuldners also insbesondere unbewegliche Gegenstände zu verwerten, soweit es sich nicht um die Verwertung von Gegenständen handelt, welche mit Rücksicht auf die

Gefahr beträchtlicher Wertsverringerung oder wegen unverhältnismäßig hoher Aufbewahrungskosten verwertet werden müssen.

Der Konkursverwalter wird insbesondere solche Rechtsgeschäfte nicht vornehmen dürfen, zu welchen er schon nach den gewöhnlichen Bestimmungen in §§ 130, 133, 134, 135 KO. den Gemeinschuldner hören soll.

Bezüglich zweiseitiger Verträge, welche der Gemeinschuldner bereits vor Abschluß des Verfahrens abgeschlossen hatte, und welche noch nicht oder noch nicht vollständig erfüllt sind, wird der Konkursverwalter trotz der Aussetzung des Verfahrens nach § 17 Abs. 2 KO. dem anderen Vertragsteil zu erklären haben, ob er die Erfüllung verlangt.

Er wird auch zu ermessen haben, ob solche Verträge seitens der Konkursmasse erfüllt werden sollen, ebenso wie er auch Masseschulden nach § 59 KO. zu erfüllen hat, da durch die Aussetzung des Verfahrens dritte Personen nicht geschädigt werden können.

Soweit nach den Bestimmungen in § 17 KO. der andere Teil von dem Vertrage zurücktreten oder einen solchen kündigen kann, wird ein solches Recht durch die Aussetzung des Konkursverfahrens natürlich nicht berührt.

Ob der Konkursverwalter dagegen einen solchen Vertrag insbesondere z. B. den Vertrag über Miete eines Ladens vorzeitig kündigen kann, wird davon abhängen, ob eine solche Maßregel zur Erhaltung des Vermögens des Schuldners erforderlich ist; dient sie zur Schließung seines Geschäftes, so ist sie unzulässig.

Mit Zustimmung des Gemeinschuldners, sofern die Erklärung desselben eingeholt werden kann, kann der Konkursverwalter natürlich alle Rechtshandlungen vornehmen.

Zustimmende Beschlüsse des Gläubigerausschusses oder der Gläubigerversammlung können dagegen den Konkursverwalter nicht ermächtigen, Rechtshandlungen vorzunehmen, welche während der Aussetzung des Konkursverfahrens unzulässig sind.

Eine weitere Frage ist, ob und wie sich der Gemeinschuldner gegen Rechtshandlungen des Verwalters, welche nach seiner Meinung während der Aussetzung unzulässig sind, schützen kann, und inwieweit solche unzulässige Handlungen des Verwalters dritten Personen gegenüber unwirksam sind.

Das Konkursgericht kann von dem Gemeinschuldner nicht immer angerufen werden.

Der Verwalter steht zwar gemäß § 83 KO. unter der Aufsicht des Konkursgerichts.

Das Konkursgericht kann aber nur dann tätig werden, wenn der Konkursverwalter offensichtlich gesetzwidrige Handlungen vornimmt; wenn es sich dagegen nur darum handelt, ob eine Handlung des Konkursverwalters zweckentsprechend ist, kann das Konkursgericht nicht einschreiten.

Die für die gerichtliche Entscheidung bestehenden Schranken nach §§ 99, 130, 135 KO. kommen dagegen für die Dauer der Aussetzung des Verfahrens nicht in Betracht.

Lehnt das Konkursgericht ein Einschreiten ab, so kann der Schuldner gemäß § 73 KO. sofortige Beschwerde erheben, da es sich hier um die Geltendmachung eines Rechts handelt, nicht bloß um eine Aufsichtshandlung des Gerichts.

Wird vom Konkursgericht oder auf Beschwerde des Schuldners vom Beschwerdegericht eine Handlung des Konkursverwalters während der Aussetzung des Verfahrens als gesetzmäßig erklärt, so ist die Frage erledigt.

Hat dagegen der Konkursverwalter ohne gerichtliche Entscheidung oder im Widerspruch mit einer solchen eine Handlung vorgenommen, welche er während der Dauer der Aussetzung des Verfahrens hätte unterlassen sollen, so ist bezüglich deren Wirksamkeit dritten Personen gegenüber folgendes zu bemerken:

Gemäß § 136 KO. wird die Gültigkeit einer Rechtshandlung des Verwalters dritten Personen gegenüber dadurch nicht berührt, daß er seine Befugnis nach innen überschritten hat.

Soweit der Konkursverwalter aber offensichtlich seine Befugnis überschreitet, sind schon gemäß § 6 KO. seine Rechtshandlungen auch dritten Personen gegenüber unwirksam.

Nun ist der Beschluß über die Aussetzung des Verfahrens nach gesetzlicher Vorschrift öffentlich bekannt zu machen; die öffentliche Bekanntmachung gilt nach § 76 KO. innerhalb der dort bestimmten Frist als bewirkt.

Mit der Veröffentlichung des Beschlusses über die Aufhebung des Konkursfahrens oder der Enthebung des Verwalters von seinem Amte hört auch nach den gewöhnlichen Bestimmungen die Verwaltungsbefugnis des Konkursverwalters gemäß § 6 KO. auf.

Es ist deshalb anzunehmen, daß mit der Wirksamkeit der öffentlichen Bekanntmachung der Aussetzung des Verfahrens auch dritten Personen gegenüber eine Handlung des Verwalters rechtsunwirksam ist, wenn dieselbe offensichtlich während der Dauer der Aussetzung des Verfahrens nnwirksam ist, und dies der Dritte erkennen mußte.

Kann dagegen eine Handlung auch während der Dauer der Aussetzung des Verfahrens zur Erhaltung des Vermögens des Gemeinschuldners dienen, so braucht der Dritte nicht zu untersuchen, ob dieselbe im gegebenen Falle die Befugnisse des Verwalters überschreitet.

Dagegen bleibt nach § 82 KO. der Verwalter dem Gemeinschuldner gegenüber für die Überschreitung seiner Befugnisse persönlich verantwortlich.

Es wird also für den Konkursverwalter keine leichte Aufgabe sein, in einem ausgesetzten Konkursverfahren tätig zu sein; das Konkursgericht wird schon mit Rücksicht auf diese Zweifelsfragen allen Anlaß haben, von der in sein Ermessen gestellten Befugnis der Aussetzung eines bereits anhängigen Konkursverfahrens den vorsichtigsten Gebrauch zu machen.

Aussonderungs- und Absonderungsrechte können auch während der Aussetzung des Verfahrens gegen den Verwalter geltend gemacht werden.

Soweit ein absonderungsberechtigter Gläubiger (Pfandgläubiger) berechtigt ist, sich ohne gerichtliches Verfahren aus dem Pfand zu befriedigen, kann er daran nicht gehindert werden.

Jedoch ist wiederholt zu bemerken, daß nach § 5 des Gesetzes Versteigerungen oder Verwertungen beweglicher körperlicher Sachen oder die zwangsweise Versteigerung unbeweglicher Gegenstände im Wege der Zwangsvollstreckung gegen den Schuldner als Kriegsteilnehmer auch während des Konkursverfahrens unzulässig sind (s. II Ziff. 6).

Er wird ferner bezüglich aller Rechtsstreitigkeiten, welche das zur Konkursmasse gehörige Vermögen betreffen, und zwar sowohl für die Aussonderungs- und Absonderungsansprüche, sowie für die anderen Ansprüche, in analoger Anwendung von §§ 240, 241 ZPO. abzunehmen sein, daß dieselben während der Dauer der Aussetzung des Konkursverfahrens unterbrochen werden, obwohl, wie schon zu I Ziff. 8 hervorgehoben, durch die

Kriegsteilnehmereigenschaft des Gemeinschuldners Prozesse nicht unterbrochen werden, nachdem der Konkursverwalter selbst die Partei ist.

Allein die Aussetzung von Rechtsstreitigkeiten, welche sich auf die Konkursmasse beziehen, folgt in dem Falle der Aussetzung des Konkursverfahrens aus dieser Aussetzung selbst, da die Grundlage für die Prozesse das Konkursverfahren ist.

Es bezieht sich dies insbesondere auch auf Anfechtungsprozesse, welche der Konkursverwalter nach §§ 29 ff. KO. führt oder zu führen berechtigt ist.

Denn die Anfechtung einer Rechtshandlung des Gemeinschuldners ist eine Maßregel, welche sich mittelbar gegen den Gemeinschuldner selbst richtet.

Sie hat vorzugsweise das Konkursverfahren selbst zur Grundlage.

Daß durch die Unzulässigkeit einer Erhebung einer Anfechtungsklage die Fristen insbesondere die Anfechtungsfrist nach § 41 KO. versäumt werden können, kann ebensowenig eine Rolle spielen, als die gleiche Möglichkeit, welche durch Anordnung der Geschäftsaufsicht oder dadurch eintritt, daß während der Kriegsteilnehmereigenschaft des Schuldners ein Konkursverfahren ohne seinen Antrag überhaupt nicht eröffnet werden kann.

Nur wird das Konkursgericht auch aus diesem Grunde Anlaß haben, vor Aussetzung des bereits anhängigen Verfahrens den Verwalter insbesondere darüber zu hören, ob nicht durch die Aussetzung etwaige Anfechtungsrechte verloren gehen.

Für das eigentliche Verfahren selbst ist zu bemerken, daß Termine und Gläubigerversammlungen während der Aussetzung des Konkursverfahrens nicht stattfinden.

Bereits angesetzte Termine, also insbesondere der Termin zur Prüfung der Forderungen, sind abzusetzen, schon aus dem Grunde, weil der Gemeinschuldner ein erhebliches Interesse daran hat, Forderungen im Prüfungstermin auch selbst zu bestreiten.

Gläubigerversammlungen können nur ausnahmsweise stattfinden, wenn dieselben zur Wahl eines anderen Konkursverwalters sich als notwendig erweisen, oder wenn die Zustimmung der Gläubigerversammlung zu Rechtsgeschäften eingeholt werden soll, zu welchen nach den Bestimmungen der Konkursordnung die Zustimmung der Gläubigerversammlung erforderlich ist, und es sich um Rechtsgeschäfte handelt, welche während der Dauer des Verfahrens an sich zulässig sind, also zur Erhaltung des Vermögens des Gemeinschuldners dienen.

Prozesse über die Feststellungen von Forderungen werden aus dem gleichen Grunde wie schon erwähnt, unterbrochen.

Hat der Gemeinschuldner einen Zwangsvergleichsvorschlag eingebracht, so wird auch das Verfahren über denselben in der Lage des Verfahrens unterbrochen.

Ist der Zwangsvergleichsvorschlag von der erforderlichen Mehrheit der Gläubiger bereits angenommen und vom Gerichte bestätigt oder verworfen, so tritt mit der Aussetzung des Verfahrens gemäß § 249 ZPO. die Unterbrechung der Frist zur Einlegung der sofortigen Beschwerde gegen die gerichtliche Entscheidung über die Bestätigung oder Verwerfung des Zwangsvergleiches ein.

Es wird anzunehmen sein, daß diese Unterbrechung schon mit der Stellung des Antrages auf Aussetzung des Verfahrens einzutreten hat, da andernfalls in vielen Fällen die Aussetzung erst nach Ablauf der Frist eintreten würde.

Nach Beendigung der Aussetzung beginnt alsdann die Frist von neuem zu laufen.

Abschlags- und Schlußverteilungen finden während der Aussetzung des Konkursverfahrens nicht statt.

Handelt es sich um eine Abschlagsverteilung, so findet die beschränkende Vorschrift in § 160 KO. keine Anwendung, d. h. die Verteilung ist auch dann zu unterlassen, wenn die von der öffentlichen Bekanntmachung des Konkursverwalters nach § 151 KO. laufende Ausschlußfrist bereits abgelaufen ist.

Doch ist nach der Beendigung der Aussetzung die Wiederholung der Ausschreibung nicht mehr erforderlich.

Der Ausschluß nicht berücksichtigter Gläubiger bleibt auch nach der Beendigung der Aussetzung bestehen.

Handelt es sich um die Vornahme der Schlußverteilung, so gelten die gleichen Bestimmungen.

Ist bei Anordnung der Aussetzung eine Ausschlußfrist noch im Laufe, so wird dieselbe nach § 249 ZPO. unterbrochen; nach Beendigung der Aussetzung beginnt die volle Ausschlußfrist von neuem zu laufen.

Nach Beendigung der Aussetzung des Verfahrens muß dagegen die Abschlagsverteilung vorgenommen werden, wenn zur Zeit der Anordnung der Aussetzung die Ausschlußfrist bereits abgelaufen war, auch wenn der Gemeinschuldner nachträglich einen Zwangsvergleichungsvorschlag einbringt.

Ebenso ist auch nach der Beendigung der Aussetzung ein Zwangsvergleich nicht mehr zulässig, sofern zur Zeit der Stellung des Aussetzungsantrages durch unanfechtbaren Beschluß des Konkursgerichts die Vornahme der Schlußverteilung bereits genehmigt war.

Dabei ist aber zu bemerken, daß, während der Schuldner für gewöhnlich gegen den Beschluß auf Genehmigung der Schlußverteilung kein Recht der Beschwerde hat, weil er auf den Fortbetrieb des Konkursverfahrens keinen Einfluß ausüben kann, dies bei Aussetzung des Verfahrens anders ist.

Er kann also, sofern er Antrag auf Aussetzung stellt, gegen den Beschluß des Gerichts auf Genehmigung der Schlußverteilung die sofortige Beschwerde einlegen.

Dagegen kann der Gemeinschuldner nach Beendigung der Aussetzung mit Zustimmung aller Konkursgläubiger gemäß § 202 KO. die Einstellung des Konkursverfahrens beantragen.

Wenn der Schuldner die Aussetzung des Konkursverfahrens beantragt, so steht ihm gegen den ablehnenden Beschluß des Konkursgerichts gemäß § 73 KO. die sofortige Beschwerde zu.

Es steht aber auch dem Konkursverwalter mit Rücksicht auf die Behinderung seiner Tätigkeit und seine persönliche Haftung gegen den die Aussetzung anordnenden Beschluß das gleiche Rechtsmittel zu.

4. Ist auf Antrag des Schuldners die Aussetzung des Konkursverfahrens angeordnet worden, so hört dieselbe mit der Beendigung des Kriegszustandes auf, d. h. mit dem Zeitpunkt, in welchem gemäß § 11 des Gesetzes durch kaiserliche Verordnung der Kriegszustand als beendigt anzusehen ist.

Die Aussetzung endigt in diesem Falle ohne weiteres; eine Veröffentlichung findet nicht statt.

Vor Beendigung des Kriegszustandes endigt aber die Aussetzung mit einem die Fortsetzung des Verfahrens anordnenden Beschluß des Konkursgerichts, welcher nur auf Antrag erlassen werden kann.

Wenn der Gemeinschuldner selbst die Fortsetzung beantragt, so muß dieselbe angeordnet werden.

Beantragt der Konkursverwalter oder ein Gläubiger die Fortsetzung, so ist der Gemeinschuldner vorher zu hören; die Aufhebung steht in diesem Falle im Ermessen des Gerichts.

Kann der Schuldner nicht gehört werden, z. B. weil er sich bei der Truppe im Feindesland befindet, so kann, da ein einmal ausgesetztes Verfahren wider seinen Willen nicht wieder aufgenommen werden kann, die Fortsetzung auch nicht angeordnet werden.

Wenn dagegen die Fortsetzung vom Verwalter oder von einem Gläubiger nach Ablauf eines Monats seit der Beendigung des Kriegsteilnehmerverhältnisses des Gemeinschuldners beantragt wird, so muß die Fortsetzung des Verfahrens vom Gerichte angeordnet werden.

Wird die Fortsetzung vor Ablauf dieser Zeit vom Verwalter oder von einem Gläubiger beantragt, so steht sie im Ermessen des Gerichts.

Wird der Antrag nach Ablauf der Monatsfrist von dem Verwalter oder einem Gläubiger gestellt, so muß das Gericht feststellen, ob die Kriegsteilnehmereigenschaft vor mehr als Monatsfrist geendigt hat.

In diesem Fall muß die Fortsetzung des Verfahrens angeordnet werden; ein Gehör des Schuldners ist deshalb in diesem Falle auch nicht erforderlich, wenn der Schuldner nicht gehört werden kann.

Gegen die Beschlüsse des Gerichts, durch welche die Fortsetzung des Verfahrens angeordnet oder abgelehnt wird, steht dem Gemeinschuldner, dem Verwalter oder dem antragstellenden Konkursgläubiger die sofortige Beschwerde zu.

Der die Fortsetzung anordnende Beschluß sowie der Grund der Anordnung sind öffentlich bekannt zu machen.

Die Wirksamkeit des Beschlusses tritt nach § 76 KO. mit Ablauf der dortselbst bestimmten Frist ein.

5. Die sämtlichen Bestimmungen in § 6 des Gesetzes über die Unzulässigkeit der Eröffnung eines Konkursverfahrens über das Vermögen eines Kriegsteilnehmers und über die Zulässigkeit der Aussetzung eines solchen Verfahrens gelten gemäß § 9 des Gesetzes nicht für solche Schuldner, welche durch einen Kriegsteilnehmer vertreten werden.

Soll gegen solche Schuldner ein Konkursverfahren eröffnet oder ein anhängiges fortgesetzt werden, und ist der gesetzliche Vertreter als Kriegsteilnehmer verhindert und ein sonstiger gesetzlicher Vertreter (also z. B. die eheliche Mutter) nicht vorhanden, so ist diesen Personen zu ihrem Schutz gegebenenfalls ein Pfleger gemäß § 1909 BGB. zu bestellen.

6. Schließlich ist noch zu bemerken, daß selbstverständlich auch der Kriegsteilnehmer die Anordnung einer Geschäftsaufsicht über sein Vermögen beantragen kann, sofern das Konkursverfahren ohne seinen Antrag nicht eröffnet werden kann.

Geschäftsaufsicht ist selbstverständlich ausgeschlossen, wenn das Konkursverfahren eröffnet ist und nur auf Antrag des Gemeinschuldners während der Kriegsteilnehmerschaft ausgesetzt wird.

7. Daß durch die Aussetzung des Konkursverfahrens die Anfechtungsfristen nicht erstreckt werden, wurde bereits in Ziff. 3 erwähnt; es ist in dieser Hinsicht auch auf die Ausführungen gelegentlich der Anordnung der Geschäftsaufsicht Bezug zu nehmen (I. Abschnitt Ziff. 46).

Dabei besteht noch der weitere Mißstand, daß der Kriegsteilnehmer einzelne Gläubiger vor anderen um so leichter bevorzugen kann, als während der Kriegsteilnehmereigenschaft den Gläubigern nicht die Möglichkeit der Klagestellung zu Gebote steht, und daß mit der Einberufung zum Heeresdienst noch nicht einmal eine allgemeine Zahlungseinstellung verbunden sein muß, so daß sowohl die Anfechtung für einzelne Gläubiger als auch wenn der Kriegsteilnehmer später in Konkurs kommt, für den Konkursverwalter selbst erheblich erschwert ist.

Ob der einzelne Gläubiger eine Rechtshandlung des Kriegsteilnehmers anfechten kann, solange die Versteigerung aufgeschoben ist (s. zu II) ist Tatfrage im einzelnen Fall.

Es kommt auf den Nachweis nach § 2 AnfG. an, daß die seinerzeitige Versteigerung zu einer Befriedigung nicht führen werde.

8. Das kaufmännische Zurückbehaltungsrecht nach § 370 HGB. kann geltend gemacht werden.

Denn wenn über das Vermögen des Kriegsteilnehmers Konkurs bloß deshalb nicht eröffnet wird, weil er Kriegsteilnehmer ist, hat er jedenfalls seine Zahlungen eingestellt.

Außerdem ist dieses Zurückbehaltungsrecht auch deshalb begründet, weil es nicht zur Voraussetzung hat, daß eine Zwangsvollstreckung in der Zukunft nicht zur Befriedigung führen werde, sondern daß sie ohne Erfolg versucht worden ist; dies ist aber der Fall, wenn die Versteigerung nicht stattfinden kann.

Sicherungsregreß nach Art. 29 WO. ist zulässig, auch wenn das Konkursverfahren über das Vermögen des Kriegsteilnehmers als Akzeptanten nicht eröffnet werden kann; denn trotz der Unzulässigkeit der Konkurseröffnung kann die Zahlungseinstellung des Schuldners gegeben sein.

Nebenbei sei bemerkt, daß deshalb, weil über einen Kriegsteilnehmer das Konkursverfahren nicht eröffnet werden kann, selbstverständlich eine zur Erhaltung des Wechsel- oder Scheckrechts erforderliche Handlung, insbesondere also die Protesterhebung, soweit sie zu diesem Zwecke erforderlich ist, nicht unterlassen werden kann.

9. Die Rechtsfolgen, welche sich nach den gesetzlichen Vorschriften dagegen unmittelbar an die Konkurseröffnung anschließen, können nicht eintreten, wenn die Konkurseröffnung wegen der Kriegsteilnehmereigenschaft des Schuldners unzulässig ist.

Eine Gesellschaft wird also nicht aufgelöst, wenn das Konkursverfahren über den Schuldner nicht eröffnet werden kann.

Andererseits treten aber durch den Kriegsschutz auch nicht anderweitige Vergünstigungen ein, als die im Gesetz besonders hervorgehobenen.

Insbesondere werden also durch das Kriegsschutzgesetz Verbindlichkeiten des Schuldners nicht berührt, insbesondere die Verzugsfolgen nicht ausgeschlossen.

10. Die Kriegsteilnehmereigenschaft kann auch für das Verhältnis des Bürgen von Einfluß sein.

Da das Gesetz zwar für den Hauptschuldner wie ein Moratorium wirkt, aber nicht als solches gedacht ist, hat der Bürge nicht etwa das Recht, nach § 768 BGB. den Einwand zu bringen, daß er während der Kriegsteilnehmereigenschaft des Hauptschuldners die Zahlung verweigern könne.

Liegt gegen den Kriegsteilnehmer bereits Vollstreckungstitel vor und kann nur gemäß § 5 des Gesetzes Zwangsversteigerung nicht stattfinden, so liegt der Fall des § 773 Ziff. 4 BGB. nicht vor.

Ebensowenig ist dies der Fall, wenn der Gläubiger sich auf Grund eines Pfandrechts ohne gerichtliches Verfahren auch während der Kriegsteilnehmereigenschaft befriedigen kann (§ 772 BGB.).

Das gleiche ist der Fall, wenn der Hauptschuldner die Ehefrau oder ein Kind des Kriegsteilnehmers ist, da auch in diesem Fall nach § 5 Abs. 2 des Gesetzes nur die Versteigerung, nicht die Vollstreckung selbst unzulässig ist.

Der Bürge kann deshalb der Klage des Gläubigers gegenüber die Einrede der Vorausklage einwenden.

Liegt ein Vollstreckungstitel gegen den Hauptschuldner nicht vor und kann derselbe während der Kriegsteilnehmereigenschaft nicht erwirkt werden, so hat der Bürge gleichwohl die Einrede der Vorausklage.

Denn § 773 Ziff. 2 BGB. trifft nicht zu; die Erschwerung der Rechtsverfolgung gegen den Hauptschuldner beruht in diesem Fall auf einer gesetzlichen Vorschrift, aber nicht auf der Änderung des Wohnsitzes oder des Aufenthaltes des Hauptschuldners.

Es besteht kein Anlaß, dieses mit der gesetzlichen Bestimmung verbundene Risiko von dem Gläubiger auf den Bürgen abzuwälzen.

Für den Fall, daß dem Bürgen gegen den Hauptschuldner der Anspruch auf Befreiung von der Bürgschaft zusteht, fragt es sich, ob er mit Rücksicht auf die Kriegsteilnehmereigenschaft des Schuldners gegen diesen nach § 775 BGB. den Anspruch auf Befreiung von der Bürgschaft geltend machen kann.

Abgesehen von der Verschlechterung der Vermögensverhältnisse des Hauptschuldners, welche den Anspruch auf Befreiung im allgemeinen gibt, ist ein solches Recht aber nach § 775 Ziff. 2 BGB. aus den gleichen Gründen wie schon oben hervorgehoben, nicht begründet.

Dagegen kann es nach § 775 Ziff. 3 begründet sein, weil das Gesetz nicht eine Hinausschiebung der Verbindlichkeiten des Kriegsteilnehmers anordnet, der Kriegsteilnehmer also in Verzug kommen kann, auch wenn er nicht verklagt werden kann.

Allerdings wird der Bürge selbst den Anspruch auf Befreiung von der Hauptverbindlichkeit durch Klagestellung während der Kriegsteilnehmereigenschaft des Hauptschuldners nicht geltend machen können (s. jedoch oben Ziff. 22a).

11. Bezüglich der familienrechtlichen Verhältnisse ist folgendes zu bemerken:

Auch wenn über den Schuldner als Kriegsteilnehmer das Konkursverfahren nicht eröffnet werden kann, kann mit Rücksicht auf die Verschlechterung seiner Vermögensverhältnisse seine Entlassung als Vormund nach § 1886 BGB. in Frage kommen.

Nach §§ 1667, 1668, 1670, 1687 kann das Vormundschaftsgericht zugunsten der Kinder die erforderlichen Maßnahmen insbesondere durch Entziehung der Vermögensverwaltung treffen.

Nach § 1418 BGB. kann die Frau beim gesetzlichen Güterstand die Aufhebung der Verwaltung und Nutznießung verlangen.

Beim Güterstand einer Gütergemeinschaft kann nach §§ 1468 Ziff. 5, 1469, 1542, 1549 der Anspruch auf Aufhebung der Gütergemeinschaft begründet sein.

Möglicherweise kann auch für einen anteilsberechtigten Abkömmling das Recht zur Aufhebung der fortgesetzten allgemeinen Gütergemeinschaft nach § 1495 Ziff. 5 begründet sein.

In all diesen Beziehungen wird auf die Erörterungen zu den gleichen Fragen bei der Anordnung der Geschäftsaufsicht Bezug genommen (I. Abschnitt Ziff. 46).

Die Durchführung des Prozesses auf Aufhebung der Nutznießung bzw. der Gütergemeinschaft wird allerdings mit Rücksicht auf die Kriegsteilnehmereigenschaft des beklagten Teiles, wenn derselbe von der Aussetzung des Verfahrens Gebrauch macht, sich während dieses Zeitraumes nicht bewerkstelligen lassen (s. jedoch oben Ziff. 22a).

IV.

Zu den vorerwähnten zum Schutze des Kriegsteilnehmers als Schuldner gegebenen Bestimmungen kommt noch nach § 7 des Gesetzes eine weitere Bestimmung, welche zu seinem Schutze als Gläubiger bestimmt ist.

Dieselbe hat folgenden Wortlaut:

„Die Eröffnung und die Fortsetzung eines Konkurs-, Aufgebots- oder Verteilungsverfahrens, sowie die Anordnung und die Fortsetzung einer Zwangsversteigerung oder Zwangsverwaltung von Gegenständen des unbeweglichen Vermögens wird, unbeschadet der Vorschriften in den §§ 5, 6, durch die Beteiligung der in § 2 bezeichneten Personen als Gläubiger oder anderweit Berechtigte nicht berührt. Es gelten jedoch hierbei folgende Bestimmungen:

1. Ist gegen diese Personen ein Versäumnis- oder ein Ausschlußurteil ergangen oder sind sie infolge ihrer Abwesenheit sonstwie als säumig behandelt oder mit ihren Rechten ausgeschlossen worden, so können sie binnen sechs Monaten nach Beendigung des Kriegszustandes oder des nach § 2 maßgebenden Verhältnisses, soweit es in dem Verfahren noch möglich ist, die versäumten Handlungen nachholen und ihre Ansprüche geltend machen oder, soweit dies nicht mehr möglich ist, von demjenigen, zu dessen Gunsten die Rechtsänderung eingetreten ist, die Herausgabe des erlangten Vorteils nach den Vorschriften über die Herausgabe einer ungerechtfertigten Bereicherung verlangen.

   Ist ein Recht von einer der im § 2 bezeichneten Personen angemeldet oder ist anzunehmen, daß ein solches ihr zusteht, so wird ihr dasselbe in der betreffenden Entscheidung oder Verfügung ausdrücklich vorbehalten.
2. Ergibt sich bei einer vorzunehmenden Verteilung, daß eine solche Person eine bei der Verteilung zu berücksichtigende Forderung angemeldet hat oder daß eine derartige Forderung ihr mutmaßlich zusteht, so muß bei der Verteilung so verfahren werden, als wenn die Forderung und das für sie in Anspruch genommene oder anscheinend begründete Vorrecht endgültig festgestellt wäre. Die auf die Forderung fallenden Beträge sind zu hinterlegen.
3. Ergibt sich bei der Zwangsversteigerung eines Gegenstandes des unbeweglichen Vermögens nach Beendigung der Versteigerung, daß eine der im § 2 bezeichneten Personen wegen einer Forderung, für welche die Zwangsversteigerung betrieben wird oder der Gegenstand der Zwangsversteigerung dinglich haftet oder die ein Recht auf Befriedigung aus dem Grundstück gewährt oder wegen einer Grundschuld oder einer Rentenschuld durch das Meistgebot nicht gedeckt wird, so kann der Zuschlag versagt und ein neuer Versteigerungstermin bestimmt werden, sofern die Umstände die Annahme begründen, daß ein höheres, zur gänzlichen oder teilweisen Befriedigung genügendes Gebot erfolgen werde.
4. Die Bestimmungen unter Ziff. 1—3 gelten nicht zugunsten derjenigen Personen, welche einen zur Wahrnehmung ihrer Rechte berufenen Vertreter haben."

Die Bestimmung gilt also nur für die Eröffnung und Fortsetzung eines der Verfahren, welche im Eingang der Bestimmung genannt sind.

Auch die Eröffnung oder der Fortgang dieser Verfahren wird durch die Beteiligung eines Kriegsteilnehmers an sich grundsätzlich nicht berührt.

Es sollen nur in den in der Vorschrift bezeichneten Fällen Folgen einer Versäumnis oder eines Ausschlusses nach Tunlichkeit in ihrer Wirkung für die Kriegsteilnehmer unschädlich gemacht werden.

Der Vorbehalt der Vorschriften in §§ 5 und 6 des Gesetzes ist selbstverständlich, da es sich dort um den Schutz von Kriegsteilnehmern als Schuldner, in § 7 aber um den Schutz derselben als Gläubiger handelt.

Ist nun gegen einen Kriegsteilnehmer ein Versäumnis- oder Ausschlußurteil vor der Kriegsteilnehmereigenschaft rechtskräftig geworden, so bleiben seine Wirkungen bestehen.

Ist ein solches Urteil während der Kriegsteilnehmereigenschaft ergangen, so kann es nicht rechtskräftig werden, weil die Notfristen zur Einlegung von Rechtsmitteln während der Dauer der Unterbrechung des Verfahrens nicht laufen.

Es kann aber der Fall eintreten, daß ein solches Urteil, weil die Kriegsteilnehmerschaft dem Gerichte nicht bekannt war, als formell rechtskräftig behandelt worden ist, oder daß der Kriegsteilnehmer auch ohne solches Urteil als säumig behandelt worden ist, weil er z. B. Forderungen im Verteilungsverfahren nicht angemeldet, Widerspruch gegen den Verteilungsplan nicht eingelegt, Klage nach § 878 ZPO. gegen den Verteilungsplan nicht rechtzeitig erhoben hat usw.

Soweit der Kriegsteilnehmer nach Beendigung der Kriegsteilnehmerschaft durch Einlegung des zulässigen Rechtsmittels gegen ein ergangenes Urteil die Folgen der Versäumnis oder des Ausschlusses in dem bezeichneten Verfahren nach dessen Lage noch abwenden kann, bedarf er dazu des Hilfsmittels nach Ziff. 1 überhaupt nicht.

Für den Fall, daß die versäumte Handlung in dem betreffenden Konkurs-, Aufgebots-, Verteilungs-, Zwangsversteigerungs- oder Zwangsverwaltungsverfahren noch nachgeholt werden kann, ist also die Ziff. 1 nur dann von Bedeutung, wenn gegen das während der Kriegsteilnehmereigenschaft ergangene Urteil ein Rechtsmittel nicht mehr möglich sein sollte, oder ein sonstiger Fall der Versäumnis oder des Ausschlusses vorliegt.

Umgekehrt ist anzunehmen, daß, wenn der Kriegsteilnehmer ein während der Kriegsteilnehmereigenschaft gegen ihn ergangenes Urteil nach Beendigung derselben und erfolgter Aufnahme des Prozeßverfahrens hat rechtskräftig werden lassen, ihm das nach Ziff. 1 gegebene Recht nicht zusteht.

Denn in diesem Falle ist der Ausschluß nicht durch die Abwesenheit während der Kriegsteilnehmereigenschaft eingetreten.

Kann der Kriegsteilnehmer in den Fällen, in denen er hiernach zur nachträglichen Geltendmachung seiner Ansprüche befugt ist, dieselben noch in dem betreffenden Verfahren nach dessen Lage selbst geltend machen, so kann er nicht den Anspruch auf Herausgabe wegen ungerechtfertigter Bereicherung gegen denjenigen stellen, welcher durch seine Versäumnis oder seinen Ausschluß einen Vorteil erlangt hat; denn dieser Anspruch ist gegenüber der Geltendmachung in dem betreffenden Verfahren selbst subsidiär.

Wenn ein Kriegsteilnehmer ein Recht in dem betreffenden Verfahren angemeldet hat, oder wenn nach Lage der Sache oder sonstiger Kenntnis des Gerichts anzunehmen ist, daß ihm ein solches zusteht, so ist dasselbe in der betreffenden Entscheidung oder Verfügung ausdrücklich vorzubehalten, also insbesondere in dem Verteilungsplan oder in einer Entscheidung, welche nach § 880 ZPO. im Falle des Urteils über einen von einem anderen Beteiligten erhobenen Widerspruch ergeht.

Die auf eine solche Forderungsanmeldung entfallenden Beträge sind bis zur endgültigen Feststellung bei der gerichtlichen Hinterlegungsstelle zu hinterlegen.

Diese Bestimmung bezieht sich auf jedes Verteilungsverfahren, sowohl bei Zwangsvollstreckung in bewegliches als unbewegliches Vermögen.

Über den Anspruch des Kriegsteilnehmers auf den hinterlegten Betrag kann erst entschieden werden, wenn das Kriegsteilnehmerverhältnis sich erledigt hat.

Der Ablauf einer Frist von sechs Monaten nach Beendigung des Kriegszustandes oder Kriegsteilnehmerverhältnisses braucht dazu nicht abgewartet zu werden.

Es kann auf Antrag eines Beteiligten vielmehr nach Beendigung des Kriegsteilnehmerverhältnisses die Fortsetzung des gerichtlichen Verteilungsverfahrens in bezug auf den hinterlegten Betrag beantragt, eventuell gegen den Kriegsteilnehmer bei Widerspruch gegen den Verteilungsplan Klage gestellt werden.

Die Ziff. 3 dient zum Schutze abwesender Kriegsteilnehmer, welche für eine Forderung, die nicht dinglich auf dem Grundstück gesichert sein muß, selbst die Zwangsversteigerung betreiben, oder für welche das Grundstück dinglich haftet, oder welche aus dem Grundstück zu befriedigen ist.

Es sind dies also abgesehen von der Forderung, für welche die Zwangsversteigerung selbst betrieben wird, insbesondere Hypothekforderungen, Grund- und Rentenschulden, sowie alle auch an sich nicht dinglich gesicherten Forderungen, welche nach § 10 des Gesetzes über die Zwangsversteigerung und Zwangsverwaltung in einem solchem Verfahren aus dem Grundstück zu befriedigen sind.

Wenn in einem solchen Fall der Kriegsteilnehmer durch das gelegte Meistgebot nicht gedeckt wird, ist der Zuschlag zu versagen (also nicht etwa vorher schon das Verfahren überhaupt einzustellen), sofern die Umstände die Annahme einer besseren späteren Versteigerung begründen, was im derzeitigen Kriegszustand besonders leicht anzunehmen sein wird.

Die Bestimmung ist also insbesondere dann anzuwenden, wenn der Kriegsteilnehmer durch seine Abwesenheit verhindert ist, selbst ein Gebot zu legen, durch welches er Befriedigung für seine Forderung erlangen würde.

Auch der neu zu bestimmende Versteigerungstermin kann unter der gleichen Voraussetzung wiederholt vertagt werden.

Die Frage, ob durch Verschiebung der Versteigerung ein besseres Gebot zu erzielen sei, ist Sache des Ermessens des Versteigerungsbeamten.

Wird der Zuschlag versagt, so steht gemäß § 97 ZVG. dem betreibenden Gläubiger und dem Bieter die sofortige Beschwerde zu.

Wird der Zuschlag erteilt, so wird auch dem Kriegsteilnehmer nach § 97 in Verbindung mit § 83 Ziff. 6 ZVG. die sofortige Beschwerde gegen den Zuschlag zu gewähren sein.

Denn trotz der Wortfassung „kann" hat er bei Vorliegen der Voraussetzungen ein Recht auf Versagung des Zuschlages.

Mit Ablauf der Frist zur Einlegung der sofortigen Beschwerde ist allerdings die Sache erledigt, da eine Wiedereinsetzung, wie in Ziff. 1 bestimmt, für den Fall nach Ziff. 3 nicht vorgesehen ist.

Über die allgemeine Bestimmung der Versagung des Zuschlages bei unzureichendem Meistgebote s. S. 181.

Nach § 9 des Gesetzes gelten die Bestimmungen in § 7 an sich auch für diejenigen natürlichen Personen in dem schon zu I Ziff. 9, 10 und 11 erörterten Rechtssinn, welche durch einen Kriegsteilnehmer gesetzlich vertreten sind.

Nach der ausdrücklichen Bestimmung in § 7 Ziff. 4 des Gesetzes gelten sie jedoch für solche Personen dann nicht, wenn sie einen zur Wahrnehmung ihrer Rechte berufenen Vertreter haben.

Die Bestellung eines besonderen Vertreters für solche Personen nach § 9 Abs. 2 des Gesetzes ist allerdings ausgeschlossen, da dies nur bei Klagestellung oder Fortsetzung eines Prozeßverfahrens möglich ist.

Allein ein solcher Vertreter kann vorhanden sein, weil z. B. die Mutter während der Abwesenheit des Vaters als Kriegsteilnehmers die elterliche Gewalt ausübt, weil dem Prozeßunfähigen nach § 1909 BGB. ein Pfleger bestellt ist, oder weil der Kriegsteilnehmer selbst noch für Vertretung gesorgt hat.

Es wird in dieser Hinsicht insbesondere auch auf die Ausführungen zu § 3 Ziff. 2 des Gesetzes Bezug genommen (s. zu I Ziff. 9, 10, 11 und 21).

Durch diese Schutzbestimmungen zugunsten des Kriegsteilnehmers oder des durch ihn gesetzlich Vertretenen ist allerdings nicht in allen Fällen der genügende Schutz gegeben, sei es, daß er als Gläubiger oder sonstiger Berechtigter in Betracht kommt.

Es sei z. B. auf die Widerspruchsklage gegen eine Vollstreckung auf Grund eines die Vollstreckung hindernden Rechts nach § 771 ZPO. oder auf die Klage auf vorzugsweise Befriedigung nach § 805 ZPO. verwiesen.

Hier wird der Kriegsteilnehmer von der seine Rechte schädigenden Versteigerung oft zu spät erfahren.

Auch alle sonstigen Rechte kann der Kriegsteilnehmer möglicherweise nicht ausüben, wenn er nicht selbst für die Vertretung gesorgt hat.

Es müssen dies nicht bloß Ansprüche sein, welche sich auf Grund der prozeßrechtlichen Vorschriften ergeben, wie z. B. die Klage nach § 767 ZPO.; es können auch irgendwelche Ansprüche zivilrechtlicher Natur in Frage kommen.

Für alle diese Fälle kann dem Kriegsteilnehmer nach § 1911 BGB. ein Abwesenheitspfleger bestellt werden, vorausgesetzt natürlich, daß das Vormundschaftsgericht rechtzeitig von der Notwendigkeit einer solchen Bestellung erfährt.

Die Bestellung eines Abwesenheitspflegers für einen Deutschen kann aber auch dann erfolgen, wenn derselbe nicht Kriegsteilnehmer ist, sofern nur sein Aufenthalt unbekannt ist, oder er durch den Kriegszustand an der Rückkehr verhindert ist, z. B., weil er im feindlichen Lande gefangen gehalten wird.

Es kann auch ein Abwesenheitspfleger für das Auseinandersetzungsverfahren bezüglich eines Nachlasses oder für die Auseinandersetzung einer ehelichen Gütergemeinschaft oder fortgesetzten Gütergemeinschaft aufgestellt werden (Gesetz über die freiwillige Gerichtsbarkeit §§ 88 und 99).

Die Zuständigkeit des Pflegschaftsgerichtes in allen diesen Fällen bemißt sich nach § 39 des letztgenannten Gesetzes.

Das Recht, die Aufhebung der Verwaltung und Nutznießung zu verlangen, wird man der Ehefrau trotz § 1418 Ziff. 5 BGB. nicht gewähren können, es müßte denn sein, daß durch besondere Umstände, z. B. durch Verwendung des Ehemannes zu einer Besatzungstruppe nach beendigtem Kriegszustand besondere Veranlassung gegeben ist.

Die Fälle, in denen die Ehefrau während der Verhinderung des Ehemanns selbständig zu handeln ermächtigt ist, wurden schon im I. Teil VI. Abschnitt E Ziff. 3 behandelt.

Außer diesen Fällen besteht keine gesetzliche Berechtigung der Ehefrau zur Vertretung des Ehemannes, abgesehen natürlich von der Schlüsselgewalt der Ehefrau nach § 1357 BGB., welche auch während des Kriegszustandes weiter besteht.

Ob der Ehemann seiner Ehefrau für die Zeit seines Kriegsteilnehmerverhältnisses durch Überlassung aller Rechtshandlungen in seinem Namen stillschweigend Vollmacht erteilt hat, ist Tatfrage.

Insbesondere kann die Ehefrau nicht den Schutz des Besitzes selbständig geltend machen, da sie nicht unmittelbare Besitzerin i. S. von § 868 BGB. ist.

Denn durch die Abwesenheit des Mannes verwandelt sich die tatsächliche Gewalt, welche die Frau im Haushalt oder Erwerbsgeschäft des Mannes ausübt (Besitzdienerverhältnis nach § 855 BGB.), nicht in das Verhältnis des selbständigen unmittelbaren Besitzes.

Minderjährigen Kindern des Kriegsteilnehmers kann ein Pfleger nach § 1909 BGB. bestellt werden.

Bezüglich der sonstigen Fälle, in denen der Kriegsteilnehmer als gesetzlicher Vertreter an der Ausübung der Vertretung verhindert ist, ist auf die Ausführungen im I. Teil VI. Abschnitt E Ziff. 3 zu verweisen.

Den Gesellschaftern offener Handelsgesellschaften und Kommanditgesellschaften kann in dieser ihrer Eigenschaft ein Pfleger nicht bestellt werden.

Diesen Gesellschaften kann auch nach § 29 BGB. kein Vertreter bestellt werden (s. oben A Ziff. 3 d).

Durch besondere Verordnung des Bundesrates vom 17. Dezember 1914, welche am 18. gleichen Monats in Kraft getreten ist (RGBl. Nr. 114 S. 518), ist zum Schutz des Kriegsteilnehmers bestimmt, daß sich derselbe als Genosse einer Erwerbs- oder Wirtschaftsgenossenschaft entgegen der Vorschrift in § 43 des Gesetzes über diese Genossenschaften in der Generalversammlung durch einen mit schriftlicher Vollmacht versehenen Bevollmächtigten, welcher auch von mehreren Genossen bevollmächtigt sein kann, vertreten lassen kann.

V.

Bezüglich der Verjährung gelten zunächst die allgemeinen Bestimmungen in §§ 203, 206 BGB., welche auch für bestimmte andere Ausschlußfristen als anwendbar erklärt sind.

Bezüglich dieser Bestimmungen wird auf die Ausführungen, I. Teil XI. Abschnitt Bezug genommen.

Nach diesen Bestimmungen tritt eine Hemmung der Verjährung dann ein, wenn der Berechtigte durch Stillstand der Rechtspflege, also insbesondere durch Einstellung der Tätigkeit des Gerichts oder in anderer Weise durch höhere Gewalt, also durch eigene unverschuldete Verhinderung wegen des Kriegszustandes an der Verfolgung seiner Ansprüche innerhalb der letzten 6 Monate der Verjährungsfrist gehindert ist; die bloße Behinderung des gesetzlichen Vertreters führt aber nicht zu einer Hemmung der Verjährung gegenüber einer geschäftsunfähigen oder in der Geschäftsfähigkeit beschränkten Person.

Diese allgemeinen Bestimmungen haben nun durch § 8 des Gesetzes eine Ergänzung dahin erfahren, daß zugunsten der in § 2 des Gesetzes bezeichneten Personen und ihrer Gegner bis zur Beendigung des Kriegszustandes oder des nach § 2 des Gesetzes maßgebenden Kriegsteilnehmerverhältnisses die Verjährung gehemmt ist.

Nach dieser Bestimmung gilt dies auch für solche Fristen, auf welche die Bestimmungen in § 203 BGB. ganz oder teilweise Anwendung finden, sowie auf Ausschlußfristen, welche für die Beschreitung des Rechtsweges vorgeschrieben sind.

Die Bestimmung bezieht sich also auf alle Fristen, welche für die Anspruchsverjährung bestehen; ob es sich um die Verjährungsfrist von 30 Jahren oder um kürzere Verjährungsfristen handelt, ist gleichgültig.

Sie gilt ferner für alle Ausschlußfristen, für welche die Bestimmung in § 203 BGB. als maßgebend erklärt ist; diese Ausschlußfristen sind bereits im I. Teil VI. Abschnitt A I Ziff. 3, C Ziff. 4 und 8, D, E Ziff. 4 und F aufgeführt.

Es gehören dazu insbesondere die Fristen nach §§ 212, 215 BGB., wonach bei Zurücknahme einer Klage oder bei Abweisung derselben durch ein nicht in der Sache selbst entscheidendes Urteil die neue Klage, sowie bei einer Geltendmachung einer Forderung lediglich durch Aufrechnung oder Streitverkündung die Klage binnen einer sechsmonatlichen Ausschlußfrist erhoben werden muß, damit die durch die frühere Klagestellung oder die Geltendmachung durch Aufrechnung oder Streitverkündung erfolgte Unterbrechung der Verjährung nicht endigt.

Hängt die Zulässigkeit des Rechtsweges von der Vorentscheidung einer Behörde oder von der Bestimmung des zuständigen Gerichtes durch ein höheres Gericht ab, so wird nach § 210 BGB. die Verjährung durch die Einreichung des Gesuches an die Behörde oder an das höhere Gericht unterbrochen, wenn die Klage selbst binnen drei Monaten nach der Erledigung des Gesuches erhoben wird.

Auf diese letztere Frist ist die Bestimmung in § 203 BGB. ohnehin für anwendbar erklärt.

Durch § 8 des Gesetzes tritt also die Wirkung ein, daß während des Kriegszustandes oder der Kriegsteilnehmereigenschaft die Frist zur Einreichung des Gesuches an die Behörde oder das höhere Gericht gehemmt ist, desgleichen, wenn die Behörde oder das Gericht bereits das Gesuch erledigt haben, die alsdann folgende dreimonatliche Frist zur Erhebung der Klage selbst.

Es kann aber der Kläger auch während der Kriegsteilnehmereigenschaft des Beklagten den Antrag nach § 210 BGB. stellen, da auf dieses Verfahren die Bestimmungen des Kriegsschutzgesetzes über Unterbrechung und Aussetzung selbst keine Anwendung finden.

Bezüglich der eigentlichen Ausschlußfristen, welche für die Beschreitung des Rechtsweges gesetzlich vorgeschrieben sind, kommt es nicht darauf an, ob dieselben reichs- oder landesgesetzlich vorgeschrieben sind.

Bezüglich der reichsrechtlichen Vorschriften, durch welche vor der Beschreitung des Rechtsweges die Entscheidung einer anderen Behörde vorgeschrieben ist, wird auf die Ausführungen bei Gaupp-Stein a. a. O., Bem. III zu § 148 Bezug genommen.

Außerdem kommen hauptsächlich in Betracht die Fristen nach § 77 GewGG. und § 19 KfmGG. zur Beschreitung des Rechtsweges gegen Entscheidungen des Gemeindevorstehers, sowie die Fristen nach §§ 81 a Ziff. 4, 81 b Ziff. 4 und 91 b GewO. zur Beschreitung des Rechtsweges gegen Entscheidungen der Innungs- und Schiedsgerichte, sowie die Fristen nach § 14 Ziff. 3 GVG. zur Beschreitung des Rechtsweges gegen Entscheidungen der Gemeindegerichte.

Alle diese Fristen sind gehemmt.

Sie werden also nicht etwa nach § 217 BGB. unterbrochen, so daß von der Beendigung der Unterbrechung die volle Frist von neuem zu laufen hätte, sondern es wird nur gemäß § 205 BGB. der Zeitraum, während dessen die Verjährung gehemmt ist, in die Verjährungszeit nicht eingerechnet.

Infolgedessen ist wie schon zu I Ziff. 14 ausgeführt wurde, die Klagestellung auch gegen einen Kriegsteilnehmer während der Unterbrechung des Verfahrens in allen denjenigen Fällen von Bedeutung, in welchen durch die Klageerhebung eine Frist gewahrt oder eine Verjährung unterbrochen oder eine sonstige Rechtshandlung, z. B. eine Mahnung oder Kündigung vorgenommen (BGB. § 284), oder ein anderer Erfolg herbeigeführt werden soll, z. B. die Verpflichtung zum Schadensersatz oder zur Herausgabe von Nutzungen oder Ersatz auf Verwendungen von dem Zeitpunkt der Rechtshängigkeit an (BGB. §§ 292, 347, 987, 989, 996, 1002, 1613, 2023), oder wenn ein Anspruch innerhalb gewisser Frist geltend gemacht werden muß, wie der Anspruch des Käufers oder Bestellers eines Werkes auf Wandlung, Minderung oder Schadensersatz (BGB. §§ 477, 639) oder wie der Anspruch des Vermieters auf Rückschaffung der weggebrachten Möbel des Schuldners (BGB. § 561), der Anspruch auf Grund verbotener Eigenmacht (BGB. § 864), oder wenn die Ersitzung unterbrochen werden soll (BGB. § 941).

Die Klagestellung kann auch notwendig werden, weil durch gesetzliche Vorschriften die Vererblichkeit oder Übertragbarkeit eines Anspruches an die Rechtshängigkeit eines Anspruches geknüpft ist (BGB. §§ 847, 1300), oder wenigstens die Möglichkeit der Pfändung eines solchen Anspruches, wie z. B. des Pflichtteilsanspruches (ZPO. § 852).

Es gehören hieher auch alle Bestimmungen der Zivilprozeßordnung, durch welche an die Rechtshängigkeit überhaupt irgendwelche Folgen geknüpft sind (ZPO. §§ 205, 263, 325, 496, 693), sowie die Bestimmungen des BGB. in solchen Fällen nach §§ 1435, 2077, sowie die Bestimmungen, durch welche ein Recht innerhalb einer bestimmten Ausschlußfrist geltend gemacht werden muß (BGB. § 1965); es gehören hieher auch die Fristen, welche für eine Auseinandersetzung den Eintritt der Rechtshängigkeit für maßgebend erklären (BGB. §§ 1422, 1479; HGB. § 140).

In allen diesen und sonstigen Fällen kann die Klagestellung trotz der Hemmung der Verjährung notwendig sein, wie früher zu I Ziff. 14 hervorgehoben wurde, da die Hemmung der Verjährung nicht einmal der Unterbrechung der Verjährung gleich steht, viel weniger durch dieselbe die Klagestellung überhaupt ersetzt werden kann.

So auch JW. 1914 S. 824.

Unrichtig ist deshalb die Meinung in der DJZ. 1914 S. 1026.

Eine Hemmung tritt jedoch nur ein für Fristen.

Daß damit nicht alle Härten beseitigt sind, da es sich z. B. in § 10 Ziff. 4 ZVG. bei der Haftung der Hypothek für rückständige Zinsen in der Zwangsversteigerung nicht um eine Frist handelt, wurde schon erwähnt (s. oben I Ziff. 25).

Es ist ferner darauf hinzuweisen, daß nach den allgemeinen Bestimmungen während der Dauer der Unterbrechung oder Aussetzung eines Prozesses, welcher vor der Kriegsteilnehmereigenschaft einer Partei bereits anhängig war, auch die Verjährungsfrist unterbrochen wird; denn § 211 Abs. 2 BGB., wonach mit der letzten Prozeßhandlung der Parteien oder des Gerichtes die Unterbrechung der Verjährung endigt, findet nicht Anwendung, wenn der Stillstand des Prozesses auf einer kraft gesetzlicher Vorschrift eintretenden Unterbrechung oder Aussetzung des Verfahrens beruht.

Diese Unterbrechung oder Aussetzung des Verfahrens nach den allgemeinen Bestimmungen der Zivilprozeßordnung kommt dann in Frage, wenn das gegenwärtige Gesetz nicht unmittelbar Anwendung findet, sondern die Unterbrechung oder Aussetzung nur in den zu A Ziff. 3 schon erörterten Fällen eintritt oder angeordnet werden **kann**, also z. B. nach § 247 zugunsten des Kriegsteilnehmers einer auswärtigen Macht, zugunsten der gesetzlichen Vertreter einer juristischen Person usw.

Während aber nach dieser allgemeinen Vorschrift die Verjährung wieder zu laufen beginnt, wenn der Grund dieser Unterbrechung oder Aussetzung des Verfahrens weggefallen ist, und gleichwohl der Prozeß nicht wieder aufgenommen wird, gilt dies für den Kriegszustand nach § 4 des Gesetzes nur mit der Abänderung, daß die Verjährungsfristen bei der nach Maßgabe dieses Gesetzes eingetretenen Unterbrechung oder Aussetzung des Verfahrens erst dann wieder in Lauf gesetzt werden, wenn der Kriegszustand beendigt wird, oder wenn vor diesem Zeitpunkt der Prozeß wieder aufgenommen wird, sei es auf Antrag einer Partei, sei es auf Antrag der Gegenpartei nach Ablauf eines Monats seit der Beendigung des Kriegsteilnehmerverhältnisses.

Die Unterbrechung der Verjährungsfrist hört insbesondere auch dann auf, wenn auf Antrag der Gegenpartei dem Kriegsteilnehmer ein besonderer Prozeßvertreter bestellt wird, oder wenn das Verfahren von der Gegenpartei wieder aufgenommen wird, weil die weitere Aussetzung offenbar unbillig wäre und dem Antrag auf Aufnahme vom Gerichte stattgegeben wird (s. oben I Ziff. 22a und 30).

Bezüglich der Beendigung der Aussetzung oder Unterbrechung in diesen Fällen wird auf die obigen Erörterungen zu § 4 des Gesetzes in I Ziff. 29 und 30 Bezug genommen.

Bei der Unterbrechung der Verjährungsfrist ist also bezüglich des Wiederlaufes derselben zu unterscheiden, ob das Verfahren nur auf Grund der allgemeinen Bestimmungen der Zivilprozeßordnung oder der Bestimmungen des gegenwärtigen Gesetzes unterbrochen oder ausgesetzt wurde.

Im ersteren Falle beginnt die Verjährungsfrist von neuem zu laufen, wenn trotz Wegfalles des Unterbrechungsgrundes der Prozeß nicht wieder aufgenommen wird.

Ist aber die Unterbrechung oder Aussetzung eingetreten, weil ein Fall des gegenwärtigen Gesetzes in Frage steht, so beginnt der Lauf der Verjährungsfrist erst nach den Bestimmungen des § 4 des gegenwärtigen Gesetzes.

Die von der Verjährung verschiedene Frage der **Hemmung** der Verjährung, welche nach § 8 des Gesetzes eintritt, beginnt mit dem Inkrafttreten des Gesetzes, oder wenn zu diesem Zeitpunkt das Kriegsteilnehmerverhältnis noch nicht eingetreten war, mit dessen späterem Eintritt.

Die Hemmung endigt, wenn der Kriegszustand nach kaiserlicher Verordnung als beendigt anzusehen ist oder wenn das Kriegsteilnehmerverhältnis vorher endgültig beendigt wird.

Was darunter zu verstehen ist, wurde schon zu I Ziff. 7 ausgeführt.

Sowohl die Unterbrechung der Verjährung bei Unterbrechung oder Aussetzung eines Prozesses wegen der Kriegsteilnehmereigenschaft einer Partei als die Hemmung der Verjährung endigen also mit der Beendigung des Kriegszustandes.

Während aber die Unterbrechung der Verjährung vor Beendigung des Kriegszustandes erst mit Wiederaufnahme des Verfahrens durch eine Partei endigt, hört die Hemmung der Verjährung nach § 8 des Gesetzes schon mit dem Zeitpunkt auf, in welchem das Kriegsteilnehmerverhältnis endgültig aufhört.

Nach Beendigung der Unterbrechung der Verjährung läuft die volle Verjährungsfrist von neuem; von der Beendigung der Hemmung der Verjährung läuft die vorher schon begonnene Unterbrechung der Verjährung fort.

Wenn also ein Rechtsstreit während des Kriegsteilnehmerverhältnisses einer Partei bereits anhängig war oder während desselben anhängig gemacht und dann unterbrochen oder ausgesetzt wird, ist die Verjährung bis zur Beendigung des Kriegszustandes unterbrochen und zwar mit der Wirkung, daß von der Beendigung des Kriegszustandes an oder von der früher erfolgten Wiederaufnahme des Verfahrens durch eine Partei die volle Verjährungsfrist neuerlich zu laufen beginnt.

Ist dagegen ein Rechtsstreit nicht anhängig, so wird die Verjährung nur gehemmt, das heißt es wird derjenige Zeitraum, welcher von dem Beginn der Hemmung an bis zur Beendigung des Kriegszustandes während des Kriegsteilnehmerverhältnisses verstrichen ist, in die Verjährungszeit nicht eingerechnet.

Die Unterbrechung der Verjährung, welche durch die Unterbrechung oder Aussetzung des Rechtsstreites eintreten kann, sowie die Hemmung der Verjährung nach Maßgabe der Bestimmung in § 8 des Gesetzes endigen also spätestens mit der Beendigung des Kriegszustandes.

Aus § 4 des Gesetzes ergibt sich dies ohne weiteres; allein auch die Bestimmung in § 8 des Gesetzes über die Hemmung der Verjährung ist dahin zu verstehen, daß dieselbe mit der Beendigung des Kriegszustandes spätestens endigt, mit der Beendigung des Kriegsteilnehmerverhältnisses dann, wenn dessen Beendigung vor der Beendigung des Kriegszustandes eintritt.

Es folgt dies aus § 1 des Gesetzes, welches seine Wirkungen überhaupt nur auf den gegenwärtigen Kriegszustand erstreckt.

Hat eine Verjährungsfrist zur Zeit des Inkrafttretens des Gesetzes oder des Kriegsteilnehmerverhältnisses überhaupt noch nicht begonnen, so würde zwar hiedurch eine Unterbrechung der Verjährung nicht eintreten, allein die Verjährung kann mit Rücksicht auf deren Hemmung überhaupt erst von der Beendigung des Kriegszustandes oder des Kriegsteilnehmerverhältnisses beginnen.

Es kann aber auch nach Beendigung des Kriegszustandes ein Kriegsteilnehmer verhindert sein, z. B. wenn er sich bei einer etwaigen Okkupationstruppe befindet, oder wenn er vermißt ist.

Soweit nicht im letzteren Falle ein Abwesenheitspfleger aufzustellen ist, tritt durch eine Verhinderung an der Einhaltung der Verjährungsfrist, welche über den Kriegszustand hinaus dauert, nur die Fristerstreckung ein, welche nach den allgemeinen Bestimmungen der §§ 203, 206 BGB. gilt.

Die sämtlichen Bestimmungen in § 8 des Gesetzes über die Hemmung der Verjährung gelten nicht bloß für den Kriegsteilnehmer selbst im Sinne des § 2 des Gesetzes, sondern gemäß § 9 des Gesetzes auch zugunsten derjenigen natürlichen und nicht prozeßfähigen Personen in dem zu I Ziff. 9, 10 und 11 schon erörterten Sinn, welche durch einen Kriegsteilnehmer gesetzlich vertreten sind.

Die Hemmung endigt in diesem Fall ebenfalls mit der Beendigung des Kriegszustandes oder mit der früher eintretenden endgültigen Aufhebung des Kriegsteilnehmerverhältnisses des gesetzlichen Vertreters.

§ 206 BGB. kommt in diesem Falle daneben nicht zur Anwendung, weil die Verhinderung des gesetzlichen Vertreters nicht dem Fehlen eines solchen gleichsteht.

Die sämtlichen Bestimmungen in § 8 des Gesetzes über die Hemmung der Verjährung kommen aber auch zugunsten der Gegner der Kriegsteilnehmer oder der durch einen Kriegsteilnehmer gesetzlich vertretenen natürlichen und prozeßunfähigen Personen zur Anwendung.

Auch für die Gegner des Kriegsteilnehmers oder der von demselben gesetzlich vertretenen, natürlichen prozeßunfähigen Personen tritt also durch dieses Kriegsteilnehmerverhältnis eine Hemmung der Verjährung bis zur Beendigung des Kriegszustandes oder des Kriegsteilnehmerverhältnisses ein.

Der Gegner dieser Person braucht also während des Kriegsteilnehmerverhältnisses eine Klage nicht zu stellen, wenn er nicht aus den schon zu I Ziff. 14 erwähnten Gründen ein Interesse an der Erhebung der Klage hat.

Dieses Interesse kann insbesondere schon deshalb gegeben sein, weil der Begriff des Kriegsteilnehmers im einzelnen Fall durchaus nicht zweifelsfrei festzustehen braucht, es somit ein Gebot der Vorsicht sein kann, zwecks Unterbrechung der Verjährung die Klage zu erheben.

Ist gegen einen Kriegsteilnehmer oder eine von ihm gesetzlich vertretene Person ein Rechtsstreit bereits anhängig und wird derselbe nach den Vorschriften des Gesetzes oder nach den allgemeinen prozeßrechtlichen Vorschriften unterbrochen oder ausgesetzt, so bleibt auch die Verjährungsfrist für die Gegner des Kriegsteilnehmers nach den allgemeinen Bestimmungen des bürgerlichen Gesetzbuches unterbrochen, und zwar, wenn der Prozeß infolge des gegenwärtigen Gesetzes unterbrochen oder ausgesetzt ist, bis zur Beendigung des Kriegszustandes oder bis zur früheren Aufnahme des Verfahrens durch eine Partei, wenn aber das Verfahren unterbrochen oder ausgesetzt wurde nur nach Maßgabe der allgemeinen Bestimmungen der Zivilprozeßordnung, bis zur Beendigung des Grundes der Unterbrechung oder Aussetzung, auch wenn alsdann die Aufnahme des Prozesses verzögert werden sollte.

Bei Gesamtschuldverhältnissen gilt die Unterbrechung und Hemmung der Verjährung nach §§ 425, 429 BGB. nur für und gegen die Gesamtschuldner und Gesamtgläubiger, in deren Person sie eintreten.

Sie gilt also nicht für den Gesamtgläubiger, welcher an der Rechtsverfolgung durch höhere Gewalt oder durch ein Kriegsteilnehmerverhältnis nicht an der Rechtsverfolgung gehindert ist.

Sind mehrere Personen verklagt, so endigt die durch die Klagestellung eingetretene Unterbrechung der Verjährung in der Richtung gegen diejenigen Beklagten, welche nicht Kriegsteilnehmer sind, wenn der Prozeß gegen diese nicht weiter betrieben wird, es müßte denn sein, daß auch in der Richtung gegen diese das Verfahren förmlich ausgesetzt wird.

Durch die bereits im I. Teil XI. Abschnitt erörterte neue Verordnung des Bundesrats vom 22. Dezember 1914, nach der die noch nicht verjährten kurzfristigen Forderungen des täglichen Lebens nach §§ 196, 197 BGB. nicht vor dem Ablauf des Jahres 1915 verjähren, ist allerdings die Wichtigkeit der Bestimmung der Hemmung der Verjährungsfristen zugunsten der Kriegsteilnehmer und ihrer Gegner zu einem wesentlichen Teil gegenstandslos geworden.

Soweit diese Verordnung des Bundesrats in Betracht kommt, hat dieselbe auf die Verjährung von Forderungen von Kriegsteilnehmern und ihrer Gegner die Wirkung, daß die Verjährung dieser kurzfristigen Forderungen zunächst nach den Bestimmungen des Kriegsteilnehmergesetzes gehemmt ist, keinesfalls aber vor Ablauf des Jahres 1915 abläuft.

Würde also infolge der durch das Kriegsschutzgesetz bestimmten Hemmung der Verjährung mit Rücksicht auf die frühere Beendigung des Kriegsteilnehmerverhältnisses die Verjährung dieser kurzfristigen Forderungen vor dem Ablauf des Jahres 1915 eintreten, so tritt sie infolge der Verordnung des Bundesrates vom 22. Dezember 1914 gleichwohl nicht früher ein.

Tritt die Verjährung nach den Bestimmungen des Kriegsschutzgesetzes bezüglich dieser kurzfristigen Forderungen später ein, so bleibt es bei der späteren Verjährung.

Nachtrag.

I. Dienstvertrag.

Es ist im Verlaufe des Krieges die Frage aufgetaucht, ob der Prinzipal berechtigt sei, einen Angestellten, insbesondere einen Handlungsgehilfen, der Angehöriger eines feindlichen Staates ist, ohne Einhaltung einer Kündigungsfrist sofort zu entlassen.

Die Frage ist im allgemeinen zu verneinen.

Ein außerordentliches Kündigungsrecht steht dem Prinzipal nur zu, wenn der einem feindlichen Staate angehörige Handlungsgehilfe sich durch Betätigung deutschfeindlicher Gesinnung mißliebig macht, insbesondere wenn aus diesem Grunde den Mitangestellten die Weiterarbeit mit demselben nicht zugemutet werden kann.

Wird ein Handlungsgehilfe im feindlichen Auslande festgehalten, wird er insbesondere dortselbst interniert, so steht dem Prinzipal nach § 72 Ziff. 3 HGB. das Recht der außerordentlichen Kündigung zu.

Für diesen Fall hat allerdings der Handlungsgehilfe, sofern nicht das Dienstverhältnis auf Grund bereits erfolgter ordentlicher Kündigung oder aus sonstigen Gründen früher abläuft, gemäß § 63 und § 71 Abs. 2 HGB. den dort selbst bestimmten Anspruch auf Gehalt und Unterhalt auf die Dauer von sechs Wochen, da in der Festhaltung im feindlichen Land ein unverschuldetes Unglück zu erblicken ist.

In den schon im I. Teil, II. Abschnitt, lit. a behandelten Fällen, in denen der Prinzipal zur außerordentlichen Kündigung berechtigt ist, ohne daß dem Handlungsgehilfen von dem Zeitpunkt der außerordentlichen Kündigung an ein weiterer Anspruch auf Gehalt zusteht, besteht ein solcher Anspruch auch dann nicht mehr, wenn sich der Handlungsgehilfe zur Zeit der außerordentlichen Kündigung im Urlaub befindet, also nicht für den Rest des Urlaubes.

Ist ein Handlungsgehilfe, insbesondere ein Reisender ausschließlich für eine bestimmte Zweigniederlassung angestellt, und muß diese Zweigniederlassung den Betrieb in einer Weise einstellen, welche nach den im I. Teil II. Abschnitt lit. a erörterten Regeln den Prinzipal zur außerordentlichen Kündigung berechtigt, so kann dem Handlungsgehilfen außerordentlich gekündigt werden, auch wenn das Hauptgeschäft seinen Betrieb nicht einstellt; darauf, ob der Handlungsgehilfe von dem Prinzipal selbst oder dem bevollmächtigten Geschäftsführer der Zweigniederlassung angestellt ist, kommt es nicht an.

Geht die Unmöglichkeit der Entfaltung der Tätigkeit des Handlungsgehilfen insbesondere des Reisenden zu seinen Lasten, weil es sich um eine Unmöglichkeit seiner Dienstleistung handelt (s. S. 6 und 7), so hat der Handlungsgehilfe bei dauernder Unmöglichkeit jedenfalls das Recht zur außerordentlichen Kündigung nach § 70 HGB., weil die Ausübung dieses Rechts, soweit nicht gleichzeitig Schadensersatz beansprucht wird, von einem Verschulden des Prinzipals unabhängig ist.

Es ist im Laufe des Krieges ferner häufig die Frage aufgetaucht, ob es zulässig ist, mit Handlungsgehilfen, denen nicht gekündigt wird, geringere Entlohnung für die Zeit des Krieges zu vereinbaren.

Es wurde bereits oben (S. 6) ausgeführt, daß Kündigungsfristen, welche den Bestimmungen des § 67 HGB. widersprechen, auch während des Krieges nicht vereinbart werden können, daß auch der Prinzipal zu einer einseitigen Minderung der Gehaltsbezüge des Handlungsgehilfen nicht berechtigt ist.

Es ist aber selbstverständlich, daß im beiderseitigen Einverständnis Gehaltskürzungen vereinbart werden können, und zwar auch in Fällen, in denen der Prinzipal nicht das Recht zur außerordentlichen Kündigung hat, oder in denen die ordentliche Kündigungsfrist noch nicht abgelaufen ist.

Die Schranke dieser Vereinbarung liegt lediglich in der Bestimmung des § 138 BGB., wonach insbesondere sogenannte Hungerlöhne nicht vereinbart werden dürfen.

Es wird jedoch gerade während der Kriegszeit auch das berechtigte Interesse des Prinzipals mit in Rechnung gezogen und insbesondere berücksichtigt werden müssen, daß der Prinzipal, wenn ihm nicht im Einvernehmen mit seinen Handlungsgehilfen die Möglichkeit der Gehaltsermäßigung zugestanden werden will, zur Entlassung von Angestellten oder Schließung seines Betriebes gezwungen werden kann, was den Interessen auch der Handlungsgehilfen noch viel weniger dienlich wäre als Gehaltskürzung.

Ist Gehaltskürzung im beiderseitigen Einvernehmen erfolgt, so ist der Prinzipal unter den allgemeinen Voraussetzungen gleichwohl auch nachträglich zur Auflösung des Dienstverhältnisses befugt, wenn nicht die Gehaltskürzung ausdrücklich oder stillschweigend an die Bedingung des Verzichtes auf Kündigung geknüpft ist.

II. Einfluß des Krieges auf Vertragsverhältnisse im allgemeinen.

a) Unmöglichkeit der Erfüllung.

Es wurde bereits im VI. Abschnitt A II Seite 27 ff. hervorgehoben, daß die nachfolgende unverschuldete Unmöglichkeit der Vertragserfüllung nach § 275 BGB. von der Verpflichtung zur Leistung befreit, und daß dies insbesondere dann zutrifft, wenn nach Abschluß des Lieferungsvertrages die Beschlagnahme durch die zuständige Militärbehörde oder sonstige Behörde erfolgt (s. oben S. 28, 31, 135—137).

In der Zwischenzeit hat nun der Bundesrat verschiedene Verordnungen erlassen, welche auch für die Frage der nachfolgenden Unmöglichkeit von Bedeutung sind.

Es kommen zunächst in Betracht die Verordnungen des Bundesrates über Ausfuhrverbote, welche besonders enthalten sind im RGBl. 1914 S. 259, 260, 261, 265—269, sowie über Einfuhrverbote (S. 269, 1915 S. 93).

Die Letzteren sind nicht belangreich.

Sofern dagegen durch ein Einfuhrverbot die Lieferung einer Ware tatsächlich unmöglich werden sollte, wird der Verkäufer von der Lieferung befreit.

Durch die Ausfuhrverbote werden solche Rechtsgeschäfte betroffen, durch welche eine Lieferung in das Ausland übernommen wurde.

Auch hier liegt die nachfolgende Unmöglichkeit der Vertragserfüllung auf seiten des Verkäufers vor, die denselben von der Lieferung befreit, ihm aber auch selbstverständlich den Anspruch auf die Gegenleistung des Kaufpreises entzieht.

Ob in diesen Fällen der Verkäufer nur für die Dauer des Kriegszustandes von der Lieferung befreit wird, und ob der Käufer sich die Lieferung nach Beendigung des Krieges gefallen lassen muß, bemißt sich nach den früher schon dargestellten Grundsätzen.

Es kommen ferner in Betracht die Verordnungen des Bundesrates über das Verbot der Verwendung bestimmter Gegenstände zur Herstellung von anderen Gegenständen; solche Verordnungen sind ergangen im RGBl. 1914 S. 547 ff. und 1915 S. 22 betreffend die Unzulässigkeit der Verwendung von Kartoffelmehl und Mehl jeder Art zur Herstellung von Seife.

Die Unzulässigkeit solcher Verwendungen kann sich auch aus anderen Vorschriften ergeben, z. B. aus den weiter unten noch zu erörternden Verordnungen des Bundesrates vom 25. Januar und 13. Februar 1915 über die Regelung des Verkehrs mit Brotgetreide und Mehl, sowie Hafer.

Auch in diesen Fällen liegt nachfolgende Unmöglichkeit der Vertragserfüllung auf Seite des Verkäufers vor, falls eine Ware der Qualität verkauft ist, welche bisher mit dem zur Herstellung nunmehr verbotenen Gegenstand hergestellt wurde.

Es liegt nicht etwa eine Verteuerung der Herstellung durch die Notwendigkeit der Verwendung anderer Ersatzmittel vor, sondern eine Unmöglichkeit der Vertragserfüllung.

Denn es handelt sich nicht darum, daß die zur Herstellung erforderlichen Rohstoffe anderweitig wenn auch teurer beschafft werden können, sondern daß sie überhaupt zur Herstellung nicht mehr verwendet werden dürfen.

Es kommen ferner in Betracht die Verordnungen des Bundesrates über das Ausmahlen von Brotgetreide (RGBl. 1914 S. 461, 535 ff.; 1915 S. 3 ff., 100), sowie über das Verbot des Verkaufes gewisser Gegenstände (RGBl. 1914 S. 534 ff.), sowie über das Verbot der Herstellung gewisser Waren (Brot in gewisser Art) (RGBl. 1914 S. 459, 534 ff.; 1915 S. 8 ff., 100) oder in gewisser Menge (RGBl. 1915 Nr. 21 S. 97).

Es kommen ferner in Betracht die Verordnungen des Bundesrates über die Beschlagnahme gewisser Gegenstände, insbesondere Getreide, Fleisch, Mehl (RGBl. 1915 S. 29 ff., 35 ff., 45 ff., 65 ff., 109 ff.), Regelung des Absatzes durch bestimmte Gesellschaften (RGBl. 1914 S. 471 ff., 1915 S. 118 ff.), sowie die Verordnungen, durch welche durch die zuständige Militärbehörde auf Grund des Kriegszustandsgesetzes Vorräte beschlagnahmt werden können.

Soweit nach diesen Vorschriften Waren der verkauften Art nicht mehr hergestellt und nicht mehr verkauft werden dürfen, liegt nachfolgende Unmöglichkeit auf Seite des Verkäufers vor.

Für Malz ist insbesondere die Verordnung vom 15. Februar 1915 (RGBl. Nr. 21 S. 97) maßgebend.

Es sei ferner bemerkt, daß Bestimmungen über Höchstpreise (s. oben S. 30) ergangen sind in den Verordnungen des Bundesrates (RGBl. 1914 S. 462 ff., 469 ff., 483 ff., 499, 500, 501 ff., 505 ff., 523 ff., 545 ff., 551 ff., 553; 1915 S. 12 ff., 15, 89 ff., 95 ff., 116 ff.).

Soweit durch solche Bestimmungen dem Reiche, den Bundesstaaten, sonstigen öffentlichen Körperschaften oder Privatgesellschaften (z. B. der Kriegsgetreidegesellschaft) das Recht der Zwangsenteignung zusteht, sind die Vorschriften in der Erörterung über Höchstpreise S. 135 ff. zu vergleichen.

Es ist insbesondere auf die Verordnung des Bundesrates vom 25. Januar 1915, betreffend die Regelung des Verkehrs mit Brotgetreide und Mehl (RGBl. Nr. 9 S. 35 ff. und Nr. 14 S. 65) hinzuweisen, wonach vom

1. Februar 1915 ab die im Reiche vorhandenen Vorräte von Weizen (Dinkel und Spelz), sowie von Roggen, allein oder mit anderer Frucht gemischt, sowohl gedroschen als ungedroschen, auch auf dem Halm, für die Kriegsgetreidegesellschaft mit beschränkter Haftung in Berlin beschlagnahmt sind, desgleichen die Vorräte von Weizen-, Roggen-, Hafer- und Gerstenmehl für den Kommunalverband, in dessen Bezirk sie sich befinden, auf dem Transport befindliche Mehlvorräte für den Kommunalverband, in dessen Bezirke sie nach beendigtem Transport abgeliefert werden.

Es ist also insbesondere auch das Verfüttern oder die Verwendung von solchen Getreide- oder Mehlvorräten zu anderen Zwecken, insbesondere also zur Verwendung der Herstellung anderer Waren (Branntwein usw.) verboten.

Alle rechtsgeschäftlichen Verfügungen über diese beschlagnahmten Gegenstände, insbesondere auch Verfügungen im Wege der Zwangsvollstreckung und Arrestvollziehung sind nichtig (BGB. § 134; s. oben S. 136).

Zulässig sind nur Verkäufe an die Kriegsgetreidegesellschaft oder den zuständigen Kommunalverband selbst; außerdem sind nach § 4 der Verordnung noch gewisse Verwendungen und Verkäufe in beschränktem Umfang zulässig.

Soweit nach diesen Vorschriften insbesondere Händler und Handelsmühlen noch Verkäufe in gewissem Umfang vornehmen dürfen, bezieht sich dies auch auf die Erfüllung früherer Abschlüsse; der Verkäufer hat deshalb die hiernach verfügbaren Vorräte gleichheitlich unter die Abnehmer zu verteilen.

Für die Enteignung der beschlagnahmten Vorräte zu bestimmten Preisen sind in der Verordnung vom 25. Januar 1915 §§ 14 ff. besondere Vorschriften getroffen, worüber diese Verordnung und die bezüglichen Erörterungen bei den Höchstpreisen (s. oben S. 135 ff.) zu vergleichen sind.

Die von der Beschlagnahme betroffenen Erzeugnisse eines Grundstückes werden von der Haftung für Hypotheken, Grundschulden und Rentenschulden frei, soweit sie nicht vor dem 1. Februar 1915 zugunsten des Gläubigers in Beschlag genommen worden sind.

Alle rechtsgeschäftlichen Verfügungen sowie Verfügungen im Wege der Zwangsvollstreckung und des Arrestvollzuges sind vom 1. Februar 1915 an nichtig.

Diese Abgabe von Weizen-, Roggen-, Hafer- und Gerstenmehl im geschäftlichen Verkehr ist jedoch schon vom Beginn des 26. Januar 1915 ab verboten, mit Ausnahme von Lieferungen an Behörden, öffentliche und gemeinnützige Anstalten, Händler, Bäcker und Konditoreien, welche auch in der Zeit vom 26. bis 31 Januar 1915 noch zulässig waren.

Für Hafer ist maßgebend die Verordnung vom 13. Februar 1915 (RGBl. S. 81 ff.), für zuckerhaltige Futtermittel die vom 12. Februar 1915 (S. 78 ff.).

Für den Käufer kommen in Betracht die Verordnungen des Bundesrates über das Verbot des vorzeitigen Schlachtens von Vieh (RGBl. 1914 S. 405, 536 ff.), sowie über die Unzulässigkeit des Verfütterns von Brotgetreide (RGBl. 1914 S. 460; 1915 S. 6 ff., 26 ff., 30 ff.).

Solche Kaufverträge müssen vom Käufer erfüllt werden, auch dann, wenn er die ihm zu liefernden Gegenstände hiernach zu dem vorausgesetzten Gebrauch nicht mehr verwenden kann.

Denn hierin liegt nicht die Unmöglichkeit seiner Leistung, sondern nur die Unmöglichkeit des Gebrauches der Gegenleistung (s. oben S. 35).

Soweit der Verkäufer durch die erlassenen Vorschriften von der Verpflichtung zur Lieferung wegen Unmöglichkeit derselben befreit wird, hat er, wie in allen Fällen der nachfolgenden Unmöglichkeit den Eintritt der Unmöglichkeit der Lieferung dem anderen Vertragsteil unverzüglich mitzuteilen, widrigenfalls er zwar nicht zur Lieferung verpflichtet bleibt, aber schadensersatzpflichtig werden kann.

Diese Anzeige wird der Verkäufer übrigens auch dann zu machen haben, wenn er auf Grund einer vereinbarten Kriegsklausel die Lieferung unterlassen will.

Soweit der Verkäufer durch Absatzbeschränkungen, wie sie insbesondere für Rohzucker erlassen sind (RGBl. 1914 S. 467 ff. und 1915 S. 20 und 73 ff.; s. oben S. 39/40), ohne sein Verschulden gehindert ist, alle seine Abnehmer gleichheitlich zu befriedigen, hat er, wie übrigens in allen Fällen der nachfolgenden unverschuldeten Unmöglichkeit, die Verpflichtung, seine Abnehmer verhältnismäßig zu befriedigen (JW. 1914 S. 464 ff.; Entscheidungen der Oberlandesgerichte Bd. 28 S. 75 ff.).

Eine besondere Vorschrift für die Reihenfolge der Erfüllung von Lieferungsverträgen über Zucker, zuckerhaltige Futtermittel und Rohzucker ist durch die VO. vom 19. Februar 1915 (RGBl. Nr. 23 S. 103/104) getroffen.

Durch diese Vorschriften, sowie durch sonstige infolge des Krieges eintretende Unmöglichkeit wird aber der Lieferungsschuldner überhaupt von der Lieferung nicht befreit, wenn er zur Zeit der Erlassung dieser Vorschriften oder zur Zeit des Eintrittes der Unmöglichkeit bereits im Verzuge war.

Tritt Unmöglichkeit ein, so bleibt er in diesen Fällen nach §§ 280, 325 BGB. schadensersatzpflichtig.

Doch ist zu bemerken, daß der Verkäufer andererseits auch nicht verpflichtet ist, sich sofort bei Beginn des Kriegszustandes oder bei dem Bevorstehen von Verordnungen für seinen Lieferungsbedarf einzudecken.

Denn es kommt nur darauf an, ob zur Zeit der Vertragserfüllung die Lieferung ohne sein Verschulden unmöglich ist.

Ist aber die Lieferung zur Zeit der Vertragserfüllung an sich möglich, so wird der Verkäufer auch von der Lieferungspflicht nicht befreit, da er nicht mehr Lieferungen übernehmen darf, als er ausführen kann (s. oben S. 31).

Ist also die Lieferung zur Zeit der Vertragserfüllung an sich möglich, so geht es allerdings auf die Gefahr des Verkäufers, wenn er sich nicht rechtzeitig selbst eingedeckt hat.

Wiederholt sei bemerkt, daß der Verkäufer für nachträglich eintretende Unmöglichkeit selbstverständlich eine Garantieverpflichtung übernehmen kann, da er ja auch die Haftung für den Zufall übernehmen kann (s. oben S. 27 und 28).

In diesem Falle haftet er bei nachfolgender Unmöglichkeit gemäß §§ 280, 325 BGB. auf Schadensersatz.

Es sei ferner noch bemerkt, daß in allen Fällen, in welchen der Schuldner von der Lieferung durch den Kriegszustand nicht befreit wird, weil die Lieferung möglich bleibt, die nach § 326 BGB. ihm zu setzende Nachlieferungsfrist in bezug auf ihre Dauer vom Käufer immerhin nach der erschwerten Lieferungsmöglichkeit während des Kriegszustandes in angemessener Weise bestimmt werden muß.

Auch bei Abschlüssen auf Abruf, welche vor dem Kriegszustand abgeschlossen wurden, wird der Käufer mit dem Kriegszustand rechnen müssen; er darf insbesondere nicht mehr abrufen, als bei gleichen Abschlüssen vor dem Kriegszustand üblich war.

Insbesondere kann in der nachträglichen Spezifikation durch den Käufer beim Spezifikationskauf (§ 375 HGB.), wenn durch den Kriegszustand die

Preise der Ware gestiegen sind, eine illoyal verspätete Geltendmachung der Rechte des Käufers liegen, wenn er vor dem Kriegszustande die Spezifikation unterlassen hat, insbesondere, wenn er bereits vor dem Kriegszustand in Annahmeverzug sich befand.

Wird die Lieferung während der dem Verkäufer nach § 326 BGB. zu setzenden Nachlieferungsfrist unmöglich, war sie aber vor Eintritt des Verzuges möglich, so bleibt derselbe nach §§ 280, 325 BGB. schadensersatzpflichtig (s. oben S. 32; a. M. Staub a. a. O. Anmerkung 108 im Exkurs zu § 374).

Eine besondere Bedeutung hat während des Krieges die Transportgefahr bezüglich überseeischer Ware erlangt.

Es wurde bereits S. 30, 32, 33 hervorgehoben, daß, wenn eine Ware ab Auslandshafen vom Verkäufer zu liefern ist, zur Zeit der vertragsmäßigen Verladung die Lieferung noch möglich war, vom Verkäufer die Ware aber zu spät verladen wird, die Transportgefahr bei Wegnahme der Ware durch eine feindliche Macht zu Lasten des Verkäufers geht, während im allgemeinen, sofern nicht ein anderer Erfüllungsort vereinbart ist, die Transportgefahr zu Lasten des Käufers geht.

Darnach bemißt es sich zunächst auch, ob Mehrkosten an Fracht usw., welche durch Anhalten des Schiffes während des Transportes entstehen, zu Lasten des Verkäufers oder Käufers gehen.

Die cif-Klausel, wonach der Verkäufer Kosten, Fracht und Versicherung bis zum Bestimmungsort übernimmt, ändert hieran nichts, weil durch diese der Erfüllungsort nicht verändert wird.

Von besonderer Bedeutung wird nun die Frage beim Konnossement, welches nach § 647 HGB. Dispositionspapier ist, dem dingliche Wirkung zukommt, und dessen Übergabe die Übergabe der Ware ersetzt, sobald die Güter von dem Schiffer zur Beförderung übernommen worden sind.

Es handelt sich dabei insbesondere um die Frage, ob der Käufer gegen Aushändigung des Konnossements auch dann zur Bezahlung verpflichtet ist, wenn die Ware aus dem überseeischen Hafen nicht ausgeführt werden darf oder wenn sie auf dem Transport von einer feindlichen Macht beschlagnahmt oder vernichtet wird, insbesondere wenn Zahlung netto Kassa gegen Konnossement vereinbart ist.

Handelt es sich nun um schwimmende Ware, so geht mit der Übergabe des Konnossements die Gefahr des Transportes auf den Käufer über.

Kann dagegen die Ware vom Auslandshafen überhaupt nicht verladen werden, so liegt Unmöglichkeit der Vertragserfüllung durch den Verkäufer vor.

Trotz der dinglichen Natur des Konnossements kann in diesem Falle der Käufer gegen Übergabe desselben nicht zur Bezahlung der Ware für verpflichtet erachtet werden, auch dann nicht, wenn netto Kassa gegen Konnossement gekauft ist, weil die in diesem Falle bestehende Vorleistungspflicht des Käufers doch immerhin die Möglichkeit der Vertragserfüllung durch den Verkäufer zur Voraussetzung hat (teilweise a. M. LZ. 1914 S. 1729 ff., S. 1836 ff.).

b) Verbotene Geschäfte.

Es wurde bereits bei der Erörterung über Höchstpreise ausgeführt, daß Verträge, welche nach Inkrafttreten derselben entgegen der Festsetzung über Höchstpreise abgeschlossen wurden, wegen Verstoßes gegen ein gesetzliches Verbot nichtig sind.

Durch positive Bestimmung des Bundesrates vom 19. November 1914 (RGBl. Nr. 100 S. 477/478) sind ferner Kaufverträge sowie die Vermittlung von Kaufverträgen verboten, wenn dieselben Schuldverschreibungen des Reiches oder eines Bundesstaates oder Schuldverschreibungen betreffen, deren Rückzahlung oder Verzinsung von dem Reiche oder einem Bundesstaate gewährleistet ist, wenn die Schuldverschreibungen mit dem englischen Stempel versehen sind, sofern sie sich nicht bereits seit dem 31. Juli 1914 ununterbrochen im Inlande befunden haben.

Nach der weiteren Verordnung des Bundesrates vom 23. November 1914 (RGBl. Nr. 101 S. 481) ist ferner der Handel oder die Vermittlung des Handels mit Reichsgoldmünzen zu einem den Nennwert übersteigenden Preis ohne Genehmigung des Reichskanzlers verboten.

Diese Vorschrift soll insbesondere verhindern, daß das Gold zur Ausfuhr in das feindliche Ausland aufgekauft wird.

Verträge, welche diesen gesetzlichen Bestimmungen zuwiderlaufen, sind nichtig.

Über den weiteren Fall der Zulässigkeit des Rücktrittes von dem Erwerb eines Anteiles an einer feindlichen ausländischen Unternehmung siehe im Nachtrag VII D.

III. Freiwillige Gerichtsbarkeit.

Es wurde bereits im I. Teil VI. Abschnitt A I Ziff. 1 (S. 26 oben), E (S. 45 oben) und F (S. 46 und 47 oben) hervorgehoben, daß zu den nach dem Reichsgesetz vom 28. Mai 1901 den Amtsgerichten zugewiesenen Verrichtungen und zur Errichtung von Testamenten in der erleichterten Testamentsform die Kriegsgerichtsräte und Oberkriegsgerichtsräte, sowie für die Besatzung der in den Dienst gestellten Schiffe der kaiserlichen Marine außerhalb eines inländischen Hafens die Geschwaderauditeure zuständig sind, sowie daß die Militärbehörde für die Nachlaßsicherung Sorge zu tragen hat.

Der Bundesrat hat nun durch die Bekanntmachung vom 14. Januar 1915, welche am gleichen Tage in Kraft getreten ist (RGBl. Nr. 4 S. 188 ff.) zur Erleichterung der Beurkundung von Rechtsgeschäften von Kriegsteilnehmern noch folgende weitere Vorschriften erlassen:

Für die öffentliche Beglaubigung der Unterschrift einer Militärperson des aktiven Heeres und der aktiven Marine einschließlich der Offiziere und Sanitätsoffiziere à la suite, sowie der verabschiedeten Offiziere, Sanitätsoffiziere und Militäringenieure, soweit sich dieselben wiederum beim aktiven Heere und bei der aktiven Marine befinden, einschließlich ferner aller Personen, welche sich in einem Dienst- oder Vertragsverhältnis beim deutschen kriegführenden Heere befinden, einschließlich ferner der beim deutschen kriegführenden Heere zugelassenen ausländischen Offiziere, sowie einschließlich der Angestellten und sonst dienstlich auf einem Kriegsschiff befindlichen Personen ist bestimmt, daß hiezu im Felde außer den Kriegsgerichtsräten und Oberkriegsgerichtsräten auch die militärischen Disziplinarvorgesetzten oder die vorgesetzten Beamten sowie die Gerichtsoffiziere zuständig sind.

Die Beglaubigung der Unterschrift selbst erfolgt nach Maßgabe von § 183 des Gesetzes über die freiwillige Gerichtsbarkeit; sollte dabei der Beglaubigungsvermerk nicht der Vorschrift in § 183 Abs. 2 entsprechen, so wird hiedurch die Gültigkeit der in Felde erfolgten öffentlichen Beglaubigung nach der ausdrücklichen Bestimmung der Bundesratsverordnung nicht berührt.

Dies gilt auch für solche Urkunden, welche schon vor dem 14. Januar 1915 beglaubigt wurden, sofern die Beglaubigung nach dem 1. August 1914 stattgefunden hat.

Vorausgesetzt ist aber natürlich zur Gültigkeit, daß eine nach den vorstehenden Bestimmungen zuständige Person die Beglaubigung überhaupt vollzogen, also insbesondere ihre Unterschrift zur Beglaubigung beigesetzt hat.

Nach dem Reichsgesetz betreffend die freiwillige Gerichtsbarkeit in Heer und Marine vom 28. Mai 1901 sind ferner, wie bereits erwähnt, für die nach § 167 des Gesetzes über die Angelegenheiten der freiwilligen Gerichtsbarkeit vom 17. Mai 1898 den Amtsgerichten zugewiesenen Verrichtungen, für die Entgegennahme von Versicherungen an Eides Statt, sowie für die Aufnahme von Urkunden über andere Tatsachen die Kriegsgerichtsräte und Oberkriegsgerichtsräte zuständig.

Nach dem Gesetz vom 28. Mai 1901 sind für die durch die Kriegsgerichtsräte und Oberkriegsgerichtsräte aufzunehmenden Urkunden die Vorschriften in §§ 168 bis 183 des Gesetzes über die Angelegenheiten der freiwilligen Gerichtsbarkeit anzuwenden, und daneben auch die Bestimmungen des BGB., falls es sich um die Errichtung von Testamenten und Erbverträgen handelt, wobei insbesondere auch die Bestimmungen in § 3 RG. vom 28. Mai 1901 selbst noch besonders zu beachten sind.

Alle diese Bestimmungen sind nun durch die erwähnte Verordnung des Bundesrates auch auf die kaiserliche Marine erstreckt.

Die Bestimmung in § 184 des Gesetzes betreffend die freiwillige Gerichtsbarkeit über die Zuständigkeit der Geschwaderauditeure eines in Dienst gestellten Schiffes der kaiserlichen Marine, welches sich außerhalb eines inländischen Hafens befindet, bleibt daneben aufrecht erhalten.

Abgesehen von dieser besonderen Voraussetzung kommen die Vorschriften des Gesetzes vom 28. Mai 1901 zurzeit allgemein für die kaiserliche Marine zur Anwendung, auch soweit sich die Schiffe derselben in einem Inlandshafen befinden.

Auch die Bestimmung des Gesetzes vom 28. Mai 1901, wonach nach dem Tode einer Militärperson die vorläufige Sicherung des Nachlasses dem zunächst vorgesetzten Offizier oder Beamten obliegt, ist zurzeit auch auf die kaiserliche Marine erstreckt.

Die Verordnung des Bundesrats gilt, wie schon erwähnt, für die Zeit vom 14. Januar 1915 ab; doch ist ihr in gewisser Hinsicht rückwirkende Kraft beigelegt.

Die Verordnung bestimmt nämlich weiter, daß, wenn eine Urkunde nach dem 1. August 1914 von einem Beamten oder Offizier aufgenommen worden ist, der nach den Vorschriften dieser Verordnung hiezu befugt gewesen wäre, dieselbe als von dem zuständigen Beamten oder Offizier im Felde aufgenommen gilt.

Da die Verordnung des Bundesrates jedoch zunächst nur die Bestimmungen des Gesetzes vom 28. Mai 1901 betreffend die freiwillige Gerichtsbarkeit in Heer und Marine auf die Marine allgemein erstreckt, und außerdem die öffentliche Beglaubigung von Unterschriften für Heer und Marine regelt, kann die Rückwirkung nur darin bestehen, daß, wenn eine Urkunde nach dem 1. August 1915 bei der kaiserlichen Marine aufgenommen oder im

Heere oder der Marine eine Unterschrift beglaubigt wurde, der Umstand, daß der beurkundende Beamte oder Offizier für die kaiserliche Marine oder für die Beglaubigung einer Unterschrift in Heer oder Marine erst durch die erwähnte Verordnung zuständig geworden ist, der Gültigkeit der Urkunde oder Beglaubigung der Unterschrift nicht entgegensteht.

Die Vorschriften des § 44 RMilG. über das privilegierte militärische Testament werden weder durch das Gesetz vom 28. Mai 1901 noch durch die Verordnung des Bundesrates vom 14. Januar 1915 berührt, ebensowenig die Vorschriften in Art. 44 EG. BGB., wonach die erleichterte Testamentsform unter den dortselbst vorgeschriebenen Voraussetzungen auch auf Angehörige der Marine erstreckt ist.

Dazu bestimmt nun aber die Verordnung des Bundesrates vom 14. Januar 1915 weiter, daß § 44 RMilG. auch außer den Voraussetzungen des Art. 44 EG. BGB. auf die kaiserliche Marine entsprechende Anwendung findet, und zwar beginnt nach dieser Vorschrift die Befugnis zur Errichtung der privilegierten letztwilligen Verfügung für Angehörige der Marine mit der Einschiffung, während die Frist, mit deren Ablauf die Verfügungen ihre Gültigkeit verlieren, mit der Ausschiffung beginnt.

Die Angehörigen der kaiserlichen Marine haben also zurzeit die Befugnis zur Errichtung der privilegierten militärischen Verfügungen nach erfolgter Einschiffung, auch solange sich das Schiff noch in einem inländischen Hafen befindet.

Auch dieser Bestimmung ist insoferne rückwirkende Kraft beigelegt, als nach derselben alle von Angehörigen der kaiserlichen Marine in der Zwischenzeit vom 1. August 1914 an in der privilegierten Form errichteten letztwilligen Verfügungen Gültigkeit haben, sofern die Voraussetzungen damals schon vorlagen, d. h. die betreffenden Personen damals schon eingeschifft waren.

Daß die Verfügungen nach Ablauf der in § 44 RMilG. und Art. 44 EG. BGB. bestimmten Frist außer Kraft treten, welche auch hier mit der Ausschiffung beginnt, ist selbstverständlich.

IV. Aneignung und Fund.

Über das Recht der Aneignung bzw. des Eigentums an Geschossen, durch welche Verwundete getroffen sind, sind während des Krieges verschiedene Meinungen entstanden.

Die Frage ist für das Privatrecht ohne erhebliche Bedeutung; s. hierüber insbesondere DJZ. 1914 S. 1382, JW. 1915 S. 68.

Soweit es sich dagegen um anderweitige vom Feind zurückgelassene oder verschossene Gegenstände handelt oder um Gegenstände, die der deutschen Heeresmacht gehören, steht das Recht der Aneignung nur dem Deutschen Reich zu, da das Beuterecht an feindlichen Gegenständen einem Privaten nicht zusteht, der deutschen Heeresmacht gehörige Gegenstände aber nicht herrenlos sind.

Dagegen steht dem Finder unter den allgemeinen Bestimmungen in §§ 965 ff. BGB. das Recht auf den gesetzlichen Finderlohn zu.

V. Sicherheitsleistung.

Es wurde im I. Teil VI. Abschnitt C Ziff. 1 S. 41, sowie im II. Teil II. Abschnitt Ziff. 1 S. 178 hervorgehoben, daß es fraglich sein kann, ob nach § 234 BGB. mit Wertpapieren während des Krieges Sicherheit geleistet werden kann, nachdem derzeit Kurswerte nicht festzustellen sind, und daß deshalb auch die Bestellung einer prozessualen Sicherheit gemäß § 108 ZPO. Schwierigkeiten unterliegen kann.

Um diese Schwierigkeiten zu beseitigen, hat nunmehr der Bundesrat durch Verordnung vom 22. Dezember 1914, welche am gleichen Tage in Kraft getreten ist (RGBl. Nr. 118 S. 541, 542), bestimmt, daß mit Wertpapieren, welche vor Ausbruch des Krieges einen Kurswert hatten, auch jetzt Sicherheit geleistet werden kann, und daß als Kurswert der vom 25. Juli 1914 oder, falls an diesem Tage ein Kurs nicht notiert war, der letzte vorher notierte Kurs maßgebend ist.

Für die Kriegsanleihen des Deutschen Reichs, welche erst während des Krieges ausgegeben worden sind oder noch ausgegeben werden, welche also einen vor dem Krieg notierten Kurswert nicht haben können, tritt nach der Bestimmung des Bundesrates der Ausgabepreis an die Stelle des Kurswertes, also für die bereits erfolgte erste Kriegsanleihe der Preis von 97,50 %.

Andere Wertpapiere des Deutschen Reiches, der Einzelstaaten, Kommunalverbände, Gemeinden oder zur Ausgabe von Inhaberpapieren ermächtigten Anstalten (BGB. § 795), welche erst während des Krieges zur Ausgabe gelangen, sind also nach wie vor zur Sicherheitsleistung nicht geeignet.

Mit Wertpapieren, für welche die Bestimmungen in §§ 234, 236 BGB. zur Anwendung kommen, kann die Sicherheit deshalb in Höhe von drei Vierteln des maßgebenden Kurswertes geleistet werden.

Da die Bestellung einer prozessualen Sicherheit nach § 108 ZPO. auf § 234 BGB. Bezug nimmt, kann deshalb auch die Bestellung einer solchen Sicherheit in Wertpapieren, welche vor Ausbruch des Krieges notiert waren, oder in Kriegsanleihe des Deutschen Reiches in Höhe von drei Vierteln des letzten Kurswertes bzw. des Ausgabepreises geleistet werden.

Nach § 69 des Gesetzes über die Zwangsversteigerung und Zwangsverwaltung kann die Sicherheit, welche der Bieter nach § 68 dieses Gesetzes zu leisten hat, mit Inhaberpapieren geleistet werden, welche einen Kurswert haben, und zwar in Höhe des ganzen Kurswertes.

Es kann also nunmehr auch in diesen Fällen die Sicherheit mit vor dem Kriege notierten Wertpapieren oder mit Kriegsanleihe des Deutschen Reiches geleistet werden, und zwar nicht bloß mit drei Vierteln, sondern mit dem vollen Kurswerte, welcher vor dem Kriege notiert war, bzw. mit dem vollen Ausgabepreis der Kriegsanleihe.

Die Verordnung des Bundesrates bestimmt nun für diese besonderen Fälle, daß das Gericht auf Antrag nach freiem Ermessen die Sicherheitsleistung nur in Höhe eines geringeren Betrages für zulässig erklären kann.

In denjenigen Bundesstaaten, in welchen die Versteigerung nicht dem Gerichte, sondern anderen Behörden (Notaren) übertragen ist, entscheidet über diesen Antrag der anderweitig bestimmte Versteigerungsbeamte.

Den Antrag kann gemäß § 67 ZVG. derjenige Beteiligte stellen, welcher überhaupt zum Verlangen der Sicherheit berechtigt ist.

VI. Zahlungsfrist und Beseitigung der Rechtsverwirkung.

1. Im I. Teil VII. Abschnitt A ist die gerichtliche Bewilligung einer Zahlungsfrist und B die gerichtliche Bewilligung der Beseitigung der Rechtsverwirkung erörtert werden.

Der Einfachheit halber wird bezüglich der künftigen Verweisungen auf die früheren Darstellungen nur mit A und B zitiert werden.

Nach der Verordnung des Bundesrates vom 7. August 1914 über die Bewilligung einer Zahlungsfrist kann durch das Prozeß- oder Amtsgericht eine Zahlungsfrist von längstens drei Monaten bestimmt, durch das Vollstreckungsgericht die Vollstreckung auf die gleiche Dauer eingestellt werden.

Durch weitere Verordnung des Bundesrates vom 22. Dezember 1914, die am gleichen Tage in Kraft getreten ist (RGBl. Nr. 118 S. 543/544), ist nun bestimmt, daß die Zahlungsfrist bis zur Höchstdauer von sechs Monaten bestimmt werden kann, wenn der Rechtsstreit die Zahlung des Kapitals einer Hypothek oder Grundschuld oder der Ablösungssumme einer Rentenschuld betrifft.

Es verbleibt also bei der Höchstgrenze von drei Monaten, wenn es sich nicht um die Zahlung eines Kapitals, sondern der Zinsen aus einer Hypothek, Grundschuld oder Rentenschuld handelt.

Es verbleibt ferner bei den übrigen Bestimmungen der Verordnung vom 7. August 1914, wonach die Zahlungsfrist nur dann bewilligt werden darf, wenn die Lage des Beklagten sie rechtfertigt und die Zahlungsfrist dem Gläubiger nicht einen unverhältnismäßigen Nachteil bringt, wonach die Zahlungsfrist für den gesamten Betrag oder für einen Teilbetrag der Forderung erfolgen und von einer Sicherheitsleistung abhängig gemacht werden kann.

Es verbleibt insbesondere bei der weiteren Bestimmung, wonach die Zahlungsfrist nur für eine vor dem 31. Juli 1914 entstandene Forderung bewilligt werden kann, und wonach der Zinsenlauf durch die Bestimmung der Zahlungsfrist nicht berührt wird.

Bezüglich aller dieser und aller übrigen Punkte ist auf die früheren Ausführungen zu verweisen.

Insbesondere ist in dem Umstand, daß nach dem 22. Dezember 1914 dem Schuldner vom Gläubiger Stundung gewährt wurde, der Verzicht des Schuldners auf Erteilung einer weiteren Frist zu erblicken.

Es verbleibt ferner bei der Bestimmung, daß, wenn der Schuldner die Beseitigung der Rechtsverwirkung der Fälligkeit des Hypothekkapitals selbst herbeiführen will, hiefür ausschließlich die Voraussetzungen der Bekanntmachung über die Folgen der nicht rechtzeitigen Zahlung einer Geldforderung vom 18. August 1914 maßgebend sind, und daß, wenn für das fällig gewordene Hypothekkapital bereits eine vollstreckbare Urkunde besteht, dies auf dem Wege der Einwendung gegen die Zulässigkeit der Vollstreckungsklausel geltend zu machen ist.

Im Einzelnen ist jedoch noch weiter folgendes zu bemerken:

Es wurde bereits zu B Ziff. 3 ausgeführt, daß die Beseitigung einer Rechtsfolge nicht mehr nachträglich abgewendet werden kann, wenn die Rechtsfolge bereits am 31. Juli 1914 eingetreten war, wenn also das Kapital einer Hypothek, Grundschuld oder der Ablösungssumme einer Rentenschuld wegen Nichtbezahlung einer Zinsrate am 31. Juli 1914 fällig geworden war.

Es wurde ferner zu B Ziff. 1, 3 und 4 bereits hervorgehoben, daß durch die Beseitigung der Rechtsverwirkung die Fälligkeit eines Kapitals nicht aufgehalten werden kann, wenn die Rechtsverwirkung nicht an die Folge der Nichtzahlung der Hypothekzinsen, sondern an andere Tatumstände geknüpft ist.

Diese Rechtssätze bleiben an sich bestehen.

Allein für die Verpflichtung zur Bezahlung eines durch Rechtsverwirkung bereits fällig gewordenen Kapitals oder eines Zuschlages zu demselben kann eine Zahlungsfrist nach der Verordnung vom 7. August 1914 bestimmt werden, welche für Kapitalien einer Hypothek, Grundschuld oder der Ablösungssumme einer Rentenschuld nunmehr auf sechs Monate bemessen werden kann.

Tritt durch die nicht rechtzeitige Zahlung des Kapitals der Hypothek selbst eine Rechtsverwirkung ein, so z. B. die Verwirkung eines erhöhten Zinssatzes oder einer Vertragsstrafe, so kann der Schuldner die Beseitigung der Rechtsverwirkung trotzdem nur für die Zeit bis zu höchstens drei Monaten beantragen, da in der Bekanntmachung des Bundesrates vom 18. August 1914 über die Folgen der nicht rechtzeitigen Zahlung einer Geldforderung nur eine Höchstfrist von drei Monaten bestimmt ist, und die Bundesratsbekanntmachungen nicht auf dem Standpunkt stehen, daß durch Bewilligung einer Zahlungsfrist die Beseitigung der Rechtsfolgen von selbst eintritt, sondern diese Beseitigung nach Maßgabe der Verordnung vom 18. August 1914 besonders ausgesprochen werden muß.

Es ist jedoch auch hier zu betonen, daß für das Recht des Gläubigers, nach §§ 1133 Satz 2, 1192 und 1201 BGB. die Zahlung der Hypothek, Grundschuld oder Rentenablösungssumme zu verlangen, eine Zahlungsfrist überhaupt nicht bewilligt werden kann; denn hier handelt es sich um die Geltendmachung der dinglichen Rechtsverfolgung auf Befriedigung aus dem Grundstücke (s. A Ziff. 2, B Ziff. 1). Eine Zahlungsfrist kann hier übrigens schon deshalb nicht bewilligt werden, weil die Zahlung gerade wegen der eingetretenen Verschlechterung des Grundstückes verlangt werden kann, durch Bewilligung der Zahlungsfrist aber dem Gläubiger kein unverhältnismäßiger Nachteil zugehen darf.

Für den Fall, daß bereits auf Grund der Verordnung vom 7. August 1914 eine dreimonatliche Zahlungsfrist bewilligt wurde, und der Schuldner nunmehr die Erstreckung der Frist auf sechs Monate beantragt, gilt folgendes:

Hat das Prozeßgericht bereits eine Frist bewilligt, so kann dasselbe selbstverständlich nicht nochmals angegangen werden, da mit seinem Urteil die Sache erledigt ist.

Wohl aber kann der Schuldner, wenn zwischen der Erlassung und der Rechtskraft des Urteils die Verordnung vom 22. Dezember 1914 erlassen wurde, durch Einlegung der Berufung die Fristerstreckung beantragen.

Dringt der Beklagte mit seinem Antrag auf Verlängerung der Frist auf sechs Monate durch, so ist der Gläubiger in die Kosten der Berufungsinstanz zu verurteilen, da der Schuldner in diesem Falle die Fristbestimmung auf sechs Monate in der ersten Instanz noch nicht beantragen konnte (s. zu A Ziff. 15).

Das gleiche gilt, wenn das Amtsgericht auf Ladung des Schuldners durch Urteil eine Frist bewilligt hat; die bedauerliche Folge im Kostenpunkt der Berufungsinstanz kann im Verfahren beim Amtsgerichte hier ebenfalls mit Rücksicht auf den Wechsel der Verordnungen eintreten.

Ist das Urteil des Amtsgerichtes rechtskräftig, so kann ein nochmaliger Antrag an das Amtsgericht nicht erfolgen, da auch das Amtsgericht an sein Urteil gebunden ist.

Die Verordnung vom 22. Dezember 1914 bestimmt nun weiter, daß die Einstellung der Zwangsvollstreckung durch das Vollstreckungsgericht für die Dauer von längstens sechs Monaten für die bezeichneten Ansprüche erfolgen kann.

Bezüglich der Tätigkeit des Vollstreckungsgerichtes ist zunächst auf die Ausführungen in A Ziff. 22 zu verweisen.

Für den Fall nun, daß vor Inkrafttreten der Verordnung vom 22. Dezember 1914 vom Prozeßgericht oder Amtsgericht bereits eine Zahlungsfrist bestimmt war, kann die Vollstreckung auf die Dauer von längstens sechs Monaten eingestellt werden.

Es verbleibt also zunächst bei den früheren Ausführungen, wonach, wenn das Prozeßgericht oder Amtsgericht die Bewilligung der Zahlungsfrist abgelehnt haben, eine Einstellung durch das Vollstreckungsgericht nicht erfolgen kann (s. A Ziff. 22).

Zweifelhaft ist, ob das Vollstreckungsgericht eine Einstellung der Vollstreckung bis zu sechs Monaten bewilligen kann, wenn das Prozeßgericht oder Amtsgericht zwar eine Zahlungsfrist bestimmt haben, aber eine solche von weniger als drei Monaten, damit also ausgesprochen haben, daß schon die bisher zulässige Zahlungsfrist von drei Monaten nicht in vollem Umfang zu gewähren war.

Nach der Fassung der Verordnung vom 22. Dezember 1914, welche für die Zulässigkeit der Dauer der Einstellung durch das Vollstreckungsgericht nur die Bestimmung einer Zahlungsfrist überhaupt durch das Prozeßgericht oder Amtsgericht voraussetzt, wird anzunehmen sein, daß auch in dem erwähnten Fall die Vollstreckung auf die Dauer von sechs Monaten eingestellt werden kann.

Haben nun das Prozeßgericht oder das Amtsgericht bereits eine Zahlungsfrist bewilligt, so kann die Vollstreckung durch das Vollstreckungsgericht auf die Dauer von längstens sechs Monaten eingestellt werden und zwar **einschließlich** der vom Prozeßgericht oder Amtsgericht bereits bewilligten Frist.

Für den Fall, daß das Prozeßgericht oder Amtsgericht über eine Zahlungsfrist überhaupt nicht entschieden haben, kann dagegen das Vollstreckungsgericht selbständig die Vollstreckung auf die Dauer von sechs Monaten einstellen und zwar, wie die Verordnung vom 22. Dezember 1914 ausdrücklich vorschreibt, ohne Einrechnung der bei einer früheren Einstellung bereits gewährten Frist.

Hat das Vollstreckungsgericht selbst bereits eine Einstellung der Vollstreckung abgelehnt, so kann, wie ebenfalls schon zu A Ziff. 22 ausgeführt wurde, das Vollstreckungsgericht nicht später die Einstellung verfügen.

Dies ergibt sich insbesondere auch aus der Fassung der Verordnung vom 22. Dezember 1914, wonach die Vollstreckung nochmals auf die Dauer bis zu sechs Monaten eingestellt werden kann, **wenn die Vollstreckung bereits vor dem Inkrafttreten der neuen Verordnung eingestellt war.**

Die neuerliche Frist beginnt mit der Zustellung des Beschlusses des Vollstreckungsgerichtes an den Schuldner.

2. Im I. Teil VII. Abschnitt A Ziff. 22 wurde bereits hervorgehoben, daß das Vollstreckungsgericht bei Bewilligung einer Zahlungsfrist die Einstellung der Vollstreckung nur nach Einleitung einer Vollstreckungsmaßregel bewilligen kann.

An dieser Anschauung muß trotz der teilweise entgegenstehenden Rechtsprechung festgehalten werden.

Dagegen kann der Antrag auf Beseitigung der besonderen Folgen der Rechtsverwirkung durch Einwendung gegen die Vollstreckungsklausel nicht bloß schon vor Einleitung einer Vollstreckungshandlung gestellt werden (s. I. Teil VII. Abschnitt B Ziff. 14), sondern er muß sogar, auch wenn eine Vollstreckungshandlung noch nicht vorgenommen ist, auf diesem Wege gestellt werden, wenn die Vollstreckungsklausel bereits erteilt ist, nicht daneben auch noch durch Ladung des Gläubigers vor das Amtsgericht.

Darauf weist auch die Fassung der Verordnung vom 18. August 1914 hin.

Denn in dieser Verordnung ist für die Zulässigkeit der Einwendung gegen die Vollstreckungsklausel ausdrücklich als Voraussetzung erklärt, daß der Gläubiger für seine Forderung einen vollstreckbaren Titel habe, während in der Verordnung über die Bewilligung einer Zahlungsfrist vom 7. August 1914 diese Voraussetzung nicht besonders erwähnt ist, woraus sich ergibt, daß auch bei Vorliegen eines solchen zwecks Bewilligung einer Zahlungsfrist der Gläubiger vom Schuldner vor das Amtsgericht geladen werden kann, solange nicht die Vollstreckung selbst begonnen hat.

Hat allerdings die Vollstreckung bereits begonnen, so kann auch die Bewilligung der Zahlungsfrist nur mehr durch Einstellung der Vollstreckung vom Vollstreckungsgericht bewilligt werden, wenn nicht bereits vor Einleitung der Vollstreckung der Schuldner den Gläubiger vor das Amtsgericht geladen hatte.

Es muß ferner entgegen der Meinung des Oberlandesgerichtes München (OLGRspr. 1915 S. 11) daran festgehalten werden, daß für das Verfahren beim Vollstreckungsgericht bei Bewilligung einer Zahlungsfrist § 766 ZPO. anwendbar ist.

Denn wenn auch die Voraussetzungen der Bewilligung der Zahlungsfrist in § 1 der Verordnung vom 7. August 1914 niedergelegt sind, ist für die prozessuale Ausgestaltung der Anwendung dieser Bestimmung ein besonderer Weg in der Verordnung nicht vorgesehen.

Wenn die Gewährung der Zahlungsfrist selbst auch nicht bloß eine prozessuale Maßnahme ist, so kann doch die durch das Vollstreckungsgericht zu gewährende Zahlungsfrist auf einem anderen prozessualen Wege als dem des § 766 ZPO. nicht durchgeführt werden.

Es sei ferner bemerkt, daß wenn auch die Bewilligung der Zahlungsfrist nicht bloß eine prozessuale Maßnahme ist, sondern eine Stundung enthält, diese doch nicht etwa dahin führen könnte, daß nunmehr der Schuldner, welchem eine Zahlungsfrist bewilligt ist, eine Forderung gegen seinen Gläubiger unter Berufung auf §§ 387, 390 BGB. geltend machen könnte, ohne seine eigene Forderung zu bezahlen.

Dies würde gegen Treu und Glauben verstoßen.

Der Gläubiger eines Schuldners, welchem Zahlungsfrist bewilligt wurde, kann vielmehr gegenüber der Gegenforderung seines Schuldners seine eigene Forderung, bezüglich welcher dem Schuldner Zahlungsfrist bewilligt wurde, gleichwohl zur Aufrechnung bringen, sofern ohne die Bewilligung der Zahlungsfrist die Aufrechnung möglich wäre.

VII. Ausländische Forderungen.

A. Im allgemeinen.

Im I. Teil VIII. Abschnitt A wurde das sogenannte Gegenmoratorium erörtert, wie es auf Grund der Verordnungen des Bundesrates vom 7. August 1914 und 22. Oktober 1914 zunächst bis 31. Oktober 1914 und alsdann bis 31. Januar 1915 gegolten hat.

Durch weitere Verordnung des Bundesrates vom 21. Januar 1915 (RGBl. Nr. 7 S. 31) ist dasselbe nunmehr unter Aufrechterhaltung aller übrigen Voraussetzungen bis 30. April 1915 erstreckt worden.

Es wurde oben S. 86 bereits hervorgehoben, daß die Verordnung über die Hinausschiebung der Geltendmachung von Auslandspersonen keine Anwendung findet auf Ansprüche von im Inlande unterhaltenen gewerblichen Niederlassungen ausländischer Firmen.

Es ist noch zu bemerken, daß die Verordnung also die Hinausschiebung der Geltendmachung von Forderungen umgekehrt auch keine Anwendung findet auf Ansprüche aus Zweigniederlassungen deutscher Firmen oder deutscher Gesellschaften, wenn die Firma oder die Gesellschaft selbst sich im Inlande und die Zweigniederlassung im Auslande befindet.

Nur muß es sich tatsächlich um eine nur im Auslande ansässige deutsche Zweigniederlassung handeln.

Daß ein im Inlande ansässiger deutscher Agent als selbständiger deutscher Kaufmann für seine eigenen Forderungen nicht von der Verordnung betroffen wird, ist selbstverständlich; daß aber die Bestellung eines Agenten in Deutschland nicht dem ausländischen Gläubiger die Möglichkeit der Beitreibung seiner eigenen Forderungen gewährt, wurde bereits S. 87 oben bemerkt.

Es dürfen natürlich nicht die Voraussetzungen der Unzulässigkeit der Geltendmachung der Forderungen aus feindlichen Ländern vorliegen, worüber auf die Vorschriften bezüglich der englischen, französischen und russischen Forderungen zu verweisen ist.

B. Ausländische Wechselforderungen.

Im I. Teil VIII. Abschnitt B wurde die Hinausschiebung der Geltendmachung ausländischer Wechselforderungen behandelt.

Durch weitere Verordnung des Bundesrates vom 18. Januar 1915, welche am 19. gleichen Monats in Kraft getreten ist (RGBl. Nr. 6 S. 23 ff.), ist nun weiter bestimmt, daß die Fälligkeit dieser Wechsel um weitere drei Monate hinausgeschoben ist, wobei auch hier bestimmt ist, daß durch diese weitere Hinausschiebung der Fälligkeit die Verpflichtung zur Entrichtung einer weiteren Wechselstempelmarke nicht begründet wird, auch an der Reichsbankfähigkeit dieser Wechsel hiedurch nichts geändert wird.

Es ist in der Verordnung vom 18. Januar 1915 weiter bestimmt, daß sich die Wechselsumme um weitere 6 % für drei Monate erhöht.

Um jedoch dem Schuldner eines Auslandswechsels die Möglichkeit der vorzeitigen Einlösung ohne den Zuschlag von weiteren 6 % für weitere drei Monate zu gewähren, eine Möglichkeit, die der zur Zahlung bereite Schuldner bisher sehr häufig deshalb nicht ausüben konnte, weil er überhaupt nicht wußte, welcher Gläubiger im Besitze des Wechsels sei, ist nun weiter folgendes bestimmt:

Die weitere Erhöhung der Wechselsumme um 6 % für weitere drei Monate tritt nach der neuerlichen Verordnung des Bundesrates nur dann ein, wenn der wechselmäßig legitimierte Inhaber des Wechsels in der Woche vor dem aus der Bekanntmachung vom 22. Oktober 1914 sich ergebenden Zahlungstage den Bezogenen schriftlich benachrichtigt, daß er den Wechsel in Händen habe.

Bei domizilierten Wechseln ist der Domiziliat, bei Wechseln, deren Zahlung am Wohnort des Bezogenen durch eine andere Person erfolgen soll, ist diese zu benachrichtigen.

Nach diesen Bestimmungen verbleibt es also zunächst bei der Erhöhung der Wechselsumme um 6 % für die sechs Monate, um welche die Fälligkeit des Wechsels bereits nach den Bekanntmachungen des Bundesrates vom 10. August und 22. Oktober 1914 hinausgeschoben war.

Die weitere Erhöhung der Wechselsumme um 6 % für die weiteren drei Monate, um welche die Fälligkeit weiter hinausgeschoben ist, tritt jedoch nur unter den vorgenannten Voraussetzungen ein.

Damit dieselbe also eintritt, ist notwendig, daß der wechselmäßig legitimierte Inhaber des Wechsels die Benachrichtigung ergehen läßt; diese Legitimation bestimmt sich nach Art. 36 WO.

Es ist ferner notwendig, daß der Bezogene benachrichtigt wird.

Bei bestimmt domizilierten Wechseln, d. h. bei Wechseln, welche an einem vom Wohnorte des Bezogenen verschiedenen Zahlungsorte durch einen bestimmten Domiziliaten bezahlt werden sollen (Art. 24 WO.), ist dieser zu benachrichtigen.

Beim uneigentlichen Domizilwechsel, wobei nur eine am Wohnort des Bezogenen befindliche andere Zahlstelle beigefügt ist, ist diese zu benachrichtigen.

Die Benachrichtigung ist ferner in der Woche vor dem Ablauf der bisherigen sechsmonatlichen Verlängerungsfrist vorzunehmen, d. h. in der Woche vor dem Zahlungstage, der sich unter Zugrundelegung dieser bisherigen sechsmonatlichen Verlängerungsfrist ergibt (s. oben S. 99/100).

Zur Wahrung der Frist genügt es, wenn das Benachrichtigungsschreiben vor dem sich hiernach berechnenden Zahlungstage zur Post gegeben ist, wobei der rechtzeitige Abgang der Mitteilung in Anwendung von Art. 48 Satz 1 WO. durch den Postschein geführt werden kann, wonach ein Brief eingeschrieben an den Empfänger abgesandt wurde.

Der Empfänger der Benachrichtigung ist zur unverzüglichen Bestätigung des Empfanges der Benachrichtigung verpflichtet.

Die Unterlassung dieser Empfangsbestätigung macht schadensersatzpflichtig.

Sofern es über die Frage der Benachrichtigung zu einem Rechtsstreit kommt, genügt nach der Vorschrift der Bundesratsverordnung auch im Wechselprozeß die Glaubhaftmachung der erfolgten Benachrichtigung; es ist also, wie schon in § 605 Abs. 2 ZPO. für Nebenforderungen zugelassen, für den Beweis der Benachrichtigung nicht notwendig, daß hiefür ein im Urkunden- oder Wechselprozeß zulässiger Beweis geführt werde.

Die Benachrichtigung kann selbstverständlich auch schon früher als in der letzten Woche vor dem Zahlungstage erfolgen, da es sich hier nur um eine den Wechselschuldner schützende äußerste Frist handelt.

Ist die Benachrichtigung hiernach von dem legitimierten Wechselinhaber an den in Betracht kommenden Zahlungspflichtigen ordnungs- und fristgemäß erfolgt, so erhöht sich die Wechselsumme auch für die neuerliche Verlängerungsfrist von weiteren drei Monaten wiederum um den Betrag, welcher sich aus einem jährlichen Betrag von 6 % berechnet.

Wird diese Benachrichtigung nach diesen Vorschriften nicht rechtzeitig oder nicht ordnungsmäßig bewirkt, so tritt für die weitere Verlängerungszeit von drei Monaten eine nochmalige Erhöhung der Wechselsumme nicht ein, sondern es verbleibt in diesem Falle bei der ursprünglichen Erhöhung der Wechselsumme mit 6 % für die bisherigen sechs Monate, ohne daß dieser Betrag zunächst weiter zu verzinsen wäre.

Ist die Benachrichtigung rechtzeitig erfolgt, so ist der Bezogene berechtigt, den Wechsel an dem Zahlungstage, wie er sich auf Grund der ursprünglichen Verlängerung um sechs Monate ergibt, oder innerhalb einer Woche nach diesem Zahlungstage im Geschäftslokal und in Ermangelung eines solchen in der Wohnung des Gläubigers einzulösen.

Der Gläubiger ist also nicht verpflichtet, den Wechsel zur Zahlung vorzulegen.

Die Einlösung hat selbstverständlich zur üblichen Geschäftszeit zu erfolgen; sie darf nicht zur Unzeit erfolgen; sie kann also auch nicht an einem Sonn- oder Feiertag gegen den Willen des Gläubigers erfolgen.

Wenn der Schuldner hiernach ordnungsmäßig den Wechsel einlöst, ist er verpflichtet, den weiteren Betrag von 6 % nur von dem Zahlungstage an bis zum Tage der Einlösung zu entrichten.

Bei einer Teilzahlung ist die geleistete Zahlung zunächst auf die bis zur Zahlung aufgelaufenen Zinsen d. h. auf die bisherige Erhöhung der Wechselsumme und der überschießende Betrag auf die Hauptsache anzurechnen.

Zu dem restigen Betrag des Wechsels ist alsdann bis zu dessen Zahlung oder bis zu einer weiteren Teilzahlung auch für die neuerliche Verlängerung der Zuschlag von 6 % zu machen.

Weist der Gläubiger die Zahlung durch den Schuldner grundlos zurück oder weigert er sich im Widerspruch zu Art. 38 WO. der Annahme einer Teilzahlung, so kommt er insoweit in Annahmeverzug, was nach § 301 BGB. die Wirkung hat, daß der Gläubiger aus dem zu Unrecht zurückgewiesenen Betrag von dem Tage des Angebotes dessen Zahlung die weitere Erhöhung der Wechselsumme um 6 % nicht zu fordern hat.

Wenn nach der Verordnung vom 18. Januar 1915 auch nur der Bezogene das Recht der Einlösung des Wechsels zwecks Vermeidung der weiteren Erhöhung um 6 % haben soll, wird doch anzunehmen sein, daß dieses Recht nach den allgemeinen Bestimmungen der Wechselordnung von jedem Wechselschuldner ausgeübt werden kann (Art. 48 WO.).

Da jedoch die Verfallzeit des Wechsels um weitere drei Monate hinausgeschoben ist, so hat wohl der Wechselschuldner das Recht der Einlösung des Wechsels, der Wechselgläubiger kann aber nicht die vorherige Zahlung fordern.

Eine spätere Zahlung oder Teilzahlung als am Zahlungstage oder innerhalb einer Woche nach demselben braucht jedoch der Gläubiger nicht anzunehmen, d. h. der Schuldner kann eine solche spätere Zahlung mit der Wirkung nicht vornehmen, daß dadurch die Erhöhung der Wechselsumme um 6 % für drei Monate vermieden wird.

Tritt eine weitere Erhöhung der Wechselsumme um 6 % überhaupt nicht ein, sei es, daß der Gläubiger die rechtzeitige oder ordnungsmäßige

Benachrichtigung unterläßt, sei es, daß er eine angebotene Zahlung oder Teilzahlung grundlos zurückweist, so hat der Wechselschuldner gleichwohl, wenn der Gläubiger nach Ablauf der weiteren Verlängerungsfrist von drei Monaten die Zahlung der Wechselsumme verlangt oder wenn der Gläubiger sich nachträglich zur Annahme der Wechselsumme oder der Teilzahlung bereit erklärt, von da ab den von ihm geschuldeten Betrag, wenn sich derselbe auch nicht nachträglich aus 6 % erhöhte, nach den gewöhnlichen Regeln der Wechselordnung zu verzinsen.

Diese Verzinsung der Wechselsumme mit der Erhöhung von 6 % für die ersten sechs Monate hat also jedenfalls von dem Tage des neuerlich um weitere drei Monate hinausgeschobenen Verfalltermins bzw. von der nach Eintritt dieses Verfalles an erfolgten Klagestellung zu geschehen; im übrigen siehe oben S. 126/127.

Bezüglich der ausländischen Wechsel selbst, deren Fälligkeit mit den soeben hervorgehobenen Wirkungen um weitere drei Monate hinausgeschoben wird, ist auf die früheren Erörterungen (S. 96 ff.) zu verweisen.

Besonders ist noch wiederholt hervorzuheben, daß auch nach Ablauf der um weitere drei Monate verlängerten Verfallfrist nunmehr die Protestfrist wegen Unmöglichkeit durch die kriegerischen Ereignisse oder auf Grund der allgemeinen Verlängerungen der Fristen des Wechselrechts wiederholt hinausgeschoben sein kann (s. oben S. 160 ff.), sowie daß die Verjährung mit Rücksicht auf die weitere Verlängerung erst nach Ablauf von weiteren drei Monaten beginnt (s. oben S. 102/103).

Der Gläubiger, welcher einen solchen Wechsel zahlungshalber entgegengenommen hat, wird zur Zurückgabe desselben für befugt zu gelten haben, wenn er den Wechsel vor Erlassung der Bekanntmachung vom 18. Januar 1915 zahlungshalber entgegengenommen hat (s. oben S. 103).

Auf feindliche Wechselforderungen bezieht sich die Bestimmung überhaupt nicht.

Diese dürfen unter den für sie aufgestellten Voraussetzungen nicht bezahlt werden; auch tritt für diese die Erhöhung um 6 % überhaupt nicht ein (s. oben S. 104 ff. und nachfolgende lit. C).

C. Englische, französische und russische Forderungen.

Es ist hiezu zunächst auf die obigen Ausführungen S. 103 ff. zu verweisen und noch folgendes hervorzuheben:

Es wurde bereits auf S. 104 bemerkt, daß Zahlungen nach den feindlichen Ländern also auch an feindliche Zwangsverwalter verboten und deshalb nichtig sind, soweit es sich nicht um die Unterstützung von Deutschen handelt, oder der Reichskanzler zwecks Abwendung von Schädigungen deutscher Unternehmungen im Auslande Ausnahmen gestattet.

Eine solche Ausnahme ist nach der Bekanntmachung des Reichskanzlers vom 20. Dezember 1914 (RGBl. Nr. 120 S. 550) für Zahlungen aus einem Schuldverhältnis gegenüber einem im feindlichen Auslande ansässigen Unternehmen erlassen, sofern die Zahlung an einen Deutschen erfolgt, der Inhaber oder Teilhaber des Unternehmens ist und anläßlich des Krieges das feindliche Ausland verlassen hat, wenn er auch nicht nach Deutschland selbst zurückgekehrt ist.

Diese Ausnahme soll die Einziehung von Forderungen gegenüber Schuldnern in Deutschland durch solche Deutsche zulassen, welche anläßlich des Krieges das feindliche Ausland möglicherweise sogar unter Zurücklassung ihres Vermögens verlassen haben; Zahlungen an solche Deutsche aus Forderungen des im feindlichen Auslande ansässigen Unternehmens sind also zulässig.

Nach Bekanntmachung vom 4. Februar 1915 (RGBl. Nr. 16 S. 69) ist ferner das Zahlungsverbot gegenüber Rußland auf die unter deutscher Zivilverwaltung stehenden russischen Gebiete nicht anwendbar.

Auch soweit nach diesen Ausnahmen Zahlungen nicht verboten sind, besteht eine Verpflichtung zur Bezahlung insoweit nicht, als nach den Vorschriften gegenüber den feindlichen Ländern die Forderung als gestundet gilt.

Es ist ferner in der zu B erwähnten neuerlichen Verordnung des Bundesrates vom 18. Januar 1915 über die Hinausschiebung der Fälligkeit von Auslandswechseln um weitere drei Monate ausdrücklich ausgesprochen, daß es bezüglich der feindlichen Wechselforderungen bei den Verordnungen gegenüber England, Frankreich und Rußland sein Bewenden hat, und daß bezüglich dieser feindlichen Wechselforderungen die Erhöhung der Wechselsumme um 6 % für die Verlängerungszeit nicht stattfindet (s. oben S. 105).

Es wurde ferner bereits S. 105/106 hervorgehoben, daß Rechtsfolgen unter den dortselbst erörterten Grundsätzen als nicht eingetreten gelten, und Zinsen nicht geschuldet werden.

Es ist dazu insbesondere weiter zu bemerken, daß auch abgesehen von zivilrechtlichen oder strafrechtlichen Ausfuhrverboten Lieferungen auf Grund früherer Abschlüsse nicht gemacht zu werden brauchen, weil auch die feindlichen Gläubiger für Warenlieferungen keine Zahlung leisten (BGB. §§ 320 ff.).

Dagegen kommt es bezüglich der Frage der Zulässigkeit von Zahlungen oder des Eintrittes der Stundung nicht darauf an, ob eine im Inland befindliche feindliche Unternehmung unter Zwangsüberwachung gestellt ist (s. nachfolgende lit. D).

Die Stundung gegenüber Forderungen solcher Unternehmungen tritt vielmehr nur unter den allgemeinen Voraussetzungen der Verordnungen gegenüber England, Frankreich und Rußland ein; dies gilt insbesondere auch für inländische Zweigniederlassungen feindlicher Unternehmungen.

Bezüglich feindlicher Wechselforderungen ist noch besonders darauf hinzuweisen, daß bezüglich dieser der Versuch der Umgehung des Zahlungsverbotes durch den feindlichen Gläubiger besonders dadurch gemacht werden kann, daß er den Wechsel begibt, ohne selbst sein Giro auf denselben zu setzen.

Ergibt sich die feindliche Natur des Wechsels darnach überhaupt nicht aus seinem Inhalt, so wird allerdings dem Wechselschuldner die Beweislast hiefür obliegen.

Erbringt derselbe diesen Beweis, so trifft die Beweislast der rechtzeitigen Rechtsnachfolge alsdann wiederum den Rechtsnachfolger (s. oben S. 110/111).

D. Zwangsweise Überwachung feindlicher ausländischer Unternehmungen.

Nach der Verordnung des Bundesrates vom 4. September 1914 (RGBl. Nr. 71 S. 397/398) betreffend die Überwachung ausländischer Unternehmungen und der dazu ergangenen ergänzenden Verordnung vom 22. Oktober 1914

(RGBl. Nr. 91 S. 447/448) können im Wege der Vergeltung im deutschen Reichsgebiete ansässige Unternehmungen oder Zweigniederlassungen von Unternehmungen, welche vom feindlichen Ausland aus geleitet oder beaufsichtigt werden, oder deren Erträgnisse ganz oder zum Teil in das feindliche Ausland abzuführen sind, auf Kosten der Unternehmungen unter Zwangsaufsicht durch Bestellung von Aufsichtspersonen gestellt werden, die unter Wahrung der Eigentums- und sonstigen Privatrechte des Unternehmens darüber zu wachen haben, daß während des Krieges der Geschäftsbetrieb nicht in einer den deutschen Interessen widerstreitenden Weise geführt wird.

Geld und sonstige Vermögenswerte eines unter Aufsicht gestellten Unternehmens dürfen weder mittelbar noch unmittelbar in das feindliche Ausland abgeführt oder überwiesen werden; die Aufsichtspersonen können Ausnahmen zulassen, insbesondere in geeigneten Fällen anordnen, daß Geld oder Wertpapiere zugunsten der Berechtigten bei der Reichsbank hinterlegt werden.

Nach der weiteren Verordnung des Bundesrates vom 26. November 1914, betreffend die zwangsweise Verwaltung französischer Unternehmungen (RGBl. Nr. 104 S. 487/488) können ferner im Wege der Vergeltung auch solche Unternehmungen insbesondere auch Versicherungsunternehmungen unter Zwangsverwaltung gestellt werden, deren Kapital ganz oder überwiegend französischen Staatsangehörigen zusteht; es können auch solche Unternehmungen oder Gesellschaften, die im Inlande ihren Sitz haben, aufgelöst werden.

Auf Grund der in der Verordnung vom 26. November 1914 enthaltenen Ermächtigung des Reichskanzlers zur Ausdehnung derselben auf andere feindliche Unternehmungen ist durch Bekanntmachung des Reichskanzlers vom 22. Dezember 1914 (RGBl. Nr. 122 S. 556) diese Vorschrift auch auf Unternehmungen ausgedehnt worden, deren Kapital ganz oder überwiegend britischen Staatsangehörigen zusteht.

Durch diese öffentlich-rechtlichen Bestimmungen soll insbesondere verhindert werden, daß Zahlungen, welche nach den Vorschriften über die Zahlungen an englische, französische und russische Gläubiger an inländische Zweigniederlassungen solcher Gläubiger geleistet werden müssen, nicht in das feindliche Ausland abgeführt werden.

Zu diesen öffentlich-rechtlichen Vorschriften ist dann weiter durch Verordnung des Reichskanzlers vom 5. Januar 1915 (RGBl. Nr. 2 S. 13) in zivilrechtlicher Hinsicht bestimmt, daß derjenige, der in der Zeit nach dem 26. November 1914 Anteile an einem französischen Unternehmen erworben hat, die am 26. November 1914 einem Angehörigen des feindlichen Auslandes zustanden, von dem Vertrage zurücktreten kann, sofern das Unternehmen unter zwangsweise Verwaltung gestellt wird.

Der Rücktritt kann nur innerhalb eines Monats nach Kenntnis des Berechtigten von der Einsetzung der Verwaltung gegenüber dem aufgestellten Zwangsverwalter erklärt worden (BGB. § 349).

VIII. Allgemeine Verlängerung der Fristen des Wechsel- und Scheckrechtes.

Es wurde bereits oben S. 121 hervorgehoben, daß zwecks Vermeidung einer fortgesetzten Verlängerung der Fristen für die dortselbst bezeichneten Wechsel und Schecks aus den dortselbst bezeichneten Grenzgebieten durch die Bekanntmachung des Bundesrates vom 17. Dezember 1914 allgemeine Fristverlängerung eingetreten ist.

Durch weitere Bestimmung des Bundesrates vom 21. Januar 1915 (RGBl. Nr. 7 S. 32) ist nun nochmals bestimmt, daß, wenn der Zahlungstag des Wechsels oder der sonstige für den Beginn der Frist maßgebende Zeitpunkt vor dem 1. Januar 1915 eingetreten ist, der fünf Monate nach Beginn der Frist erfolgende Ablauf nicht schon frühestens mit dem 1. Februar 1915, sondern frühestens mit dem 31. März 1915 eintritt.

Hiezu ist nun zunächst folgendes zu bemerken:

Die allgemeine Fristverlängerung für Wechsel und Schecks aus den Grenzgebieten tritt nach den Bestimmungen der Verordnung des Bundesrates vom 17. Dezember 1914 und 21. Januar 1915 mit dem nunmehr bestimmten Zeitpunkt ein, soweit sich nicht aus anderen Vorschriften ein späterer Ablauf ergibt.

Es wurde bereits S. 121 hervorgehoben, daß sich solche andere Vorschriften, welche einen späteren Ablauf bedingen, insbesondere aus der Hinausschiebung der Fälligkeit von Auslandswechseln oder der Unmöglichkeit der Protesterhebung infolge kriegerischer Ereignisse ergeben können.

Ein solch späterer Ablauf kann sich aber auch infolge der allgemeinen Fristverlängerung um 30 Tage ergeben, wie sie für alle Wechsel, also auch für die Wechsel aus den Grenzgebieten gilt.

Sollte also ein Wechsel im Grenzgebiete, bezüglich dessen die Frist am 31. Juli 1914 noch nicht abgelaufen war, überhaupt erst am 30. April 1915 oder später fällig werden, so gilt die allgemeine Fristverlängerung von 30 Tagen, welche alsdann erst nach dem 31. Mai 1915 abläuft, auch für ihn.

Denn durch die Bekanntmachungen vom 17. Dezember 1914 bzw. 21. Januar 1915 soll nicht die allgemeine Fristverlängerung verkürzt, sondern nur der äußerste Zeitpunkt für die für solche Grenzwechsel bestimmte besondere Fristverlängerung bezeichnet werden.

Darum ist auch in der Bekanntmachung vom 17. Dezember 1914 die Bekanntmachung vom 6. August 1914 über die allgemeine Fristverlängerung nicht aufgehoben worden.

Es wurden ferner oben S. 124 die für die Abänderung der Postordnung in den Grenzgebieten seinerzeit ergangenen Änderungen erörtert.

Mit Rücksicht auf die für die oben schon bezeichneten Grenzgebiete nunmehr geltende allgemeine Fristverlängerung nach der Bundesratsverordnung vom 17. Dezember 1914 ist nun zunächst die weitere Bekanntmachung vom 21. Dezember 1914 betreffend Änderung der Postordnung (RGBl. Nr. 120 S. 549/550) ergangen.

Da nun in der Bundesratsverordnung vom 17. Dezember 1914 die Frist für Wechsel in den bezeichneten Grenzgebieten, welche vor dem 1. Januar 1915 fällig wurden, um fünf Monate verlängert war, jedoch jedenfalls bis 1. Februar 1915, ist bestimmt gewesen, daß Wechsel mit dem Verfalltag bis einschließlich 1. September 1914 bei Nichteinlösung nochmals am 1. Februar 1915 zur Zahlung vorgelegt werden.

Trat der Verfall eines solchen Wechsels in der Zeit vom 2. September 1914 bis einschließlich 31. Dezember 1914 ein, so wird der Wechsel dementsprechend innerhalb einer Frist von fünf Monaten vom Zahlungstage ab wiederholt zur Zahlung vorgelegt.

Da in der Verordnung vom 17. Dezember 1914 weiter bestimmt ist, daß für Wechsel in den Grenzgebieten, wenn die Zahlung am 1. Januar 1915 oder später fällig wird, die Frist mit dem 31. Mai 1915 abläuft, werden Wechsel, die in der Zeit vom 1. Januar 1915 ab fällig werden, am 31. Mai 1915 wiederholt zur Zahlung vorgelegt.

Ist der Verfalltag des Wechsels jedoch der 30. April 1915 oder ein späterer Tag, so daß für solche Wechsel die allgemeine Fristverlängerung von 30 Tagen gilt, so werden sie wie alle Wechsel, bezüglich deren die Frist nicht schon am 31. Juli 1914 abgelaufen war, am 30. Tage nach Ablauf der Protestfrist wiederholt zur Zahlung vorgezeigt.

Da nun durch die Verordnung des Bundesrates vom 21. Januar 1915 bestimmt ist, daß die Fristen für Wechsel in den bezeichneten Grenzgebieten, wenn der Zahlungstag des Wechsels oder der sonstige für den Beginn der Frist maßgebende Zeitpunkt vor dem 1. Januar 1915 eingetreten ist, fünf Monate nach dem Beginn der Frist, jedoch frühestens mit dem 31. März 1915 ablaufen, ist die weitere Bekanntmachung des Reichskanzlers vom 25. Januar 1915 ergangen (RGBl. Nr. 10 S. 47/48).

Darnach ist nunmehr bestimmt, daß, wenn der Zahlungstag des Wechsels in der Zeit vom 30. Juli 1914 bis einschließlich 31. Oktober 1914 eingetreten ist, der Wechsel nochmals am 31. März 1915 zur Zahlung vorgezeigt wird, und wenn der Zahlungstag des Wechsels in der Zeit vom 1. November 1914 bis einschließlich 31. Dezember 1914 eingetreten ist, am letzten Tage einer vom Zahlungstage ab laufenden Frist von fünf Monaten, während es bezüglich der Wechsel, deren Zahlungstag in der Zeit vom 1. Januar 1915 bis einschließlich 29. April 1915 oder am 30. April 1915 oder später eintritt, bei den Bestimmungen der Bekanntmachung vom 21. Dezember 1914 verblieben ist.

Die in der auf S. 124 oben erwähnten Verordnung des Bundesrates vom 27. November 1914 getroffene Bestimmung, wonach der Auftraggeber die sofortige Vornahme des Postprotestes verlangen kann, ist nach der Bekanntmachung des K. b. Staatsministeriums für Verkehrsangelegenheiten vom 2. Dezember 1914 auch für Bayern nochmals ausdrücklich bestimmt worden (GVBl. Nr. 71 S. 657).

Durch weitere Bundesratsverordnung vom 4. März 1915, in Kraft getreten am 5. gleichen Monats (RGBl. Nr. 30 S. 129, 130) ist endlich bestimmt, daß für die bezeichneten Wechsel und Schecks aus den genannten Grenzgebieten die Fristen für die zur Erhaltung des Wechselrechts oder Scheckregreßrechts erforderlichen Handlungen, soweit die Fristen nicht schon am 31. Juli 1914 abgelaufen waren, mit dem 31. Mai 1915 ablaufen, soweit sich nicht aus anderen Vorschriften ein späterer Ablauf ergibt.

Die Änderung besteht also darin, daß auch die vor dem 1. Januar 1915 beginnenden Fristen jedenfalls nicht vor dem 31. Mai 1915 ablaufen.

Die zu erwartende Änderung der Postordnung wird deshalb wohl für alle derartigen Wechsel die Vorzeigung zur wiederholten Zahlung am 31. Mai 1915 vorschreiben, für Wechsel mit dem Zahlungstag vom 30. April 1915 oder einem späteren am 30. Tage nach Ablauf der Protestfrist.

Auch nach dieser neuerlichen Verordnung wird jedoch die Frist zur Benachrichtigung des Vormannes nicht erstreckt (s. S. 122).

IX. Kriegsschutzgesetz.

Es wurde oben S. 196 ausgeführt, daß die Bestimmungen des Kriegsschutzgesetzes nach der Bekanntmachung des Bundesrates vom 22. Oktober 1914 auf die österreichisch-ungarischen Kriegsteilnehmer von dem Zeitpunkt an sich erstrecken sollen, in welchem der Reichskanzler im Reichsgesetzblatt bekannt macht, daß durch die Gesetzgebung Österreich-Ungarns die Gegenseitigkeit verbürgt ist.

Durch Bekanntmachung des Reichskanzlers vom 4. Februar 1915 (RGBl. Nr. 16 S. 70) ist nunmehr bekannt gemacht, daß durch die gesetzlichen Verordnungen der Regierungen Österreich-Ungarns die Gegenseitigkeit im Sinne dieser Vorschrift verbürgt ist.

Die sämtlichen Bestimmungen des Kriegsschutzgesetzes kommen deshalb nunmehr auch auf die Kriegsteilnehmer Österreich-Ungarns in dem schon S. 196 erörterten Sinn während der Dauer des Kriegszustandes bzw. ihres Kriegsteilnehmerverhältnisses zur Anwendung.

Es werden also bürgerliche Rechtsstreitigkeiten gegen diese Kriegsteilnehmer gemäß §§ 2—4 des Gesetzes nunmehr unterbrochen.

Die Zwangsversteigerung körperlicher beweglicher und unbeweglicher Sachen ist nach Maßgabe des § 5 des Gesetzes unzulässig und zwar auch in der Richtung gegen Ehefrau und Kinder der Kriegsteilnehmer Österreich-Ungarns, soweit denselben nach Maßgabe der für sie geltenden gesetzlichen Bestimmungen auf Grund des ehelichen Güterrechtes oder der elterlichen Gewalt Rechte an dem der Vollstreckung unterliegenden Vermögen zustehen.

Das maßgebende Recht (Art. 15, 19, 20 EG. BGB.) hat gemäß § 293 ZPO. der österreichisch-ungarische Kriegsteilnehmer zu beweisen.

Das Konkursverfahren im Deutschen Reich ist nach Maßgabe des § 6 des Gesetzes gegen dieselben nur auf deren Antrag zulässig bzw. auf ihren Antrag auszusetzen.

Dies gilt auch für das Konkursverfahren über inländisches Vermögen von österreichisch-ungarischen Staatsangehörigen, die im Deutschen Reiche weder eine gewerbliche Niederlassung noch einen allgemeinen Gerichtsstand haben (§ 238 KO.).

Gemäß § 7 des Gesetzes kommen denselben als Beteiligten bei dem vor einem deutschen Gerichte anhängigen Konkurs-, Aufgebots-, Verteilungs-, Zwangsversteigerungs- und Zwangsverwaltungsverfahren die dortselbst bestimmten Rechte zu.

Gemäß § 8 des Gesetzes sind Verjährung und Ausschlußfristen zu ihren und ihrer Gegner Gunsten gehemmt.

Auch soweit nach den im Kriegsschutzgesetz erörterten einzelnen Bestimmungen dieselben auf diejenigen natürlichen Personen zur Anwendung gelangen, welche durch einen Kriegsteilnehmer gesetzlich vertreten sind, kommen die Bestimmungen auf die durch einen österreichisch-ungarischen Kriegsteilnehmer gesetzlich vertretenen Personen zur Anwendung.

Soweit es sich dabei um Handelsgesellschaften handelt (s. oben S. 202, 203), wird das Verfahren unterbrochen, wenn alle Gesellschafter deutsche oder österreichisch-ungarische Kriegsteilnehmer sind, oder bei Gesamtvertretung die hiernach zur Vertretung erforderliche Anzahl nicht mehr vorhanden ist.

Register.

(Die Zahlen bezeichnen die Seiten.)

A.

L.

M.

N.

O.

P.

R.

S.

MIX
Papier | Fördert gute Waldnutzung
FSC® C083411

Kolibri 360 GmbH
Ferdinand-Jühlke-Straße 7
99095 Erfurt, Deutschland
produktsicherheit@kolibri360.de